集人文社科之思 刊专业学术之声

中国历史研究院集刊

PROCEEDINGS OF CHINESE ACADEMY OF HISTORY 2020 No.2 (Vol. 2)

高 翔 主编

2020年 **2** 总第2辑

社会科学文献出版社
SOCIAL SCIENCES ACADEMIC PRESS (CHINA)

中国历史研究院集刊

编辑委员会

中國歷史研究院集刊

2020 年 1 月创刊　　　　半年刊　　　　第 2 辑　　　　2 /2020

目 录

殷墟青铜容礼器的器用组合与区位特征 ……………………………… 杨　博 / 1

两宋俸禄制度通论 ………………………………………… 龚延明 / 57

清代律例条文的继承和演变

　　——以《读例存疑》为中心 ………………………… 孙家红 / 126

一九二七年：第一次国共合作的破裂 ………………………… 金冲及 / 188

侵华日军无差别轰炸的演进及其性质 ……………… 潘　洵　赵国壮 / 255

"文明与野蛮"的话语指向：反思约翰·密尔的文明观 …………… 李宏图 / 305

Contents

Assemblages and Location Features of Yinxu Bronze Ritual Vessels   *Yang Bo* (1)

General Discussion of Official Salary System in the Song Dynasty *Gong Yanming* (57)

Inheritance and Evolution of the Qing Dynasty Statute and Substatute Laws:

with a Focus on the *Du Li Cun Yi*   *Sun Jiahong* (126)

1927: The Breakdown of the First Kuomintang-Communist Party Cooperation

Jin Chongji (188)

The Evolution and Nature of Indiscriminate Bombing by Japanese Invaders in China

Pan Xun   Zhao Guozhuang (255)

The "Civilization vs. Barbarism" Discourse: A Reflection on

John Stuart Mill's View of Civilization   *Li Hongtu* (305)

殷墟青铜容礼器的器用组合与区位特征*

杨 博

摘 要：商周墓葬中青铜容礼器主要由食器、酒器和水器组成，每种器类又由多种具体器物构成。对青铜容礼器组合、构成方式以及器物之间相对位置的综合研究，是判断墓主人族属、探索其文化内涵的重要途径。殷墟贵族墓葬青铜容礼器的器用组合与区位特征，可归纳为"食器分置、斝罍相邻"。这一特征不仅延续至西周时期的殷遗民墓葬，而且与周人食、酒、水器分类聚置以及"重鬲轻罍"的器用观念有所区别，可作为判断墓葬族属一项新的参考依据。

关键词：商代 殷墟 青铜器 器用 礼制

商周时期，礼在国家治理中发挥重要作用。礼由两部分组成，相关仪式称为礼仪，相关器物称为礼器。礼器在礼仪中的应用方式和符号意义，即为器用。商周贵族墓葬随葬的铜容礼器"组合"，一般包含食器、酒器与水器三大类。每一种大器类又由不同的小器类"构成"，如食器由鼎、簋、鬲、甗等构成，酒器由爵、觯、觚、尊、卣、壶、罍、瓿、斝等构成，水器由盘、盉、匜等构成。① 墓

---

* 本文系国家社科基金青年项目"西周诸侯墓葬青铜器用与族群认同研究"（17CZS005）阶段性成果，得到国家社科基金重大委托项目"海昏侯墓考古发掘与历史文化资料整理研究"（16@ZH022）、国家社科基金重大项目"出土简帛文献与古书形成问题研究"（19ZDA250）的资助。承蒙朱凤瀚、刘绪、雷兴山、李零、张懋镕、曹玮等先生指教，张懋镕、杨文胜先生惠赐资料，复蒙三位匿名外审专家提供宝贵意见，谨致谢忱！

① 汤毓赟、唐际根提出"构成"与随葬过程中的亲疏关系、社会关系、文化传统、制度及政治理念诸因素有关，参见《"组合"与"构成"：妇好墓出土青铜器背后的人物与社会关系》，中国社会科学院考古研究所、首都博物馆、河南博物院编：《王后·母亲·女将：纪念殷墟妇好墓考古发掘四十周年》，北京：科学出版社，2016年，第41—50页；汤毓赟：《试论殷墟墓葬青铜容器的来源"构成"》，《考古》2019年第5期。

葬是相对完整地保留历史场景原貌的考古学遗存。考察墓葬中的铜器样式及其铭文风格，特别是青铜容礼器用"组合"、"构成"的差异，是判断墓主族属、礼制变迁乃至社会历史发展情况的重要途径。[①]

但是，墓葬所出青铜器的器类、铭文、造型往往并非一一对应，如叶家山西周早期曾国墓葬 M65 中分别有 1 件鼎和 1 件簋自铭为"彝"。[②] 因此，对器物"构成"与"组合"的研究，极易出现"杂取各鼎，相配成套"的现象，从而使研究"变成主观的数字游戏的危险"。[③]

为避免这类问题，近年来，学界一方面引入位置关系作为考察"构成"、"组合"的重要因素；[④] 另一方面，关于随葬品摆放位置的讨论也逐渐成为一项专题研究。[⑤] 然而，目前相关研究多集中考察铜器器群整体在墓葬中的位置，或鼎、簋、壶等单器类在墓葬中相对于其他器类的位置，而对铜容礼器整体"组合"内部位置关系的研究尚有余白。这或许对深入揭示随葬铜礼器蕴含的礼制规范、族属文化等历史信息有所滞碍。

"腰坑殉狗"是学界判定商人墓葬的重要标准之一。笔者通过对西周初期周人贵族墓葬与殷遗民墓葬中铜容礼器"组合"内部位置关系的考察发现，二者之

① 黄铭崇：《从考古发现看西周墓葬的"分器"现象与西周时代礼器制度的类型与阶段》（上篇），《"中央研究院"历史语言研究所集刊》第 83 本第 4 分，2012 年（该文下篇见《"中央研究院"历史语言研究所集刊》第 84 本第 1 分，2013 年）。有学者根据西周中晚期青铜容礼器组合的变化，提出"西周晚期礼制改革"说。参见杰西卡·罗森：《西周青铜铸造技术革命及其对各地铸造业的影响》，《祖先与永恒：杰西卡·罗森中国考古艺术文集》，邓菲等译，北京：三联书店，2011 年，第 48—62 页；罗泰：《有关西周晚期礼制改革及庄白微氏青铜器年代的新假设——从世系铭文说起》，臧振华主编：《中国考古学与历史学之整合研究》，台北：台湾"中研院"历史语言研究所，1997 年，第 651—676 页；曹玮：《从青铜器的演化试论西周前后期之交的礼制变化》，《周秦文化研究》，西安：陕西人民出版社，1998 年，第 443—456 页。
② 湖北省文物考古研究所、随州市博物馆：《湖北随州叶家山 M65 发掘简报》，《江汉考古》2011 年第 3 期。
③ 林沄：《周代用鼎制度商榷》，《史学集刊》1990 年第 3 期。
④ 汤毓赟：《试论殷墟墓葬青铜容器的来源"构成"》，《考古》2019 年第 5 期。
⑤ 霍蕾：《商墓随葬品的摆放位置研究》，硕士学位论文，郑州大学，2012 年；祁冰：《陕西地区西周墓葬随葬品摆放位置研究——以丰镐、周原、梁带村周代墓地为例》，硕士学位论文，山西大学，2013 年；毕经纬、杨欢：《随葬品摆放规则初步研究——以海岱地区东周墓葬为例》，《华夏考古》2016 年第 2 期。

间似存在差异。① 那么这种差异是否可上溯至商周易代之前或更为久远的时期，换言之，墓葬中铜容礼器摆放的位置特征是否可视为商人族群的标志性器用方式，进而作为区分商周贵族墓葬墓主人族属的一项新标准？由此，对殷墟时期贵族墓葬铜容礼器器用的讨论便尤为重要。

本文拟就目前所见殷墟时期随葬青铜容礼器的典型墓葬展开讨论，在具体分析不同阶段典型墓葬铜容礼器器用组合与区位关系的基础上，归纳特征，并与西周时期殷遗民与周人贵族墓葬相应元素进行比较，进而剖析墓葬青铜容礼器器用区位特征对于探究殷、周文化及族属问题的意义和价值。

一、殷墟贵族墓葬青铜容礼器组合与区位特征

依照早晚关系，青铜器器形呈现出阶段性变化，同期诸器的形制、纹饰、工艺以及随葬组合特征，相对稳定。朱凤瀚将殷墟铜器墓分为三期五个阶段，世系年代大致是，一期：盘庚至小乙时期；二期Ⅰ阶段：武丁早期；二期Ⅱ阶段：武丁晚期至祖甲或延至廪辛时期；三期Ⅰ阶段：廪辛至文丁或延至帝乙初期；三期Ⅱ阶段：帝乙、帝辛时期。② 其中，经考古发掘出土的带铭文的器物，始见于二期Ⅱ阶段，以妇好墓为代表。本文典型墓葬的选择标准有二：其一，未经盗扰或虽经盗扰但仍可基本辨识器物位置关系；其二，报告或简报图表能够提供较详细的器物位置关系。

---

① 参见杨博：《西周初期铜器墓葬礼器组合关系与周人器用制度》，朱凤瀚主编：《青铜器与金文》第 1 辑，上海：上海古籍出版社，2017 年，第 525—540 页；《高家堡墓葬青铜礼器器用问题简论》，邹芙都主编：《商周青铜器与先秦史研究论丛》，北京：科学出版社，2017 年，第 376—382 页；《青铜礼器的器用内涵与学术价值》，《中国社会科学报》2018 年 6 月 4 日，第 5 版；《济阳刘台子西周墓葬青铜容礼器的器用问题简论》，朱凤瀚主编：《青铜器与金文》第 2 辑，上海：上海古籍出版社，2018 年，第 443—451 页；《琉璃河西周燕国墓地的青铜礼器器用》，邹芙都主编：《商周金文与先秦史研究论丛》，北京：科学出版社，2019 年，第 58—69 页；《滕州庄里西遗址西周贵族墓葬青铜礼器的器用问题》，王志东主编：《东夷文化论丛》第 1 辑，济南：山东人民出版社，2019 年，第 263—274 页；《西周初期墓葬铜礼器器用区位研究——以随州叶家山为中心》，《江汉考古》2020 年第 2 期；《白浮西周燕国墓葬的族属与礼器器用》，《北方文物》2020 年第 4 期。

② 朱凤瀚：《中国青铜器综论》，上海：上海古籍出版社，2009 年，第 1008 页。

根据组合的类型，殷墟随葬青铜容礼器墓葬区位特征可分为两大类讨论。

第一，单一型组合，即仅有酒器或食器的情况。对此，我们主要关注器物在墓中的置放位置及器物间的相互位置关系。比较而言，由于器类较少，此类墓葬墓主人身份等级相对较低。除可以通过器物在墓中的置放位置判断其与墓主人的亲疏程度外，更重要的是，这类墓葬提供了讨论当时随葬容礼器基本组合的可能。从此类墓葬中能够探索核心器类的器物。如殷墟铜器一期墓葬三家庄 M1 为酒器组合，随葬觚、爵在墓主人足端。[1] 洹北花园庄东地 M10，仅随葬 1 鼎，在东南角二层台。[2] 殷墟铜器二期 I 阶段的刘家庄北 M61 和铁三路 M89 随葬酒器均为觚爵组合。[3] 刘家庄北 M61 器用位置不详，铁三路 M89 酒器组合在墓主人头部。二期 II 阶段的苗圃北地 M105、殷墟西区 M161，亦均为 1 觚 1 爵组合。M105 觚在墓主人足部，爵在头端。[4] 西区 M161 器用位置不详。西区 M354 随葬一套觚、爵，形制简陋，器表粗糙，显系明器。[5] 三期 I 阶段，西区 M198 随葬一套斝、觚、爵组合；苗圃北地 M80 一套觚、爵组合在墓主人头端；[6] 孝民屯 SM38、SM929 亦均为一套觚、爵组合，位置在墓主人头端（图1）。[7] 三期 II 阶段除多见酒器觚、爵组合外，也有食器鼎、簋组合，如西区 M1573 等。

---

[1] 中国社会科学院考古研究所安阳工作队：《安阳殷墟三家庄东的发掘》，《考古》1983 年第 2 期。

[2] 此墓还出土有陶斝与觚、爵各一，参见中国社会科学院考古研究所安阳工作队：《1998 年—1999 年安阳洹北商城花园庄东地发掘报告》，刘庆柱主编：《考古学集刊》第 15 集，北京：文物出版社，2004 年，第 344 页。

[3] 中国社会科学院考古研究所安阳工作队：《河南安阳殷墟刘家庄北地殷墓与西周墓》，《考古》2005 年第 1 期，第 13 页；中国社会科学院考古研究所安阳工作队：《河南安阳市殷墟铁三路 89 号墓的发掘》，《考古》2017 年第 3 期。

[4] 中国社会科学院考古研究所安阳队：《1984 年秋安阳苗圃北地殷墓发掘简报》，《考古》1989 年第 2 期，第 126 页。

[5] 中国社会科学院考古研究所安阳工作队：《1969—1977 年殷墟西区墓葬发掘报告》，《考古学报》1979 年第 1 期，第 84、87、128 页。除特别注明外，下文所引殷墟西区墓葬，均出自此报告。

[6] 中国社会科学院考古研究所安阳工作队：《1980—1982 年安阳苗圃北地遗址发掘简报》，《考古》1986 年第 2 期，第 117 页。

[7] 中国社会科学院考古研究所：《安阳孝民屯（四）：殷商遗存·墓葬》，北京：文物出版社，2018 年，第 44—45、206—207 页。以下所用图片，若未特别注明，均出自相应考古发掘简报、报告，使用时略有改动。

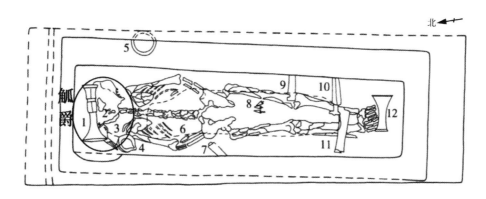

图 1　孝民屯 SM929 随葬容礼器区位情况

由图 1 可知，单一型酒器或食器组合的区位特征是置于墓主人头端、足端。这类墓葬多为小型墓，葬具仅有一棺，与高等级墓葬差距明显，但其以觚、爵为核心器类，与殷墟高等级墓葬以觚、爵套数标识等级的规律一脉相承。

第二，复合型组合，即同时包含两种或三种器类的组合。在关注其所处位置的同时，着重考察食、酒、水诸器类之间以及不同器类中各种器物之间的位置关系，① 继而探求共性特征。下文拟通过对区位特征的讨论，结合诸如铭文所反映的族群、器物等组合构成情况，探究殷墟时期高等级贵族墓葬的器用方式。

1. 食、酒器组合墓葬中青铜容礼器的组合与区位

随葬器物组合包括食、酒器的殷墟典型墓葬，目前可见以下情形。

一期：中型墓小屯 M333 与 M388、三家庄 M3；

二期 I 阶段：中型墓 59 武官 M1，小型墓小屯 M188；

二期 II 阶段：中型墓小屯 M17、大司空村东南 M663、殷墟西区 M613、郭家庄东南 M26 与文源绿岛 M5、王裕口南地 M103，小型墓刘家庄北地 M44、大司空南地 M29；

三期 I 阶段：中型墓戚家庄东 M269、郭家庄 M1、郭家庄赛格金地 M13 与榕树湾 M1、孝民屯 SM926、孝民屯东南地 M1327、范家庄东北地 M4，小型墓葬苗圃北地 M54、孝民屯 SM17；

---

① 　其中盉可作水器，也有可能用作酒器，相关争议参见朱凤瀚：《中国青铜器综论》，第 295—297 页。此处从水器说。

　　三期Ⅱ阶段：中型墓葬大司空村62M53、殷墟西区M269、郭庄村北M6、郭家庄M50及孝民屯NM154。

　　以上墓葬中的青铜容礼器，可依食器与酒器的不同组合，分9组讨论。

　　（1）鼎（簋）＋觚、爵组合

　　同属二期Ⅱ阶段的小屯M17与大司空南地M29为鼎＋觚、爵组合。小屯M17墓室面积约5.3平方米，有棺有椁，有熟土二层台及腰坑殉狗，棺椁之间殉2人，其中东侧殉人腰间有玉鱼1件。墓主人、殉人头向北。墓主人足端椁棺之间随葬冈鼎、卫觚与食爵，食器鼎东侧为觚、爵，3件器物集中放置。①

　　大司空南地M29，墓室面积约2.8平方米，墓主人头向南，有熟土二层台及腰坑。随葬有鼎、觚、爵，其中2件觚与鼎相邻放置于墓主人足部，出在墓底棺内北端，2件帚（寝）印爵分别出在墓主人腰部与头部南侧（图2a）。② 铭文和器用区位共同说明鼎＋觚、爵组合中，爵为核心器物，食器鼎靠近酒器觚置用。

　　同属三期Ⅰ阶段的郭家庄M1与苗圃北地M54为鼎、簋＋觚、爵组合。郭家庄M1，墓室面积约4.6平方米，墓主头向北，有二层台及腰坑殉狗，鼎、簋与觚相邻置放，位于棺内墓主头西北角，爵在墓主腿西侧靠近腰部（图2b）。③ 爵的置用及鼎觚挨近的置放方式均与大司空南地M29相近。

　　苗圃北地M54，墓室面积约2.6平方米，墓主头向东，有二层台及腰坑，二层台面置一狗，随葬铜器鼎在墓主人头部东南二层台上，弓卫觚在棺内墓主头部东南侧，簋、目子▉爵在东北侧。④ 四器均存在间隔，若以墓主头部为基

① 值得注意的是，该墓椁顶上层13厘米处有随葬陶器群，其中簋、豆在北端，觚、爵、罍在南端，发掘者指出其北端陈放食器和祭食，西南角置放酒器。参见中国社会科学院考古研究所安阳工作队：《安阳小屯村北的两座殷代墓》，《考古学报》1981年第4期，第509页。

② 中国社会科学院考古研究所安阳工作队：《1986年安阳大司空村南地的两座殷墓》，《考古》1989年第7期。

③ 中国社会科学院考古研究所：《安阳殷墟郭家庄商代墓葬——1982—1992年考古发掘报告》，北京：中国大百科全书出版社，1998年，第9页。

④ 中国社会科学院考古研究所安阳工作队：《1980—1982年安阳苗圃北地遗址发掘简报》，《考古》1986年第2期，第112—124、137页。

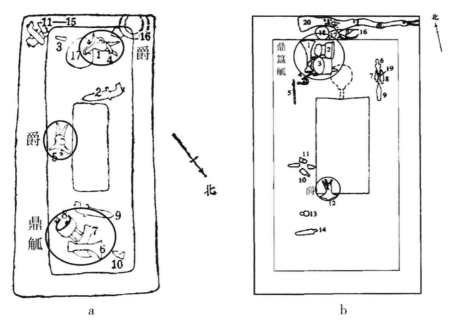

图 2　大司空南地 M29（a）、郭家庄 M1（b）青铜容礼器区位情况

准，则鼎、瓿与簋、爵分别成组；簋形制粗糙，素面，似为明器。由铭文器物与区位特征看，瓿、爵为核心器物，鼎瓿相邻的情况较为常见。[①]

（2）鼎（簋）+瓿（斝）、瓿、爵组合

三家庄 M3，墓室面积约 4.4 平方米，墓主人头向南，有二层台及腰坑殉狗。墓主人足端的西二层台随葬食器鼎、酒器斝、瓿、爵，[②] 其中鼎与爵、斝相邻，斝与瓿相邻，似亦可归结为斝邻食器的置用方式。[③]

殷墟西区 M613（图 3），墓室面积约 6.4 平方米，墓主人头向北，有二层台、腰坑及墓内殉狗，有棺有椁，随葬食器鼎和酒器爵、瓿、斝均在椁顶，

[①]　此外，孝民屯东南地 M1325，铜瓿、爵在墓主头部附近，铜簋出土于墓主脚端。随葬的陶瓿则与陶簋、豆置于头端二层台上。M1326 铜器的置放情况为瓿、簋、鼎、爵，均在墓主人足端。参见中国社会科学院考古研究所安阳工作队：《河南安阳市殷墟孝民屯东南地商代墓葬 1989—1990 年的发掘》，《考古》2009 年第 9 期。

[②]　中国社会科学院考古研究所安阳工作队：《安阳殷墟三家庄东的发掘》，《考古》1983 年第 2 期。

[③]　徐家桥 M1 亦可见食器鼎与酒器斝相邻之情形，此墓虽被盗，但二层台东北角余 1 冉己瓿，西北角余 1 戈鼎、1 斝，鼎斝相邻。参见安阳市文物考古研究所：《安阳殷墟徐家桥郭家庄商代墓葬——2004—2008 年殷墟考古报告》，北京：科学出版社，2011 年，第 5 页。

其中鼎、瓿在墓主人头端，爵、觚在墓主人足端，另有一套陶质爵、觚在东南角二层台上。① 由此可以判断，墓葬中爵、觚核心组合器相邻，鼎瓿亦组合置用。②

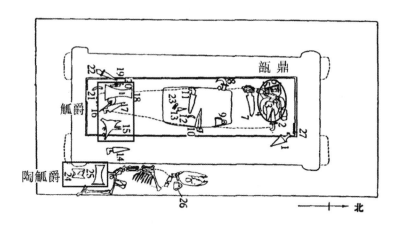

图 3　殷墟西区 M613 青铜容礼器区位情况

孝民屯 SM926，墓室口小底大，墓底面积约 4.5 平方米，1 棺 1 椁，墓主人头向北，有熟土二层台及腰坑殉狗。随葬容礼器有陶质及铜质觚、爵，均置于墓主人上半身，具体区位：头部西侧为铜爵、陶觚，东侧为陶爵；铜觚在胸部；鼎、瓿、簋在足端。③ 可见除食器多 1 簋外，SM926 铜器区位与组合

---

① 中国社会科学院考古研究所安阳工作队：《1969—1977 年殷墟西区墓葬发掘报告》，《考古学报》1979 年第 1 期。

② 在一些存在"毁器"现象的殷墟墓葬中，亦可得见"鼎斝相邻"的情况。刘家庄北地墓葬随葬铜器多为鼎、瓿（斝）、觚、爵组合，或有簋、甗，墓中有"毁器"现象，如 M70 觚爵各一在墓主人头端左右两侧，铜瓿腹部被砸击致严重变形置于东二层台中部，鼎碎成多块置于棺室底部。类似"毁器"情况亦见于 M220，瓿仅存腹部及部分圈足，在东二层台中部，北二层台偏东的鼎、斝、觚亦被砸击变形，同时存在"鼎斝相邻"的情况。参见中国社会科学院考古研究所安阳工作队：《河南安阳市殷墟刘家庄北地 2010—2011 年发掘简报》，《考古》2012 年第 12 期。刘家庄北地 M508，随葬食器鼎、簋、甗与酒器觚、爵均遭受击打导致变形，甗独立在墓主人足端的西二层台上，觚、爵位于墓主人头端二层台上北侧，鼎簋位于墓主人头端二层台中部及南部。参见中国社会科学院考古研究所安阳工作队：《河南安阳市殷墟刘家庄北地 2008 年发掘简报》，《考古》2009 年第 7 期。

③ 中国社会科学院考古研究所：《安阳孝民屯（四）：殷商遗存·墓葬》，第 201—205 页。

均与西区 M613 大体一致，即爵、觚核心组合器相邻，鼎瓿相邻陈用（图4）。①

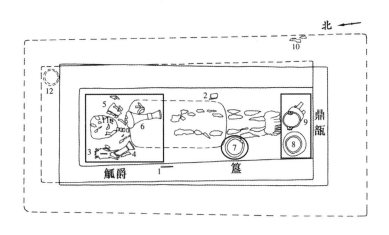

图4 孝民屯SM926青铜容礼器区位情况

上述三座墓葬的器类组合虽然存在细节差异，但是鼎瓿、鼎罍相邻的情况相近，故可置于一组讨论。

（3）鼎 + 罍、罍、觚、爵组合

小屯 M333（图5）与 M388（图6）二墓均属小屯丙区墓葬，东西并列，M333 年代略早于 M388。

M333 墓室面积约 5.6 平方米，内有 3 具人骨，墓主人头向北，随葬容礼器组合为食器鼎和酒器爵、觚、罍、罍（M333：R2059、R2060）。② 原报告认为器物在棺椁之间分为三组，区位关系较为复杂。因无铭文参照，若以西侧殉人为中心考察棺椁之间随葬容礼器区位关系，则殉人头部的爵、觚与爵、罍为一组；殉

---

① 此外，孝民屯 NM137 随葬鼎、簋与觚、爵组合，区位特征与 SM926 有相近处，即 1 套铜觚、爵与 1 套陶觚、爵在墓主人足部，鼎、簋在头部，只是未有瓿、罍等器物随葬。另有 SM588，是 1 套铅觚、爵在头部，陶觚、爵在腿部，铅鼎、簋在足部。参见中国社会科学院考古研究所：《安阳孝民屯（四）：殷商遗存·墓葬》，第 221、516 页。

② 报告以 M333：R2059、R2060 为瓿，细察器腹最大径在肩腹交接处，故应为罍。同理，小屯 M388：R261、M232：R2056 及 M331：R2058 亦应为罍。罍、瓿器类区分参见朱凤瀚：《中国青铜器综论》，第 208—209 页。

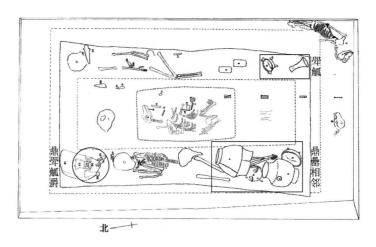

图5　小屯 M333 青铜容礼器区位情况

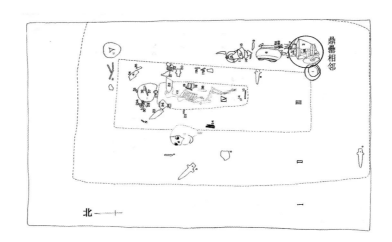

图6　小屯 M388 青铜容礼器区位情况

人足端鼎与罍为一组；东南角酒器觚、斝一组。① 由是似可推断酒器基本组合为
爵、觚、斝，区位特征可大致总结为酒器基本组合聚置，酒器罍邻食器鼎。

　　M388 墓室面积约 8.5 平方米，除可能因棺木朽坏而落入棺内的觚座与壶形
器外，其他随葬容礼器均置于棺椁之间，为食器 1 鼎与酒器 2 觚、2 爵、2 斝、1
罍（M388∶R2061）、1 瓿、1 壶的组合。② 与 M333 基本相同，置用位置亦以食器
鼎与酒器罍相邻，其区位特征似亦可总结为酒器基本组合聚置，酒器罍邻食器鼎。

----

① 石璋如：《小屯（第一本）遗址的发现与发掘：丙编·殷虚墓葬之五——丙区墓葬》，台
北：台湾"中研院"历史语言研究所，1980 年，第 174 页。

② 石璋如：《小屯（第一本）遗址的发现与发掘：丙编·殷虚墓葬之五——丙区墓葬》，第
214 页。

（4）簋（鼎）＋斝、觚、爵、尊、卣（壶）组合

殷墟西区 M269（图 7），墓室面积约 4 平方米，葬式不详，有棺有椁，头向南，填土和腰坑中各殉一狗。随葬铜器簋、爵、觚、斝、尊、卣各 1 件，[1] 区位关系如表 1。

表 1　殷墟西区 M269 随葬铜容礼器区位关系

铜器类别（编号）		出土位置	相邻器物
食器	簋(16)	墓室棺椁之间东南角	斝(9)
酒器	斝(9)	墓室棺椁之间东南侧	卣(10)、簋(16)
	卣(10)	墓室棺椁之间东南侧	斝(9)、爵(11)、爵(19)
	爵(11)	墓室棺椁之间东南部	卣(10)、爵(19)
	尊(14)	墓室棺椁之间东南部	觚(18)、爵(19)
	觚(18)	墓室棺椁之间东南部	尊(14)、爵(19)
	爵(19)	墓室棺椁之间东南部	尊(14)、觚(18)

可见，食器簋同样位于器群一端，与酒器斝相邻置用，爵、觚组合靠近。

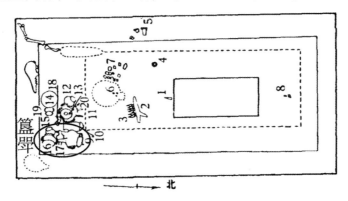

图 7　殷墟西区 M269 青铜容礼器区位情况

孝民屯 NM154，墓室面积约 4.4 平方米，墓主人头向北，1 棺 1 椁，有熟土二层台及腰坑殉狗，随葬器物在棺上北侧，有鼎、斝、爵、觚、尊、卣各 1 件，鼎、爵、觚足内范土尚存，制作粗糙，似为明器。[2] 器用区位亦为爵、觚组合器

---

① 中国社会科学院考古研究所安阳工作队：《1969—1977 年殷墟西区墓葬发掘报告》，《考古学报》1979 年第 1 期，第 52 页。

② 中国社会科学院考古研究所：《安阳孝民屯（四）：殷商遗存·墓葬》，第 656—660 页。

靠近，鼎斝相邻模式。

刘家庄北地 M44（图 8），墓室面积约 3.6 平方米，墓主人头向东，1 棺 1 椁，有熟土二层台及殉狗，青铜器多置于棺盖板上，鼎、甗、斝、尊、壶各 1 件，觚、爵各 2 件。[①] 其中甗斝、鼎壶分别相邻，是食器鼎、甗分置作为器群两端的情况。

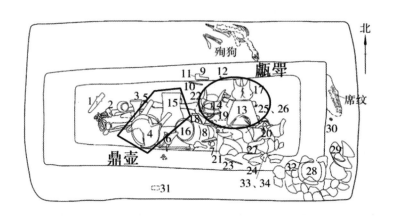

图 8 刘家庄北地 M44 青铜容礼器区位情况

大司空村 62M53，墓室面积约 4.1 平方米，简报记录随葬铜酒器爵、觚各 2 件，觯 1 件。值得注意的是，墓中还有仿铜陶质容礼器鼎、簋、斝、尊、壶各 1 件，石俎 1 件，[②] 器物区位关系如表 2 所示。[③]

表 2 大司空村 62M53 随葬容礼器区位关系

铜器类别（编号）		出土位置	相邻器物
食器	陶簋（4）	墓主头端二层台	觚（6）
	石俎（10）	墓主头端二层台	陶斝（11）、陶尊（12）、陶鼎（14）
	陶鼎（14）	墓主头端二层台	石俎（10）、陶尊（12）、觚（13）

---

① 中国社会科学院考古研究所安阳工作队：《河南安阳市殷墟刘家庄北地 44 号墓的发掘》，《考古》2018 年第 10 期。

② 中国社会科学院考古研究所安阳发掘队：《1962 年安阳大司空村发掘简报》，《考古》1964 年第 8 期。

③ 简报记录有 2 件爵，平面图中未标出位置，未计入表格。

续表2

铜器类别(编号)		出土位置	相邻器物
酒器	觚(6)	墓主头端二层台	陶簋(4)、陶斝(11)
	陶斝(11)	墓主头端二层台	觚(6)、石俎(10)、陶尊(12)、觚(13)
	陶尊(12)	墓主头端二层台	石俎(10)、陶斝(11)、觚(13)、陶鼎(14)
	觚(13)	墓主头端二层台	陶尊(12)、陶鼎(14)
	觯(16)	墓室中部	

由表2可见,若将仿铜陶质容礼器加入组合,大司空村62M53墓主人头端随葬器群,亦为陶鼎与陶尊靠近,陶鼎、簋位于器群两端的情况。

(5)鼎、簋+卣、觚、爵组合

郭家庄赛格金地M13与郭家庄M50、范家庄东北地M4、孝民屯东南地M1327及小型墓孝民屯SM17均属此情况。

赛格金地M13(图9),墓室面积约4.3平方米,墓主人头向北,有熟土二层台和腰坑殉狗,1棺1椁,大件青铜器位于墓室南部,鼎、觯在二层台内墓室东南角,其北侧为铜卣,西南角放置铜簋,铜簋东北为斝、觚、爵;墓主人头端另有酒器爵、觚一套。[①] 觚、爵为核心组合器物,南部器群则采用"鼎、卣、觯+爵、觚、斝、簋"的置用方式,其区位特征为食器位于器群两端,鼎、簋靠近卣、斝,爵、觚组合置用。

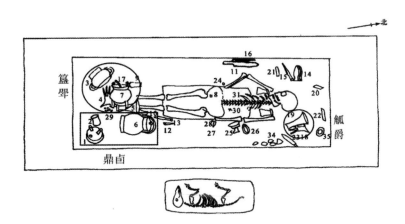

图9 郭家庄赛格金地M13青铜容礼器区位情况

---

① 安阳市文物考古研究所:《安阳殷墟徐家桥郭家庄商代墓葬——2004—2008年殷墟考古报告》,第63—64页。

郭家庄 M50，墓室面积约 5.4 平方米，墓主人头向东，有腰坑殉狗，有一棺，未见椁痕，随葬器物在棺室内，其中一部分可能原置于棺上，后随棺木腐朽而落入棺内。器物区位关系及铭文①如表 3 所示。

表 3　郭家庄 M50 随葬铜容礼器区位关系

铜器类别（编号）		出土位置	相邻器物	铭文
食器	簋（1）	椁室东部（墓主头部）	鼎（6）	
	鼎（6）	椁室东部（墓主头部）	簋（1）	乍册兄
	鼎（12）	椁室中部（墓主胸部）	鼎（36）	
	鼎（36）	椁室中部（墓主胸部）	鼎（12）、卣（15）	
酒器	卣（15）	椁室中部（墓主胸部）	鼎（12）	
	爵（24）	椁室西部（墓主足部）	觚（25）	兄册
	觚（25）	椁室西部（墓主足部）	爵（24）	

郭家庄 M50 随葬实用器与明器两套组合，实用器酒器爵、觚亦在墓主人足部单独成群。另一端食酒器群中，鼎卣相邻，②其置用区位特征与郭庄村北 M6 相近，即实用酒器基本组合爵、觚分置，器群中鼎与卣相邻，鼎、簋组合器靠近，器物置用情况为食器鼎邻酒器卣，觚、爵组合器靠近。

范家庄东北地 M4（图 10），墓室面积约 7 平方米，墓主人头向南，1 棺 1 椁，有熟土二层台及殉狗。随葬容礼器群在棺内北部墓主人足端，其中簋、卣一端，鼎、觚、爵一端，多带有"宁狗"铭文。③两套觚、爵组合器靠近，簋卣相邻。此外，陶器簋、罍在南部棺椁之间相邻的情况亦值得注意。

孝民屯东南地 M1327，墓室面积约 5 平方米，墓主人头向东，1 棺 1 椁，有熟土二层台及腰坑殉狗。随葬容礼器鼎、簋、卣各 1 件，觚 3 件，爵 2 件，④其

①　文内器物铭文释读参见吴镇烽编著的《商周青铜器铭文暨图像集成》（上海：上海古籍出版社，2012 年）、《商周青铜器铭文暨图像集成续编》（上海：上海古籍出版社，2016 年）。

②　中国社会科学院考古研究所：《安阳殷墟郭家庄商代墓葬——1982—1992 年考古发掘报告》，第 10 页。

③　中国社会科学院考古研究所安阳工作队：《河南安阳市殷墟范家庄东北地的两座商墓》，《考古》2009 年第 9 期。

④　中国社会科学院考古研究所安阳工作队：《河南安阳市殷墟孝民屯东南地商代墓葬1989—1990 年的发掘》，《考古》2009 年第 9 期。

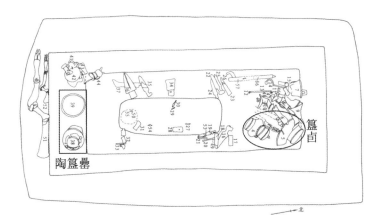

图10　范家庄东北地 M4 青铜容礼器区位情况

中两套爵、觚组合器靠近，簋卣相邻。

孝民屯 SM17（图 11），墓室面积约 3.9 平方米，墓主人头向北，1 棺 1 椁，有熟土二层台及腰坑。青铜容礼器在棺椁之间，有 2 鼎、1 簋、2 爵、1 觚、1 卣，其中鼎、觚、爵有铭文"𠆤"，另一爵有铭文"辛𠆤"。[①] 器用区位则是大圆鼎作为器群一端，爵、觚组合器靠近，鼎卣相邻。

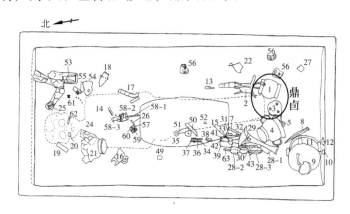

图11　孝民屯 SM17 青铜容礼器区位情况

（6）鼎、簋+壶（方彝）、觚、爵组合

同属二期Ⅱ阶段的大司空村东南 M663 与王裕口南地 M103 为此种组合。大司空村东南 M663，墓室面积约 6.6 平方米，1 棺 1 椁，墓主人头向东，有熟土二层台及腰坑殉狗。墓室内有 4 具殉人，分别位于二层台西侧、南侧及棺椁之间南北两侧。随葬容礼器有两套带铭觚、爵组合，位于棺内墓主人腿部两侧。腿部南

---

① 中国社会科学院考古研究所：《安阳孝民屯（四）：殷商遗存·墓葬》，第 35—44 页。

侧 ꕽ 觚东侧有簋，ꕽ爵西侧为方彝、鼎。①

　　若以食器鼎（M663∶55）为一端，则簋（M663∶38）可视作另一端，鼎、簋分别与方彝、瓿和一套爵、觚相邻置用。故其区位特征为器群聚堆，食器两端；食器鼎、簋与酒器方彝、瓿相邻，酒器爵、觚组合器靠近。

　　类似情况亦见于王裕口村南地 M103（图 12），墓室口小底大，墓底面积约 5.7 平方米，1 棺 1 椁，有熟土二层台及腰坑殉狗，有 9 具殉人。二层台北部，1 件罍打碎分置，器群一端鼎壶相邻，另一端鼎、簋与爵、觚相邻，簋为末端。② 该墓器用区位为食器鼎、簋分置器群两端，鼎连酒器壶。

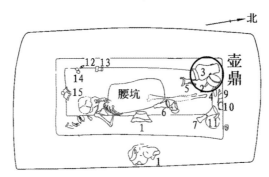

图 12　王裕口村南地 M103 青铜容礼器区位情况

　　可见此种组合情况置器区位特点为食器分置器群两端，其中一端为食器鼎连酒器方彝或壶，觚、爵组合器靠近。

　　（7）鼎、甗＋瓿、斝、觚、爵组合

　　二期Ⅰ阶段的小屯 M188（图 13）与 59 武官 M1 均为鼎、甗＋瓿、斝、觚、爵组合。

　　小屯 M188 属乙区北组墓葬，墓室面积约 1.9 平方米，应为小型墓葬，出土铜器 8 件，报告将其分为四组，东组 1 爵，南组 1 鼎，西组 1 甗、1 瓿、2 斝，北组 1 觚 1 瓿，③ 区位关系如表 4 所示。

①　中国社会科学院考古研究所安阳工作队：《安阳大司空村东南的一座殷墓》，《考古》1988 年第 10 期。

②　中国社会科学院考古研究所安阳工作队：《河南安阳市殷墟王裕口村南地 2009 年发掘简报》，《考古》2012 年第 12 期。

③　石璋如：《小屯（第一本）遗址的发现与发掘：丙编·殷虚墓葬之一———北组墓葬》，台北：台湾"中研院"历史语言研究所，1970 年，第 344 页。

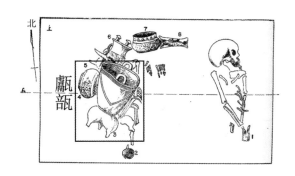

图 13　小屯 M188 青铜容礼器区位情况

表 4　小屯 M188 随葬铜容礼器区位关系

铜器类别（编号）		出土位置	相邻器物
食器	鼎（2）	南组	瓢（3）
	瓢（3）	西组	鼎（2）、瓿（4）、斝（5）、斝（6）
酒器	爵（1）	东组（人骨手前，流口向南）	
	瓿（4）	西组	瓢（3）、斝（5）
	斝（5）	西组	瓢（3）、瓿（4）、斝（6）
	斝（6）	西组	瓢（3）、斝（5）、瓿（7）
	瓿（7）	北组	斝（6）、觚（8）
	觚（8）	北组	瓿（7）

注：为方便阅读，本表铜器编号使用原报告（石璋如：《小屯（第一本）遗址的发现与发掘：丙编·殷虚墓葬之一——北组墓葬》，第 344 页）图片编号。

由表 4 可见，虽然报告将器物分为四组，但除一爵外，其余 7 件器物是聚置的，仍可得见器群中食器瓢与瓿、斝相邻的器用区位。

59 武官 M1，墓室面积约 7.5 平方米，墓主人骨架在墓底中部，头北脚南，1 棺 1 椁，有熟土二层台和腰坑，墓内有殉狗，二层台东西两侧台面各有 1 具殉人。出土青铜容礼器 9 件，其中 1 件食器鼎、酒器瓿、斝置于北侧二层台上，其余诸器置于墓底，2 件铜觚在墓主人头端，墓主人脚端有 1 鼎、1 瓢、2 爵。[①] 食器鼎亦与酒器瓿、斝相邻。

（8）鼎、瓢 + 罍、觚、爵组合

郭家庄东南 M26，墓室面积约 7.9 平方米，墓主人头向东，1 棺 1 椁，有熟

[①]　中国社会科学院考古研究所安阳工作队：《安阳武官村北的一座殷墓》，《考古》1979 年第 3 期。

土二层台和三层台，腰坑殉狗，在棺椁之间及三层台南北两侧有 3 具殉人，随葬铜器多在墓主人足下方棺椁之间，区位关系及器物铭文如表 5 所示。①

表5 郭家庄东南 M26 随葬铜容礼器区位关系

铜器类别（编号）		出土位置	相邻器物	铭文
食器	圆鼎（34）	椁室西南部	分档鼎（29）、陶罍（37）、甗（38）	
	分档鼎（29）	椁室西部	镶形器（28）、圆鼎（34）	受
	簋（26）	椁室西部	方彝盖（23）、箕形器（24）、镶形器（28）	
	甗（38）	椁室西南部	圆鼎（34）、方彝（35）、陶罍（37）	
酒器	罍（11）	椁室西北部	箕形器（24）	
	觚（16）	椁室西部	觚（17）、箕形器（24）	旐
	觚（17）	椁室西部	觚（16）、爵（18）、爵（19）	
	爵（18）	椁室西部	觚（17）、爵（19）	旐
	爵（19）	椁室西部	觚（17）、爵（18）、分档鼎（29）	旐
	方彝盖（23）	椁室西北部	箕形器（24）、簋（26）	
	方彝（35）	椁室西南部	甗（38）	旐
其他	箕形器（24）	椁室西北部	罍（11）、觚（16）、方彝盖（23）、簋（26）	旐
	镶形器（28）	椁室西部	簋（26）、分档鼎（29）	□宁

郭家庄东南 M26 随葬器群集中在椁室西部，其中食器在外侧（外圈），酒器在内侧，镶形器似在外侧食器所处位置，箕形器与食器簋、酒器罍交接。甗为食器一端，与酒器方彝相邻，甗邻方彝的情形近似上述大司空村东南 M663 鼎邻方彝，两套觚、爵组合器靠近。值得留意的是食器甗、圆鼎均与陶罍相邻。由是，M26 区位特征为食、酒器聚堆分置，食器甗邻酒器方彝，爵、觚靠近。

郭家庄文源绿岛 M5（图14），墓室面积约 5.5 平方米，墓主人头向东，1 棺 1 椁，有熟土二层台和腰坑殉狗，在棺外南侧中部、墓底各有 1 具殉人。② 随葬铜箕形器带有铭文"旐"。随葬铜器区位与郭家庄东南 M26 相近，器物基本集中在椁室，西南部器群中食器在外侧，酒器在内侧。箕形器与大圆鼎、圆鼎相邻，

---

① 中国社会科学院考古研究所安阳工作队：《河南安阳市郭家庄东南 26 号墓》，《考古》1998 年第 10 期。

② 安阳市文物考古研究所：《安阳殷墟徐家桥郭家庄商代墓葬——2004—2008 年殷墟考古报告》，第 45 页。

似可推测其亦为食器。甗仍处器群一端，与酒器罍靠近。由是可总结 M5 区位特征为食、酒器聚堆分置，甗邻罍，其区位关系如表 6 所示。

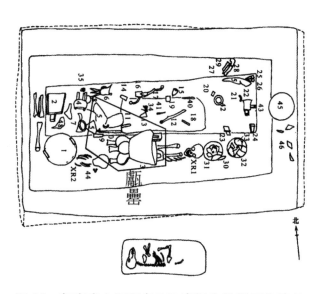

图 14　郭家庄文源绿岛 M5 青铜容礼器区位情况

表 6　郭家庄文源绿岛 M5 随葬铜容礼器区位关系

铜器类别（编号）		出土位置	相邻器物	铭文
食器	大圆鼎（1）	椁室西南角	箕形器（2）	
	甗（3）	椁室南部	罍（5）	
	圆鼎（4）	椁室南部	箕形器（2）、圆鼎（8）、爵（6）	
	圆鼎（8）	椁室南部	圆鼎（4）、罍（5）、爵（6）	
	圆鼎（32）	椁室东南角	陶罍（31）、陶罍（33）	旗
酒器	罍（5）	椁室南部	甗（3）、爵（6）、瓿（7）、圆鼎（8）	
	爵（6）	椁室南部	罍（5）、圆鼎（8）	旗
	瓿（7）	椁室南部	大圆鼎（1）、圆鼎（4）、罍（5）	
其他	箕形器（2）	椁室南部	大圆鼎（1）	旗

上述两座墓葬，头向、葬式、族氏铭文相近。从铭文来看，瓿、爵与鼎作为核心器物，瓿、爵组合并非独立于器群之外。特别是郭家庄两座墓葬独特的"旗"铭箕形器均在器群之中，似显示出其容礼器置用方式的一般特征，即瓿爵核心，甗邻酒器。

（9）鼎、簋、甗＋罍、斝、尊、卣、瓿、爵、觯组合

三期 I 阶段的戚家庄东 M269（图 15）与郭家庄榕树湾 M1（图 16）为此种组合。另外，三期 II 阶段的郭庄村北 M6 不见罍，组合为鼎、簋、甗＋斝、尊、卣、瓿、爵、觯，亦可纳入此组讨论。

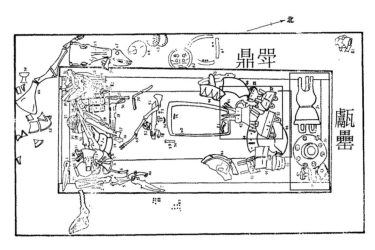

图 15　戚家庄东 M269 青铜容礼器区位情况

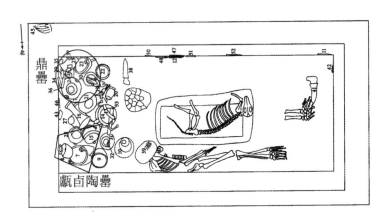

图 16　郭家庄榕树湾 M1 青铜容礼器区位情况

戚家庄东 M269，墓室面积约 4.6 平方米，推测墓主人头向南，有熟土二层台和腰坑殉牲，铜器有规律的置于椁室两端，大件器物多在椁室北侧，铜尊 1 件已破碎，碎片分布在棺盖偏北位置。区位关系及器物铭文如表 7 所示。①

表 7　戚家庄东 M269 随葬铜容礼器区位关系

铜器类别（编号）		出土位置	相邻器物	铭文
食器	圆鼎（37）	椁室北端	甗（36）、扁足鼎（38）、大圆鼎（39）、斝（42）	爰
	扁足鼎（38）	椁室北端	圆鼎（37）、斝（42）、尊（44）	疋未
	大圆鼎（39）	椁室北端	甗（36）、圆鼎（37）、扁足鼎（38）、簋（40）、斝（42）、尊（44）	爰
	簋（40）	椁室北部东侧	罍（35）、大圆鼎（39）、方鼎（41）、尊（44）	爰
	方鼎（41）	椁室偏北处东侧	簋（40）、尊（44）	爰
	甗（36）	椁室北端西侧	罍（35）、圆鼎（37）、大圆鼎（39）、尊（44）	

① 安阳市文物工作队：《殷墟戚家庄东 269 号墓》，《考古学报》1991 年第 3 期。

续表7

铜器类别(编号)		出土位置	相邻器物	铭文
酒器	瓡(8)	椁室南端	爵(9)	
	爵(9)	椁室南端	瓡(8)、尊(14)	爰
	卣(10)	椁室南端	爵(12)	
	爵(12)	椁室南端	卣(10)	爰
	尊(14)	椁室南端中部	爵(9)、方彝(22)、觯(78)	
	方彝(22)	椁室南端西侧	尊(14)、瓡(23)	爰
	瓡(23)	椁室南端	方彝(22)、瓡(24)	爰
	瓡(24)	椁室南端	瓡(23)、器盖(25)	爰
	罍(35)	椁室北端西侧偏东	瓿(36)、簋(40)、尊(44)	爰
	斝(42)	椁室中部偏北	圆鼎(37)、扁足鼎(38)、大圆鼎(39)、尊(44)	爰
	尊(44)	椁室北端	罍(35)、瓿(36)、扁足鼎(38)、大圆鼎(39)、簋(40)、方鼎(41)、斝(42)	
	觯(78)	椁室南端偏东侧	尊(14)、斗(79)	子
	斗(79)	椁室南端偏东侧	觯(78)	

由表7可见，M269随葬食器聚置在椁室北端；酒器尊、斝、罍在北端，瓡、爵、觯、卣、方彝等在椁室南端。其中瓿靠近罍，圆鼎与斝相邻，尊（M269：44）分别与方鼎、簋交接。酒器群中，瓡、爵组合器物邻近。故而该墓区位特征为食器聚置、酒器基本组合器物聚置，瓿邻罍，鼎邻斝。

郭家庄榕树湾M1（图16），墓室面积约5.8平方米，墓主人头向东，1棺1椁，有熟土二层台和腰坑殉狗，墓主人棺外北侧中部有1具殉人。青铜容礼器集中放置在棺椁之间的东部，容礼器聚置一处，食器分置器群两端，北侧2件圆鼎与罍相邻，南侧瓿邻近卣，簋邻近壶，值得注意的是食器旁均伴有陶罍。① 由是可归结该墓区位特征为食器分置器群两端，鼎、瓿邻罍、卣。

郭庄村北M6，墓室口小底大，墓底面积约5.3平方米，墓主人头向北，1棺1椁，有熟土二层台和腰坑殉狗，瓡、爵、觯各1件，置于棺盖南端；其余两套瓡、爵及卣等14件器物置于椁室北端，这14件青铜器物胎壁极薄，制作粗糙，多素面，应为明器。② 其区位关系如表8所示。

---

① 安阳市文物考古研究所：《安阳殷墟徐家桥郭家庄商代墓葬——2004—2008年殷墟考古报告》，第98页。

② 安阳文物工作队：《河南安阳郭庄村北发现一座殷墓》，《考古》1991年第10期。

表 8　郭庄村北 M6 随葬铜容礼器区位关系

铜器类别（编号）		出土位置	相邻器物	铭文
食器	甗（24）	椁室西北部	爵（25）、觚（26）、卣（29）、鼎（42）、鼎（43）、爵（51）	
	簋（33）	椁室东北部	尊（28）	
	鼎（42）	椁室西北部	甗（24）、觚（26）、斝（27）、鼎（43）、鼎（48）、鼎（49）	
	鼎（43）	椁室西北部	觚（26）、鼎（42）	
	鼎（48）	椁室西北部	斝（27）、尊（28）、鼎（42）、鼎（49）	
	鼎（49）	椁室西北部	鼎（48）	
酒器	觯（2）	棺盖南端	觚（3）	羊
	觚（3）	棺盖南端	觯（2）、爵（4）	
	爵（4）	棺盖南端	觚（3）	
	爵（25）	椁室西北部	甗（24）、觚（26）、觚（50）、爵（51）	羊
	觚（26）	椁室西北部	甗（24）、爵（25）、斝（27）、鼎（42）、鼎（43）、觚（50）、爵（51）	羊
	斝（27）	椁室西北部	觚（26）、尊（28）、鼎（42）、鼎（48）、觚（50）	
	尊（28）	椁室西北部	斝（27）、簋（33）、鼎（48）	
	卣（29）	椁室西北角	甗（24）、爵（25）、罍（30）、觚（50）、爵（51）	羊
	罍（30）	椁室西北角	甗（24）、卣（29）、觚（26）、斝（27）、觚（50）	
	觚（50）	椁室西北部	甗（24）、爵（25）、觚（26）、卣（29）、罍（30）、爵（51）	羊
	爵（51）	椁室西北部	甗（24）、爵（25）、觚（26）、觚（50）	羊

　　郭庄村北 M6 的食、酒器组合，酒器基本组合器物爵、觚、觯独立成群，位于棺盖南端。此与郭家庄赛格金地 M13 将酒器觚、爵单置一群相近。觚、爵、觯成群，与 1986 年发表的 83 郭家庄 M1 情况相同，[①] 体现觯地位上升、进入酒器基本组合的趋势。

　　郭庄村北 M6 墓主人头端的食、酒器群，报告已指出其基本为明器，但仍可得见以食器甗为一端邻酒器罍、卣，另一端以簋邻酒器尊的置用方式，可认为器用区位为实用器酒器基本组合，觚、爵、觯独立成群，明食、酒器群中食器分置两端，甗、簋邻近罍、尊，觚、爵组合器相近，鼎簋相邻。

　　综合上述 9 种组合情况可见，殷墟食、酒器组合墓葬的器用组合与区位特征似按随葬器物种类多寡存在着铭文多见于酒器，组合核心器物觚、爵（觯）多单置，食器鼎、簋、甗分置并作为基本器群两端，鼎觚、鼎卣、鼎斝、鼎罍、鼎甗渐至簋卣、簋斝、甗觚、甗罍相邻作为一端的趋势。

---

① 　安阳市博物馆：《安阳郭家庄的一座殷墓》，《考古》1986 年第 8 期。

2. 食、酒、水器组合墓葬中青铜容礼器的组合与区位

殷墟铜器墓葬中器物组合包括食、酒、水三大器类的典型墓葬如下。

一期：小屯 M232；二期 I 阶段：小屯 M331；二期 II 阶段：小屯 M18、花园庄 M54、大司空村 M539、刘家庄北地 M33；三期 I 阶段：郭家庄 M160；三期 II 阶段：殷墟西区 M1713、刘家庄北 M1046 及大司空村 M303。

上列诸座墓葬均为中型墓葬，可依上论鼎、簋、甗等食器与罍、瓿、斝等酒器组合情况，分四组讨论。

（1）鼎 + 瓿组合

一期的小屯 M232（图 17），墓室面积约 7.9 平方米，属小屯乙区南组墓葬，有 8 具殉人。随葬容礼器组合为食器鼎，酒器斝、觚、爵、罍（M232∶R2056）、瓿（M232∶R2057），水器盘，食、酒、水大类齐全。除 1 爵在椁室西南部外，随葬铜容器基本集中在东南部，以食器鼎 + 酒器瓿、斝、觚、爵、罍 + 水器盘的形式置放。食器鼎与水器盘分处器群两端，与酒器瓿、罍相邻。① 由此可推断其区位特征为食、酒、水器分类聚置，鼎瓿相邻。

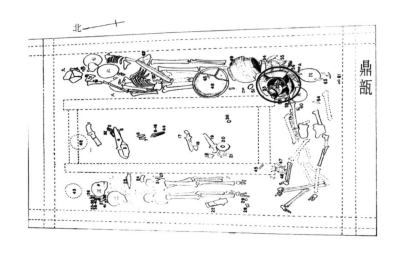

图 17　小屯 M232 青铜容礼器区位情况

（2）鼎、甗 + 罍、斝组合

二期 I 阶段的小屯 M331（图 18）与二期 II 阶段的刘家庄北地 M33（图 19）

---

① 石璋如：《小屯（第一本）遗址的发现与发掘：丙编·殷虚墓葬之三——南组墓葬附北组墓补遗》，台北：台湾"中研院"历史语言研究所，1973 年，第 17 页。

属此种组合。

　　小屯 M331 属丙区墓葬，墓室面积约 6.7 平方米，有 5 具殉人，随葬器物在棺椁之间东壁下及南壁下相互叠压，尤其是东南角叠压达三四层，造成不少器物残损。容礼器组合为食器鼎、甗，酒器爵、觚、罍（M331:R2058）、斝、尊、卣、斗及水器盉。棺椁之间南部大圆鼎与罍、斝相邻，圆鼎与觚相邻，盉与觚、卣相邻。东北为尊、斝、方爵与锅形器。① 因此其器用区位特征似可总结为，食器分置酒水器组合两端，酒水器基本组合（爵、觚、斝、罍及盉）聚置，器群一端罍（斝）邻食器鼎（甗），酒器斝觚相邻。

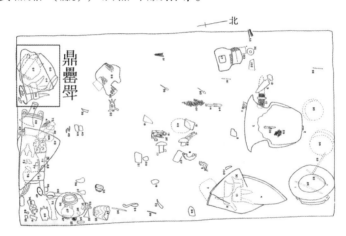

图 18　小屯 M331 青铜容礼器区位情况

图 19　刘家庄北地 M33 青铜容礼器区位情况

---

①　石璋如：《小屯（第一本）遗址的发现与发掘：丙编·殷虚墓葬之五——丙区墓葬》，第56 页。

刘家庄北地 M33，墓室面积约 7.4 平方米，墓主人头向南，有熟土二层台和腰坑殉狗，腰坑北端有一幼童骸骨。随葬铜容礼器罍、瓿放在椁室棺的南侧，其他器物多放在棺盖上。器物组合为食器分裆鼎、圆鼎、瓿与酒器罍、方彝、两套觚、爵及水器盘、盆。[1] 区位关系及器物铭文如表 9。

表 9　刘家庄北地 M33 随葬铜容礼器区位关系

铜器类别（编号）		出土位置	相邻器物	铭文
食器	瓿（2）	椁室南侧	罍（1）、觚（5）、盘（7）	
	鼎（10）	椁室中部	觚（6）、盆（8）、爵（12）	
	鼎（11）	椁室北侧	方彝（4）	
酒器	罍（1）	椁室南侧	瓿（2）、觚（5）、盘（7）	
	方彝盖（3）	椁室南侧	觚（5）、觚（6）、盘（7）	
	方彝（4）	椁室北侧	盆（8）、鼎（11）	
	觚（5）	椁室南侧	罍（1）、瓿（2）、方彝盖（3）、盘（7）	
	觚（6）	椁室中部	盘（7）、盆（8）、鼎（10）	
	爵（12）	椁室中部	觚（6）、盘（7）、盆（8）、鼎（10）	戈
	爵（13）	椁室中部	盆（8）	戈
水器	盘（7）	椁室南部	罍（1）、瓿（2）、方彝盖（3）、觚（5）、觚（6）、盆（8）	
	盆（8）	椁室中部	觚（6）、盘（7）、鼎（10）、爵（12）、爵（13）	

M33 食、酒、水器组合齐全，器物分散，椁室北侧鼎邻方彝置放的方式亦见于大司空村东南 M663。M33 南端瓿、罍相邻，若将其与之近旁的觚、盘等视作同一器群，则该器群以瓿、鼎为两端；盘、盆似可视作处在器群边缘且相互靠近。故其区位特征为食、酒、水器群中水器处在边缘，两端为食器，瓿、罍靠近。

（3）鼎、簋、瓿+斝组合

三期Ⅱ阶段殷墟西区 M1713（图 20），墓室面积约 4.7 平方米，墓主人头向南，1 棺 1 椁，有熟土二层台及腰坑殉狗，北二层台殉人 1 具，棺椁之间东侧有殉人 2 具。[2]

---

[1]　安阳市文物考古研究所：《河南安阳刘家庄北地商代遗址墓葬 2009—2010 年发掘简报》，《文物》2017 年第 6 期。

[2]　中国社会科学院考古研究所安阳工作队：《安阳殷墟西区一七一三号墓的发掘》，《考古》1986 年第 8 期。

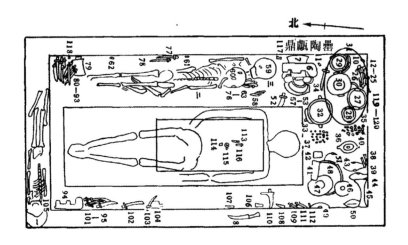

图 20 殷墟西区 M1713 青铜容礼器区位情况

殷墟西区 M1713 铜容礼器较集中置放在椁室南端，区位关系及器物铭文如表 10 所示。

表 10 西区 M1713 随葬铜容礼器区位关系

铜器类别（编号）		出土位置	相邻器物	铭文
食器	鼎（27）	椁室东南侧	鼎（28）、甗（30）	壬申，王锡亚鱼贝，用乍兄癸尊，在六月，唯王七祀翌日
	鼎（28）	椁室东南部	鼎（27）	
	鼎（29）	椁室东南角	甗（30）、鼎（31）	
	甗（30）	椁室东南侧	鼎（27）、鼎（29）、鼎（31）、簋（32）	
	鼎（31）	椁室东南角	鼎（29）、甗（30）	
	簋（32）	椁室东南部	甗（30）、簋（33）	
	簋（33）	椁室东南部	甗（30）、簋（32）	辛卯，王锡啇鱼贝，用乍父丁葬
酒器	陶罍（26）	椁室东南侧	鼎（27）、鼎（28）、甗（30）	
	爵（43）	椁室西南侧	盂（40）、爵（44）、觚（45）、盘（48）、斝（51）	亚鱼父丁
	爵（44）	椁室西南侧	爵（43）、觚（45）	亚鱼父丁
	觚（45）	椁室西南角	爵（43）、爵（44）、觚（46）	
	觚（46）	椁室西南侧	觚（45）、尊（47）、盘（48）、卣（49）、爵（50）	
	尊（47）	椁室西南部	盘（48）、卣（49）	
	卣（49）	椁室西南侧	觚（46）、尊（47）、爵（50）	
	爵（50）	椁室西南角	觚（45）、觚（46）、卣（49）	盖铭:亚鱼,尾铭:辛卯,王锡啇鱼贝,用乍父丁葬
	斝（51）	椁室西南部	盂（40）、爵（43）、盘（48）	
水器	盂（40）	椁室西南部	爵（43）、盘（48）、斝（51）	
	盘（48）	椁室西南部	盂（40）、爵（43）、觚（46）、尊（47）、斝（51）	

西区 M1713 食、酒、水器类齐全，实用器组合为食器：1 圆鼎、1 簋；酒器：3 爵、2 觚。明器组合为食器：3 圆鼎、1 簋、1 甗；酒器：1 斝、1 尊、1 卣；水器：1 盘、1 盉。以鼎、簋、觚、爵为基本组合器物，合乎殷墟三期 II 阶段的通例。① 两套器物集中置放在椁室南部，组成同一器群，鼎、簋、甗在东侧，盘、盉在中部，斝、尊、卣、爵、觚等在西侧，似遵循食、酒、水器分别聚置的置用方式，唯明器斝处在酒器群与食器群交接处，与鼎、簋相望，似乎为斝连食器的反映。值得注意的是椁室东南部有陶罍与鼎、甗相邻。其区位特征可总结为食、酒、水器分类聚置，斝（陶罍）连食器。

（4）鼎、簋、甗＋罍、斝组合

二期 II 阶段中型墓小屯 M18、花园庄 M54、大司空村 M539；三期 I 阶段中型墓郭家庄 M160；三期 II 阶段中型墓刘家庄北 M1046 及大司空村 M303 六座墓葬均可纳入此组合。

小屯 M18，墓室面积约 10.4 平方米。墓主人头向北，葬具有棺有椁，有熟土二层台及腰坑殉狗，有 5 具殉人，1 具在填土内，4 具在椁室内。铜容礼器绝大部分置于椁室南部，放置凌乱，推测或因木椁塌陷所致。容礼器上发现 5 种铭文，但同铭器物放置并不集中。从整体看，有铭文者与无铭文者共同构成一个较齐全的器群，都应是墓主随葬品。其区位关系及器物铭文如表 11 所示。②

表 11　小屯 M18 随葬铜容礼器出土时区位关系

铜器类别(编号)		出土位置	相邻器物	铭文
食器	簋(5)	椁室西南部	卣盖(10)、爵(11)、盘(14)、觚(19)、甗(32)	䜌戍
	鼎(12)	椁室东南部	尊(13)、觚(18)	
	鼎(30)	椁室西南角	觚(7)、箕形器(9)、甗(31)、甗(32)	
	甗(31)	椁室西南角	尊(4)、爵(6)、箕形器(9)、卣(10)、斝(15)、斝(17)、鼎(30)、爵(50)、爵(51)、鼎(52)	
	甗(32)	椁室西南角	簋(5)、觚(7)、觚(8)、箕形器(9)、爵(11)、觚(19)、鼎(30)	䜌
	鼎(52)	椁室西南部	尊(4)	

---

① 朱凤瀚：《中国青铜器综论》，第 1005—1006 页。

② 中国社会科学院考古研究所安阳工作队：《安阳小屯村北的两座殷代墓》，《考古学报》1981 年第 4 期。

续表 11

铜器类别(编号)		出土位置	相邻器物	铭文
酒器	尊(4)	椁室西南部	觚(8)、箕形器(9)、卣盖(10)、斝(15)、斝(17)、甗(31)、鼎(52)	
	爵(6)	椁室西南部	斝(17)、甗(31)	子[illegible]母
	觚(7)	椁室西南角	鼎(30)、甗(32)	㚤
	觚(8)	椁室西南部	尊(4)、斝(15)、觚(19)、甗(32)	㚤
	卣盖(10)	椁室西南部	簋(5)、爵(11)、盘(14)	
	卣(10)	椁室东南部	尊(4)、斝(17)、觚(18)、甗(31)	子[illegible]母
	爵(11)	椁室西南部	簋(5)、卣盖(10)、盘(14)、觚(19)、甗(32)	
	尊(13)	椁室东南部	鼎(12)、爵(35)	子渔
	斝(15)	椁室西南部	尊(4)、觚(8)、箕形器(9)、鼎(30)、甗(31)	
	觚(16)			鸟[illegible]
	斝(17)	椁室东南部	爵(6)、卣(10)、甗(31)	子渔
	觚(18)	椁室东南部	卣(10)、鼎(12)、斝(17)	㚤
	觚(19)	椁室西南部	簋(5)、觚(8)、爵(11)、甗(32)	㚤
	罍(33)	椁室东北角		
	爵(35)	椁室东南部	尊(13)	
	爵(50)	椁室西南角	甗(31)	子[illegible]母
	爵(51)	椁室西南角	甗(31)	子[illegible]母
水器	盘(14)	椁室西南部	簋(5)、卣盖(10)、爵(11)	
其他	箕形器(9)	椁室西南部	尊(4)、觚(8)、斝(15)、鼎(30)、甗(32)	

除罍以外，M18 铜器基本集中在椁室南部，食器、酒水器置放较为散乱，但仍可推拟诸类器物的置用情况。椁室西南以甗与斝、爵、觚、尊、卣相邻；鼎、簋之间虽间隔较远，仍可见以食器为器群两端的处置方式；盘在器群西北端，与主体器群存在间隔。斝、觚相邻的情况与一期小屯 M232 及二期Ⅰ阶段的小屯 M331 相同。是故，小屯 M18 铜器区位特征为食、酒、水器群聚堆，水器位于器群边缘，食器甗邻酒器斝，酒器斝、觚分别靠近尊、卣。

花园庄 M54，墓室口小底大，墓底面积约 25.8 平方米，墓主人头向北，1 棺 1 椁，有熟土二层台及腰坑殉狗，有殉人 15 具。随葬青铜容礼器主要放在棺椁之间的南北两端，大多数器物向东倾斜，发掘者据此推测是由椁板自西向东塌陷所致。随葬品位置较清楚，鼎全部放在北端，方尊、方斝、方彝、罍、盂、觚、爵及甗等多在南端。① 区位关系与铭文如表 12 所示。②

① 中国社会科学院考古研究所安阳工作队：《河南安阳市花园庄 54 号商代墓葬》，《考古》2004 年第 1 期；中国社会科学院考古研究所：《安阳殷墟花园庄东地商代墓葬》，北京：科学出版社，2007 年，第 88—93 页。

② 花园庄 M54 出土青铜容礼器还包括觚 3 件（M54:190、194、200），爵 3 件（M54:145、155、156），此 6 器被压于下层，未计入表内。

表12 花园庄 M54 随葬铜容礼器区位关系

铜器类别（编号）		出土位置	相邻器物	铭文
食器	瓹（154）	棺椁之间南端	亚长方罍（43）、方尊（84）、罍（136）、爵（138）、爵（153）	亚长
	分裆圆鼎（166）	棺椁之间北端	分裆圆鼎（167）、分裆圆鼎（172）、簋（171）	
	分裆圆鼎（167）	棺椁之间北端	方鼎（170）、分裆圆鼎（166）、簋（171）	亚？
	方鼎（170）	棺椁之间北端	方鼎（191）、分裆圆鼎（167）、分裆圆鼎（181）、簋（171）	
	簋（171）	棺椁之间北端	方鼎（170）、分裆圆鼎（166）、分裆圆鼎（167）、分裆圆鼎（181）、簋（177）	
	分裆圆鼎（172）	棺椁之间北端	分裆圆鼎（166）	亚？
	簋（177）	棺椁之间北端	圆鼎（240）、簋（171）	
	分裆圆鼎（181）	棺椁之间北端	方鼎（170）、方鼎（191）、簋（171）	亚长
	方鼎（191）	棺椁之间北端	方鼎（170）、分裆圆鼎（181）	亚长
	圆鼎（224）	棺椁之间北端	方鼎（170）、方鼎（191）	亚长
	圆鼎（240）	棺椁之间北端	簋（177）	亚长
酒器	方罍（43）	棺椁之间南端	瓹（154）、方尊（84）、罍（136）	亚长
	方尊（84）	棺椁之间南端	瓹（154）、方罍（43）	亚长
	爵（109）	棺椁之间东南	方罍（43）、罍（136）、牛尊器盖（146）	
	觚（120）	棺椁之间东南	觚（192）、爵（138）、爵（165）、方彝（183）、觥（195）	亚长
	爵（135）	棺椁之间东南	罍（136）、牛尊器盖（146）、爵（138）、爵（165）、爵（184）	
	罍（136）	棺椁之间东南	瓹（154）、亚长方罍（43）、爵（109）、爵（135）、牛尊器盖（146）	
	爵（138）	棺椁之间东南	瓹（154）、爵（135）、觚（120）	亚长
	牛尊器盖（146）	棺椁之间东南	爵（109）、爵（135）、罍（136）	亚长
	勺（149）	棺椁之间西北	勺（152）	亚长
	勺（152）	棺椁之间西北	勺（149）	
	爵（153）	棺椁之间东南	瓹（154）	
	爵（165）	棺椁之间东南	爵（138）、觚（120）	亚长
	方彝（183）	棺椁之间东南	爵（184）、觚（120）、斗（187）	亚长
	爵（184）	棺椁之间东南	爵（135）、方彝（183）、斗（187）	
	斗（187）	棺椁之间东南	方彝（183）、爵（184）	
	觚（192）	棺椁之间东南	觚（120）、方彝（183）	
	觥（195）	棺椁之间东南	觚（120）、觚（237）	亚长
	觚（205）	棺椁之间西北	觚（206）、陶罍（196）	亚长
	觚（206）	棺椁之间西北	觚（205）、陶罍（196）	
	觚（237）	棺椁之间东南	觥（195）	
	觚（470）	棺椁之间西北	牛尊（475）	
	牛尊（475）	棺椁之间西北	觚（470）	亚长
水器	盂（157）	棺椁之间南部	觚（237）	亚长
	盂（169）	棺椁之间东南		亚长

花园庄 M54 随葬铜器组合包括食、酒、水器，特别是酒器与方形器众多。方形器多有"亚长"铭文，似与其铜器组合来源或者"构成"有关。由表 12 可见，除甗以外，食器鼎均置于棺椁之间北端，置放次序为两个大圆鼎在东西两侧，自西向东依次为两方鼎相邻，分裆圆鼎（M54:181）与两方鼎（M54:170、191）及簋（M54:171）相邻，簋南侧为 3 件分裆圆鼎（M54:166、167、172），东为簋（M54:177），可见食器摆放次序为大圆鼎位于两侧、方鼎 + 分裆圆鼎 + 簋的形式。

酒、水器群基本聚置在椁室东南。其中水器盂在最外侧。值得注意的是食器甗亦在此处，与方斝、方尊及罍相邻放置，亦同于小屯 M331 的使用方式，在器群一端以食器甗或鼎与罍、斝相邻。墓中方尊、方斝体形较罍更大，似是其相对于罍更与甗邻近的缘由。由此 M54 区位特征可归结为食、酒水器群分置，水器位于器群边缘，酒、水器群一端以斝、罍等邻食器甗。

大司空村 M539（图 21），墓室口小底大，墓底面积约 5.8 平方米，墓主人头向东，1 棺 1 椁，有熟土二层台及腰坑殉狗，椁室西端有 1 具殉人。[①] 铜容礼器大多发现在墓主足端。部分器物身盖分在两处，可能是棺椁塌陷造成的。

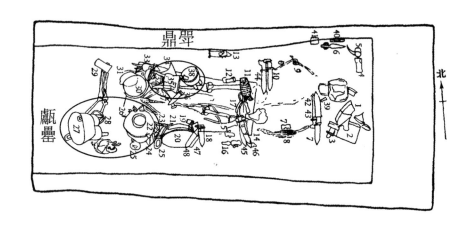

图 21　大司空村 M539 青铜容礼器区位情况

诸器区位关系及铭文见表 13。

---

① 中国社会科学院考古研究所安阳工作队：《1980 年河南安阳大司空村 M539 发掘简报》，《考古》1992 年第 6 期。

表13 大司空村 M539 随葬铜容礼器区位关系

铜器类别（编号）		出土位置	相邻器物	铭文
食器	圆鼎（38）	墓底西北侧	觚（34）、斝（35）	
	簋（30）	墓底西北侧	罍（22）、甗（27）、卣（32）、爵（33）	帚出
	甗（27）	墓底西南角	簋（30）、罍（22）	
酒器	斗（5）	墓底东北角		
	斗柄（16）	墓底南侧		
	斝盖（21）	墓底南侧	盘（20）、觚（23）	
	罍（22）	墓底西南侧	觚（23）、爵（24）、觯（25）、甗（27）	
	觚（23）	墓底西南侧	盘（20）、斝盖（21）、罍（22）	
	爵（24）	墓底西南侧	罍（22）、觚（23）、觯（25）	辇
	觯（25）	墓底西南侧	盘（20）、罍（22）、觚（23）、爵（24）	
	卣（32）	墓底西北侧	簋（30）、爵（33）、觚（34）、斝（35）	
	爵（33）	墓底西北侧	簋（30）、卣（32）、觚（34）	帚出
	觚（34）	墓底西北侧	卣（32）、爵（33）、斝（35）	
	斝（35）	墓底北侧	卣（32）、觚（34）、鼎（38）	亚
水器	盘（20）	墓底南侧	斝盖（21）、觚（23）、觯（25）	帚
其他	箕形器（2）	墓底东南侧		

M539 与小屯 M18 相近，为食、酒、水器组合，器物亦基本集中在椁室西部。水器盘处在器群边缘，与酒器相邻。食器甗与酒器罍相近。若将器群西南角之甗视作一端，则以鼎为另一端，鼎斝靠近。由此，M539 区位特征为食、酒水器基本聚堆，食器为两端，水器处在器群边缘，食器鼎、甗与酒器斝、罍相邻，酒器觚爵靠近。

郭家庄 M160 墓室面积较大，约 13.3 平方米，墓主人头向东，有棺有椁，有熟土二层台及腰坑殉狗，有 4 具殉人。[①] 随葬铜容礼器全部置于椁室，区位关系与铭文见表14。

---

① 中国社会科学院考古研究所：《安阳殷墟郭家庄商代墓葬——1982—1992 年考古发掘报告》，第 72—76 页。

表 14 郭家庄 M160 随葬铜容礼器区位关系

铜器类别（编号）		出土位置	相邻器物	铭文
食器	大圆鼎（62）	椁室东北侧	方鼎（21）、方形器（50）、甗（51）、方彝（150）、角（151）、卣（172）	亚址
	方鼎（21）	椁室东南侧	有盖提梁鼎（32）、大圆鼎（62）、方斝（111）	亚寅止
	提梁鼎（32）	椁室东南侧	方鼎（21）、簋（33）、方斝（111）	亚址
	簋（33）	椁室东南角	有盖提梁鼎（32）	亚寅止
	甗（51）	椁室东北角	方形器（50）、大圆鼎（62）	
	分裆鼎（123）	椁室东南部	盂（74）、盘（97）、方鼎（134）、大方尊（128）、大方尊（152）	亚寅止
	方鼎（134）	椁室东北部	分裆鼎（123）、方瓿（133）、罍（140）、大方尊（152）	亚址
	分裆鼎（135）	椁室东北部	方瓿（133）、陶罍（136）、方彝（150）、大方尊（152）、方瓿（166）、卣（172）	亚寅止
酒器	斗（93）	椁室东南部	盘（97）、方瓿（112）、罍（140）	
	方斝（111）	椁室东南部	方鼎（21）、有盖提梁鼎（32）、盘（97）、方瓿（114）、大方尊（128）	亚址
	方瓿（112）	椁室东南部	斗（93）、盘（97）、大方尊（128）、罍（140）	亚址
	方瓿（113）	椁室东南部	斗（93）、盘（97）、方瓿（112）、方鼎（134）、大方尊（128）、罍（140）、角（141）	亚址
	方瓿（114）	椁室东南部	盘（97）、方斝（111）、大方尊（128）	亚址
	方瓿（116）	椁室东南部	盘（97）、大方尊（128）	亚址
	圆尊（118）	椁室东南部	大方尊（128）	亚址
	角（124）			亚址
	角（125）	椁室东南部	盘（97）、大方尊（128）	亚址
	觯（126）	椁室东南部	盘（97）、大方尊（128）	亚址
	大方尊（128）	椁室东南部	盂（74）、盘（97）、方斝（111）、方瓿（112）、方瓿（114）、方瓿（116）、尊（118）、角（125）、觯（126）、罍（140）	亚址
	方瓿（133）	椁室东北部	方鼎（134）、分裆鼎（135）、大方尊（152）	亚址
	方瓿（139）	椁室东北部	大方尊（152）、方斝（173）、圆罍（174）	亚址
	罍（140）	椁室中部偏东	斗（93）、盘（97）、方瓿（112）、方鼎（134）、大方尊（128）、角（141）	亚址
	角（141—146）	椁室东北部	罍（140）、方彝（150）、大方尊（152）	亚址
	方彝（150）	椁室东北部	分裆鼎（135）、角（141—146）、角（151）、大方尊（152）	亚址
	角（151）	椁室东北部	大圆鼎（62）、方彝（150）、大方尊（152）、方瓿（166）、卣（172）	亚址
	大方尊（152）	椁室东北部	盂（74）、分裆鼎（123）、方瓿（133）、方鼎（134）、分裆鼎（135）、方瓿（139）、角（141—146）、方彝（150）、角（151）、角（153）	亚址
	角（153）	椁室东北部	大方尊（152）	亚址
	方瓿（166）	椁室东北部	分裆鼎（135）、卣（172）、方斝（173）	亚址
	方瓿（170—171）	椁室东北部	方斝（173）	亚址
	卣（172）	椁室东北部	大圆鼎（62）、分裆鼎（135）、角（151）、方瓿（166）	亚址
	方斝（173）	椁室东北部	方瓿（139）、方瓿（166）、方瓿（170—171）、圆罍（174）	亚址
	圆罍（174）	椁室东北部	方瓿（139）、方斝（173）	亚寅址
水器	盂（74）	椁室中部偏东	盘（97）、分裆鼎（123）、大方尊（128）、大方尊（152）	亚址
	盘（97）	椁室东南部	盂（74）、斗（93）、方斝（111）、方瓿（112）、方瓿（114）、方瓿（116）、分裆鼎（123）、角（125）、觯（126）、大方尊（128）、罍（140）	亚址
其他	方形器（50）	椁室东北角	甗（51）、大圆鼎（62）	

郭家庄 M160 随葬容礼器数量较多，器用组合可列为三类。食器：6 鼎（1 大圆鼎、2 分裆鼎、2 方鼎、1 提梁垂腹方鼎）、1 簋、1 甗；酒器：3 斝（1 圆斝、2 方斝）、2 方尊、1 圆尊、1 罍、1 卣、10 方觚、10 角、1 觯、1 斗；水器：1 盘、1 盂。在椁室东北角另有一方形器，甗在其下，甗之西南为大圆鼎，大圆鼎南侧为一方鼎，方鼎东南是提梁垂腹方鼎，簋在椁室东南角。椁室东部基本为食器聚集。大圆鼎西侧由北至南，组成食、酒、水铜器群。报告介绍，北侧方觚、方斝、卣，东与大圆鼎相望，南接分裆圆鼎，这些器物南侧诸器以 1 对大方尊为中心展开，大方尊（M160:152）南部有一方鼎，其下部与四周共有 8 件方觚和角。2 件大方尊之间自东而西依次为罍、方觚、分裆圆鼎与盂。铜盘倒置于大方尊（M160:28）之上，与置于两件大方尊之间的盂相邻。盘之北侧有斗，斗下有 1 方觚。盘之东南有方斝，盘下、方尊口上侧放 1 件觯。

由上可见，M160 随葬食器基本组合鼎、簋、甗在东部。食、酒、水器群，水器盘、盂仍处在边缘位置，器群以 2 件方斝、2 件大方尊为中心，食器方鼎、分裆鼎与大方尊相邻。大圆鼎与卣、垂腹方鼎与斝相距较近。M160 区位特征为食器基本组合聚置，食、酒水器群以方斝、方尊为中心，水器仍处边缘位置，食器鼎邻酒器大方尊。

刘家庄北 M1046（图 22），墓室面积约 9.2 平方米，墓主人头向东，有棺有椁，有熟土二层台及腰坑殉狗，墓内殉人 6 具。铜器大部分在椁室东部，集中置放在椁室东南角。简报推测，紧靠南椁壁下层的容器位置无移动，当在棺椁之间。上层容器彼此叠压，推测应原置于椁盖或棺盖板之上，后因棺椁塌陷掉落。

该墓随葬铜器组合为：

食器：6 鼎（1 大圆鼎、1 圆鼎、2 分裆鼎、2 方鼎）、2 簋、1 甗；酒器：3 卣、3 尊（2 方尊、1 圆尊）、1 方罍、1 方彝、1 斝、5 爵、2 角、3 觚、2 觯、1 斗；水器：1 盘、1 盂。[①] 器物区位关系与铭文见表 15。

[①] 中国社会科学院考古研究所安阳工作队：《安阳殷墟刘家庄北 1046 号墓》，刘庆柱主编：《考古学集刊》第 15 集，第 359—398 页。

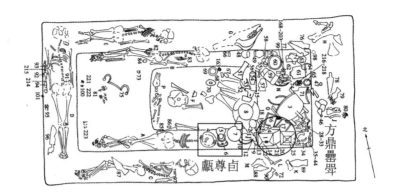

图 22　刘家庄北 M1046 青铜容礼器区位情况

表 15　刘家庄北 M1046 随葬铜容礼器区位关系

铜器类别（编号）		出土位置	相邻器物	铭文
食器	大圆鼎(3)	椁室东南侧	方鼎(16)、方鼎(17)、分裆圆鼎(26)、分裆圆鼎(27)、簋(61)、圆鼎(71)	亚丑
	瓯(4)	椁室东南部	卣(5)、卣(6)	亚丑
	方鼎(16)	椁室东南侧	方彝(1)、盉(2)、大圆鼎(3)、盘(8)、方鼎(17)、方尊(23)	亚丑
	方鼎(17)	椁室东南角	方彝(1)、大圆鼎(3)、斝(20)、罍(25)	亚丑
	分裆圆鼎(26)	椁室东南角	大圆鼎(3)、方鼎(17)、圆鼎(27)	亚丑
	分裆圆鼎(27)	椁室东南角	方鼎(17)、分裆圆鼎(26)	亚丑
	簋(60)	椁室东北角	簋(61)	亚丑
	簋(61)	椁室东北角	大圆鼎(3)、簋(60)、圆鼎(71)	亚丑
	圆鼎(71)	椁室东部	大圆鼎(3)、分裆圆鼎(26)、簋(61)	亚丑
酒器	方彝(1)	椁室东南侧	盉(2)、瓿(9)、爵(13)、爵(14)、方鼎(16)、方鼎(17)、角(18)、斗(19)、斝(20)、觯(22)、尊(23)、爵(24)、罍(25)	亚宫丑、亚丑
	卣(5)	椁室东南部	瓯(4)、卣(6)、圆尊(7)	
	卣(6)	椁室东南部	瓯(4)、卣(5)、圆尊(7)	
	圆尊(7)	椁室东南部	卣(5)、卣(6)、盘(8)、卣(10)、瓿(11)	亚丑
	瓿(9)	椁室东南侧	盉(2)、瓿(11)、角(12)	亚
	卣(10)	椁室东南侧	盉(2)、圆尊(7)、盘(8)、瓿(11)	亚丑、亚
	瓿(11)	椁室东南侧	盉(2)、圆尊(7)、瓿(9)、角(12)	亚丑
	角(12)	椁室东南侧	盉(2)、瓿(9)、瓿(11)	
	爵(13)	椁室东南侧	方彝(1)、爵(14)、觯(22)	
	爵(14)	椁室东南侧	方彝(1)、爵(13)、觯(22)	亚
	爵(15)	椁室东南侧	盘(8)、角(18)	亚宫丑
	角(18)	椁室东南侧	方彝(1)、爵(15)、斗(19)	亚丑
	斗(19)	椁室东南侧	方彝(1)、角(18)、方尊(23)	
	斝(20)	椁室东南侧	方彝(1)、方鼎(17)、爵(21)、罍(25)	亚宫丑
	爵(21)	椁室东南侧	斝(20)	亚
	觯(22)	椁室东南侧	方彝(1)、爵(13)、爵(14)	
	方尊(23)	椁室东南侧	方彝(1)、盉(2)、方鼎(16)、斗(19)	亚丑
	爵(24)	椁室东南侧	方彝(1)	亚
	方罍(25)	椁室东南侧	方彝(1)、方鼎(17)、斝(20)	亚、亚丑
	方尊(45)	椁室东南角	罍(25)、分裆圆鼎(27)	亚丑
	瓿(51)	椁室东北部	觯(54)	亚
	觯(54)	椁室东北部	瓿(51)	

续表15

铜器类别（编号）	出土位置	相邻器物	铭文
水器　盉(2)	椁室东南侧	方彝(1)、圆尊(7)、盘(8)、瓿(9)、卣(10)、瓿(11)、角(12)、方鼎(16)、斗(19)、方尊(23)	
盘(8)	椁室东南部	盉(2)、圆尊(7)、卣(10)、瓿(11)、爵(15)	亚弜

由表15可见，M1046组合器物集中置放在椁室东南；除甗以外，食器以大圆鼎为中心，圆鼎、分裆鼎、方鼎与簋互相聚堆在最东侧，即外圈；酒器在内侧。若仍将甗视为一端，则甗连酒器卣、尊；方鼎（M1046∶17）连酒器罍、斝；簋（M1046∶60）连酒器瓿、觯。水器盘、盉作为连接酒器的桥梁，仍处在器群外围边缘。由此，M1046区位特征为食器、酒水基本组合器聚堆分置，两端甗连卣、鼎连罍斝，组合器爵与瓿、尊与卣、鼎与簋相邻。

大司空村M303，墓室面积约9.1平方米，墓主人头向北，有棺有椁，有熟土二层台及腰坑殉狗，殉人4具。随葬青铜容礼器均放置在椁内棺北侧，发掘者推测放入顺序为：先把铜圆鼎、盘、斝和一对卣放在椁室东北角，在其南侧依次放置一对方鼎、分裆鼎、盉、罍、折肩尊（腹内有1件铜觯）、提梁壶、甗等，之后在斝、卣、盉之上散置7件瓿和10件爵，2件方鼎上分置筒形尊和分裆鼎各1件。棺西北隅有两层器物，下层有2件铜簋，上层放置大量陶罍、觯与罐。诸器物区位与铭文情况见表16。[1]

表16　大司空村M303随葬铜容礼器区位关系

铜器类别（编号）	出土位置	相邻器物	铭文
食器　甗(57)	椁室东北部	壶(58)、折肩尊(99)	马𠂤(危)
簋(79)	椁室西北部	簋(81)、方鼎(114)、方鼎(115)、圆鼎(116)	马𠂤(危)
簋(81)	椁室西北部	簋(79)、方鼎(114)、方鼎(115)、圆鼎(116)	马𠂤(危)
分裆鼎(82)	椁室东北部	罍(59)、筒形尊(83)、方鼎(114)	马𠂤(危)
扁足鼎(100)	椁室东北部	折肩尊(99)、圆鼎(116)	马𠂤(危)
分裆鼎(104)	椁室东北部	瓿(107)、方鼎(114)	马𠂤(危)
扁足鼎(112)	椁室东北部	盘(56)、瓿(106)、瓿(107)、方鼎(115)	马𠂤(危)
方鼎(114)	椁室东北部	分裆鼎(82)、分裆鼎(104)、方鼎(115)	马𠂤(危)
方鼎(115)	椁室东北部	盘(56)、瓿(107)、扁足鼎(112)、方鼎(114)、圆鼎(116)	马𠂤(危)
圆鼎(116)	椁室东北部	盘(56)、爵(92)、爵(95)、扁足鼎(112)、方鼎(115)、盉(117)、卣(120)	马𠂤(危)

---

[1] 中国社会科学院考古研究所安阳工作队：《殷墟大司空M303发掘报告》，《考古学报》2008年第3期；中国社会科学院考古研究所：《安阳大司空——2004年发掘报告》，北京：文物出版社，2014年，第402—403页。

续表16

铜器类别（编号）		出土位置	相邻器物	铭文
酒器	壶（58）	椁室东北部	甗（57）、折肩尊（99）、罍（59）	马（危）
	罍（59）	椁室东北部	壶（58）、分裆鼎（82）、筒形尊（83）、方鼎（114）	马（危）
	筒形尊（83）	椁室东北部	盘（56）、罍（59）、分裆鼎（82）、扁足鼎（112）、方鼎（115）、圆鼎（116）、斗（180）	马（危）
	爵（90）	椁室东北部	爵（92）、斝（118）、卣（119）	马（危）
	爵（92）	椁室东北部	盘（56）、斗（98）、觚（106）、觚（107）、斝（108）、圆鼎（116）、盉（117）、卣（120）	马（危）
	斗（98）	椁室东北部	爵（96）、斝（108）	
	折肩尊（99）	椁室东北部	甗（57）、壶（58）、罍（59）、觚（102）、觚（105）、觯（184）	
	觚（102）	椁室东北部	折肩尊（99）、觚（105）	
	觚（105）	椁室东北部	折肩尊（99）、觚（102）	马（危）
	觚（106）	椁室东北部	爵（91）、爵（96）、爵（97）、觚（107）、斝（108）、扁足鼎（112）	
	觚（107）	椁室东北部	爵（94）、觚（106）、扁足鼎（112）、圆鼎（116）	马（危）
	斝（108）	椁室东北部	爵（96）、爵（97）、斗（98）、觚（106）、爵（109）	马（危）
	爵（109）	椁室东北部	斝（108）	
	觚（110）	椁室东北部	爵（91）、爵（94）、觚（111）、卣（120）	马（危）
	觚（111）	椁室东北部	爵（91）、爵（94）、觚（110）	马（危）
	爵（113）	椁室东北部	爵（97）、觚（106）、觚（110）	马（危）
	斝（118）	椁室东北部	爵（90）、卣（119）	马（危）
	卣（119）	椁室东北部	斝（118）	马（危）
	卣（120）	椁室东北部	爵（92）、爵（93）、爵（94）、爵（95）、觚（110）、圆鼎（116）、盉（117）	马（危）
	斗（180）	椁室东北部	筒形尊（83）	
	觯（184）	椁室东北部	折肩尊（99）	马（危）
水器	盘（56）	椁室东北部	筒形尊（83）、爵（90）、爵（92）、扁足鼎（112）、方鼎（115）、圆鼎（116）、盉（117）	
	盉（117）	椁室东北部	盘（56）、爵（91）、爵（94）、圆鼎（116）、卣（120）	

大司空村 M303（图 23）与刘家庄北 M1046 墓室面积相近，其青铜容礼器组合为食、酒、水器三类。食器：7 鼎（1 圆鼎、2 方鼎、2 分裆鼎、2 扁足鼎）、2 簋、1 甗；酒器：2 尊（1 折肩尊、1 筒形尊）、2 卣、2 斝、1 罍、6 觚、10 爵、1 觯、1 壶、2 斗；水器：1 盘、1 盉。

与刘家庄北 M1046 类似，除甗之外的食器以圆鼎（M303∶116）为中心展开陈放。甗在器群一端，连接酒器折肩尊、壶，与罍相望；另一端圆鼎邻卣、盘；分裆鼎（M303∶82）与罍、筒形尊相邻。盘、盉处在酒水器群中边缘较独立位

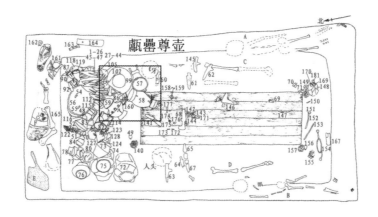

图 23　大司空村 M303 青铜容礼器区位情况

置，可见盘、盉组合器置用方式已固定。由此，M303 铜容礼器之区位特征为食、酒水器分类聚置，食器两端，甗连尊，鼎连卣、罍，水器边缘独立。

需要指出的是，本组墓葬年代均较晚，规模较大，组合亦最全。如郭家庄 M160、刘家庄北 M1046 及大司空村 M303 三座墓葬，具有出土器物铭文单一、墓主人身份相近的特点。所以汤毓赟曾以上述墓葬器用组合为例，指出殷墟部分中型墓随葬的青铜容礼器，存在一种较为固定的配置模式，即以成套觚爵为核心，搭配偶数配列的方鼎、分裆鼎、簋、方尊、卣等，以及奇数的圆鼎、甗、圆尊、盉、觯等，认为"觚爵成套"和"偶数配列"是殷墟青铜容礼器组合的基本形式。[①]将"偶数同形"作为商代晚期延续至周代殷遗民的商文化特质因素之一，[②]是有道理的。这里可就其器用区位再作补充。

上述 10 座典型墓葬食、酒、水组合的器用情况，其共性可归纳如下。其一，食、酒、水基本器群聚堆置放，水器常处于器群边缘，与酒器相邻。其二，食、酒器的相邻方式多为食器鼎、甗等分置器群两端，常见食、酒器相邻，如甗＋罍，甗＋斝，鼎＋瓿，鼎＋罍，鼎＋斝等。其三，食器鼎、簋，酒

①　汤毓赟：《殷墟墓葬青铜礼器组合的新思考》，《江汉考古》2018 年第 2 期。

②　参见雷兴山、蔡宁：《周原遗址黄堆墓地分析》，北京大学中国考古学研究中心、北京大学震旦古代文明研究中心编：《古代文明》第 12 卷，上海：上海古籍出版社，2018 年，第 132—143 页。需要说明的是，不仅陶器，铜礼器也具有"偶数同形"的特点，参见杨博：《江南土墩墓的铜礼器用与偶数用鼎》，《东南文化》待刊；《当阳赵家湖与楚系墓葬器用中的殷遗旧制》，《考古与文物》待刊。

器爵、觚、觯与尊、卣，水器盘、盉与盘、盂等组合器物在本阶段墓葬中经常出现靠近使用的情况。由此可推断，殷墟随葬容礼器三大种类齐全的中型墓葬，可能存在一种相对固定的置器方式：食器分置器群两端，觚罍、鼎斝等分别为器群首尾，水器处于器群边缘，各器类内部核心组合器如鼎簋、爵觚等相邻放置。

二、殷墟贵族墓葬青铜容礼器器用区位的多维度考察

1. 殷墟墓葬青铜器器用区位之分阶段考察

上文主要从器用组合角度，对典型墓葬的青铜容礼器器用区位特征进行考察，亦涉及同时代同地区墓葬体现出组合相近的情况。接下来拟按照地区、时代与器类来探究器用区位特点。此外，铭文、头向、腰坑、殉牲等葬俗对于了解青铜容礼器的器用特点也有重要参照作用。一般来讲，早期（殷墟铜器二期以后）铭文多见于核心组合器物如觚、爵、鼎。位置方面，铜容礼器仅随葬觚、爵的情况中，觚、爵亦多在墓主人身边。就殷墟墓葬来说，时代越晚、规模越大、墓主人身份等级越高，铭文器物就越多。如上述三期Ⅱ阶段的郭家庄 M160、刘家庄北 M1046 及大司空村 M303 三座墓葬，出土青铜器多带有铭文，且铭文单一，腰坑殉牲、殉人亦为常见，唯墓主人头向有北、南、东之差。因此在考察中将墓室面积、头向也列入参考。

（1）一期（盘庚至小乙时期）

典型墓葬有小屯 M232、M333、M388、三家庄 M3、三家庄 M1、① 洹北花园庄东地 M10 六座。其中小屯 M232 为食、酒、水器组合，三家庄 M1 为酒器组合，花园庄东地 M10 为食器组合，其余 3 座墓葬均为食、酒器组合。墓室面积上，三家庄 M1、花园庄东地 M10 属于小型墓，其他均为中型墓，这与出土器类的食、酒器组合也较为一致。可将 6 座墓葬铜器组合、区位特征与墓室面积、② 头向等情况汇入表 17，进而讨论本期墓葬容礼器共性区位特征。

---

① 中国社会科学院考古研究所安阳工作队：《安阳殷墟三家庄东的发掘》，《考古》1983 年第 2 期，第 126—132 页。

② 本文表内墓室面积均取墓底面积。

表 17　殷墟铜器一期典型墓葬区位特征比较

内容 墓号	面积 （平方米）	头向	铜器组合	铜器区位	铜器区位特征
小屯 M388	8.5	北	鼎＋罍斝 觚爵瓿壶	棺椁之间 南部＋棺内	酒器基本组合聚置,酒器罍（瓿）邻食器鼎,酒器斝、觚相邻
小屯 M232	7.9	北	鼎＋瓿斝 觚爵罍＋盘	棺椁之间南部	食、酒、水区别;酒器瓿、斝邻食器鼎,酒器斝、觚相邻
小屯 M333	5.6	北	鼎＋罍斝 觚爵	棺椁之间 南部＋西北部	酒器基本组合聚置,酒器罍邻食器鼎,酒器斝、觚相邻
三家庄 M3	4.4	南	鼎＋斝觚爵	墓主足 端西二层台	器物聚置,酒器斝邻食器鼎,酒器斝、觚相邻
三家庄 M1	2	北	觚爵	墓主足端	酒器聚置
洹北花园 庄东地 M10	2	北	鼎	东南角二层台	单鼎

根据表 17,可对本期墓葬铜器区位特征加以总结:首先,随葬铜器组合、数量之多寡与墓室面积大小似并无完全对应的关系,如小屯 M388 与 M232,两墓随葬铜器数量相同,但面积较小的 M232 却包括食、酒、水三类;其次,本期墓葬随葬铜器之基本组合为鼎＋爵、觚、斝,但罍、瓿等亦常见;最后,区位共性可归结为基本组合器物聚置,食器鼎邻近酒器罍（瓿、斝）,酒器斝、觚相邻。

（2）二期 I 阶段（武丁早期）

典型墓葬有小屯 M331、M188、59 武官 M1、铁三路 M89 四座。其中 M188、铁三路 M89 墓室面积约 1.9 平方米,为小型墓葬（表 18）。

表 18　殷墟铜器二期 I 阶段典型墓葬区位特征比较

内容 墓号	面积 （平方米）	头向	铜器组合	铜器区位	铜器区位特征
59 武官 M1	7.5	北	鼎甗＋瓿斝觚爵	二层台＋墓底	器物分置,食器鼎邻酒器瓿、斝
小屯 M331	6.7	北	鼎甗＋罍斝觚爵尊 卣斗＋盉＋锅形器	棺椁之间 南部＋东北部	食器分置酒水器两端,酒水器基本组合聚置,器群一端酒器罍（斝）邻食器鼎（甗）,酒器斝、觚相邻
小屯 M188	1.9	北	鼎甗＋瓿斝觚爵	墓底	器物基本聚置,器群一端食器甗邻酒器瓿、斝
铁三路 M89	1.8	北	觚爵	棺内	墓主人头部两侧

由表 18 可见,本阶段铜器区位之一般特征:其一,墓室面积、头向与随葬铜器组合的关系仍不明朗;其二,区位共同特征为器群一端或单独一处,食器鼎

或甗与酒器瓿（罍）、斝相邻置用。

（3）二期Ⅱ阶段（武丁晚期至祖甲或延至廪辛时期）

典型墓葬有中型墓花园庄 M54，小屯 M18、M17，大司空村 M539，大司空村东南 M663，殷墟西区 M613，郭家庄东南 M26 与文源绿岛 M5、刘家庄北地 M33、王裕口南地 M103、苗圃北地 M105。小型墓有侯家庄东区 M1022、[①] 刘家庄北地 M44 与大司空南地 M29。

下面亦可将本阶段典型墓葬相关情况汇入表 19，继而讨论本阶段青铜容礼器器用区位的一般特征。

表 19　殷墟铜器二期Ⅱ阶段典型墓葬区位特征比较

内容 墓号	面积 （平方米）	头向	铜器组合	铜器区位	铜器区位特征
花园庄 M54	25.8	北	鼎簋甗＋方斝方尊罍方彝爵觚觯勺斗	棺椁之间	食、酒水器群分置，水器位于边缘，一端以斝、罍等邻甗
小屯 M18	10.4	北	鼎簋甗＋斝爵觚尊卣罍＋盘＋箕形器	棺椁之间	食、酒、水器群聚堆，水器位于边缘，甗邻斝，斝觚、尊卣分别靠近
郭家庄东南 M26	7.9	东	鼎簋甗＋方彝罍爵觚＋箕形器罐	棺椁之间	食酒器聚堆分置，甗邻方彝、爵觚靠近
刘家庄北地 M33	7.4	南	鼎甗＋罍方彝爵觚＋盘盆	椁室内	食、酒、水器群分置，水器处在边缘，两端食器，甗罍靠近
大司空村东南 M663	6.6	东	鼎簋＋甗方彝爵觚	棺椁中	器群聚堆，食器两端；鼎、簋与方彝、甗相邻，爵觚组合器靠近
殷墟西区 M613	6.4	北	鼎＋甗爵觚	棺室内	鼎邻甗、爵觚组合器靠近
大司空村 M539	5.8	东	鼎簋甗＋罍斝爵觚卣觯斗＋盘＋箕形器	墓主足端	食、酒水器基本聚堆，食器为两端，水器边缘，鼎、甗与罍、斝相邻，爵觚、斝觚分别靠近
王裕口南地 M103	5.7	南	鼎簋＋罍壶爵觚	二层台	食器鼎簋分置器群两端，鼎连酒器壶
文源绿岛 M5	5.5	东	鼎甗＋罍爵觚＋箕形器	棺椁之间	食酒器聚堆分置，甗邻罍

---

① 石璋如：《侯家庄（第十本）小墓分述之一：1005、1022 等八墓与殷代的司烜氏》，台北：台湾"中研院"历史语言研究所，2001 年，第 58 页。

续表 19

内容 墓号	面积 （平方米）	头向	铜器组合	铜器区位	铜器区位特征
小屯 M17	5.3	北	鼎＋觚爵	棺椁之间	鼎与觚、爵集中放置
苗圃北地 M105	5.1	东	觚爵	棺内	觚在墓主人足部，爵在头端
刘家庄北地 M44	3.6	东	鼎甗＋斝觚爵尊壶	棺盖上	器群聚置，食器鼎、甗分置作为器群两端，甗斝、鼎壶相邻
大司空南地 M29	2.8	南	鼎＋爵觚	墓底	鼎邻酒器觚
侯家庄东区 M1022	2	北	斝方彝卣爵觚觯角	墓底	酒器分置

本阶段器物组合的变化在于甗的减少与簋的增加，酒器中爵、觚、罍（或瓶）为基本组合，水器或有盘，但非必备。墓室面积较大的花园庄 M54、小屯 M18 的随葬容礼器组合虽相对齐整，但苗圃北地 M105 的墓室面积约 5.1 平方米，属中型墓葬，却仅有酒器觚、爵，可见墓室面积大小与铜器组合多寡并无明显对应关系。另一方面，酒器种类的多少与墓主身份的高低存在联系，如花园庄 M54、小屯 M18，除酒器基本组合外还有斝、尊、卣、方彝等。

本阶段铜容礼器器用区位的一般特征与上阶段近似，其共性为：墓葬中绝大多数器物组成食、酒、水器群；水器处在边缘位置，即其一边不与其他铜容礼器相邻；食器作为器群两端，一般以甗、簋较为常见，特别是甗经常与罍、瓶、方彝、斝等酒器相邻；酒器内部存在斝与觚、爵与觚、尊与卣等组合器靠近置放的现象。

（4）三期Ⅰ阶段（廪辛至文丁或延至帝乙初期）

典型墓葬包括以下几种。中型墓：戚家庄东 M269，范家庄东北地 M4，郭家庄 M1 与 M160，郭家庄赛格金地 M13 与榕树湾 M1，孝民屯东南地 M1327、孝民屯 SM926，苗圃北地 M80；小型墓：苗圃北地 M54，[①] 孝民屯 SM38、SM17 与 SM929。

---

① 中国社会科学院考古研究所安阳工作队：《1980—1982 年安阳苗圃北地遗址发掘简报》，《考古》1986 年第 2 期。

表 20　殷墟铜器三期 I 阶段典型墓葬区位特征比较

内容 墓号	面积 （平方米）	头向	铜器组合	铜器区位	铜器区位特征
郭家庄 M160	13.3	东	鼎簋甗 + 斝方尊罍卣方觚角 觯斗 + 盉盘 + 方形器	椁室东侧	食器基本组合聚置、食、酒水器群以方罍、方尊为中心，水器边缘，鼎邻大方尊
范家庄 东北地 M4	7	南	鼎簋 + 卣觚爵	棺内北部 墓主人足端	簋卣一端，鼎甗爵一端，两套觚爵组合器靠近，簋卣相邻，陶器簋罍在南部棺椁之间相邻
榕树湾 M1	5.8	东	鼎簋甗 + 斝卣罍尊爵觚觯壶	椁室东部	食器分置器群两端，鼎、甗相邻罍、卣
孝民屯东南地 M1327	5	东	鼎簋 + 卣觚爵	棺内	爵觚组合器靠近，簋卣相邻
戚家庄东 M269	4.6	南	鼎簋甗 + 罍斝尊卣方彝爵觚觯斗	椁室两端	食器、酒器基本组合聚置，甗邻罍、鼎邻斝
郭家庄 M1	4.6	北	鼎簋 + 爵觚	棺内	鼎、觚靠近
苗圃北地 M80	4.6	东	觚爵	棺内	爵觚组合置用在墓主人头端
孝民屯 SM926	4.5	北	鼎簋 + 瓿觚爵	棺内	爵觚核心组合器相邻外，鼎瓿相邻陈用
赛格金地 M13	4.3	北	鼎簋 + 斝卣爵觚觯	墓室南部	食器位于器群两端，鼎、簋靠近卣、斝，爵觚组合置用
孝民屯 SM17	3.9	北	鼎簋 + 卣觚爵	棺椁之间	大圆鼎作为器群一端，爵觚组合器靠近，鼎卣相邻
孝民屯 SM38	3.8	北	觚爵	棺内	觚爵合置用在墓主人头端
苗圃北地 M54	2.6	东	鼎簋 + 爵觚	棺内	鼎、觚靠近
孝民屯 SM929	2.4	北	觚爵	棺内	觚爵合置用在墓主人头端

与二期相比，三期第 I 阶段发生显著变化：甗与罍相邻情况变少，鼎邻斝、卣等情况较多，爵、觚组合普遍。本阶段区位特征可总结为，中型墓食器分置器群两端情况较常见，小型墓鼎、觚相邻情况较常见，食器鼎与酒器斝、卣相邻情况多于甗、罍相邻情况，水器仍处于器群边缘。

（5）三期 II 阶段（帝乙、帝辛时期）

典型墓葬包括大司空村 62M53、殷墟西区 M269、西区 M1713、郭庄村北 M6、郭家庄 M50、刘家庄北 M1046、孝民屯 NM154 及大司空村 M303、90 市建行营业楼 M1。①

----

① 中国社会科学院考古研究所安阳工作队：《河南安阳梅园庄西的一座殷墓》，《考古》1992 年第 2 期。

表 21　殷墟铜器三期 II 阶段典型墓葬铜器区位特征比较

内容 墓号	面积 （平方米）	头向	铜器组合	铜器区位	铜器区位特征
刘家庄北 M1046	9.2	东	鼎簋甂 + 斝尊卣罍方彝瓿角觯斗 + 盘盉	椁室东部	食器、酒水基本组合器聚堆分置，两端甂连卣、鼎连罍斝，水器边缘独立，组合器爵瓿、尊卣、鼎簋相邻
大司空村 M303	9.1	北	鼎簋甂 + 尊卣斝罍瓿爵觯壶斗 + 盘盉	椁内棺北	食、酒水器分类聚置，食器两端，甂连尊，鼎连卣、罍，水器边缘独立
郭家庄 M50	5.4	东	鼎簋 + 爵瓿卣	椁室	实用酒器基本组合爵瓿分置，器群中鼎与卣相邻，鼎簋组合器靠近
郭庄村北 M6	5.3	北	鼎簋甂 + 斝尊卣爵瓿觯	椁室南北两端	实用器酒器基本组合瓿、爵、觯独立成群；明器食、酒器群中食器分置两端，甂、簋邻近罍、尊，瓿爵、鼎簋相邻
殷墟西区 M1713	4.7	南	鼎簋甂 + 斝尊卣爵瓿 + 盘盉	椁室南端	食、酒、水器分类聚置，斝似仍连食器
孝民屯 NM154	4.4	北	鼎 + 斝尊卣瓿爵	棺上北侧	爵瓿组合器靠近，鼎斝相邻
大司空村 62M53	4.1	北	陶鼎簋 + 陶斝尊卣壶 + 爵瓿觯	墓底	陶鼎与陶尊、斝靠近，陶鼎、簋位于器群两端
殷墟西区 M269	4.1	南	簋 + 斝爵瓿尊卣	棺椁之间	食器处于器群一端，簋与斝相邻，爵瓿组合置用
90 市建行营业楼 M1	4	北	鼎簋	椁室北端	食器聚置

使用明器与仿铜陶容礼器是本阶段中型墓葬容礼器器用的鲜明特征。此类墓葬中多见实用酒器基本组合爵、瓿与爵、瓿、觯单独成群的情况。在属于明器的食、酒或食、酒、水器群中，食器与酒、水基本组合器分类聚置，食器分置两端，一端以甂、另一端以簋分别与酒器罍、斝、尊、卣等器物相邻摆放。其中甂与食器基本组合器物鼎、簋等聚置情况较少，多作为器群一端，与酒器罍、斝、尊、卣等器物相邻。甂、罍相邻的情形虽仍然可见，但鼎卣、鼎罍、鼎斝、簋斝相邻的情况较前期更为普遍。包含水器的器群，无论水器是否为明器，均与酒器相邻，唯其置用位置经常在边缘较独立处。食器鼎、簋，酒器爵、瓿、觯与尊、卣，水器盘、盉与盘、盂等组合器物经常出现靠近使用的情况。

2. 殷墟墓葬青铜器用区位之分器类考察

上文主要分时段对诸典型墓葬青铜容礼器器用组合与区位特征进行讨论，可以发现如鼎瓿、甗罍等经常作为器群相邻器物出现。因此，需要对此种情况按器类分别考察。为便于讨论，可以酒器为例，列表讨论具体情况（表22）。

表 22　器类相邻情况细分

分期	墓葬编号	面积（平方米）	相对位置	相邻
一期	小屯 M388	8.5	左腿	鼎罍、鼎斝
	小屯 M232	7.9	左腿	鼎瓿
	小屯 M333	5.6	右腿	鼎罍
	三家庄 M3	4.4	左腿	鼎斝
二期 I 阶段	59 武官 M1	7.5	头	鼎瓿、鼎斝
	小屯 M331	6.7	头	鼎罍、甗斝
	小屯 M188	1.9	足	甗瓿、甗斝
二期 II 阶段	花园庄 M54	25.8	足	甗罍、甗斝
	小屯 M18	10.4	足	鼎尊、甗斝
	郭家庄东南 M26	7.9	左腿	鼎陶罍、甗陶罍、甗方彝
	刘家庄北地 M33	7.4	头	鼎方彝、甗罍
	大司空东南 M663	6.6	左腿	鼎方彝、簋瓿
	殷墟西区 M613	6.4	头	鼎瓿
	大司空村 M539	5.8	左腿	甗罍、簋斝、簋卣
	王裕口南地 M103	5.7	左腿	鼎壶
	郭家庄文源绿岛 M5	5.5	左腿	甗罍、鼎陶罍
	小屯 M17	5.3	足	鼎瓿
	刘家庄北地 M44	3.6	左腿	鼎壶、甗斝
	大司空南地 M29	2.8	头	鼎瓿
三期 I 阶段	郭家庄 M160	13.3	头	鼎尊、鼎卣、鼎斝
	范家庄东北地 M4	7	足	簋卣、鼎瓿
	郭家庄榕树湾 M1	5.8	头	鼎罍、甗陶罍、甗卣、簋壶
	孝民屯东南地 M1327	5	头	簋卣、鼎瓿
	郭家庄 M1	4.6	头	鼎瓿
	戚家庄东 M269	4.6	足	鼎斝、甗罍
	孝民屯 SM926	4.5	足	鼎瓿
	郭家庄赛格金地 M13	4.3	足	鼎卣、簋斝
	孝民屯 SM17	3.9	足	鼎卣
	苗圃北地 M54	2.6	头	鼎瓿

续表22

分期	墓葬编号	面积（平方米）	相对位置	相邻
三期 Ⅱ阶段	刘家庄北 M1046	9.2	头	鼎斝、鼎罍、甂卣
	大司空村 M303	9.1	头	鼎卣、鼎罍、甂尊、甂壶
	郭家庄 M50	5.4	头	鼎卣
	郭庄村北 M6	5.3	头	甂罍、簋尊
	殷墟西区 M1713	4.7	头	鼎斝
	孝民屯 NM154	4.4	头	鼎斝
	大司空村 62M53	4.1	头	陶鼎斝
	殷墟西区 M269	4.1	头	簋斝

表22中的相对位置，指的是器群特别是相邻器物相对于墓主人身体的位置，可大致分为足部与头部两组。大体上看，小屯诸墓以足部为主；殷墟西区诸墓葬头部居多；郭家庄墓葬存在由足部向头部的转移过程，或与用鼎、用甂相关。大致而言，器用位置在墓主人足部的，常见鼎相邻酒器；在头部的，则以甂相邻酒器为多。此即关涉每类器物间相邻的状况，下文将分别论述。

（1）甂。食器与甂相邻的情况主要出现在三期Ⅰ阶段以前。鼎甂相邻常见于较大的中型墓里，延续时间亦长，如一期的小屯 M232、二期Ⅰ阶段的 59 武官 M1、二期Ⅱ阶段的殷墟西区 M613 及三期Ⅰ阶段的孝民屯 SM926。此外，二期Ⅰ阶段小屯 M188、二期Ⅱ阶段大司空东南 M663 则分别以甂、簋与甂相邻。

（2）罍（含陶罍）。鼎罍、甂罍相邻的情况最为常见，约半数的典型墓葬存在这种情况。二期Ⅰ阶段之前，鼎罍相邻为主流，之后甂罍相邻逐渐占据上风，间或出现鼎罍相邻的情况。特别是二期Ⅱ阶段为甂罍相邻的极盛期，其时及以后会有陶罍与甂相邻，起到补充器用区位之作用。三期后鼎罍、甂罍相邻的情况并行，墓室面积 5.8 平方米及以上者用鼎、5.3 平方米及以下的用甂。

（3）斝。鼎斝、甂斝或簋斝相邻出现的情况仅次于罍。与罍的情况近似，二期Ⅰ阶段之前鼎斝相邻为主流，二期Ⅱ阶段甂斝相邻盛行，进入三期后鼎斝相邻复兴，多见于墓室面积 4.4 平方米以上墓葬，并基本延续至三期末段。簋斝相邻相对少见，最早见于二期Ⅱ阶段的大司空村 M539，三期后多见于墓室面积 4.3 平方米以下的墓葬。

（4）卣。鼎卣、甂卣与簋卣相邻的情况中，鼎卣相邻最常见，簋卣则出现较早。一般而言食器与卣相邻的墓葬，与罍、斝同时相邻的可能性很大。如大司空村 M539 即瓿罍、簋卣，郭家庄赛格金地 M13 为鼎卣、簋斝。

（5）尊。鼎尊相邻较早见于二期Ⅱ阶段小屯 M18；三期Ⅰ阶段郭家庄 M160、三期Ⅱ阶段郭庄村北 M6、大司空村 M303 分别以鼎、簋、瓿与尊相邻。

（6）方彝。食器与方彝相邻的情况基本见于二期Ⅱ阶段。大司空东南 M663、刘家庄北地 M33 用鼎，郭家庄东南 M26 则用瓿。大致可推测墓室面积 7.5 平方米及以上用瓿、7.4 平方米及以下用鼎。

（7）壶。食器与壶相邻的情况见于二期Ⅱ阶段以后，刘家庄北地 M44、王裕口南地 M103、榕树湾 M1 及大司空村 M303 可见。

（8）觚。目前仅见觚与鼎相邻，此类组合多见于小型墓葬，随葬品以鼎、觚爵组合为主。

综上，组合器物较少的墓葬中多仅见鼎觚相邻；在器物较多的墓葬中，食器分置两端的情况多见，其中瓿罍、鼎罍与鼎斝、簋斝经常作为相邻器物出现。尤需注意的是，鼎、瓿与罍相邻，鼎、簋与斝相邻并行的情况与墓葬面积有对应关系，特别是三期以后的墓葬，墓室面积 5.8 平方米及以上者鼎罍相邻，5.3 平方米及以下者瓿罍相邻，墓室面积 4.4 平方米及以上者鼎斝相邻，以下者簋斝相邻。另一方面，在器物种类较少的墓葬中，食器仅作为食、酒器群的一端，器类基本用鼎，殷墟西区用簋似因墓中并无鼎随葬。鼎瓿、鼎觚、鼎斝相邻较多见，但不见鼎方彝、鼎尊相邻的情形。

三、区位特征与殷周容礼器器用的二系分途

上述"食器分置"等区位特征是否为殷人族群特有的器用方式，是需要关注的问题。

众所周知，西周时期仍然存在相当数量的殷遗民大族，宗周、成周均有"殷顽民"。[1]《左传》有定公四年周初分封"殷民六族"、"殷民七族"的记载，[2]

---

① 杨博：《清华简〈系年〉所涉周初处置殷遗史事疏证》，杨振红、邬文玲主编：《简帛研究》2016 春夏卷，桂林：广西师范大学出版社，2016 年，第 36—50 页。

② 《春秋左传正义》，阮元校刻：《十三经注疏》，北京：中华书局，1980 年，第 2133 页。

这也被考古发现所证实，如曲阜鲁国故城的墓葬即有甲组殷遗民墓葬与乙组周人墓葬的区别，琉璃河燕国墓地也有Ⅰ区殷遗民墓葬和Ⅱ区周人墓葬之分。这些殷遗民墓葬中青铜容礼器组合内部的区位关系是否与殷墟时期一致，与同时期的周人墓葬是否有别？这些问题的讨论，不仅有助于判断殷人族群墓葬青铜容礼器器用区位的特征，更可为以"食器分置"判断殷人墓葬提供认识基础。

1. 西周时期殷遗民贵族墓葬的青铜容礼器器用区位

西周初期的典型殷遗民墓葬，如关中王畿地区泾阳高家堡M4（图24），其随葬青铜容礼器有"戈"或"祖癸"、"父癸"等铭文者，为本族自作，在器用区位上亦处在核心位置。该墓葬器用区位的显著特征，亦为"甗罍相邻"置于墓主人头端。①

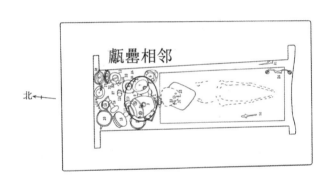

图24 高家堡M4青铜容礼器区位情况

类似情况还见于庄李村M9、白草坡M2等西周初期殷遗民墓葬。庄李村M9东北部二层台上自北向南依次摆放有甗、罍、尊、爵、卣、盉、斝、簋，② 这种器用区位亦体现出食器分置酒水器两端而酒器聚置的特征。墓葬中若无罍，如白草坡M2即以甗尊、鼎卣相邻；③ 周原遗址2014—2015年发掘的殷遗民墓葬昔鸡

① 杨博：《高家堡墓葬青铜礼器器用问题简论》，邹芙都主编：《商周青铜器与先秦史研究论丛》，第376—382页。

② 周原考古队：《陕西周原遗址发现西周墓葬与铸铜遗址》，《考古》2004年第1期；《陕西扶风县周原遗址庄李西周墓发掘简报》，《考古》2008年第12期。

③ 甘肃省博物馆文物队：《甘肃灵台白草坡西周墓》，《考古学报》1977年第2期。

墓 M11 则以簋卣相邻。①

　　同属王畿的洛阳地区，亦发现不少殷遗民墓葬，同样可见食器分置，鼎斝、鼎甒相邻的情形。如北窑"登"墓，墓室面积约3.9平方米，有腰坑殉狗，随葬器物在椁内北端排列有序，亦是鼎斝相邻在器群一端、簋在器群另一端的置放形式。② 洛阳东郊M13（图25），墓室面积约10平方米，有腰坑殉牲。墓室虽被盗掘，但墓室西壁与椁室之间留有铜容礼器，器用位置仍为鼎、甒在器群一端，甒鼎相邻，簋在器群另一端的形式。③

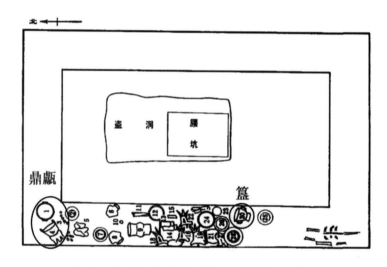

图25　洛阳东郊M13青铜容礼器区位情况

　　周王畿地区以外的殷遗民墓葬也体现出类似的区位特征。鹿邑太清长子口墓北椁室以饮食器为主，西椁室酒器居多。细察其器物摆放，似亦属食器分置、鼎

①　周原考古队：《陕西宝鸡市周原遗址2014—2015年的勘探与发掘》，《考古》2016年第7期。值得注意的是，同墓地年代在西周晚期的M30，被盗后二层台保留的食器鼎、甗等已聚置，由此似可推测下论周人墓葬随葬器物按大类分置的器用特征，至迟在西周晚期已影响关中地区的殷遗民族群，笔者曾推测此种情况可能与西周晚期的"礼制改革"有关，详参杨博：《西周诸侯墓葬青铜器器用研究》，博士后工作报告，北京大学考古文博学院，2017年，第174—176页。2019年公布的山西绛县横水西周中期墓M2158，已可见酒水器与食器按功能置放的特点，M2158墓主为倗伯，媿姓，墓中腰坑有殉人殉狗，发掘者推断该墓表现出浓厚的商、周和自身三种文化特征，此亦揭示不同族群在殷、周青铜容礼器器用因应方面的复杂性，参见山西省考古研究所等：《山西绛县横水西周墓地M2158发掘简报》，《考古》2019年第1期。
②　洛阳博物馆：《洛阳北瑶西周墓清理记》，《考古》1972年第2期。
③　张剑、蔡运章：《洛阳东郊13号西周墓的发掘》，《文物》1998年第10期。

斝相邻的情况。器群中以大圆鼎（M1:9）居中相邻酒器，特别与戈丁圆斝（M1:196）靠近，食器一端以甗起始，终于酒器一端的罍。[1] 襄县霍庄墓葬，墓室面积约 4.2 平方米，墓底有腰坑殉狗。墓底南侧自西向东依次摆放瓷罍、铜鼎、尊、卣、爵、簋，器物摆放方式食器分置、鼎尊相邻，与洛阳地区有腰坑墓葬相同。[2] 浚县辛村卫国墓地 M60，墓室面积约 4.6 平方米。由铭文看，器物来源较为复杂，族氏铭文有"束"、"冄（冉）"、"亚矣"等，日名亦有父辛、父乙、父癸等。故此组器未必为同人所作，可能为不同来源器物拼凑而成。郭宝钧推测墓主为尊铭之"陆"，其为父乙作器，[3] 当亦为殷人宗族之一员。M60 北二层台自东向西依次放置青铜容礼器甗、鼎、尊、卣、簋各一，爵在尊北，位置关系为食器分置，甗簋两端、鼎尊相邻。类似食器分置的情况，亦见于琉璃河墓地的殷遗民墓葬。如琉璃河 I M50 随葬 5 件铜容礼器，其中食器鼎、鬲分置器群两端，觯、尊、爵等酒器集中放置，符合殷人墓葬铜容礼器食器分置的置用特征。[4]

2. 西周初期以降周人贵族墓葬的铜容礼器器用区位

新近发现的 3 座叶家山西周初期曾侯墓葬 M28、M111、M65，M28、M111 可能晚于 M65，处于康王时期或康昭之际，M111 年代甚至已进入昭王时期。器用组合方面，除曾侯、夫人自作器外，一个明显的要素即带有族氏铭文的器物加入组合。由器用位置关系可知，族氏铭文器物是作为战利品以其器类即鼎、簋本身加入组合的，文字已丧失要表达的原始意义。[5] 就区位方面来说，随葬铜器的摆放位置遵循食、酒、水大类分置的原则，如 M65（图 26）墓中食器放置在西南角二层台上，酒器与水器的位置比较接近，都位于墓主人头端的东侧二

① 河南省文物考古研究所、周口市文化局：《鹿邑太清长子口墓》，郑州：中州古籍出版社，2000 年，第 13—16 页。
② 河南省博物馆：《河南省襄县西周墓发掘简报》，《文物》1977 年第 8 期。
③ 郭宝钧：《浚县辛村》，北京：科学出版社，1964 年，第 19 页。
④ 参见杨博：《琉璃河西周燕国墓地的青铜礼器器用》，邹芙都主编：《商周金文与先秦史研究论丛》，第 58—69 页。
⑤ 参见张天宇：《一墓多族徽与商周分界》，《江汉考古》2016 年第 6 期；杨博：《西周初期墓葬铜礼器器用区位研究——以随州叶家山为中心》，《江汉考古》2020 年第 2 期。

层台上，只是水器盂、盘更靠东南，水器与酒器之间存在明显间隔。① 类似情况还见于叶家山 M27。②

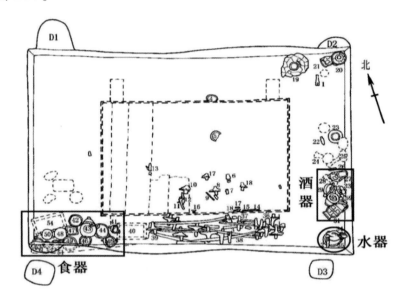

图 26 叶家山 M65 青铜容礼器区位情况

除曾侯墓及夫人墓之外，叶家山 M107 墓中随葬铜容礼器包括食器与酒器，其中食器置于东部二层台，酒器置于南部二层台，二者分隔亦明显，采用食、酒器大类分置的置器方式。③

食、酒、水大类分置的情况还见于竹园沟 BZM4、BZM8 和 BZM13 男性墓主的随葬铜器，④ 以及琉璃河 Ⅱ M251、Ⅱ M253 等多座西周初期周人墓葬。

竹园沟 BZM8 的铜容礼器均置于墓主人头端，食器置于右侧，酒器置于左侧。BZM4（图 27）男性墓主的铜容礼器置于其右侧二层台上，爵、觯、尊、卣等酒器置于漆盘之上，漆盘西北侧为水器 1 盘 1 壶，壶置于盘内，鼎、簋、甗等

---

① 湖北省文物考古研究所、随州市博物馆：《湖北随州叶家山 M65 发掘简报》，《江汉考古》2011 年第 3 期。

② 湖北省文物考古研究所、随州市博物馆：《湖北随州叶家山西周墓地发掘简报》，《文物》2011 年第 11 期。

③ 湖北省文物考古研究所、随州市博物馆：《湖北随州叶家山 M107 发掘简报》，《江汉考古》2016 年第 3 期。

④ 竹园沟墓地墓主人族属虽有争议，但从主体文化上看，其文化是周文化的一种，已完全可以称为周人。参见陈昭容主编：《宝鸡戴家湾与石鼓山出土商周青铜器》，台北：台湾"中研院"历史语言研究所、西安：陕西省考古研究院，2015 年，"序二"，第 19—20 页。

食器位于水器北侧。BZM13 男性墓主的随葬铜容礼器置于墓主右侧，食器置于右侧生土二层台上，爵、觯、尊、卣等酒器置于漆禁之上，放在熟土二层台与椁室之间，其北侧为 1 壶、1 盘，壶、盘与酒器明显各自成组。①

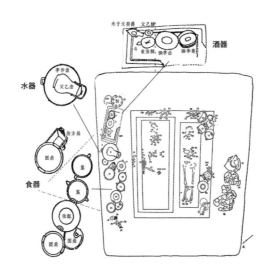

图 27　竹园沟 BZM4 男性墓主青铜容礼器区位情况

琉璃河 II M251（图 28），器物集中摆放在北面二层台上，水器 1 盘 1 盉在最西侧，酒器 2 爵 3 觯 1 尊 1 卣在中间，食器 6 鼎 4 簋 2 鬲 1 甗在最东侧。II M253 的摆放方式亦是按食、酒、水大类分置，酒器在北侧二层台西侧，水器在中间，食器在最东侧。②

平顶山滍阳岭 M242，在北侧二层台中部靠近外棺处，放置有食器铜鼎、铜簋各 2 件，在二层台东北部放有酒器尊、爵、提梁卣各 1 件，觯 2 件，③ 同样是食、酒器大类分置的形式。

若沿时间顺序继续追索，可知伴随着西周中晚期的"礼制改革"，周人贵族墓葬逐渐体现出食、酒、水器分置的一致特征。如北赵晋侯墓地 M93，其随葬实

---

① 张天宇：《文化与族群：商周时期的宝鸡市区》，硕士学位论文，北京大学考古文博学院，2015 年，第 66—67 页。图 27 出自本文。

② 北京市文物研究所：《琉璃河西周燕国墓地（1973—1977）》，北京：文物出版社，1995 年，第 34、37 页。

③ 河南省文物考古研究所、平顶山市文物管理局：《平顶山应国墓地 I》，郑州：大象出版社，2012 年，第 147 页。

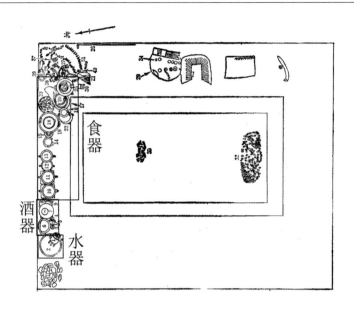

图 28　琉璃河 II M251 青铜容礼器区位情况

用器 16 件，在椁室东侧自南而北摆放齐整，依次为 1 盘、1 匜、2 壶，5 鼎、1
甗、6 簋。① 南阳夏饷铺鄂侯墓地 M16（图 29），食器一侧，酒、水器一侧的形
式，亦与上述情况基本相合。②

　　特别是京山苏家垄 M79、M88，③ 汉东东路墓地 M81、M110，④ 曾侯乙墓的
酒水器，⑤ 均已按照奇数列器与偶数同形组合器相邻、大类区别放置的方式摆
放，显示出西周至春秋中期乃至战国早期，食、酒、水器大类分置的器用区位
特征。

　　以上情形，与前论殷墟时期乃至入周后殷遗民墓葬中食器分置的区位特征存
在显著差别。上述两种形式的器用区位，可分别代表入周后周人与殷遗民墓葬在
青铜容礼器器用上的不同理念，似可视为区分其时周、殷二族墓葬的有效手段。

---

①　北京大学考古学系、山西省考古研究所：《天马—曲村遗址北赵晋侯墓地第五次发掘》，
　　《文物》1995 年第 7 期。
②　河南省文物局南水北调办公室、南阳市文物考古研究所：《河南南阳夏饷铺鄂国墓地 M7、
　　M16 发掘简报》，《江汉考古》2019 年第 4 期。
③　方勤等：《湖北京山苏家垄遗址考古收获》，《江汉考古》2017 年第 6 期。
④　湖北省文物考古研究所、随州市博物馆、随州市曾都区考古队：《随州汉东东路墓地
　　2017 年考古发掘收获》，《江汉考古》2018 年第 1 期。
⑤　湖北省博物馆：《曾侯乙》，北京：文物出版社，2018 年，第 34 页。

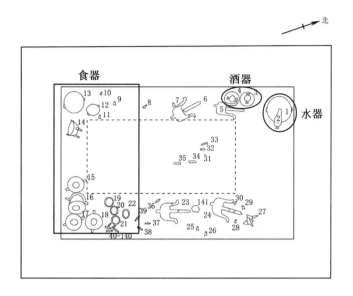

图 29　夏饷铺 M16 青铜容礼器区位情况

重要的是，根据前文讨论，殷人墓葬铜器酒器聚置，食器分置器群两端的方式在殷墟已普遍存在，从而可更进一步看作殷人贵族墓葬中铜容礼器的置用特点，显示出殷遗民置器方式的历史渊源。①

结　论

本文分析了殷墟典型墓葬随葬青铜容礼器的器用区位特征，并结合西周时期殷、周墓葬青铜容礼器器用区位特征的区别，对商人墓葬青铜容礼器器用区位特征的演变规律进行了讨论。根据以上研究，我们可以总结出以下结论。

首先，殷墟贵族墓葬青铜容礼器的区位特征可概括为"食器分置，甗罍相邻"。这种特征主要体现在复合型青铜容礼器组合的墓葬中，总体模式：（1）食器与酒器或酒、水器组成器群；（2）酒器聚置于器群中部；（3）食器鼎、簋、甗等分置于器群两端，甗（鼎）一般作为铜器群的一端，与罍、瓿、斝、卣、

① 不唯殷墟，山东益都苏埠屯商代墓葬中亦可得见这种酒器聚置、食器分置，鼎罍、簋卣相邻的置器方式，参见杨博：《山东益都苏埠屯贵族墓葬的铜礼器器用》，朱凤瀚主编：《青铜器与金文》第 3 辑，上海：上海古籍出版社，2019 年，第 368—382 页。罗山天湖M57 亦是食器分置、甗斝相邻的情况，参见河南省文物考古研究院、信阳市博物馆、罗山县博物馆：《河南罗山天湖商周墓地 M57 发掘简报》，《华夏考古》2016 年第 2 期。

尊、方彝等大型酒器相邻，以食器簋为器群另一端；[1]（4）若有水器，则置于酒器边缘，并与酒器保持一定间隔。

其次，"食器分置，甗罍相邻"特征的形成经历了一个过程。殷墟一期食器中，鼎较常见；二期Ⅰ阶段开始，甗逐渐取代鼎的位置，并固定置于器群一端，与大型酒器相邻；簋在二期Ⅱ阶段后加入食器组合，与甗各置器群一端。

再次，殷墟墓葬的青铜容礼器器用方式，仍可见于西周时期殷遗民墓葬，与周人按大类分置食、酒、水器的器用方式不同。这一方面体现出殷、周二族贵族墓葬青铜容礼器器用的二系分途；另一方面也反映了商人青铜容礼器器用方式的生命力和延续性。

最后，"食器分置，甗罍相邻"器用特征反映了更为深刻的殷商礼制文化。

其一，殷人酒器聚置、食器分置，周人食器聚置，这一特点进一步加深了我们对"殷人重酒，周人重食"的认识。

其二，"甗罍相邻"反映殷人重视"重器"（大型器物）的传统。甗、罍、大方鼎、大圆鼎，均属"重器"，受殷人特殊重视，尤其是罍。灵石旌介商墓中两座随葬铜罍的墓葬，均将罍单独置放在椁室西北角的突出位置。[2] 殷人族群中还流行过瓿这一在形态上易混淆于罍的特殊器物。[3] 汤毓赟等认为殷墟小屯 M5 不同组别器物位置与落葬时祭祀者的身份次第有关。[4] 需要说明的是，因为墓底在潜水线以下，发掘时动用了抽水机，故发掘者指出，除一些大中型铜器以外，

---

[1] 值得注意的是，学者曾据甗、罍相邻的器用区位，提出罍可能有盛食器的功能，出土陶罍中确实有盛放果羹、植物等的，但是铜器罍尚未确证。或因陶罍之盛食器功能，因而其与鼎、甗相邻亦未可知，但是联系鼎尊、鼎卣、鼎斝、甗斝等相邻置用的情况，似更多反映出甗、罍分别作为食、酒器相邻的特征。参见张懋镕主编，王宏著：《中国古代青铜器整理与研究·青铜罍卷》，北京：科学出版社，2016年，第23—24页。

[2] 山西省考古研究所：《灵石旌介商墓》，北京：科学出版社，2006年，第14、94页。

[3] 朱凤瀚：《中国青铜器综论》，第208页；张懋镕：《再论青铜器组合关系定名法——以尊、罍、瓿的区分为例》，《古文字与青铜器论集》第6辑，北京：科学出版社，2019年，第149—162页。

[4] 汤毓赟、唐际根：《"组合"与"构成"：妇好墓出土青铜器背后的人物与社会关系》，中国社会科学院考古研究所、首都博物馆、河南博物院编：《王后·母亲·女将：纪念殷墟妇好墓考古发掘四十周年》，第41—50页。

大部分器物的原位置并不十分清楚。① 墓底大型器物的区位，根据铭文可分为六组，其中"好"及"妇好"所占比例最高，占据的位置亦更重要。器物的摆放方式，基本呈现为食器在北，酒器处于东西，其中食器大方鼎与酒器大方尊相邻。甗罍、鼎斝等大型器物相邻，亦体现出重视"重器"的特征。

其三，商周二族对甗罍的重视程度不同。商周二族均重视甗。前述殷墟时期的典型墓葬中，甗仅出现于高等级贵族墓葬；西周以后更是延展出单甗制，如北赵晋侯墓地中，甗仅在侯墓中出现。② 罍的情况则截然相反。商人高度重视罍，而周人则不甚重视。鞠焕文敏锐地注意到，有禁承托的青铜容礼器是一个封闭的单元，由此可整理出裸祭所用的酒器组合。③ 如大都会端方旧藏戴家湾铜禁原应包括禁、尊、卣、罍④、斗、爵、角、斝、盉、觚、觯；⑤ 前述竹园沟 BZM13 漆禁上的成组礼器包括尊、卣、斗、爵、盉、觚、觯、玉瓒、旄；叶家山 M28 漆禁上的成组礼器包括尊、卣、爵、盉、觚、觯、瓒。此外，天津博物馆藏铜禁包括禁、尊、卣、觚、斗、斝、爵、觚、觯；⑥ 石鼓山 M3 铜禁包括禁、卣、方彝、斗、觯。⑦ 上述裸祭礼器组合基本涵盖了殷墟贵族墓葬随葬酒器组合中的全部器类，唯少罍、瓿。特别是石鼓山 M3、叶家山 M28，罍的位置均不在禁上。这些墓葬墓主的族属均与周人有关。由此可见，与商人甗罍并重不同，罍在周人裸祭礼仪中居于次要位置。⑧

---

① 中国社会科学院考古研究所：《殷墟妇好墓》，北京：文物出版社，1980 年，第 9 页。
② 刘绪：《晋文化》，北京：文物出版社，2007 年，第 159—160 页。
③ 鞠焕文：《先秦裸祭用器新探》，http://www.gwz.fudan.edu.cn/Web/Show/4587，访问时间：2020 年 7 月 1 日。下文所列盛酒器、饮酒器等所含具体器类参照朱凤瀚《中国青铜器综论》划分，与鞠先生所论略有差别。
④ 谢明文：《谈谈金文中宋人所谓"觯"的自名》，《商周文字论集》，上海：上海古籍出版社，2017 年，第 344—353 页。
⑤ 陈昭容主编：《宝鸡戴家湾与石鼓山出土商周青铜器》，第 68—72 页。
⑥ 陈昭容主编：《宝鸡戴家湾与石鼓山出土商周青铜器》，第 68—76 页。
⑦ 石鼓山考古队：《陕西宝鸡石鼓山西周墓葬发掘简报》，《文物》2013 年第 2 期；《陕西省宝鸡市石鼓山西周墓》，《考古与文物》2013 年第 1 期。
⑧ 商周蜀地青铜礼器器用由尊到罍的转变以至列罍礼器组合的使用，亦与殷遗民等东方族群密切相关。原地处殷周之间曾受到商人强烈影响的东方族群在翦商联盟中占据重要地位，他们对青铜罍这种带有本族特色之容礼器的重视与摆脱"安阳"约束的时代风貌相结合，从而使高浮雕装饰的青铜罍出现在蜀地，最终成为先秦时代蜀人上层贵族提高自身威望的核心礼器。详参杨博：《商周蜀地青铜尊、罍器用相关问题考述》，待刊。

综上所述，殷墟墓葬"食器分置，甗鬲相邻"的青铜容礼器器用方式，与周人"食器聚置，重甗轻鬲"的器用特征有所区别，而且至西周时期仍为殷遗民使用；这种器用方式亦体现出商人重酒、重"重器"的文化传统。因此，"食器分置，甗鬲相邻"对于判断商人族属具有重要参考价值。长期以来，腰坑殉牲是判断殷遗民墓葬的主要标准，马赛进一步指出，具有腰坑、殉人、殉牲、随葬仿铜陶礼器或者陶明器的墓葬，都是殷遗民墓葬。就目前所知，殷墟文化墓葬中陶簋常见，但在关中西部先周文化墓葬中，陶簋少见，与殷墟文化相同的商式簋更是稀见。由此，雷兴山等提出补充标准，即或随葬陶簋，或随葬陶豆，或随葬同形陶器（多数是偶数同形），凡符合以上标准之一的西周时期墓葬，其墓主人即为广义的殷遗民。在此基础上，笔者认为，"食器分置，甗鬲相邻"可作为判断墓葬族属一项新的参考依据。

〔作者杨博，中国历史研究院古代史研究所助理研究员。北京 100101〕

（责任编辑：窦兆锐 周 政）

《历史研究》2020 年第 5 期要目

笔谈

二里头考古与中国早期文明 　　　　　　许 宏、王立新、饭岛武次、金正耀

专题研究

圣域制造与守护：敦煌安伞旋城仪式中幢伞的功能 　　　　　　　　　　余 欣

元代的时估文书与时估制度

　　　——以国图藏《魏书》纸背文献为中心 　　　　　　　　　　　杜立晖

清代的乡官论与制度选择 　　　　　　　　　　　　　　　　　　　胡 恒

从京师大学堂到学部：清末中央教育财政的形成 　　　　　　　　　蒋宝麟

莱德拉德与里昂的"加洛林革新" 　　　　　　　　　　　　　　　刘 寅

光荣革命后英国君主外交特权的变革

　　　——以"瓜分条约事件"为中心 　　　　　　　　　　　　　胡 莉

塑造"新人"：现代犹太民族构建的身体史 　　　　　　　　　　　艾仁贵

两宋俸禄制度通论

龚延明

摘　要：俸禄制度是官制的重要内容。宋代俸禄制度的演变分为 4 个阶段：北宋前期确立以本官定禄为主、差遣俸禄为辅的禄制；元丰改制时形成以寄禄官为中心的禄制；徽宗时大幅增加官员俸禄；南宋在沿用北宋俸禄之制的基础上，因用兵需要又作了相应调整。宋代俸禄以料钱（包含衣赐）为主，还有添支、职钱、禄粟、贴职钱、职田、给券、杂给、公使钱等。俸料支付以货币为主、实物为辅，支付方式有全支、折支、借减等。宋代俸禄制度显示出宋代祖宗家法的若干特点：一是益俸以养廉；二是优待宗室，以换取宗室参政权力；三是在权力上抑武重文、待遇上重武抑文，相互牵制，从而保证统治的稳定。

关键词：宋代　俸禄制度　益俸政策　官吏管理制度

由于没有完整的宋代《官品令》《禄令》留存，宋代俸禄制度已难窥全貌。迄今能看到的宋代俸禄制度史料比较零散，详略失衡，变化脉络也不清晰，给研究带来很大困难。记载宋代俸禄制的史籍主要有《宋史》《宋会要辑稿》《职官分纪》《文献通考》《宋大诏令集》等，《古今合璧事类备要》《群书考索》《玉海》等类书官制门中也有一些与俸禄制有关的史料，其他如《续资治通鉴长编》《建炎以来系年要录》及笔记、文集、方志等文献中的零散记载也不容忽视。

自衣川强发表《以文官为中心论宋代的俸给》《官吏与俸给》后，[①] 汪圣铎、

---

① 衣川强：《宋代の俸給について：文臣官僚を中心として》，《東方學報》第 41 冊，1970 年；《官僚と俸給：宋代の俸給について續考》，《東方學報》第 42 冊，1971 年；《宋代文官俸给制度》，郑樑生译，台北：台湾商务印书馆，1977 年。

张全明等也对宋代俸禄制作了研究，[①] 在黄惠贤、陈锋主编的《中国俸禄制度史》中也有杨果撰写的宋代专章。[②] 除以上专门研究成果外，汪圣铎《两宋财政史》、朱瑞熙《中国政治制度通史·宋代卷》、日本学者梅原郁《宋代官僚制度研究》、韩国学者申采湜《宋代官僚制研究》等制度史著作中，都有关于宋代俸禄制度的章节，[③] 对俸禄制的局部研究，如职田、公使钱等也有众多成果。[④] 这些丰硕成果为笔者较为全面地理解、总结宋代俸禄制奠定了坚实基础。

俸禄制度是官僚制度的重要内容，更是百官酬劳制度的核心部分，然而由于宋代俸禄制度繁杂多变，给研究带来很大困难。本文拟从纵向、横向两方面对宋代俸禄制进行全面考察：纵向方面，主要追溯其历史渊源、沿革变迁；横向方面，着重探讨其分类、等级、支付手续、支付方式等，并在此基础上比较客观全面地认识宋代俸禄制，希望有助于今后研究的进一步深入。

---

① 汪圣铎：《宋朝文官俸禄与差遣》，邓广铭、漆侠主编：《中日宋史研讨会中方论文选编》，保定：河北大学出版社，1991年，第181—193页；邵红霞：《宋代官僚的俸禄与国家财政》，《江海学刊》1993年第6期；何忠礼：《宋代官吏的俸禄》，《历史研究》1994年第3期；张全明：《也论宋代官员的俸禄》，《历史研究》1997年第2期。

② 黄惠贤、陈锋主编：《中国俸禄制度史》，武汉：武汉大学出版社，2005年，第246—314页。

③ 汪圣铎：《两宋财政史》，北京：中华书局，1995年；朱瑞熙：《中国政治制度通史·宋代卷》，北京：人民出版社，1996年；梅原郁：《宋代官僚制度研究》，京都：同朋舍，1985年；申採湜：《宋代官僚制研究：宋史列傳分析을통하여》，首尔：三英社，1981年。

④ 安田修一：《宋代の職田について：とくに給與の狀況と耕作者について》，《史潮》第76號，1961年；佐伯富：《宋代の公使錢について：地方財政の研究》上、下，《東洋学報》第47卷第1、2號，1964年；安田修一：《宋代職田の管理について》，《山崎先生退官記念東洋學論集》，东京：山崎先生退官記念會，1967年，第483—490页；安田修一：《職田制を通じてみたる宋代官吏の一考察》，《木村正雄先生退官紀念·東洋史論集》，東京：汲古書院，1976年，第121—145页；俞忠宪：《宋代公使钱研究》，邓广铭等主编：《宋史研究论文集（1984年年会编刊）》，杭州：浙江人民出版社，1984年，第82—108页；丁凌华：《宋代寄禄官制度初探》，《中国史研究》1986年第4期；林天蔚：《公使库、公使钱与公用钱有别乎？》，《宋代史事质疑》，台北：台湾商务印书馆，1987年，第1—33页；朱瑞熙：《宋代官员公费用餐制度概述》，《上海师范大学学报》1999年第4期；黄纯艳：《论宋代的公用钱》，《云南社会科学》2002年第4期。

一、宋代俸禄制分期

宋代俸禄制是中国古代俸禄制发展的一个阶段。要了解其历史地位，须先了解宋代之前的发展沿革。纵观周秦至宋的俸禄制度，大体可划分为四个阶段：周代爵禄制、秦汉秩禄制、隋唐五代品禄制以及宋代阶官寄禄制。

西周行封建世袭之制，周天子以"爵"为秩次分配诸侯、卿、大夫、士以及庶人在官者之禄食。《汉书·地理志》："周爵五等，而土三等：公、侯百里，伯七十里，子、男五十里。不满为附庸，盖千八百国。"① 显然，俸禄最早和爵联系在一起，禄制为三等封土，三等禄制是中国古代最早的禄制。

自春秋战国开始以实物作为俸禄，爵禄制度逐渐一分为二。秦汉时爵与秩分离，产生了秩禄制。俸禄与官员等级挂钩，禄制以秩等为中心。秦汉时官员以秩石为等，如西汉郡太守、司隶校尉秩二千石，部刺史六百石，这里的"××石"，不是俸禄，而是秩级名，其以"石"为单位之秩级，相当于宋代寄禄官。两汉俸禄制已从封邑制演变为按秩等支付货币与谷物的月俸制，这在中国俸禄制度史上具有划时代意义。然而，汉代在百官行秩石制的同时，宗室、大臣封王、侯之爵，仍行爵禄之制，封爵为食禄之资，"唯得衣食租税"，② 并无职官月俸。可见两汉爵禄制并未废除，而是作为秩石制的补充继续实施。此与宋代宗室既封爵又授节使或环卫官不同。

魏晋又有品禄制新生。曹魏在沿袭汉代秩级制的同时，开创了按品级定等之制，在确定俸禄时，两者互为补充。虽然《晋书·职官志》未能完整记载百官九品之等，但品官分九品是毫无疑义的。《晋书·食货志》有关于九品占田的完整记载，其官品第一至第九各以等级占田。这说明，晋代九品不分正从，品阶太少。占田作为品官俸禄的一部分，依官品高下定占田数，与秩石无关。据此推测，占田划分等级较易，而文武百官及僚属之俸禄，高下尊卑等差构成复杂，仅以九品定俸禄显然有困难，仍需沿用秩石制作为辅助，增加等级数以便拉开差距。两晋南朝俸禄制基本上实行官品、秩石并用的双轨制。品禄与秩禄双轨制完

---

① 《汉书》卷28上《地理志上》，北京：中华书局，1962年，第1542页。
② 《汉书》卷38《高五王传》，第2002页。

成于北朝。

及至隋唐，九品官品方成为主流官等。隋京官以官品、州县外官以所治州县户数定俸禄。[①] 值得注意的是：其一，隋品禄制以石为单位，但包含何种名色之禄给未见明确记载；其二，百官定禄有京官与外官之别；其三，"官不判事者"不给禄，而是依职事官官品定禄。这说明北朝本品定禄制至隋已变为依职事官官品定禄之制。

唐沿隋制，以职事官官品定禄，京官分春、秋两季给禄。[②] 唐高宗永徽元年（650），改半年（春、秋季）俸粮制为月俸钱制，[③] 这是禄制的重大改革，即京官俸禄由实物禄制为主改为以货币禄制为主。唐代俸禄以俸料钱为主，辅以食料钱、杂用钱、防阁钱及职田等。[④] 唐代官员俸禄依职事官官品确定。有学者据《册府元龟》所载乾封元年（666）八月诏"京文武官应给防阁、庶仆、俸料，始依职事品，其课（指力役——引者注）及赐各依本品"，[⑤] 提出"乾封元年以前，京文武官所给俸料及防阁、庶仆等均是依据的本品，至此'始依职事品'"的观点。[⑥] 这一认识把文武官之"防阁、庶仆、俸料，始依职事品"与文武官俸料混淆了。唐俸禄之制从一开始即沿隋制依职事品定俸禄，何来依散品之有？上引乾封元年诏中按职事品给文武官"防阁、庶仆、俸料"，"其课及赐各依本品"则指给文武官的力役与赏赐依本品确定。职事官之外，又有文武散官，凡入仕者皆带散官。文武官所带散官为本品，定章服，"无禄俸"。[⑦] 以散官官品确定章服之制，五代相承。

五代禄制虽名为沿袭唐制，然因战乱频仍，贡赋匮乏，很难实施。如后梁太祖《给百官俸料诏》："秩俸所以养贤而励奉公也。兵车未戢，贡赋莫充，朝谒甚勤，禄廪盖寡。朕今启建都市，已毕郊禋，职采至多，费用差少，其百官逐月俸

---

① 《隋书》卷28《百官志下》，北京：中华书局，1973年，第791—792页；《通典》卷35《职官十七·俸禄》，北京：中华书局，1988年，第961页。

② 《通典》卷35《职官十七·俸禄》，第962页。

③ 《新唐书》卷55《食货志五》，北京：中华书局，1975年，第1395页。

④ 《通典》卷35《职官十七·俸禄》，第966—967页。

⑤ 《册府元龟》卷505《邦计部·俸禄一》，北京：中华书局，1960年，第6068页。

⑥ 黄惠贤、陈锋主编：《中国俸禄制度史》，第187页。

⑦ 《旧唐书》卷42《职官志一》，北京：中华书局，1975年，第1807页。

料，委左藏库依前例全给。"① "依前例全给" 当指依唐制全给，说明此前未能依制给百官俸给。《资治通鉴》胡三省注："唐自广明丧乱以来，百官俸料额存而已，至是复全给。"② 但亦只给京官，地方官尚不能全给。其后，月俸额比唐前期减半，且减半之数也得不到保证。《宋史·职官志》对唐五代俸禄制有简要概括："唐贞元四年，定百官月俸。僖、昭乱离，国用窘阙，至天祐中，止给其半。梁开平三年，始令全给。后唐同光初，租庸使以军储不充，百官奉钱虽多，而折支非实，请减半数而支实钱。是后所支半奉，复从虚折。周显德三年，复给实钱。"③ 后周虽比后唐稍好一点，也只是取消 "虚折" 给实钱而已，其俸禄只为唐制之半，未能改善。唐中后期施行的 "当直手力" 本是力役，后变为纳资，成为官员俸禄来源之一。五代虽亦沿置，但又复为服现役，不许纳资。④ 五代财政支绌、钱币缺乏，故俸禄名色多样，有料钱、厨料米、面、蒿、柴、春冬服绢、绵等杂给；后汉乾祐三年（950）七月增设州县令录佐官，"据户籍多少，量定俸户"，⑤ "俸户" 成为俸禄之一种。宋代俸禄名色多样，在承继五代禄制的同时有所取舍，如当直手力之类即未置。

关于宋代俸禄制度的分期，衣川强提出三分期的观点：第一期从赵宋建国至神宗元丰官制改革，第二期从元丰官制改革至北宋末，第三期则为整个南宋时代。⑥ 这一看法没有将北宋前期以本官阶定禄与元丰时期的寄禄官新制区分开来，值得商榷，因此，笔者重新划分了 4 个时期：（1）北宋前期以本官阶定禄为主、辅以差遣给禄；（2）元丰新制后以寄禄官为中心的俸禄制的形成；（3）徽宗时期的大幅增俸；（4）南宋适应用兵需要调整禄制，文官宰执略有减损，战守统兵官有所增加。

总领这 4 个时期的线索，是从宋太祖起实行的益俸政策。曾巩《本朝政要策》载：

① 《全唐文》卷 101《给百官俸料诏》，北京：中华书局，1983 年，第 1035 页。
② 《资治通鉴》卷 267，后梁太祖开平三年，北京：中华书局，1956 年，第 8707 页。
③ 《宋史》卷 171《职官志十一》，北京：中华书局，1977 年，第 4114—4115 页。
④ 《五代会要》卷 28《诸色料钱下》，上海：上海古籍出版社，1998 年，第 445 页。
⑤ 《旧五代史》卷 103《汉书·隐帝纪下》，北京：中华书局，2015 年，第 1596 页。
⑥ 衣川强：《宋代文官俸给制度》，第 2 页。

> 太祖哀怜元元之困，而患吏之烦扰，欲高吏之行以便民，于是定俸户之
> 制，修益俸之令。①

谢维新《古今合璧事类备要》亦称：

> 国朝乘五代之弊，艺祖初兴，有省官益俸之诏。自是以来，禄秩每从
> 优厚。②

此政策两宋始终奉行。由此，宋代俸禄制度在呈现阶段性变化的同时，总体上又
呈从低至高的态势。南宋虽因用兵需要一度出现过宰执官自陈削减三分之一乃至
一半俸禄的情况，增俸之势有所抑制，但只是一时权宜；且文武官也有所不同，
虽部分文官寄禄官俸禄略有减损，但统兵官官俸提高，地方官职田与茶汤钱也都
略有提高。其具体过程，马端临在《文献通考》中有所概括：

> 乾兴已后，俸禄、添给、傔人、餐钱之制，更革为多。至嘉祐，始著于
> 《禄令》，自宰相而下至岳渎庙主簿，凡四十一等。熙宁以来，悉用《嘉祐禄
> 令》，无所损益。元丰一新官制，职事官职钱以寄禄官高下分行、守、试三
> 等，大率官以《禄令》为准。而在京官司供给之数，皆并为职钱。如大夫为
> 郎官，既请大夫俸矣，又给郎官职钱，视嘉祐时赋禄为优。至崇宁间，蔡京
> 秉政，吴居厚、张康国辈贪鄙为徒，于寄禄官俸钱、职事官职钱外，复增供
> 给、食料等钱。如京，仆射俸外又请司空俸，其余傔从钱米并支本色。余执
> 政皆然。视元丰制禄之法增倍矣。中兴俸禄之制，参用嘉祐、元丰、政和之
> 旧，少所增损。惟兵兴之始，宰执请受权支三分之一，或支三分之二，或支
> 赐一半。隆兴及开禧，自陈损半支给。皆权宜也。其后内外官有添支、料
> 钱，职事官有职食、厨食钱，职纂修者有折食钱，在京厘务官有添支钱、添

---

① 《曾巩集》卷49《本朝政要策》，北京：中华书局，1984年，第671页。
② 谢维新：《古今合璧事类备要》后集卷6《臣道门·俸禄》，景印文渊阁《四库全书》，
台北：台湾商务印书馆，1986年，第939册，第596页。

支米。选人、使臣，职田不及者有茶汤钱。其余禄粟、傔人，悉还畴昔。①

笔者沿着两宋曲折起伏的"益俸"轨迹进行追寻，来详细论述这4个阶段。

（一）北宋前期：本官定禄为主、差遣俸禄为辅的41等禄制的确立

唐末战乱，唐哀帝天祐中官员俸禄"止给其半"，五代后梁开平三年（909）"始令全给"。然至后唐因"军储不充"，既减半数，又不能给现钱。后唐同光元年（923），"百官奉钱虽多，而折支非实，请减半数而支实钱。是后所支半奉，复从虚折。周显德三年，复给实钱"。宋初俸禄"大凡约后唐所定之数"，而官俸不给现钱，只给实物。② 王栐《燕翼诒谋录》称：

> 国初，士大夫俸入甚微，簿、尉月给三贯五百七十而已，县令不满十千，而三分之二又复折支茶、盐、酒等，所入能几何。所幸物价甚廉，粗给妻孥，未至冻馁，然艰窘甚矣。③

太祖深感官员俸禄较低，需要改革，于是乾德四年（966）有关于州县官《复置俸户诏》：

> 应天下令、录、簿、尉、判、司等，宜准汉乾祐三年敕，复于中等无色役人户内置俸户，据本官所请料钱折支物色，每一千给与两户货卖，逐户每月输钱五百文，除二税外，与免徭役。④

开宝四年（971）十一月又有《幕职官置俸户诏》："自今诸道州幕职官，并依州县官例置俸户。"即将州县、幕职官月俸分摊给俸户，每一贯俸钱由两俸户逐月

---

① 《文献通考》卷65《职官考十九》，北京：中华书局，2011年，第1966页。
② 《宋史》卷171《职官志十一》，第4114—4115页。
③ 王栐：《燕翼诒谋录》卷2，北京：中华书局，1981年，第13页。
④ 《宋会要辑稿·职官五七》，上海：上海古籍出版社，2014年，第4567页。

各输 500 文，从而保证亲民官之禄足以代耕，"既责其清节，宜示以优恩"。①

北宋初已开始以本官阶定俸禄，这是古代俸禄制度的一大转变，即从职事品禄制向本官阶禄制转型，如雍熙四年（987）七月，"赐礼部侍郎李至月给本官全俸"。② 谢维新《古今合璧事类备要》记载：

> 我朝自京朝官以上，或带国职，或开国，等而上之如加使相，如封真郡，而俸禄之等级亦各有差。虽在外州郡之小官，其江浙等处，自本身官给外，亦各有职田之俸。③

太宗继续执行益俸政策，取消之前文武官俸钱扣除五分之一的规定，以"实价"支付；幕职州县官月俸由三分之二折色改为现钱与折色对半；京官 30 个月满任后继续给俸；致仕官始给半俸；等等。④ 至大中祥符元年（1008），制定入内内侍省、内侍省官月俸 5 等：

> 供奉官俸钱七千五百，殿头四千，高品三千，高班二千五百，黄门千五百。⑤

从上可知，俸禄之等与官品无关，而以本官阶为主。大中祥符五年又降《定百官俸诏》，虽非《官品令》，但这是迄今所能见到最早的北宋俸禄分等的记载。⑥ 这次定百官俸是全面地增加俸料钱，如三师、三公、东宫三师、仆射各增 20 贯，三司、御史大夫、六尚书中丞郎、两省侍郎、太常宗正卿、内客省使、上将军各

---

① 《宋大诏令集》卷 178《政事·幕职官置俸户诏》，北京：中华书局，1962 年，第 639 页。
② 《宋会要辑稿·职官五七》，第 4569 页。
③ 谢维新：《古今合璧事类备要》后集卷 6《臣道门·俸禄》，景印文渊阁《四库全书》，第 939 册，第 596 页。
④ 《宋史》卷 171《职官志十一》，第 4115—4116 页；《宋大诏令集》卷 178《政事·幕职州县官俸半给缗钱诏》，第 640 页；叶梦得撰，宇文绍奕考异：《石林燕语》卷 5，北京：中华书局，1984 年，第 73 页。
⑤ 《宋会要辑稿·职官五七》，第 4572 页。
⑥ 《宋大诏令集》卷 178《政事·定百官俸诏》，第 641 页。

增 10 贯，横班诸司各增 5 贯，朝官五品正、中郎将以上及诸司使、副等各增 3 贯，京官等各增 2 贯，小使臣增 1.5 贯或 1 贯。①

大中祥符五年本官阶禄制，没有显示宰相、监司、知州等差遣俸禄，也没有殿阁职名，这是中国古代禄制的重要转折，即由宋以前按官品定俸禄向按本官阶定俸禄的转变。但真宗朝之禄制种类不多、涵盖面不广，且由于真宗朝以前《禄令》不存，已难窥原貌。天一阁藏《官品令》残本经戴建国考证，实为吕夷简等主持纂修的《天圣令》，② 其首卷原为《官品令》，惜经战乱及偷盗，仅存后 10 卷，《官品令》已佚。③ 故《天圣禄令》已难以复见。

仁宗朝将增俸更革固定下来，由三司使张方平等编为《嘉祐禄令》，于嘉祐二年（1057）颁行，并在《宋史·职官志》中保存下来，但未写明是《嘉祐禄令》。④《文献通考》记载得很明确："乾兴已后，俸禄、添给、傔人、餐钱之制，更革为多。至嘉祐，始著于《禄令》，自宰相而下至岳渎庙主簿，凡四十一等。熙宁以来，悉用《嘉祐禄令》，无所损益。"⑤ 不过，需要说明的是：其一，《宋史·职官志》也记载"自宰臣而下至岳渎庙令，凡四十一等"，其实"岳渎庙令，十千"并不是最后一等，其后尚有"（岳渎庙）丞、主簿，七千"；其二，《嘉祐禄令》不是按俸给自高往低排列，宰相月俸 300 贯，而节度使月俸 400 贯，是最高的，却排在宰执官、京司文官之后，俸禄最低的也不是排在最后的岳渎庙丞、主簿，而是内侍省"郢、唐、复州内品"。⑥《嘉祐禄令》比较全面地规定了各官职的俸禄。以本官阶定百官俸禄为核心，辅以少量差遣（如三司检法官、权知开封府判官、三京留守判官、京畿知县等）、宗室官俸、职钱等。

北宋前期禄制的成熟反映为仁宗朝《嘉祐禄令》的完成。这是北宋前期文武官、宗室、内侍官俸禄综合之禄令，既制定了文武官本官阶俸钱，又制定了宰

① 《宋史》卷 171《职官志十一》，第 4116 页。
② 参见戴建国：《天一阁藏明抄本〈官品令〉考》，《历史研究》1999 年第 3 期。
③ 袁慧：《天一阁藏明钞本官品令及其保护经过》，天一阁博物馆、中国社会科学院历史研究所天圣令整理课题组校证：《天一阁藏明钞本天圣令校证（附唐令复原研究）》，北京：中华书局，2006 年，第 1 页。
④ 《续资治通鉴长编》卷 186，北京：中华书局，1995 年，第 4492 页。
⑤ 《文献通考》卷 65《职官考十九》，第 1966 页。
⑥ 《宋史》卷 171《职官志十一》，第 4101、4103、4106、4109 页。

相、枢密使、三司使、京官知县、州县幕职官等差遣增给等。《嘉祐禄令》尚制定了职（如观文殿大学士，资政殿大学士，翰林学士承旨、学士，龙图、天章阁直学士，龙图、天章阁学士），职事官（如御史中丞、州司户参军、知县、县尉），宗室官（如皇子节度使），宰执吏（如中书堂后官，中书、枢密院主书，守当官，书令史）等的俸禄。①

不过，《宋史·职官志》所载《禄令》原无年号，之所以定为《嘉祐禄令》，是因为其中所列官名皆嘉祐时的职官。最典型的是所列诸阁学士、直学士，至天章阁止。天章阁始置于天禧四年（1020），天章阁学士、直学士则始置于庆历七年（1047），治平元年（1064）始置宝文阁。②《文献通考》称："熙宁以来，悉用《嘉祐禄令》，无所损益。"大观二年（1108）敕令所引《嘉祐禄令》与《宋史·职官志》所载《禄令》吻合：

> 检会《嘉祐禄令》，节度使同中书门下平章事已上、前两府除节度使及节度使移镇，料钱四百贯文，禄粟二百石……③
>
> 节度使同中书门下平章事已上及带宣徽使，并前两府除节度使及节度使移镇，枢密使、副、知院带节度使，四百千。
>
> 节度使同中书门下平章事已上及带宣徽使，并前两府除节度使，枢密使、副、知院事带节度使，月各给二百石。④

《嘉祐禄令》是目前所能见到的北宋首部较全面的禄令，显示了以本官阶定禄为核心（文官以本官阶、武官以武官阶、内侍以内侍官阶），辅以差遣、职名的北宋前期俸禄制度的概貌。同时，差遣与职也有俸禄，北宋前期"官员的俸禄额并不全由本官决定"，如仁宗嘉祐时富弼所任为行尚书礼部侍郎、同中书门下平章

---

① 《宋史》卷 171《职官志十一》，第 4102—4109 页。
② 《宋史》卷 162《职官志二》，第 3819—3820 页；孙逢吉：《职官分纪》卷 15《天章阁学士、直学士》，景印文渊阁《四库全书》，第 923 册，第 365 页。
③ 《宋会要辑稿·职官五七》，第 4587 页。
④ 《宋史》卷 171《职官志十一》，第 4101、4120 页。

事、昭文馆大学士、监修国史，[①] 其中同中书门下平章事、昭文馆大学士、监修国史为首相差遣，俸钱 300 贯；本官阶为礼部侍郎，俸钱为 55 贯。可见，就宰相来说，差遣俸钱要比本官阶高 4 倍多。正如汪圣铎所说，对某些官员来说，差遣"起重要的甚至是主要的作用"。[②] 但不是所有文官都是差遣起重要作用，大多数文官的俸禄仍主要依靠本官阶，因为大量差遣在《嘉祐禄令》中没有定俸禄。

在《嘉祐禄令》所载 41 等禄制中，构成北宋前期官员最基本俸禄等级的标准是本官阶，但差遣给俸是宋代官员俸禄的一种，北宋前期称差遣添支或增给。丁凌华指出：

> 由于正官与职事相分离，因此就别立差遣"以治内外之事"；由于俸禄与职事相分离，如果国家单纯根据寄禄官等级支付俸禄，无疑会产生事重俸薄或事轻俸厚的现象，这就导致了"职钱"（也称"差遣添支"）的出现，官吏除根据寄禄官等级领取俸钱（也称"料钱"）、禄米外，另视差遣高下领取职钱。这也使宋代官吏的待遇更为优厚。[③]

这里要注意的是，差遣之俸称"增给"、"添支"，不称"职钱"，如元丰六年（1083）诏："前宰臣、执政官宫观差遣添支，依知大藩府《禄令》给之。"元丰改制后，职钱为职事官本俸钱（料钱）之称。带学士之官有添支钱，徽宗大观年间曾改称贴职钱，宣和三年（1121）改回，仍依元丰法，不增贴职钱，曾支添支：

> 契勘元丰法，带职人系依《嘉祐禄令》该载，观文殿大学士以下至天章阁直学士，除料钱随本官外，等第支破添支。内钱三等，自三十贯至一十五贯；米面两等，自八石至五石。昨于大观年后来，因敕令所节次起请，将添

---

① 《宋大诏令集》卷 55《宰相·富弼拜昭文相制》，第 282 页。
② 汪圣铎：《宋朝文官俸禄与差遣》，邓广铭、漆侠主编：《中日宋史研讨会中方论文选编》，第 181 页。
③ 丁凌华：《宋代寄禄官制度初探》，《中国史研究》1986 年第 4 期，第 74 页。

支钱改作贴职钱，观文殿大学士至直秘阁，自一百至一十贯九等支破。兼增添在京供职米麦，观文殿大学士至待制，自五十石至二十五石四等支破。比之旧法，增多数倍……欲望应带职人请给，并依元丰法施行……诏并依元丰法。①

可见元丰法仍沿《嘉祐禄令》。徽宗宣和年间，对大观年间蔡京篡改元丰法之处，奏请改正。

（二）元丰新制：以寄禄官为中心俸禄制的形成

神宗元丰三年详定官制所上以阶易官《寄禄新格》，史称《元丰寄禄格》，自特进至承务郎为 24 阶；② 若加上开府仪同三司，则为 25 阶。改依本官阶定禄为依寄禄官定禄（武选官阶、选人七阶直至徽宗崇宁时才改名），同时与在京职事官职钱、外任官职田并存，形成了以寄禄官请给为本、职钱为辅的双轨俸制。当然，本官阶、差遣、宗室官俸禄等旧制依然存在（表 1）。

表 1 元丰寄禄官易旧官俸禄表

序号	旧本官阶	寄禄官	月俸（贯）
1	使相	开府仪同三司	120
2	左、右仆射	特进	90
3	吏部尚书	金紫光禄大夫	60
4	五曹尚书	银青光禄大夫	60
5	左、右丞	光禄大夫	60
6	六曹侍郎	正议大夫	55
7	给事中	通议大夫	50
8	左、右谏议大夫	太中大夫	50
9	秘书监	中大夫	45
10	光禄卿至少府监	中散大夫	45

① 《宋会要辑稿·职官五七》，第 4583、4591—4592 页。
② 《续资治通鉴长编》卷 308，第 7482—7483 页；《宋会要辑稿·职官五六》，第 4527—4528 页。《宋史》卷 169《职官志九》：“自开府仪同三司至将仕郎，定为二十四阶。”（第 4051 页）此记载有误。元丰时选人寄禄官未改名为将仕郎，且开府仪同三司或不列入寄禄官，独称使相，而自特进至承务郎为寄禄官，在大观新增寄禄官阶之前，据《元丰寄禄格》计 24 阶。

续表1

序号	旧本官阶	寄禄官	月俸（贯）
11	太常卿、少卿，左、右司郎中	朝议大夫	35
12	前行郎中	朝请大夫	35
13	中行郎中	朝散大夫	35
14	后行郎中	朝奉大夫	35
15	前行员外郎、侍御史	朝请郎	30
16	中行员外郎、起居舍人	朝散郎	30
17	后行员外郎，左、右司谏	朝奉郎	30
18	左、右正言，太常、国子博士	承议郎	20
19	太常、秘书、殿中丞、著作郎	奉议郎	20
20	太子中允、赞善大夫、洗马	通直郎	20
21	著作佐郎、大理寺丞	宣德郎	17
22	光禄卫尉寺、将作监丞	宣义郎	12
23	大理评事	承事郎	10
24	太祝、奉礼郎	承奉郎	8
25	校书郎，正字，将作监主簿	承务郎	7

资料来源：《宋史》卷169《职官志九》、卷171《职官志十一》，第4052—4054、4110页。

从表1所列元丰寄禄官阶可以看出，文官本官阶不再具有寄禄功能，由寄禄官决定月俸请给；文官本官阶复为职事官，职事官有职钱。官员既按寄禄官定请给，又领职钱。《宋史·职官志》记载：

> 职事官职钱以寄禄官高下分行、守、试三等。大率官以《禄令》为准，而在京官司供给之数，皆并为职钱。如大夫为郎官，既请大夫奉，又给郎官职钱，视嘉祐为优矣。①

如元祐二年（1087）十一月，苏辙为朝奉郎试户部侍郎，② 其寄禄官为朝奉郎，月俸钱30贯；职事官为试户部侍郎，职钱45贯。苏辙"户部侍郎"官前系"试"字，乃因其寄禄官（朝奉郎正七品）低于职事官（户部侍郎从三品）二品以上之故。据《嘉祐禄令》，职钱分"行"、"守"、"试"3等，以寄禄官官品高

---

① 《宋史》卷171《职官志十一》，第4117页。
② 孙汝听：《苏颖滨年表》，《苏辙集》，上海：上海古籍出版社，1990年，第1389页。

下为准，凡寄禄官比职事官高一品以上，为"行"；同品，不带"行"、"守"、"试"，职钱与"行"同等；低一品者为"守"；低二品以上为"试"。① 因此苏辙职事官户部侍郎之前加"试"，支职钱 45 贯；同时，他又支寄禄官朝奉郎月料钱 30 贯，衣赐春、冬绢各 13 匹，春罗 1 匹，冬绵 30 两等。

还需注意的是，寄禄官虽有品，但其本身定禄却与官品无关。如承事郎、承奉郎、承务郎三阶，同为正九品，俸禄却分为 3 等。

元丰新官制，文臣本官阶改为寄禄官，而文官选人七阶与武选官自正任、遥郡、横行、诸司使副至大、小使臣皆未触动，仍照《嘉祐禄令》。直至崇宁二年（1103）、政和二年（1112）、政和六年先后易为郎，② 但在《宋史·职官志》中，已将徽宗朝增改之制一律视为元丰制。在使用《宋史·职官志》俸禄史料时，需要加以鉴别。

元丰禄制的一个重要特点是保留了《嘉祐禄令》部分旧制。除上述武选官仍按《嘉祐禄令》作为寄禄本官阶外，文官带职有添给（增给）钱亦是如此。据《宋史·职官志》：

> 观文殿大学士，三十千。观文殿学士，资政殿大学士（元丰添保和殿大学士）……二十千……资政、端明、翰林侍读（元祐复置翰林侍读、侍讲学士，绍圣中，罢）、龙图、天章学士（元丰添保和、延康、宝文、显谟、徽猷学士），枢密直（后改述古殿）、龙图、天章直学士（元丰添宝文、显谟、徽猷直学士，保和、龙图、天章、宝文、显谟、徽猷待制），十五千。③

以上所引"增给"则为《嘉祐禄令》之制，此可从《宋会要辑稿》中得到印证。④

值得一提的是，宋初"天下吏人素无常禄，唯以受赇为生，往往致富者。熙

---

① 《宋会要辑稿·职官五六》，第 4530 页。

② 《宋大诏令集》卷 163《政事·改武选官名诏》，第 620—623 页；卷 163《政事·改将仕郎等官名御笔手诏》，第 627 页。

③ 《宋史》卷 172《职官志十二》，第 4129、4130 页。

④ 《宋会要辑稿·职官五七》，第 4591 页。

宁三年，始制天下吏禄，而设重法以绝请托之弊"。① 熙宁三年（1070）定仓法：

> 时内自政府百司，外及监司、诸州胥吏，皆赋以禄，谓之仓法。京师岁
> 增吏禄四十一万三千四百余缗，监司诸州六十八万九千八百余缗。②

吏禄之制入南宋不废。绍兴十三年（1143）六月，重申严格执行吏人重禄法："人吏受赇，法所不容，顾其罪有等差，著于三尺详矣。近世增立重禄之令，给重禄者，为重禄公人。夫既享其俸入之饶，不能自爱，则虽处以峻法，彼亦何辞？"③

（三）徽宗时期大幅增俸

徽宗时蔡京当政，在遵用元丰禄制的基础上，以权谋私，新制订了加禄政策，大幅增加官员俸禄，官员职级越高，俸禄越优厚。

元丰禄制中三师（太师、太傅、太保）、三公（太尉、司徒、司空）非寄禄官，无料钱。大观元年正月，蔡京复相，其官衔为司空、尚书左仆射兼门下侍郎。蔡京"既贵而贪亦甚，已受仆射奉，复创取司空寄禄钱"，④ 并同时改三公、三师为寄禄官。三师、三公寄禄钱400贯，高于宰相。《宋史·职官志》记载：

> 元丰制行：宰相，三百千。知枢密院，门下、中书侍郎，尚书左、右丞，同知枢密院事，二百千。太师，太傅，太保，少师，少傅，少保，四百千（大观间增改）。⑤

大观年间，无少师、少傅、少保，政和二年改太尉、司徒、司空为少师、少傅、

---

① 沈括：《梦溪笔谈》卷12《官政二》，上海：上海书店出版社，2009年，第106页。

② 《续资治通鉴长编》卷248，第6052页。

③ 《宋会要辑稿·职官五七》，第4613页。

④ 《宋史》卷212《宰辅表三》，第5516页；卷472《奸臣·蔡京传》，第13724页。

⑤ 《宋史》卷171《职官志十一》，第4109页。

少保，而以太师、太傅、太保为三公。① 《宋史·职官志》所载"元丰制行"之俸禄，掺杂了哲宗、徽宗朝的增改之制。原注"大观间增改"应指"太尉、司徒、司空"的增置。此正符合蔡京以司空为尚书左仆射兼门下侍郎之官衔。此外，蔡京与吴居厚、张康国等于俸钱、职钱之外，"复增供给、食料等钱"，"视元丰制禄复倍增矣"。②

大观二年内外官凡带直阁以上至观文殿大学士职名者，一律另给贴职钱（保留所带本官寄禄官）、增给米麦，大幅提高曾任执政带职及有文学地位带贴职文臣的俸禄，以缩小大学士与节度使等武臣正任官的差距，贴职钱自观文殿大学士100 贯至直龙图阁秘阁 10 贯，分 8 等；③ 另增添在京供职米麦，自观文殿大学士至待制，50 石至 25 石共 4 等。④ 不过，此制实行不久，宣和三年从户部尚书沈积中、侍郎王蕃奏请复"依元丰法"。⑤ 崇宁二年又从邓洵武之请，文臣选人本官七阶改为寄禄官七阶：

> 崇宁二年，刑部尚书邓洵武极言之，遂定选人七阶：曰承直郎，曰儒林郎，曰文林郎，曰从事郎，曰通仕郎，曰登仕郎，曰将仕郎。政和间，改通仕为从政，登仕为修职，将仕为迪功，而专用通仕、登仕、将仕三阶奏补未出官人，承直至修职须六考，迪功七考，有官保任而职司居其一，乃得磨勘。⑥

政和二年，武选官改名，通称郎、大夫，"所有武阶磨勘、迁改、请给、奏荫等，凡厥恩数，悉如旧章"。⑦

综上可见，徽宗时期俸禄制变更较大，增三师、三公寄禄钱，又新创贴职钱，更重要的是，对选人本官七阶、武选官阶统一改称郎、大夫，与文臣京朝官

---

① 《宋大诏令集》卷 163《政事·新定三公辅弼御笔手诏》，第 619 页。
② 《宋史》卷 171《职官志十一》，第 4117 页。
③ 《宋大诏令集》卷 178《政事·允户部尚书详定一司敕令左肤乞立学士至直阁以上贴职钱御笔》，第 644 页。
④ 《宋史》卷 172《职官志十二》，第 4130 页。
⑤ 《宋会要辑稿·职官五七》，第 4591—4592 页。
⑥ 《宋史》卷 158《选举志四》，第 3711 页。
⑦ 《宋大诏令集》卷 163《改武选官名诏》，第 620 页。

寄禄官接轨。这个时期禄制的特点是扩大元丰禄制改革的范围，禄额也比元丰时期优厚。

（四）南宋适应战争需要调整禄制

南宋中兴，参用嘉祐、元丰、政和俸禄之制，以寄禄官为本，辅以职事官职钱、差遣俸给，"少所增损"。故杨果认为："南宋时期，基本参用北宋俸制，没有大的变化。"① 然深入考察可以发现，南宋在沿用北宋禄制的基础上，因频繁用兵的军事形势仍有所调整和变化。

其一，绍兴九年正月颁布施行重加修订的《绍兴重修禄秩敕令格》，② 《宋史·职官志》有所记载，与元丰禄制比较，京官以上文官总体上略有损减（表2）。

表2 元丰寄禄官与南宋寄禄官料钱对照表

序号	元丰寄禄官	料钱（贯）	南宋寄禄官	料钱（贯）
1	开府仪同三司	120	开府仪同三司	100
2	特进	90	特进	90
3	金紫光禄大夫	60	金紫光禄大夫	60
4	银青光禄大夫	60	银青光禄大夫	60
5	光禄大夫	60	光禄大夫	60
6	正议大夫	55	宣奉、正奉、正议、通奉大夫	50
7	通议大夫	50	通议大夫	45
8	太中大夫	50	太中大夫	45
9	中大夫	45	中大夫、中奉大夫	45
10	中散大夫	45	中散大夫	45
11	朝议大夫	35	朝议大夫、奉直大夫	35
12	朝请大夫	35	朝请大夫	35
13	朝散大夫	35	朝散大夫	35
14	朝奉大夫	35	朝奉大夫	35
15	朝请郎	30	朝请郎	30
16	朝散郎	30	朝散郎	30
17	朝奉郎	30	朝奉郎	30
18	承议郎	20	承议郎	20

---

① 《文献通考》卷65《职官考十九》，第1966页；参见黄惠贤、陈锋主编：《中国俸禄制度史》，第248页。

② 王应麟：《玉海》卷135《官制·禄秩·绍兴重修禄秩新书》，南京：江苏古籍出版社、上海：上海书店，1987年，第2521页。

续表 2

序号	元丰寄禄官	料钱（贯）	南宋寄禄官	料钱（贯）
19	奉议郎	20	奉议郎	20
20	通直郎	20	通直郎	18
21	宣教郎	17	宣教郎	15
22	宣义郎	12	宣义郎	12
23	承事郎	10	承事郎	10
24	承奉郎	8	承奉郎	8
25	承务郎	7	承务郎	7

资料来源：《宋史》卷 171《职官志十一》，第 4100、4135 页。

从表 2 可看出，文臣京官寄禄官（承务郎至宣义郎四阶）料钱大体未变；通直郎以上朝官，仅开府仪同三司从 120 贯减至 100 贯，宣奉、正奉、正议、通奉大夫从 55 贯减至 50 贯，朝官起始阶通直郎从 20 贯减至 18 贯，京官最高阶宣教郎从 17 贯减至 15 贯，其他均保持不变。总体上有所减损。

其二，南宋因用兵频繁，宰执官"少所增损"，如建炎初宰执曾权减三分之一：

> 建炎元年六月十四日，诏宰执俸钱、支赐，见任宫观及有差遣待阙并未有差遣京朝官以上俸，并权减三分之一。军兴之际财用阙乏故也。[①]

隆兴元年（1163）二月十一日，尚书左仆射陈康伯、尚书右仆射史浩、同知枢密院事黄祖舜、张焘奏：

> 今日之务，节省为先。臣等备位近臣，所有逐月请给，乞下有司裁损。得旨令户部条具闻奏，今拟定下项：一、左右仆射每月见帮支请给（依建炎元年八月二十八日指挥，请受权支三分之二），料钱三百贯，内三分已减一分，见请二百贯，今欲更减五十贯。粳米、小麦各一百二十二石五斗，内三分各已减一分，见各请八十一石六斗六升，今欲更各减二十石四斗一升……

---

① 《宋会要辑稿·职官五七》，第 4593 页。

候事定日依旧。①

建炎、隆兴、开禧年间多次用兵，百官"自陈损半"，属权宜之计。然建炎初宰执减三分之一请给未复旧制。

其三，北宋横行、遥郡、正任（谓身在军中，充都统制、统制、统领、将官之类）以上武臣"真俸甚厚"，如节度使400贯，承宣使300贯，观察、防御使200贯，团练使150贯，刺史100贯，其待遇远高于文官。至南宋，对不统兵战守的正任以上武臣，创"借减法"大幅削减其俸禄：

> （绍兴二年）八月十七日，诏："比降指挥，措置武臣横行正任遥郡请俸，各依出身权行减借钱……节度使权依六曹尚书，承宣使权依侍郎，观察使权依给、舍，防、团依郎官例支破。"②

其四，南宋武臣如统兵战守官与环卫官因作战需要，朝廷予以特别优待。首先，带横行、遥郡、正任的高级统兵战守官之俸禄不减反升。其诸路总管、钤辖、都监、巡检及州钤辖、都监、巡检皆是差遣，"转至遥郡以上，俸钱、衣赐、傔人、俸马，依靖康元年二月二十七日指挥，权支三分之二"，但之后有所回升。绍兴三十二年十月，户部侍郎向伯奋言：

> 契勘武臣正任以上真俸厚甚，所立借减之法，谓如节度使真俸四百贯、米麦通二百五十石，至借减只支钱二百贯、米麦二十石，又元随米支钱三十贯，其相去辽绝如此。

凡充职任差遣的地方统兵官皆在借减之列。其次，统兵战守官待遇优厚，不仅带正任、遥郡免权借，将帅官还新增增给钱。旧制，"殿前司等处统制、统领、将官，除本身请受外，别无供给、职田、特送之类"，③ 即统兵官请受依其所带武

---

① 《宋会要辑稿·职官五七》，第4602页。
② 《宋会要辑稿·职官五七》，第4595页。
③ 《宋会要辑稿·职官五七》，第4595、4598、4602页。

选官阶而定，别无供给之类的补贴。如"武翼大夫、忠州刺史、添差前军统领萧为"，"亲卫大夫、建州观察使、神武右副军统制岳飞"，[①] 其请受仅一色，皆依所带遥郡刺史、遥郡察使确定。绍兴和议后，财计困窘情况有所好转，统兵官依旧全支，各屯驻大军的都统制、副都统制、统制等各级将领，在廪禄之外，特新增供给钱一项。绍兴十三年六月，诏统兵战守官增加月供给钱，分为 7 等，显示了南宋对前线统兵官所实行的优厚俸禄政策。最后，增环卫官添支供给钱。孝宗乾道六年（1170），以"环卫官储育将帅之地"为由，新增添支供给钱。[②] 南宋战守统兵官数量大，在军费支出中比例较大，比北宋有明显增加。

其五，南宋内外官差遣有添支料钱，职事官在料钱之外有厨食钱，书局纂修者有折食钱，在京厘务官有添支钱、添支米，选人、使臣有职田，无职田者有茶汤钱等，名目颇多。南宋时期的俸禄，京师高官比北宋大观、政和之制略有减少，但武臣统兵官、环卫官待遇优厚，地方官、选人亦有一定增加。总体上看，南宋俸禄在适度增加范围之内。

宋代俸禄制已进入以寄禄官为核心的新阶段，但爵禄制以及品禄制，仍有一定的残存。高级官员封爵及带食邑、食实封之制，仍作为皇帝赏赐臣僚的工具继续发挥作用。宋代封爵与食邑、食实封挂钩。食邑是虚封，食实封在南宋也成虚封。晋爵必与食邑、食实封户数关联。有特定的增户晋爵之制：

> （神宗元丰三年九月）诏："臣僚加恩并依旧，勋已至上柱国即并加食邑、实封。给、谏、待制许加实封，省副、知杂许并加勋，勋已至上柱国，食邑自今当加，食邑减数令中书本房立法。"本房寻奏："自来大礼，加功臣、阶、勋、食邑、实封凡五等。今已罢功臣及以阶易官，即止有勋及食邑、实封凡三等。勋止柱国，而食邑当依旧法，自三百、四百、五百、七百至一千户，实封自一百、二百、三百至四百户……"[③]

① 《宋会要辑稿·兵一七》，第 8969 页；李心传：《建炎以来系年要录》卷 50，北京：中华书局，2013 年，第 1038 页。
② 《宋会要辑稿·职官五七》，第 4598、4605—4606 页。
③ 《宋会要辑稿·职官五六》，第 4528 页。

按宋代《司封格》，食邑自二百户至一万户，共分 14 等。[1] 封爵与食邑、食实封虽不属于百官俸禄，但仍然是皇帝赏赐臣僚的方式。《朝野类要》记载："旧制，每实封一户，随月俸给二十五文。"[2] 在南宋宁宗朝以前，食邑为虚封，食实封一户 25 文。之后，食邑与食实封皆为虚封。从俸禄制度史层面，封爵食禄仍可视为俸禄制的补充予以关注。

二、宋代俸禄的分类

俸禄是总称，指文武官员、宗室、宫廷内职等据各自身份、品位所能得到的赋禄。月料钱是俸禄最基本的一种，此外，还有其他多种名目的俸给。开宝三年七月诏：

> 今于禄俸，更与增添。应西川县官等料钱，宜令一例于旧俸外每月加给五千，并支见钱。

乾道四年十一月诏：

> 新差权发遣无为军徐子寅，已降指挥令往楚州界相视措置官田，除粮料院供到合请料钱、职钱、贴职钱、厨食钱、特支米外，每月添支特给钱七十贯，于所在州军按月批支。[3]

可见，宋代俸禄名目众多，有料钱、衣赐、添支、职钱、贴职钱、供给钱、禄粟、职田、餐钱、折食钱、随身元随僆人衣粮钱、给券、茶酒厨料、薪蒿炭盐诸物、特支米、公使钱等。官员有本官阶、有差遣、有带职或数种局、所兼职，可以拿三种、四种乃至更多名色的俸给。北宋政宣年间蔡京擅权，官吏竟"有身兼十余奉者"。[4] 故绍兴元年降诏予以限制：

---

[1] 《宋史》卷 170《职官志十》，第 4076 页。
[2] 赵升编：《朝野类要》卷 2《爵禄·食邑》，北京：中华书局，2007 年，第 73 页。
[3] 《宋会要辑稿·职官五七》，第 4568、4605 页。
[4] 《宋史》卷 472《奸臣·蔡京传》，第 13726 页。

应行在供职官吏，除本身合得请受外，其添给等不得过三色。内有兼职人，更许支破兼职一色，通本职添给等不得过四色。①

需要注意的是，以《嘉祐禄令》《熙宁禄令》为代表的北宋前期俸禄分类与后期《大观禄令》《绍兴禄令》有所区别，不能一概而论。现分别论述如下。

（一）料钱（包含衣赐）

料钱是俸禄最基本的一种，或称"请受"，即月俸钱。月俸多少由文武职官官阶确定，在北宋前期，职事官不任职事，职事由差遣决定。大中祥符五年十一月颁布《定百官俸诏》，诏书中所称"职官"即文官本官阶、武官武选官阶：

> 今定加文武职官月俸：三师、三公百二十贯，东宫三师、左右仆射九十贯，东宫三少、御史大夫、尚书、左右常侍六十贯，两省侍郎、太常卿、御史中丞、左右丞、侍郎五十五贯……诸寺监丞十四贯，大理评事、奉礼太祝八贯。诸卫上将军六十贯，金吾大将军三十五贯……皇城已下诸司使二十五贯，副使二十贯……侍禁三贯。

《定百官俸诏》颁布之后 3 年，又降《令文武群臣料钱依旧支见钱诏》：

> 其文武群臣料钱，宜令三司，自来年正月一日，依旧并支见钱。②

元丰时改本官阶俸为寄禄官俸，详定官制所上《以阶易官寄禄新格》：

> 中书令、侍中、同平章事为开府仪同三司，左、右仆射为特进，吏部尚书为金紫光禄大夫，五曹尚书为银青光禄大夫，左、右丞为光禄大夫，六曹侍郎为正议大夫，给事中为通议大夫……光禄、卫尉、将作监丞为宣

---

① 《宋会要辑稿·职官五七》，第 4594 页。
② 《宋大诏令集》卷 178《政事·定百官俸诏》，《政事·令文武群臣料钱依旧支见钱诏》，第 641 页。

议郎，大理评事为承事郎，太常寺太祝、奉礼郎为承奉郎，秘书省校书郎、正字、将作监主簿为承务郎……选人磨勘，并依尚书吏部法，迁京朝官者，依今新定官。其禄令并以职事官俸赐禄料旧数与今新定官请给对拟定。①

崇宁、政和后，选人七阶及武选官横行、诸司使副阶统改为大夫、郎寄禄阶，其俸禄依新寄禄阶定，选人寄禄阶决定其月俸料钱。

（二）添支

北宋前期有职事者多为差遣，差遣有添支（亦称增给）钱：

> 宣和三年，户部尚书沈积中、侍郎王蕃……又奏："学士提举在京官，除本身请给外，更请贴职，并差遣添支，比六曹尚书、翰林学士承旨几及一倍以上，非称事制禄之意。"②

关于差遣有俸禄，汪圣铎认为："只要我们仔细考察元丰改制前的禄格，就会发现：官员的俸禄额并不全由本官决定，在确定具体官员的俸禄额时，差遣时时起重要的甚至是主要的作用……奉钱、衣赐、禄粟之外，官员们享受着名目众多的添支增给，如添支钱、餐钱、傔人衣粮餐钱、厨料茶酒薪炭、羊、马等，绝大部分都是依据官员的差遣而不是依据其本官支给的。"③ 其说有值得商榷处，但指出添支是文官差遣的俸禄，符合元丰法的规定。

差遣给添支钱，在《宋会要辑稿》所保留的《熙宁禄令》中有明确记载。④《嘉祐禄令》中差遣亦有添支，如"三司检法官，十千（春、冬绢各五匹，冬绵

---

① 《续资治通鉴长编》卷308，第7482—7483页。
② 《宋史》卷172《职官志十二》，第4130页。
③ 汪圣铎：《宋朝文官俸禄与差遣》，邓广铭、漆侠主编：《中日宋史研讨会中方论文选编》，第181—182页。
④ 《宋会要辑稿·职官五七》记载，"添支"钱中有"都提举市易司"（第4561页），该司系神宗熙宁六年十月二日由"提举在京市易务"改（《续资治通鉴长编》卷247，第6018页）。此可证该《禄令》为《熙宁禄令》。

十五两。愿请前任请受者听。若转京朝官，随本官料钱、衣赐）"，① 选人充三司检法官，月俸 10 贯。如果此三司检法官由选人改为京官，那么就得依其所带本官阶定俸禄，罢去增给 10 贯，并随之有衣赐。同时说明，除寄禄阶官定月俸之外，差遣亦有添给钱。

宋代宰相及三司使副等也是差遣。既领添支钱，又有本官阶料钱。据《嘉祐禄令》，观文殿大学士以下至天章阁直学士，除料钱随本官外，等第支破添支，②内钱 3 等，③ 若临时有差遣，另加添支钱。

（三）职钱

元丰新制，改本官阶为寄禄官阶，职事官有实际职务，享有职钱，与差遣给添支有别。职事官无衣赐，寄禄官有衣赐。

职事官与寄禄官是两条升迁渠道，或寄禄官高所任职事官卑，或职事官高寄禄官低，而以寄禄官高低为标准，决定职事官行、守、试 3 等。以户部侍郎为例，职钱分 3 等，如职事官不言"行"、"守"、"试"者，准"行"给，衣赐随寄禄官例支。如元丰法所定禄制：

> 翰林学士承旨，翰林学士，五十千。

翰林学士承旨、翰林学士不分"行"、"守"、"试" 3 等，统一准"行" 50 贯支取，衣赐则随寄禄官例支。元丰改制后，本官阶复为职事官，寄禄官有料钱，职事官有职钱，即领两种俸禄。④

（四）贴职钱

元丰改制后仍无贴职钱。大观二年，内外官凡带直阁以上至观文殿大学士职名者，一律另给贴职钱、增给米麦，提高曾任执政带职及有文学地位带贴职文臣

---

① 《宋史》卷 171《职官志十一》，第 4107 页。
② "支破添支"中"支破"为动词，为发放、颁给之意，支破添支指发放添支钱。
③ 《宋会要辑稿·职官五七》，第 4591 页。
④ 《宋史》卷 171《职官志十一》，第 4112、4117 页。

的俸禄，以缩小大学士、学士与节度使等武臣正任官俸禄的差距，贴职钱自观文殿大学士 110 贯至直秘阁 10 贯，分 9 等；另给在京供职米麦，自观文殿大学士至待制，50 石至 25 石，共 4 等。①

（五）禄粟

禄粟或称米麦。衣川强认为："原则上，料钱、禄粟、衣赐是支给所有官吏的。"② 这值得商榷。事实上，并不是所有文武官都有禄粟。汪圣铎指出：

> 有人认为所有文官都可享受禄粟，这很令人怀疑，因为记载中享受禄粟者文臣只有宰执、三司长官及选人，其他官员特别是大部分京朝官均不见享受禄粟之记载。就见于记载者而言，至少两府及三司长官及京朝官员知郡县等是依其差遣而不是依其本官享受禄粟的。③

汪圣铎所称不是所有文臣都享受禄粟的观点是正确的，把享受禄粟的范围只限于差遣却值得商榷。五代后周地方牧守（防御使、团练使、刺史等）除料钱外，就已有禄粟，④ 宋初沿用之。据《嘉祐禄令》给禄粟之制，文臣除宰执、三司长官、州县幕职等之外，尚有本官阶中书、门下侍郎、尚书左右丞、三师、三公、职事官宣徽使、司天监官等。至于武臣正任、遥郡官，二省内侍官供奉官、殿头、高品等，皆为阶官。故定禄粟为差遣之俸禄似有牵强。在元丰改制前，据《宋史·职官志》，禄粟有 18 等，但享受禄粟的范围有限，主要包括 4 类官员：一是文臣、枢府、计府高层差遣与加官、本官阶，二是武臣正任、遥郡官与横行等，三是州县幕职令录簿尉及司天监官，四是二省内侍官阶官。⑤

---

① 《宋会要辑稿·职官五七》，第 4591—4592 页。
② 衣川强：《宋代文官俸给制度》，第 1 页。
③ 汪圣铎：《宋朝文官俸禄与差遣》，邓广铭、漆侠主编：《中日宋史研讨会中方论文选编》，第 182 页。
④ 《旧五代史》卷 111《周书·太祖纪二》，第 1714 页。
⑤ 《宋史》卷 171《职官志十一》，第 4119—4221 页。

（六）职田

周朝行爵禄制，有爵必有封土，爵禄就是采地、禄田。禄田后演变为圭田，[①] 圭田是后世菜田、公田、永业田、职分田之源头。隋遵北齐之制，"京官又给职分田"。[②] 唐沿隋制，开元十年（722）曾停罢职田，十六年复置。[③] 职田之制中废于五代，[④] 再兴于宋朝。宋朝具体设置时间，有学者据"咸平元年十二月，诏赐灵州知州已下官至五十顷，令枢密院等第分给"的记载认为始于此时。[⑤] 实际上这是赐田，与作为俸禄之职田无关；且此恩赐之 50 顷，不由三司分配，而是直接归枢密院分给，显然与军事赏赐有关。

宋代正式推行外任地方官分给职田之制始于咸平二年（999）七月。[⑥] 咸平初，各路转运使搜括官府庄田，均给州县长吏及幕职判司县令簿尉等地方官。《续资治通鉴长编》记载：

> 宰相张齐贤请给外任官职田，诏三馆、秘阁检讨故事，申定其制，以官庄及远年逃田充，悉免其税。所得课租均分，如乡原例。州县长吏给十之五，自余差给。其两京、大藩府（指三京府、京兆、成都、太原等——引者注）四十顷，次藩镇（节度州——引者注）三十五顷，防御、团练州三十顷，中上刺史州二十顷，下州及军、监十五顷，边远小州、上县十顷，中县八顷，下县七顷，转运使、副使十顷，兵马都监、监押、寨主、厘务官、录事参军、判司等，比通判、幕职之数而均给之。[⑦]

---

① 《礼记正义》卷 12《王制》，《十三经注疏》，北京：中华书局，1980 年，第 1337 页。

② 《隋书》卷 24《食货志》，北京：中华书局，2019 年，第 755 页。

③ 《文献通考》卷 65《职官考十九》，第 1977—1979 页。

④ 《宋史》卷 172《职官志十二》，第 4145 页。

⑤ 《宋会要辑稿·职官五八》，第 4615 页。

⑥ 高承：《事物纪原》卷 1《天地生物部·职田》，《丛书集成初编》，北京：中华书局，1985 年，第 1209 册，第 38 页；王应麟：《玉海》177《食货·职田·咸平职田》，第 3262—3263 页；《宋会要辑稿·职官五八》，第 4615—4616 页。

⑦ 《续资治通鉴长编》卷 45，第 955—956 页；《宋史》卷 172《职官志十二》，第 4145—4146 页。

以上清楚说明，宋太祖、太宗两朝未行职田之制，真宗咸平初复行。然宋代职田只给外任地方官，且将职田所收租税按规定比例分给路转运使副、州县长贰和州县幕职簿尉及州司兵官等外任文武官，不是将职田直接分给官员料理。

不同地域的职田贫瘠沃腴不同，因此施行后出现争夺差遣肥缺之情况。如"越州有职分田，岁入甚厚，今争者颇众"，宰相寇准认为职分田难以养廉，肥缺"非廉士莫可与"。遂堂除任布为知越州。① 但这种个别行为，无法改变其弊病。

职田制并非一直顺利施行，仁宗天圣年间一度罢废。因受制于官员素质、职田厚薄、年景气候等因素，职田制实施存在较多困难。如遇灾害，租种职田的佃户就难以交齐课税。仁宗天圣元年（1023）七月不得不降诏："职田遇水旱蠲租如例。"② 鉴于"官吏不务至公，或差遣之间徇于侥竞，或横敛之际害及人民，屡致讼言"，天圣七年八月诏：

> 其罢天下职田，悉以岁入租课送官，具数上三司。以所在时估定价例均而给之。③

也就是改变职田直接分配给官员收租课得利的方式。具体而言，"应天下职田宜依奏停罢，其见佃人户逐年分收课利并纳入官；诸州、府、军、监每年各具夏秋纳到石斗，时估价例申三司，令三司类聚天下都收数目，纽定价钱，均给与诸道州、府、军、监见任官员"。④ 这不仅大大增加了三司工作量，而且也难以做到公平合理。果不其然，天圣九年二月又"诏复郡县职田"。⑤

仁宗庆历三年采取限田措施，大幅减省职田数，如大藩府知府从 40 顷减至

---

① 《宋史》卷188《任布传》，第9683页。
② 《宋史》卷9《仁宗纪一》，第178页。
③ 《宋会要辑稿·职官五八》，第4617页；《宋大诏令集》卷178《政事·罢职田诏》，第641页。
④ 《宋会要辑稿·职官五八》，第4617页。
⑤ 《宋史》卷9《仁宗纪一》，第189页。

20顷，节度州知州减至15顷，防、团以下知州统一减至10顷。[1] 限定职田数自20顷至2顷，各有等差。然因"生齿至众，邑无旷土"，各地土地情况不同，职田收入逐渐拉开差距，到政和八年又出现了收入很不平均的情况。[2]

职田之制，南宋沿用。据《玉海》记载：

> 绍兴末，东南诸路收圭租二十三万斛有奇，州县有过给者。二十九年十二月癸酉，命及格则止。隆兴初元六月，又有权借一年之令。乾道元年七月辛亥，又借三年。八年十月丙戌，复还之；十二月，诏严额收敛之禁。[3]

权借，即朝廷以临时借用的名义，收取本应发给官员的职田收入。然南宋版图缩小，各地职田也不均衡，如两广、福建路就不能保证规定之数，《淳熙三山志》记载：

> （福州）职田二十一顷九十亩一步，园九百四顷九十四亩一角五十三步。租课钱一千一百二十四贯五百八十文足，米四百二十一石四斗二升六合……庆历六年，更定藩府二十顷，节镇十五顷，余州十顷。本州职田大率不能如制。[4]

福州职田数大致与大藩府长吏职田数相符，但也有州县职田较充裕的地区。[5] 从总体上看，两宋地方官有较丰厚的职田收入，此亦能窥见宋代官员俸厚之一斑。

---

[1] 有的地方官差公人到职田处扑合收纳田租，按规定，"肥沃处每亩不得过五斗"（《宋史》卷172《职官志十二》，第4146页；《宋会要辑稿·职官五八》，第4619页），依此计算，最低一等县令、县尉职田2顷，年收入100石；最高一等都督知州、知府为20顷，年收入达1000石。

[2] 《宋会要辑稿·职官五八》，第4624页。

[3] 王应麟：《玉海》卷177《食货·职田·绍兴复职田》，第3264页。

[4] 梁克家纂修：《淳熙三山志》卷12《版籍类·职田》，《宋元方志丛刊》，中华书局，1990年，第8册，第7886—7887页。

[5] 如平江府昆山县，在《淳祐玉峰志》中明确记载该县职田课利钱的分配数：知县为446石6斗1升、县丞为304石5斗8升、主簿为239石9斗7升、县尉为229石8斗9升、监务为187石4斗7升、杨林巡检为121石7升。（项公泽修，凌万顷、边实纂：《淳祐玉峰志》卷中《税赋》，《宋元方志丛刊》，第1册，第1070页）

职田是宋代俸禄的重要组成部分，《州县提纲》将其与添支并列，[①] 而且从熙宁六年《详定职田诏》也可以看出宋代职田所授范围较广。[②] 元丰新官制中，尚书省工部置屯田郎中、员外郎，分案三，职田为其中之一，[③] 上有专司掌管，说明职田之重要。据毕仲衍《中书备对》统计，元丰三年职田总数达到 23486 顷 95 亩。[④] 从总体上来说，职田制实行后，地方官"稍资俸给"。

（七）随身、元随、傔人衣粮

《宋史·职官志》有"傔人餐钱"，餐钱是俸禄之一种，与"傔人"无关。[⑤] 傔人与随身、元随皆为宋朝廷派给部分高层文武官员随从当值、供役使的人员，是一种特权待遇。随身与傔人之名始于唐。会昌三年（843）五月，"敕诸道节度使置随身不得过六十人，观察使不得过四十人，经略、都护不得过三十人"。又，唐节度大使、副使之下皆有傔人。[⑥] 元随之名始于五代，后周已有防御使、团练使元随 30 人，刺史 20 人之制。[⑦] 唐五代三者名异而实同，至宋代分为随身、元随、傔人 3 等，凡任宰相、执政有随身，太尉至刺史有元随，余止傔人，所给随身、元随、傔人有定额等差。[⑧]

随身、元随、傔人均有月粮、衣赐，其制失载。笔者仅在乾道年间侍卫亲军都指挥使、淮南西路安抚使郭振请给中，发现有元随月粮的记载：

> 料钱四百贯文，禄粟一百五十石，准细色九十石。内米四十五石，二十二石五斗住支，二十二石五斗本色；小麦四十五石，内二十二石五斗住支，二十二石五斗折钱，每石折钱二贯文。元随五十人，各每月粮二石，计一百

① 陈襄：《州县提纲》卷1《俸给无妄请》，李元弼等：《宋代官箴书五种》，北京：中华书局，2019年，第107页。
② 《续资治通鉴长编》卷243，第5926—5927页。
③ 《宋会要辑稿·食货六三》，第7638页。
④ 《宋会要辑稿·食货六一》引，第7476页。
⑤ 《宋史》卷171《职官志十一》，第4123页。
⑥ 《旧唐书》卷18上《武宗纪》，第595页；卷43《职官志》，第1835页。
⑦ 《旧五代史》卷111《周书·太祖纪二》，第1714页。
⑧ 《宋史》卷172《职官志十二》，第4142—4143页。

石，每石折钱三百文。①

这里提到元随给月粮 2 石之数，然此 2 石却折现钱 600 文，因郭振禄粟每石折钱 2 贯，而随身每石折钱仅 300 文，相差 6 倍多。按上文有"准批下总领两淮浙西江东财赋军马钱粮所申，得旨，郭振诸般请给，可特支全俸"一句，据此，元随每石折钱 300 文是纳入郭振"诸般请给"之中的，元随 50 人月粮共折 30 贯。又如宰相蔡京"已受仆射奉，复创取司空寄禄钱，如粟、豆、柴薪与傔从粮赐如故，时皆折支，亦悉从真给"，② 可见傔从赐粮是归入蔡京俸入中的，且无须折支，是实给 2 石米。

（八）给券

给券是一种临时性的出差补贴，《宋史·职官志》有简要记载：

> 京朝官、三班外任无添给者，止续给之。京府按事畿内，幕职、州县出境比较钱谷，覆按刑狱，并给券。其赴任川峡者，给驿券，赴福建、广南者，所过给仓券，入本路给驿券，皆至任则止。车驾巡幸，群臣扈从者，中书、枢密、三司使给馆券，余官给仓券。③

即其为官员出使或赴任，或扈从皇帝巡幸，由朝廷颁给提供食宿及生活用品之券。券有馆券、驿券、仓券、生券之分。驿券指入驿舍食宿之券；仓券是生活补贴，因直接给钱，也称为券钱，没有入住馆驿待遇；馆券指入住亭馆之券，与驿券一样食宿皆包，但待遇略高于驿券，故驿券与馆券常混用不分；生券为军兵月给禀食钱的凭证。下面分别予以论述。

1. 馆券与驿券

曹家齐《宋代驿券考略》称："宋代，馆驿合并，与递铺分立。馆驿不再向公差人员提供马匹，仅作为供公差人员食宿和领取生活补给品之场所。"④ 不过，

---

① 《宋会要辑稿·职官五七》，第 4606 页。
② 《宋史》卷 472《奸臣·蔡京传》，第 13724 页。
③ 《宋史》卷 172《职官志十二》，第 4145 页。
④ 曹家齐：《宋代驿券考略》，《宋史研究杂陈》，北京：中华书局，2018 年，第 183 页。

两者有时或混而为一，不作区别，如天圣七年三月"诏广南、福建幕职州县官赴所任，如川峡例，给以馆券"。① 馆与驿或合称，如景德二年（1005）九月"诏兴州青泥旧路依旧置馆驿，并驿马、递铺等"。② 馆与驿何以可以联称呢？曹家齐对此有明确阐释：

> 宋代驿券沿用唐代之名称。但不作乘马凭证，正是与宋代驿传制度变化相适应的。宋代，驿之传递和供马功能为递铺所夺，驿与馆合并仅成为食宿与批支钱粮、草料之所，那么，驿券只有作为入驿食宿之凭证才名副其实。③

驿与馆合并，故馆券与驿券差别消失。有了驿券，沿途食宿均可以解决。日僧成寻在《参天台五台山记》中有十分具体的记述：

> 同四年（日本延久四年，即熙宁五年——引者注）十一月一日（丙午），天晴，巳时，使臣并三司官人来，参五台山沿路盘缠文字三司官人与老僧。文曰：
>
> 三司，日本国僧成寻等，差殿直刘铎，引伴成寻等，赴五台烧香迄，却引伴赴阙。日本国僧八人，每人各米三胜，面一斤三两二分，油一两九钱八分，盐一两二分，醋三合，炭一斤一十二两，柴七斤。客商通事一名，每日支口券米二胜。右仰沿路州府县镇馆驿，依近降驿令供给，往来则例其券并沿路批勘，文历候四日缴纳赴省。
>
> 熙宁五年十月二十八日给。
>
> 判官
> 副使
> 使④

---

① 《续资治通鉴长编》卷107，第2503页。
② 《宋会要辑稿·方域一〇》，第9469页。
③ 曹家齐：《宋代驿券考略》，《宋史研究杂陈》，第191页。
④ 成寻著，王丽萍校点：《新校参天台五台山记》卷5，上海：上海古籍出版社，2009年，第357—358页。标点略有调整。

三司所给"文字"当为"文历"，并给予驿券，由沿路州府县镇按驿令批勘供给食宿。

驿券与馆券待遇要比仓券高，如皇帝外出随从官员食宿待遇分两等：二府大臣与三司使以上可享受给馆券的待遇，其他官员只给仓券。① 可见两者之区别。如非车驾巡幸扈从，平常京朝官、诸司使副、三班使臣差遣，并给沿路馆券，供给食宿。②

驿券是官员出差供给凭证，亦有高低等差之分。曹家齐称：

> 驿券既为公差人员的补给凭证，在发放时当依官职的高低而面值不等，每一官职都有驿券发放的定例。如熙宁三年正月，条例司言："进士程义路所陈蔡、汴等十河利害文字，实知水利，欲令义路随侯叔献、杨汲等，以备指引，仍给驿券视三班借职。"③

三班借职为武臣最低一阶。进士程义路未入仕，因在水利上建言，得到朝廷认可。朝廷召程义路随同官员侯叔献等考察蔡河、汴河等十河利害，"视三班借职"例，发给最低一等驿券，说明驿券分级别。居住驿舍需按照职位高下、有无统属关系等确定驿舍优劣：

> 诸应入驿之人至驿（马铺、临流亭馆、僧寺同），非相统摄，先至者，居之；其无官或有官而尊卑隔越，虽先至亦迁避。④

李元弼《作邑自箴》将在驿舍中把佳处让与高官，作为官员应自觉执行的一条要求。⑤ 驿舍都有可安顿住宿的多间住房，如南宋台州安洲驿"凡为屋三十楹，足

---

① 《宋史》卷172《职官志十二》，第4145页。
② 《续资治通鉴长编》卷80，第1824页。
③ 曹家齐：《宋代交通管理制度研究》，开封：河南大学出版社，2002年，第61页。
④ 《庆元条法事类》卷10《职制门·舍驿》，杨一凡、田涛主编：《中国珍稀法律典籍续编》，哈尔滨：黑龙江人民出版社，2002年，第1册，第177页。
⑤ 李元弼：《作邑自箴》卷10《登途须知》，李元弼等：《宋代官箴书五种》，第61页。

为大宾客憩节之地"。①

2. 仓券

仓券也称券钱，是生活补贴，直接给钱，没有入住馆驿待遇。如天禧三年诏："川峡广东监押、巡检、驻泊捉贼、监当使臣，并与二年一替。川峡幕职、州县官得替不押纲运者，并给仓券。"又官员赴任或在任携家眷移替途中突然死亡，许按其家口人数、所归处"计程给仓券"。② 这是给亡故官员家属的一种照顾，已超出俸给范围，故绍兴二年罢去此制：

> 旧制，州县官正郎以下身亡者，给仓券。两浙转运判官梁汝嘉言：诡冒者众，蠹耗邦财，诏并罢。③

孝宗隆兴初，洪适奏言，归降人止给券钱，不足以养家糊口，需另给俸料：

> 沿边已招纳降胡，若使之饥寒失所，则必怨望。如萧鹧巴一家余二十口，券钱最多，日不过千六百金，尚不给用，则其余可知。乞将已有官人与给料历。④

此"券钱"盖指仓券，以日计钱给之，属俸料外之资给。

凡券皆有使用期限。文武官员差遣享受馆券或驿券，其上写明规定期限："按度支押令，木杪至京交承未毕，其驿券听给三十日止。"⑤ 止宿诸州沿路馆驿，按规定不得超过1个月，⑥ 若超出期限要判刑。⑦ 按规定期限使用完毕，须

① 《楼钥集》之《补遗》，杭州：浙江古籍出版社，2010年，第2133页。
② 《续资治通鉴长编》卷94，第2171页；卷493，第11697页。
③ 李心传：《建炎以来系年要录》卷51，第1062页。
④ 许及之：《宋尚书右仆射观文殿学士正议大夫赠特进洪公行状》，曾枣庄、刘琳主编：《全宋文》卷6357，上海：上海辞书出版社、合肥：安徽教育出版社，2006年，第280册，第314页。
⑤ 《续资治通鉴长编》卷464，第11087页。
⑥ 《宋会要辑稿·方域一〇》，第9470页。
⑦ 《庆元条法事类》卷10《职制门·舍驿》，杨一凡、田涛主编：《中国珍稀法律典籍续编》，第1册，第176页。

将券上交，由三司掌券司审核报销：

> 诏应京朝官、诸司使副、三班使臣等差遣出外，缘路馆券，回日于阁门
> 送纳，委三司点检。如枉道重叠虚给官物者，具名以闻。①

如发现不按出差规定路线，或"枉道"，或"重叠"，要上报朝廷。

北宋前期，因为驿券使用人员多，而层次又不同，开支浩瀚，三司设掌券司专责管理。三司专门编制驿券则例，以规定发放、待遇、管理等规制。② 元丰改制后，驿券、馆券、仓券由户部掌管。③ 诸路州县沿路设置的馆驿，有专知官与公人管理，地方长吏兼管。④

3. 生券

生券为军兵月给禀食钱凭证。南宋时，或用楮币会子（纸币）颁给。咸淳九年（1273）四川制司有言："戍兵生券，人月给会子六千，蜀郡物价翔贵，请增人月给九千。"《宋史·理宗纪》也记载："（嘉熙二年）出祠牒、会子共七百万纸，给四川制司为三年生券。"⑤

（九）餐钱与御厨折食钱

宋代餐钱名目众多，有餐钱、食钱、御厨钱、厨钱等，⑥ 均为官吏膳食津贴。但一些名色如御厨折食钱等，不能与餐钱完全等同。宋代官制复杂多变，餐钱亦如此，如《宋史·职官志》"傔人餐钱"注文曰：

---

① 《续资治通鉴长编》卷 80，第 1824 页。
② 如嘉祐四年三司使张方平主持制订《嘉祐驿令》三卷。（《宋会要辑稿·方域一〇》，第 9470 页）
③ 《宋史》卷 163《职官志三》，第 3849—3850 页。
④ 《宋会要辑稿·方域一〇》，第 9469 页。
⑤ 《宋史》卷 194《兵志八》，第 4849 页；卷 42《理宗纪二》，第 818 页。
⑥ 汪圣铎：《宋代官员俸禄和其他颁给分项考析》，《中华同人学术论集》，北京：中华书局，2002 年，第 136 页。

中书、枢密、宣徽、三司及正刺史已上，皆有衣粮，余止给餐钱。①

据此，宋真宗朝宰执与正任武选官阶有衣粮，但不给月餐钱。据王禹偁"官爵阶勋，数之则无非一品，日有秩酒，月有飧（餐）钱"之说，② 则宰相有月餐钱。又《宋会要辑稿》所载熙宁禄制宰执有餐钱，武选官正任餐钱却取消了。③

宋代餐钱所授范围变化较多，而现在所能见到的餐钱记载不全，难以了解其全貌。真宗、神宗两朝餐钱颁给对象，第一类是给官员个人餐钱。神宗熙宁之法规定，在给某些官员餐钱之外，又对几个特殊的官司拨给公用餐钱。第二类是拨给公廨的餐钱，由众官均分。如大理寺餐钱，大中祥符二年与天禧五年规定前后不同，先给官员本人，后又拨给本寺均分给众官员。④

在京百司中有餐钱的官司通常职事比较繁剧，或须全天候在官舍、场务勾当公事，故有食直钱（即餐钱）之给。如左藏库出纳纷繁，大中祥符六年十二月，特诏左藏库："监官食直钱，朝臣、诸司使二十千；京官殿直已上并十五千。"至南宋时，库务监当官餐钱有所提高，如乾道七年小使臣差左藏库专知官职事，"以掌管左藏库出纳官物使臣书衔。依专知官请给外，月添食钱二十贯，申朝廷给降付身，理为监当资任"。⑤

地方州县官也有餐钱。南宋餐钱也有给官员个人者，如嘉定六年（1213），颜伯奇父为建康府录事参军时捐出餐钱，用以建造存爱轩。⑥ 宋代州县学官若以县佐官兼充者，增给月食钱。这里的月食钱与《宋会要辑稿》所载"凡月给餐钱……国子监判监、直讲各五千"中的餐钱都是学官补贴。徽宗政和年间兴三舍贡士法，抽贡士出身的县令或县佐官充县学教谕，并增给月食钱：

（政和四年）二月十二日，诏："今后逐县令、佐，有贡士出身人内，

① 《宋史》卷171《职官志十一》，第4123页。
② 王禹偁：《求致仕第三表》，曾枣庄、刘琳主编：《全宋文》卷147，第7册，第338页。
③ 《宋会要辑稿·职官五七》，第4566页。
④ 《宋会要辑稿·职官五七》，第4566页；《宋会要辑稿·职官二四》，第2656—2657页。
⑤ 《宋会要辑稿·食货五一》，第7153、7158页。
⑥ 马光祖修，周应合纂：《景定建康志》卷22《城阙志·轩亭》，《宋元方志丛刊》，第2册，第1674页。

从上差一员兼县学教谕，仍月给食钱七贯，其管勾在学职事，依教授法。"①

此外，又有官司"公用餐"，或聚食，或给公廨官员均分，没有定制。

御厨折食钱与餐钱类似，但不能等同，是在正俸之外的添支钱。有先例，亦有临时差遣而添给食钱，若非官吏征召之布衣，即授官券：

> 六部尚书而下职事官，分等第支厨食钱，自十五贯至九贯，凡四等，并依宣和指挥。修书官折食钱，监修国史四十千，史馆修撰、直史馆、本省长贰三十七贯五百，检讨、著作三十五贯，并依自来则例。

"修书官折食钱"，即是"职纂修者有折食钱"。② 两宋时，在京国史院、实录院、敕令所、日历所等局所官吏有御厨食钱。御厨食钱本应由御厨供应用餐，但御厨不可能供应所有局所官吏用餐，遂折成现钱发给官员，于是称作"御厨折食钱"。御厨折食钱本有定数，但财计部门（元丰改制前为三司，后为户部）会根据物价波动"每月旋估支折"，故其实无定数，至绍兴元年，干脆裁定则例，将其分成11 等。御厨折食钱本有则例列出每等折食钱与相应的局所官吏，惜其不全，仅举一例以证之：

> （绍兴）四年九月六日，诏："新差详定一司敕令所删定官、充史馆校勘邓名世先次供史馆校勘职事，许支破新任删定官请给，御厨食钱依检讨官则例支破。"从史馆修撰常同请也。③

对照上引北宋所定修书官折食钱额，检讨官折食钱大体对应绍兴元年局所御厨折

---

① 《宋会要辑稿·职官五七》，第 4566 页；《宋会要辑稿·崇儒二》，第 2774 页。
② 《宋史》卷 172《职官志十二》，第 4134、4142 页。
③ 《宋会要辑稿·职官五七》，第 4594、4596 页。

食钱之第 9 等，但其后已大幅度削减，邓名世大概能领到 20 贯左右厨食钱。①

（十）杂给

杂给始于唐，正俸之外有杂给手力。② 宋初正俸之外有禄粟、杂给。杂给主要有茶、酒、厨料、盐、蒿、炭、薪、纸等物料，有时也给钱，如茶汤钱。对象不同，所给杂给名目数也不同。③

茶有专给茶者，"宫观副使、观文殿大学士至枢密直学士，并月给茶"，这也许与宋代学士爱喝茶有关。酒有专给酒者：

> 学士权三司使以上兼秘书监，及曾任二府提举宫观，日给酒者法酒自五升至一升有四等，法糯酒自一升至二升有三等。权发遣三司使公事，法酒半升，糯酒半升。④

三司使与殿阁学士以上每天供给酒 1—5 升，可见宋代酒风之盛。法酒是市场上买不到的宫廷酒。以上茶、酒均属杂给。在俸钱已能满足官员生活需要的情况下，朝廷还为宰执官、正任武臣及京府幕职等少数官员提供盐、柴、炭、马料等日常生活用品，可见宋代官员俸禄之厚、赡给之周全。

茶汤钱是俸钱之外的一种兼职杂给，⑤ 相当于厨食钱之类的补贴。陈襄《州县提纲》提及"俸给、茶汤有定制"。⑥ 选人外任诸路、州府、县的地方官，如无职田分配，给予适当的茶汤钱添给：

---

① 公费会食与月餐钱、折食钱等不同。朱瑞熙《宋代官员公费用餐制度概述》专门论及月餐钱："宋代官员还按月领取膳食津贴。膳食津贴最初有餐钱或食钱，后来逐步增多，有厨食钱（食钱）、厨料米面、折食钱等数种。"（《上海师范大学学报》1999 年第 4 期，第 54 页）本文论述的餐钱可称为"宋代官员膳食津贴"，而御厨折食钱是餐钱的外延，属职事补贴。
② 《旧唐书》卷 18 上《武宗纪》，第 585 页。
③ 《宋史》卷 171《职官志十一》，第 4124—4125 页。
④ 《宋会要辑稿·职官五七》，第 4566 页。
⑤ 赵升编：《朝野类要》卷 3《爵禄·茶汤钱》，第 73 页。
⑥ 陈襄：《州县提纲》卷 1《俸给无妄请》，李元弼等：《宋代官箴书五种》，第 107 页。

（乾道元年十二月）中书门下省奏："勘会诸路无职田选人，每月例支茶汤钱一十贯。"①

除选人无职田给茶汤钱外，使臣外任无职田亦给茶汤钱，② 现任官兼职管勾监管库务等杂事亦给之。③

（十一）公使钱

关于宋代公使钱，已有不少研究成果。佐伯富、俞忠宪、黄纯艳等认为，公使钱就是公用钱；林天蔚则持不同意见，认为公使钱可以"私入"，而公用钱则是官署特别办公费，要报销。④ 笔者赞同前一种观点。

公使钱或称公用钱、供给钱，⑤ 相当于官方招待费，源于周代厨传之礼。《周礼·地官》：

> 遗人掌……郊里之委积，以待宾客；野鄙之委积，以待羁旅……凡国野之道，十里有庐，庐有饮食。三十里有宿，宿有路室，路室有委。五十里有市，市有候馆，候馆有积。凡委积之事，巡而比之，以时颁之。⑥

韩琦、范仲淹据此谓，"则三王之世，已有厨传之礼"，又说：

> 切以国家逐处置公使钱者，盖为士大夫出入及使命往还，有行役之劳，

---

① 《宋会要辑稿·职官五八》，第 4629 页。
② 《宋史》卷 172《职官志十二》，第 4134 页。
③ 《宋会要辑稿·食货六二》，第 7584 页。
④ 佐伯富：《宋代の公使錢について：地方財政の研究》上、下，《東洋学報》第 47 卷第 1、2 號，1964 年；俞忠宪：《宋代公使钱研究》，邓广铭等主编：《宋史研究论文集（1984 年年会编刊）》，第 82 页；黄纯艳：《论宋代公用钱》，《云南社会科学》2002 年第 4 期；林天蔚：《公使库、公使钱与公用钱有别乎？》，《宋代史事质疑》，第 6—7 页。
⑤ 《宋会要辑稿·礼六二》，第 3124 页；《宋会要辑稿·食货二一》，第 6461 页。
⑥ 《周礼注疏》卷 13《地官·遗人》，《十三经注疏》，第 728 页。

故令郡国馈以酒食，或加宴劳，盖养贤之礼，不可废也。①

朝廷设公使钱的原意，是供招待官员、使者，或军队将帅犒劳备征士兵之费用。《挥麈录》记载："太祖既废藩镇，命士人典州，天下忻便，于是置公使库，使遇过客，必馆置供馈，欲使人无旅寓之叹。"② 嘉祐八年五月，"赐河北国信路（国信使所经路——引者注）公用钱……以契丹庆吊、祭奠使人往来故也"。③ 景德四年六月，"以鄜延路副部署石普为并代副部署，诏给公使钱二千五百缗"。④ 大中祥符八年五月又诏："增镇戎军公用钱岁二十万。"⑤

诸州公使钱如何开支？知渭州尹洙的事例很有代表性。渭州每年公使钱2000贯，却入不敷出：

> 洙先于庆历三年七月内奉敕差知渭州，到任后，取索到前知渭州王沿已后支用公使钱体例，计度每年合使钱数，及勘会到本州见管指使、使臣及郡虞候已上共六十余人，主兵官及通判、职官、参谋等近二十人，共八十余人，逐日例破常食约计钱共七贯，每月计二百一十贯；逐月五次聚食，一次张乐，共约钱三十贯文；每季一次大排管设军员二百贯，非次专使访问，或教场内军员吃食、官员射弓，及添助造酒糯米并节辰送物，逐季又约一百贯文，每一季都计使钱一千贯文。依此约度，每年合用钱四千贯文。王沿在任时，支公使钱三千贯。后来除依王沿例别给米麦外，只支钱二千贯，勘算每年合少钱二千贯。洙遂访问勾当官吏等，所少钱作何出办？其人等并言自来于诸处回易，可以得足……自来并是于军资库或随军库支拨系官钱作本回易。⑥

① 《续资治通鉴长编》卷141，第3384—3385页。
② 王明清：《挥麈录》后录卷1，上海：上海书店出版社，2009年，第42页。
③ 《宋会要辑稿·礼六二》，第2135页。
④ 《续资治通鉴长编》卷65，第1464页。
⑤ 《宋会要辑稿·礼六二》，第2130页。
⑥ 尹洙：《分析公使钱状》，曾枣庄、刘琳主编：《全宋文》卷583，第27册，第317—318页。

渭州公使钱不够用，还得靠借支军资库、随军库钱作本钱，派人做生意赚钱来弥补亏空。州郡公使钱主要用于州驻屯兵官及州官每日支破的"常食"、宴会、招待京师或州郡官员、教场内军员及官员射弓吃食、助造酒糯米麦并节辰送物等。

公使钱分以下几类。一是节度使兼使相、宗室的公使钱。南宋三公官比使相，"皆随月给受，如禄奉焉"，这一类公使钱"如禄奉"。南宋时，宰相加三公，岁赐公使钱万贯，如秦桧加太师、封魏国公，并为左仆射、同中书门下平章事兼枢密使，"全给秦桧岁赐公使钱万缗"。①

二是武臣正任官、环卫官的公使钱。节度使、节度观察留后、观察使、防御使、团练使、刺史各有等第，"刺史以上所赐公使钱得私入"。② 武臣正任公使钱"如禄奉"，归私入。乾道六年诏："环卫官储育将帅之地，可与增俸。左右金吾卫上将军每月添支供给钱一百贯文，诸卫上将军并左右金吾卫大将军每月八十贯文，诸卫大将军每月六十五贯文，诸卫将军、中郎将每月五十贯文。"武官正任不但料钱高于文官，且有公使钱，朝中大臣甚为不满。大观三年，中书省提出，文官带职给贴职钱，以缩小学士与正任官的差距。③

三是京师中枢及紧要官司的公使钱。如中书宰臣月给厨料钱 50 贯，参知政事 35 贯，又有添支钱 140 贯，添厨钱 50 贯；枢密院每月东厨 305 贯，西厨 270 贯；宣徽院每月厨钱 80 贯；三司每月 70 贯；御史台每月 300 贯；等等。此外又有岁给者，如尚书都省、银台司、提举诸司库务司皆按年给，用尽续给。④

四为"三京及诸道州、府、军、监"的公使钱，涉及范围最广。诸路长吏及诸州郡都有公使钱配额，《宋会要辑稿》对此有详尽记载。⑤ 文武升朝官知州、各路监司、帅司及边地要塞带兵官，也给公使钱，可供长吏或统兵长官自行支配，如用于犒设往来官员酒食之费。或随月给受，或岁给。

宋代州郡皆有公使库。俞宗宪认为宋代的公使钱大致可分为正赐公使钱与公

---

① 《宋史》卷 172《职官志十二》，第 4144 页；卷 30《高宗纪七》，第 564 页。

② 《宋史》卷 464《外戚·李用和传》，第 13565 页。

③ 《宋会要辑稿·职官五七》，第 4605—4606、4588 页。

④ 《宋史》卷 172《职官志十二》，第 4144 页；《宋会要辑稿·礼六二》，第 2124—2125 页。

⑤ 《宋会要辑稿·礼六二》，第 2124—2127 页。

使库钱，① 此说值得商榷。州郡有公使库，其公使钱额有明确规定。诸州郡公使钱中，朝廷正赐只占部分，大部分须自筹。诸路州郡公使库钱可"回易公用"，即作为做生意之本钱，但不能私用，对此，范仲淹曾有所说明："臣伏睹编敕指挥，若将公使钱回易到别物公用，但不入己，更不坐罪。"②

公使钱虽有定额，但朝廷正赐公使钱比例不大。以苏轼《申明扬州公使钱状》所言为例：

> 右臣勘会本州公使额钱每年五千贯文，除正赐六百贯、诸杂收簇一千九百贯外，二千五百贯并系卖醋钱……今契勘醋库……每年只收到一千六七百贯至二千贯以来，常不及元立额钱二千五百贯之数……窃以扬于东南，实为都会，八路舟车，无不由此，使客杂逻，馈送相望，三年之间，八易守臣，将迎之费，相继不绝，方之他州，天下所无……是致积年诸般逋欠，约计七八千贯。③

从上可知，扬州公使钱岁额为 5000 贯，但实际正赐仅 600 贯，其他须本州自筹。州郡公使钱并非全额拨给，也不能归守臣私用，且往往入不敷出。当然，迎来送往少者之州郡可能有用不完的公使钱，这些剩余公使钱，朝廷规定"岁终支不尽者纳州库"。④

州郡公使钱"皆长吏与通判署籍连署以给用"。⑤ 公使库自路至县皆置。县长吏公使钱数额未见记载。李心传《建炎以来朝野杂记》对此有所解释：

> 公使库者，诸道监帅司及州、军、边县与戎帅皆有之。盖祖宗时，以前代牧伯皆敛于民，以佐厨传，是以制公使钱以给其费，惧及民也。然正赐钱

---

① 俞忠宪：《宋代公使钱研究》，邓广铭等主编：《宋史研究论文集（1984 年年会编刊）》，第 87 页。

② 范能浚编集：《范文正公政府奏议》卷下，《范仲淹全集》，成都：四川大学出版社，2002 年，第 632 页。

③ 《苏轼文集》卷 35《申明扬州公使钱状》，北京：中华书局，1986 年，第 985 页。

④ 《宋会要辑稿·礼六二》，第 2125 页。

⑤ 《宋史》卷 172《职官志十二》，第 4144 页。

不多，而著令许收遗利，以此州郡得以自恣。若帅、宪等司，则又有抚养、备边等库，开抵当、卖熟药，无所不为，其实以助公使耳！公使苞苴，在东南而为尤甚。扬州一郡，每岁馈遗，见于帐籍者，至十二万缗。江、浙诸郡，每以酒遗中都官，岁五、六至，至必数千瓶。

州郡、县公使库巧立名目，征敛于民，课利日益增多，自帅司至县官馈遗成风，"东南帅臣、监司到署，号为上下马，邻路皆有馈，计其所得，动辄万缗"。①

公使钱私用作违制论。仁宗时"诏（刘湜——引者注）诣渭州劾尹洙私用公使钱，颇传致重法。以故洙坐废"。尹洙以右司谏知渭州，"以部将孙用由军校补边，自京师贷息钱到官，亡以偿。洙惜其才可用，恐以犯法罢去，尝假公使钱为偿之，又以为尝自贷，坐贬崇信军节度副使，天下莫不以为湜文致之也"。② 这说明公使钱是不许擅自挪用的。

如违制进行非法贸易，"诸公使辄非法于额外营置钱物"，作为公使库钱，或违制馈送，"或以酒及应公使物馈送出本州界"，以坐赃论各徒二年。③ 朝廷注意到地方官吏恣意征敛于民，亦曾三令五申予以限制，宣和七年童贯上奏称：

> 欲乞郡守、监司每月所受公使库应干供给，纽计钱数，不得过二百贯。总管、钤辖、通判不得过一百五十贯，其余等级，依仿裁定。若旧例数少者依旧，不得增添。如违，计所剩以盗论。

此制得以施行。隆兴二年六月降指挥："诸州公库合支见任官供给，止许支酒，其违者以违制论。"这一指挥立即遭到反对。因"止许支酒"，公使酒不能出售，那路、州郡官供给钱就没有了。臣僚遂上奏：

---

① 李心传：《建炎以来朝野杂记》甲集卷 17《公使库》，北京：中华书局，2000 年，第 394—395 页。

② 《宋史》卷 304《刘湜传》，第 10075 页；卷 95《尹洙传》，第 9837 页。

③ 《庆元条法事类》卷 9《职制门·馈送·厩库敕》，杨一凡、田涛主编：《中国珍稀法律典籍续编》，第 1 册，第 168 页。

自来州郡每月所支供给，有支见钱，有支本色，或作分数杂支。相承已久，骤然更改，众谓非便。盖缘公库于法不许卖酒，侵夺场务课额，一色支酒，则是显然使之违法货卖……欲望特降指挥，令诸州将所支供给且依旧例。

因此孝宗只能对地方公使钱供给数额加以削降：

户部契勘，在法，公使库给供给，帅臣不得过二百贯，监司、知州军不得过一百五十贯，通判不得过八十贯，兵职官、监司属官不得过三十贯，外县知县、县丞不得过一十五贯，簿、尉、监当官不得过一十贯。①

又如总领所公使钱"每岁终，上其数于户部，辄以劳军、除戎器为名，版曹（户部——引者注）知而不诘也"。② 即假借劳军、置办军火为名向户部报销公使钱，上下蒙骗。公使钱之弊端，难以扭转。

三、俸禄支付方式

宋代俸禄名色不一，支付运作流程复杂，留存史籍记载不全，目前仅能大体作一梳理。

（一）货币为主、实物为辅

宋代俸禄以货币（现钱，即铜、铁钱，南宋还有纸币）为主，辅以实物（米麦、衣赐等）。衣赐给绢、绫、罗、丝绵，按春、冬季发给；禄粟给米、麦，此外杂物有盐、柴、炭、酒等。如宋初节度使料钱月 400 贯，春、冬绢各 100 匹，大绫各 20 匹，小绫各 30 匹，罗各 10 匹，绵各 500 两，禄粟月 150 石；宰相、枢密使料钱月 300 贯，春、冬服各绫 20 匹，绢 30 匹，冬绵 100 两，禄粟月 100 石，薪、蒿、炭、盐、纸诸物之给，月给薪 1200 束，给炭自十月至正月 200 秤，余月 100

---

① 《宋会要辑稿·食货二一》，第 6461 页；《宋会要辑稿·职官五七》，第 4592、4603 页。
② 李心传：《建炎以来朝野杂记》甲集卷 17《公使库》，第 395 页。

秤，给盐 7 石，纸、茶、酒若干。①

（二）现钱与折支、全支

宋代《禄令》规定的俸禄数额与实际支付不一致。如俸钱有全支、省陌、折支之分，又有真俸、减借之别。

折支就是不付现钱，通过估价易以他物，《宋史·职官志》："凡文武官料钱，并支一分见钱，二分折支（曾任两府虽不带职，料钱亦支见钱）。"② 宋代现钱并非全额支付，通行省陌法。太平兴国年间"始诏民间缗钱，定以七十七为百。自是以来，天下承用，公私出纳皆然，故名省钱"。③ 官俸支给也用省陌，每 100 钱实得 77 钱。④ 至道三年（997）八月，"令有司重定百官俸给折支物"，景德年间略有改变：

> 本朝之制，皆约后唐所定数，其非兼职者皆一分实钱，二分折支。由景德罢兵，始诏尝经掌事、其俸当给他物者，京师每一千给实钱六百，在外四百。

折支作为俸钱支付的方式之一，一直实施不废。据宣和七年七月讲议司奏："奉御笔送讲议司：内侍官请给，武功大夫以上可支一分见钱、二分折支。"宋代铜钱外流，出现钱荒，川峡地区流通携带不便的铁钱，故铜钱多折支铁钱：

> （至道三年）十月，知益州张咏言，屯驻兵士所请钱，乞依元降宣旨，铜钱一文与折支铁钱伍文。是时峡路转运使韩国华到阙，言川峡州县幕职官等所请月俸，铜钱一文止折铁钱二文，望增加铁钱分数。帝令支铜钱一文，易给铁钱五文。

---

① 《宋史》卷 171《职官志十一》，第 4101—4125 页。
② 《宋史》卷 171《职官志十一》，第 4112 页。
③ 洪迈：《容斋三笔》卷 4《省钱百陌》，《容斋随笔》，上海：上海古籍出版社，2005 年，第 470 页。
④ 黄惠贤、陈锋主编：《中国俸禄制度史》，第 280 页。

过了 5 年，因铜钱紧缺，铜钱对铁钱比值大幅度提高，从 1 文铜钱换 5 文铁钱，升至 10 文。①

相对于折支而言，全支现钱成了一种优渥待遇。如景德三年五月，"诏国子监学官料钱并支见钱"，作为朝廷重视办学的一种姿态。南宋建炎初军兴之际，在朝廷财政极为困难的情况下，"除责降人外，见任宫观及未有差遣待阙京朝官以上俸钱，依旧全支"。②

（三）借支

边远地区幕职州县官赴任，月俸可以预支，称"预借"或"借支"。大中祥符三年四月诏："幕职州县官除川陕、广南、福建路已令预借俸钱外，江浙、荆湖远地，麟、府等州，河北、河东缘边州军，自今并预借两月俸，余近地一月。"③ 所"借支"的俸钱，由诸路州府粮料院置"借支料钱文簿"登记，于上任时勾销。④

（四）减借与真俸

北宋末年起，又有"减借"。所谓"减借"即真俸扣支。靖康元年（1126），因金军进逼导致军事开支剧增，诏武选官（除军中统兵战守官外）转至遥郡以上者（月俸钱 100—400 贯），权支三分之二，进而在所支二分中又减借四分之一。以遥郡承宣使月俸 300 贯为例，300 贯停支 100 贯，权支 200 贯；而所支 200 贯中，朝廷又以"借"的名义扣除 50 贯。也就是说，实际领到的月俸只有额定的一半。这个"减借"就是变相地克扣月俸。⑤

南宋继续对高薪武臣遥郡以上（身在军中的统兵战守官除外）推行"借减"的支付方式，如：

---

① 《宋会要辑稿·职官五七》，第 4570、4572、4592 页。

② 《宋会要辑稿·职官二八》，第 3750 页；《宋会要辑稿·职官五七》，第 4593 页。

③ 《宋会要辑稿·职官五七》，第 4572 页。

④ 《续资治通鉴长编》卷 80，第 1824 页。

⑤ 《宋会要辑稿·职官五七》，第 4595 页。

（绍兴二年）八月十七日，诏："比降指挥，措置武臣横行正任遥郡请俸，各依出身权行借减钱……其统兵战守之官（谓身在军中，充都统制、统制、将副之类）更不权减。其诸路总管、钤辖、都监、巡检及州钤辖、都监、巡检，系是职任差遣，不合作统兵战守之官。除系宗室更不减借，其余转至遥郡以上，俸钱、衣赐、傔人、傔马，依靖康元年二月二十七日指挥，权支三分之二；并当年七月九日指挥，于见请二分则例上以四分为率，权借一分支给……外路依此施行。自今降指挥日为始。"①

除宗室与在军指挥作战的统兵战守官都统制、统制、统领、正将、副将之类外，路、州、郡兵官兵马都总管、钤辖、都监、监押、巡检使等其他武选官阶转至遥郡以上一律借减。

与"借减"相对的为"真俸"。南宋高级武选官"寻常正任官至节度使，若非特旨，多是借减"。还有一种真俸，称"全支本色真俸"，仅指俸钱（本色）全支，杂色仍有减借。所谓"特与全支本色真俸"，此"全支本色真俸"与"真俸"有别。② 全支料钱照付，但粟禄与傔从钱粮等杂色需借减：

> 统兵节度使则例，支钱四百贯、米麦四十五石，元随米钱三十贯，要之统兵官亦不得全真俸也。今总管之类却乞免行借减，欲望令户部申严前法，自今不得陈请真俸。③

真俸不借减，按《禄令》支取。楼钥曾上奏："知阁谢渊为皇太后亲弟，请给依韩侂胄例，特与依禄给全支本色，有以见陛下奉祖后之意。然真俸之支，则有不可。"④ 若支俸钱，即给现钱且不折支，称"全支本色"。

从上可见，全支与真俸不能混淆。全支指料钱支本色，真俸即官员所有请受

---

① 《宋会要辑稿·职官五七》，第 4595 页。
② 周必大撰，周纶编：《文忠集》卷 150《奉御笔拟全支指挥》，景印文渊阁《四库全书》，第 1148 册，第 638—639 页。
③ 《宋会要辑稿·职官五七》，第 4602 页。
④ 《楼钥集》卷 28，第 502 页。

全支给。真俸需皇帝特旨，不过，皇帝特旨常被户部执奏驳回，如绍兴三十二年十一月：

> 定江军节度使、开府仪同三司、万寿观使田师中乞依旧接续支破真俸，从之。师中因入对，面以为请，上许焉。给事中金安节等既书录黄，而户部执奏，以为不可。

如果依旧接续支破真俸，田师中一岁添米麦、衣绢数甚多，因此金安节也改变态度，认为户部执奏"委合条法"。且田师中其时为万寿观使，"合支观使请给"。[①]宋代《禄令》规定的俸给，并非都能全额领到，除非特旨给真俸。

（五）依资序降等给俸

降等给俸，即依资序降一或二等支给，也是宋代俸禄的一种支付方式，如自陈乞宫观、岳庙差遣（责降宫观、岳庙差遣除外）的官员：

> 并月破供给，于所居处依资序降一等支（职司以上资序人依通判例，知州资序人依签判例，无签判处及通判资序人并依幕职官例，武臣武功大夫以上未及知州职司资序人准此）。[②]
>
> 自蔡京用事，始创祠官供给，庶官依本资序降二等，学士已上不降。王黼继相，已除其法，绍兴令复旧，至是除之。[③]

（六）支半俸、停俸

致仕官给半俸，唐德宗时已见施行，[④]"自唐末离乱，国用不充，百官俸钱

---

① 李心传：《建炎以来系年要录》卷194，第3802页。

② 《宋会要辑稿·职官五四》，第4488页。

③ 李心传：《建炎以来系年要录》卷94，第1798页。

④ 《旧唐书》卷13《德宗纪下》，第368页。

并减其半，自余别给一切权罢"。[1] 故有"唐制非特敕不给（致仕）半俸"之说，宋初依唐制，非特敕不给俸。淳化元年（990）五月始给致仕官半俸。[2] 虽不给现钱，只给实物，但对无田产的致仕官来说，生活因此有了着落。

真宗时优待致仕官，例得迁官，再给半俸：

（咸平五年）五月丙申朔，诏文武官年七十以上求退者许致仕，因疾及历任有赃犯者听从便。时告老者例得迁秩，令录即授朝官，并给半俸。

到了仁宗时，致仕官正刺史、阁门使以上官显者给全俸。景祐三年（1036）三月诏："致仕官旧皆给半俸，而仕尝显者，或贫不能自给，非所以遇高年，养廉耻也。自今大两省、大卿监、正刺史、阁门使以上致仕，给俸如分司官，长吏岁时以朕意劳赐之。"[3]

责降官团练副使亦支半俸。如胡旦为太平兴国三年（978）进士，太平兴国八年在右补阙、直史馆任上贬团练副使，领半俸。[4] 仁宗时，分司官给全俸，团练副使未见增，仍为半俸。

官吏如请长假超过100天，则停俸。任满即"住给俸料"。司马光即言其"自正月二十一日以病在朝假，久而不愈……已及一百一十余日。入觐之期，未能自定。窃以百日停俸，著在旧章"。[5]《宋会要辑稿》也记载景德元年五月有司言："尚书左丞、集贤院学士陈恕在假百日，合停月俸。"[6]

待阙、守选、丁忧也会停俸，《续资治通鉴长编》载：

窃谓唯在军中者可权从变礼，其旧制三司副使以上及班行使臣百日公

---

① 《文献通考》卷65《职官考十九》，第1965页。

② 《宋大诏令集》卷178《政事·致仕官给半俸诏》，第640页；《宋史》卷5《太宗纪二》，第85页。

③ 《续资治通鉴长编》卷52，第1130页；卷118，第2778—2779页。

④ 《宋大诏令集》卷203《政事·胡旦谪官制》，第755页。

⑤ 司马光：《辞接续支俸札子》，曾枣庄、刘琳主编：《全宋文》卷1205，第55册，第280页。

⑥ 《宋会要辑稿·职官五七》，第4570页。

除……今丁忧臣僚，即日绝其俸禄，亦为太薄，岂有行礼之人，反不及被放之臣？（原注：庆历三年七月，听三司副使以上持服，仍续俸；武臣非在边者亦听）

宋代武臣丁忧，百日即可起复，故大中祥符七年八月诏："三班使臣自今父母亡，勿住俸钱。"文臣三司使副以上丁忧，亦是百日起复，仍续俸；但大量中下层官员丁忧即须守三年丧并停俸。不过也有特许给俸的情况，如宗室小使臣袒免亲给俸。①

王安石提出任满罢官、待阙止俸未妥，担忧"恐士大夫愈困穷而无廉耻"：

> 方今士大夫所以鲜廉寡耻，其原亦多出于禄赐不足，又以官多员少之故，大抵罢官数年而后复得一官。若罢官而止俸，恐士大夫愈困穷而无廉耻。②

待阙是否有俸，有不同记载。或谓待阙有俸给，《宋会要辑稿》载：

> 至道二年正月，诏曰："先是秘书郎不给月俸，自今宜与著作佐郎同。京官先以三十月为满，即罢给俸料，自今宜续给之。并著于甲令。"③

范仲淹《答手诏条陈十事》谓：

> 至若在京百司，金谷浩瀚，权势子弟长为占据，有虚食廪禄，待阙一二年者。暨临事局，挟以势力，岂肯恪恭其职？使祖宗根本之地，纲纪日隳。故在京官司，有一员阙，则争夺者数人。其外任京朝官，则有私居待阙，动逾岁时，往往到职之初，便该磨勘，一无勤效，例蒙迁改。此则人人因循，不复奋励之由也。

---

① 《续资治通鉴长编》卷177，第4286页；卷83，第1891页；卷484，第11504页。
② 王安石：《临川先生文集》卷62《看详杂议》，北京：中华书局，1959年，第663页。
③ 《宋会要辑稿·职官五七》，第4570页。

范仲淹称"待阙"为"虚食廪禄"，说明待阙官仍有廪禄。然同在《答手诏条陈十事》中，他又有另一种表述：

> 皇朝之初，承五代乱离之后，民庶凋弊，时物至贱，暨诸国收复，天下郡县之官少人除补，至有经五七年不替罢者。或才罢去，便入见阙。当物价至贱之时，俸禄不辍，士人之家无不自足。咸平已后，民庶渐繁，时物遂贵。入仕门多，得官者众，至有得替守选一二年，又授官待阙一二年者。在天下物贵之后，而俸禄不继，士人家鲜不穷窘，男不得婚，女不得嫁，丧不得葬者，比比有之。复于守选、待阙之日，衣食不足，贷债以苟朝夕。到官之后，必来见逼，至有冒法受赃，赊贷度日，或不耻贾贩，与民争利。①

真宗咸平之后，官阙少而待阙人多，待阙官"俸禄不继"，这与前文所述"有虚食廪禄，待阙一二年者"不一致。宋代待阙官到底有无俸禄，尚需进一步探究。

四、俸禄发放机构及流程

宋代发放俸禄的机构由多个层级的管理机构与执行部门组成，且北宋前期与元丰改制后呈现不同的特点。

北宋前期，铨司（元丰改制后为吏部）出文武百官具员簿，三司（元丰改制后改由户部度支司、太府寺）据官员所系官衔，批出请正勾省帖或历头（"省帖"为"三司帖"别称，元丰改制后称"请受历头"）并下诸司、诸军粮料院及诸司、诸军专勾司过勘，然后批出券历与文旁，券历交给请受人，文旁实封后送左藏库及仓场等处，官员持券历赴指定仓库请领月俸，左藏库监官在核对省帖与文旁所列的名物、数目后，在旁历上写明"文旁多少，并是元批印押，其旁别无虚伪"等文字，② 然后支付。以上是京师的情况。地方有州粮料院与诸军分差粮料院，由通判或勘给务等过勘。宋代俸禄支付具体过程没有留下完整记载，只能

---

① 《范文正公政府奏议》卷上，范能浚编集：《范仲淹全集》，第525、531—532页。
② 《宋会要辑稿·职官五》，第3152页。

据现存史料大致分析经办的凭证与手续。

首先，请受官员的现职官衔及身份名籍，北宋前期须由吏部铨司提供给三司；元丰改制后由吏部提供给户部，由户部下太府寺。如官吏铨注州县官后，即由吏部格式司将铨注官名籍移牒给三司度支司，由度支司先预借俸钱，下粮料院施行。新官赴任后，即由官员本人申报，由三司受理结算颁给请受：

> （大中祥符六年四月）十三日，令粮料院置诸道幕职州县官借支料钱文簿，请迄勾凿。初，度支判官祖士衡上言："铨注官迄，吏部格式司移牒三司借俸钱，三司下粮料院施行，至有候请不及而赴官者，未尝申举，致有欺幸。"因请置簿以统之，经百日而不请者，就新任给之。

祖士衡的奏言大致点明了颁给州县官俸禄的相关机构与前期流程。三司须依据吏部格式司所移送的新官名籍，由度支司批支借俸钱，以便赴任：

> （咸平）六年七月，诏："州县官俸钱米麦并须经格式司升降则例支给。不得专擅增减。"
> （大中祥符）六年十月，权判吏部铨慎从吉言："格式司用《十道图》较郡县上、下、紧、望，以定俸给……"①

吏部格式司负责幕职州县官新任官员，据所赴州县等级的高下，依《禄令》规定俸额支给，然后移牒三司。度支司据吏部格式司所送新任官月俸数审批给俸额。元丰改制罢三司所领钱帛案、百官案，由户部依《禄令》出给官员历头（文历），颁禄禀事归度支司与太府寺，由太府寺依《禄令》具体承办审批百官月俸请给数：

> 太府寺……元丰官制行，始正职掌……凡官吏、军兵俸禄赐予，以法式

---

① 《宋会要辑稿·职官五七》，第4573页；《宋会要辑稿·职官一一》，第3364页。

颁之，先给历，从有司检察，书其名数，钩覆而后给焉。①

元丰改制后，由户部依《禄令》出给官员历头。如元丰六年十一月文彦博以太傅致仕后，户部却给他开出一个使相请受历头，于是文彦博退回该历头，其所上《缴纳文榜》言：

> 臣昨准河南府给到致仕请俸历头一道，却开坐见任使相则例，并给到一月请受俸钱榜一纸。臣必谓所司差误，不敢请领，亦曾审问，所司坚称新条当然，即时遂具陈奏以谓休致。老臣不敢冒请厚禄，乞依旧制致仕官请受。自后本府被省符勘会，往复迁延，亦已半年。今准河南府别给到依旧制致仕请受历一道，已令勾当人请领。其前来出给到文榜却令缴纳讫。谨具奏闻。②

历头据文彦博所系官衔而定，文彦博为致仕官，只能请领致仕官俸钱，而户部却误开致仕官历头为使相开府仪同三司历头。文彦博严格遵守“系衔请俸”的规制，③ 退回了开府仪同三司俸给。河南府据文彦博缴纳使相俸钱文榜的要求退给尚书省户部审查，拖延半年未决。文彦博收到户部经河南府转给他的致仕官文历一道，“已令勾当人请领”。

太府寺掌邦国财货之政令，是户部之下的执行机构，下领 7 案处理日常寺务，颁给官吏、军兵俸禄为其首要任务，故该寺第 1 与第 2 案皆分管俸禄事：

> （太府寺）设案有七，第一、第二案掌批给官员请受文历、宗室孤遗钱米，及诸司局所请给。四粮审院隶焉。④

---

① 《宋史》卷 162《职官志二》，第 3809 页；卷 163《职官志三》，第 3848 页；卷 165《职官志五》，第 3906—3907 页。

② 文彦博：《潞公文集》卷 36《辞免·缴纳文榜》，景印文渊阁《四库全书》，第 1100 册，第 777 页。文彦博于元丰六年致仕，参见《宋史》卷 16《神宗纪三》，第 311 页。

③ 朱熹：《乞修三礼札子》，曾枣庄、刘琳主编：《全宋文》卷 5434，第 243 册，第 115 页。

④ 《宋会要辑稿·职官二七》，第 3709 页。

元丰改制后由户部度支司与太府寺审批文武官吏及军兵请给文历，同时下粮料院、专勾司批勘，粮料院按规定颁给文武官员俸料券历。

其次，诸司、诸军粮料院诸司、诸军专勾司（南宋审计司）是宋代发放官员俸禄的关键机构：

> 切惟国家之赋禄，以粮审院为关键；粮审之勘给，以法令为承式。故幅纸之书一经过勘，主藏之吏奉行惟谨，所凭者此而已。①
>
> 粮料院，掌以法式颁廪禄，凡文武百官、诸司、诸军奉料，以券准给。②
>
> 切见天下勘给官吏军兵请受及勘支官物，并须先由粮料院批勘，封送勾院点检勾勘迄，仓库方得依数照支。③

先由三司或户部负责给官员颁给请受文历，移送粮料院。再由粮料院依法式批给文武百官请给券，写明某官员合得料钱、职钱、贴职钱、厨食钱、折食钱、酒、茶汤钱等名色与数额。然后交由诸司专勾司，依《禄令》审核，如有不当，即行纠正。经专勾司勘验之券须关会太府寺后交给请受官员，官员即持之于规定请领时间（一般在每月初一）赴指定仓库领取。如遇郊祀大礼赏赐，则先发券历支领，后审验。

粮料院、专勾司审批官员俸给，称"过勘"。"过勘"即点检历头，于文历上签书。手续完成之后，由粮料院、审计司颁给官员请受券历，官员凭此去左藏库或指定的就近仓库领取。《朝野类要》称：

> 在京关支请给等，须经粮料院审计司过勘，及关会太府寺，方可支给。其外路大军钱粮，自有分差粮审院施行。④

未经粮料院、审计司过勘，直接由户部长贰批勘"虚旁"是违法的。南宋绍兴年

① 《宋会要辑稿·职官二七》，第3740页。
② 《宋史》卷165《职官志五》，第3908页。
③ 《宋会要辑稿·职官五七》，第4585页。
④ 赵升编：《朝野类要》卷5《余纪·过勘》，第106页。

间，户部侍郎宋赆被罢官的罪状之一，就是擅自批请给空白文旁。地方官同样不能绕过粮审院批勘或州县勘给务（州县由州通判、知县勘给）。① 总之，请给文旁粮，须由料院批出（在三司或太常寺批下的文历上批书），直送左藏库或就近仓库，此即"主藏之吏奉行惟谨，所凭者此而已"。

诸军与诸司粮料院，掌以《禄令》法式颁给诸司、诸军，诸仓库则按验粮料院券历无误后给之。除了京师诸司、诸军粮料院，绍兴十一年五月，于淮东、淮西、鄂州三大总领所各置分差粮料院：分差建康府诸军粮料院，掌支拨淮西诸军钱粮；分差镇江府诸军粮料院，掌支拨淮东诸军钱粮；分差鄂州户部粮料院、分差池州户部粮料院、分差荆南户部粮料院，掌支拨湖广诸军钱粮。绍兴十五年，又置四川总领所，其下置分差户部利州粮料院、分差户部鱼关粮料院，掌支拨四川大军钱粮。② 凡干办分差粮料院皆注通判资序。

元丰改制后，京师诸司、诸军粮料院与专勾司归太府寺直接管辖，所以需关会太府寺。南宋诸军置分差粮料院，至于州县，由所在州府粮料院过勘，而审计则委州、府通判施行，通判审验粮料院批勘，无违法妄支官物及其他差错，方许官吏凭请券历支取月俸。

最后，主藏官吏奉行粮料院、审计司请给文旁的具体手续。

粮料院据《禄令》法式制定诸军、诸司文武官吏每月请给券历。发俸禄之日，受俸人须持券到指定仓库领取俸禄衣赐等。③ 北宋前期，由三司定界分仓廒支给，依年月为序。城东 12 仓，储存江淮水运所输纳粮谷，为数最巨；城西 3 仓，兼储茶叶，储粟至少；城南只 1 仓，储存粳米；城北 4 仓，多储马料。因此，官员、军兵不能就近仓库领俸，因而出现东营往西仓领俸、西营往东仓请领的情况，"枉费脚力"，颇为不便。④

仓库不能光凭券历就进行支付，粮料院还要批勘一种称为"请给旁"（或称交旁）的凭证。粮料院在批给请受人旁券后，同时批勘文历，于次日即实封送交左藏库登记上簿，由监左藏库官写明到库日期封记，以便请受人持券历对勘。此

---

① 《宋会要辑稿·职官七〇》，第 4935 页；《宋会要辑稿·刑法二》，第 8298 页。
② 《宋史》卷 167《职官志七》，第 3959 页；《宋会要辑稿·职官二七》，第 3741 页。
③ 《宋史》卷 165《职官志五》，第 3908 页；《宋会要辑稿·职官五》，第 3152 页。
④ 《宋会要辑稿·职官五》，第 3153 页。

外还有"正勾省帖"，是三司下发给左藏库的官文书。省帖写明官员应得的月俸钱数（或其他俸料）。当官员或军兵持文历到左藏库所辖仓廒领取月俸时，左藏库官吏先将请给旁与正勾省帖勘同之后，即于省帖及历内写明请领日期与时刻，然后由左藏库官吏拆开粮料院下达的文旁，对历支付。如文旁钱数小于省帖数，即据文旁支给；如文旁数大于省帖数，即不能支给，须核实后再支给。支付钱或衣赐后，文旁收回，粘贴在正勾省帖上，收存于当月左藏库账籍中，至月底会计做账。请给手续严格，旨在防官吏舞弊。兹将大中祥符六年十二月一道关于左藏库支付手续的诏书具引如下：

> 三粮料院文旁须实封送左藏库监官当面通下，仍于送旁历右语内分明言说文旁多少，并是元批印押，其旁别无虚伪。如已后点检验认稍有虚伪，便只勘粮料干系官吏情罪，勒令陪填所支钱数。如左藏库公然将外来不是粮料院封文旁支遣，只勘左藏库干系人情罪陪填。又应合系勘支文旁发赴左藏库之时，其诸军内诸色人并诸司坊、监、场、院、库、务诸色人等，令开坐名目去处、合请人数、官物都数，实封关报左藏库。候到，依正旬支给例，对旁勾凿支给。所有自来执历勘请官物人等去处，亦令粮料院具逐人职位姓名、所请官物数目开坐，随旁关报左藏库。①

左藏库（或所指定的仓库）支付请受人俸给后，领俸手续并未完结，还有出库门时"毁抹"请受人文历与粮料院文旁这一关：

> 仁宗乾兴元年九月，三司言："右侍禁、同监左藏库李守信状：先准大中祥符六年十二月三十日敕，应粮料院批勘文旁赴库通下，仰置簿抄上，候请人将到文历，监官当面将正勾省帖对勘姓名、人数，亲于帖内勾下姓名支付，其旁亦勒所司将勾正省帖连入当月或次月帐内除破。日近多不依禀，显有造伪。乞今后支下，逐旋令文旁及请人文历将赴中门，监官当面对历毁抹。出中门至大门，监门使臣依例封历，用朱笔勾出。仍逐库轮差专副、前

---

① 《宋会要辑稿·食货五一》，第7152页；《宋会要辑稿·职官五》，第3152页。

行、勾押官、手分、库子各一名，在中门收掌毁抹文旁，旋计逐色支过数目委无差互，诣实结绝文状在旁。其支过文旁上历，发与专副收管，依例入帐除破。及每日逐库轮监官一员，在中门里点检，以此拘辖旁历相（察出——引者补）入官物分明，稍得止绝造伪。"从之。[1]

据上可知，请受人领出月俸料钱之后，还须在走出左藏库中门或大门时，由监门官与库吏毁抹文历、文旁，并将经朱笔勾过的文历、文旁交由库吏收掌。

宋代领俸禄时间有具体规定，通常为每月初一，也可延后几日。如杜衍官至宰相，居官清介，领俸时不与人争先，有意延迟至每月初五以后，不许家人提前请领。[2] 俸禄亦可以存积数年不领，不为过期。如吴公诚致仕后，未按时去请领，积留未请的致仕俸共 700 贯，卒后三年，家人方如数领出。[3]

五、关于宋代俸禄厚薄问题

关于宋代俸禄的厚薄，历来存在不同观点。认为宋代俸禄高者，最有代表性的是赵翼的观点：

> 其待士大夫可谓厚矣。唯其给赐优裕，故入仕者不复以身家为虑，各自勉其治行。观于真、仁、英诸朝，名臣辈出，吏治循良，及有事之秋，犹多慷慨报国，绍兴之支撑半壁，德祐之毕命疆场，历代以来，捐躯徇国者，唯宋末独多，虽无救于败亡，要不可谓非养士之报也。[4]

评议宋代俸禄厚薄，一是要与其他朝代比，尤其是与唐、五代比；二是不能绝对化，要区分不同时期，北宋初、北宋中后期、南宋初、南宋中后期多有变化，升平之时与灾荒、战乱之时也不相同，因此要对宋代禄制的复杂结构及内容作

---

① 《宋会要辑稿·职官五》，第 3152—3153 页。
② 叶梦得：《石林燕语》卷 10，北京：中华书局，1984 年，第 148 页。
③ 洪迈：《夷坚志》甲志卷 8《吴公诚》，北京：中华书局，1981 年，第 64 页。
④ 赵翼著，王树民校证：《廿二史劄记校证》卷 25《宋制禄之厚》，北京：中华书局，2013 年，第 560 页。

深入分析，全面了解宋代禄制与前代相比有哪些变化，才能得出较客观公允的结论。

有的学者未详本官阶俸钱、差遣添支、地方官职田、元丰新制职事官职钱与学士等职钱的区别，或餐钱、傔人一字不提，却引用当时一些官员叹贫叫苦的言辞，据之认为宋代俸禄低下，这难以令人信服。我们看不同的历史记载，既不能仅抓住说宋代俸禄薄的言论，也不能只看宋代俸禄厚的记载，而需要从多视角与不同时段去看宋代禄制，才能把握总体走向。张全明对此有较好的认识：

> 衡量一个时期官员俸禄的高低，如果按照不同的标准和价值体系作比较，结论肯定不一，评价自然也有差别。若仅根据宋代俸禄制度中规定的某一时期的俸禄数量对整个宋代官员的俸禄水准作简单的判断，显然是不科学的。若仅根据当时个别官员生活奢侈、富裕或节俭、贫穷等一些没有普遍代表意义的材料作为立论的依据，则更是欠客观与公正的。实际上，宋代官员俸禄的多少，是一个动态性的复合变量。①

一些视宋代官员俸禄低的观点，必引杨亿的说法。现将杨亿所欲上的表文摘引如下：

> 窃以国家澄汰品流，登进茂异，至于典掌诰命，步武掖垣，乃推择之所先，盖宦游之最美，礼秩殊厚，班著颇崇。三殿内朝，日趋翔于文陛；六飞法从，时陪扈于属车。常瞻咫尺之颜，专裁宽大之诏。此固山东逢掖凤夜祷祠之所求也……愿辞侍从之职，去长安之全盛，求领卑湿之邦……盖念臣职虽词臣，身乃羁客，扶老携幼，去里离邦，良贱相从，三十余口，衣食所给，并出于臣。且无负郭之田园，固乏满堂之金玉。凡百经费，只仰俸缗。至若管库之微，亦有走卒以执御；幸从大夫之后，不可徒步而趋朝。又须分钱刀以俦奴，市刍粟而饲。用度非一，悉数难周，并出于本官俸钱二十五贯

---

① 张全明：《也论宋代官员的俸禄》，《历史研究》1997 年第 2 期，第 135 页。

中，更无他给。供甘之养多阙，量入之费屡殚，饘粥糊口之不充，进退触藩之无计……行作若敖之馁鬼，徒辱甘泉之从官……察以江湖之间，鱼米甚贱，晨夕之养，甘滑可期……特于苏、湖、常、润等州，假一郡之寄。①

可以看出，杨亿虽贵为侍从之官，仍不安于位，是因所得俸禄与其清要地位不相匹，也与同列不相匹。真宗朝之前，知制诰俸给主要靠其所系本官左司谏领取月料钱 30 贯，② 至于说"更无他给"，却不符合事实。因为月料钱之外还有衣赐："翰林学士承旨、学士，龙图、天章阁直学士，知制诰，龙图、天章阁学士（绫各五匹，绢十七匹，自承旨而下罗一匹，绵五十两。已上奉随本官）。"③

此外，知制诰与翰林学士一样，作为词臣，皆有润笔费。太宗时，立润笔钱数，并降诏刻石于舍人院。每除官则移文督之，在院官下至吏人院驺皆分沾。元丰中改立官制，内外制皆有添给，罢润笔之物。④《宋稗类抄》载杨亿作寇准拜相麻词，有"能断大事，不拘小节"一句，寇准以为正得其胸中事，在常例外赠金百两。⑤ 寇准初拜相是在景德元年八月，再入相是天禧三年六月，杨亿草寇准拜相麻词当在迁翰林学士之后，应是在天禧三年。但在其任知制诰时，所草除授文臣待制以上，武臣遥郡刺史、横行副使以上外制不少，当属一笔颇丰的稳定收入。只是禄制中没有列入而已。在时人看来，词臣既有润笔费，抵得上差遣添给了。此外，杨亿在阳翟尚有别墅。⑥ 显然，杨亿所言"饘粥糊口之不充"、"行作若敖之馁鬼"，家似一贫如洗，全然是不实之词，乃文人习于夸张，耸人听闻而已，无非为了达到调江左典郡以提高固定收入的目的。所以，呈上《求解职表》之后，朝廷即授杨亿知制诰、兼知通进银台司门下封驳事，⑦ 要求增加俸禄的目的达到了，此《再乞解职表》就"未敢上"。

---

① 杨亿：《再乞解职表》，曾枣庄、刘琳主编：《全宋文》卷 285，第 14 册，第 209—211 页。
② 左司谏本官阶 30 贯，杨亿所言 25 贯，系省陌钱。熙宁前"以八十五为陌"，即 1000 文扣 150 文，30 贯省陌为 25.5 贯。
③ 《宋史》卷 171《职官志十一》，第 4102 页。
④ 沈括：《梦溪笔谈》卷 2《故事二》，第 98 页。
⑤ 潘永因编：《宋稗类抄》卷 22《词命》，景印文渊阁《四库全书》，第 1034 册，第 536 页。
⑥ 《续资治通鉴长编》卷 66，第 1829 页。
⑦ 《宋史》卷 331《杨亿传》，第 10082 页。

剖析了杨亿所谓俸禄不足的真相之后，我们就知道以杨亿之言作为宋代禄薄之证据是不足信的。笔者也可以举一个对待俸禄收入心态与杨亿完全不同的例子。庆历年间进士黄庶（黄庭坚之父）当过府州幕职推官等佐官，著有《伐檀集》。"伐檀"二字取自《诗经》，其意很清楚，就是斥责不劳而获、尸位素餐者。《伐檀集》序中言：

> 既年二十五，以诗赋得一第，历佐一府三州，皆为从事，逾十年。郡之政，巨细无不与，大抵止于簿书狱讼而已……然而月廪于官，粟麦常二斛，而钱常七千；问其所为，乃一常人皆可不勉而能，兹素餐昭昭矣。①

月俸 7 贯是次府防、团推官的料钱，比起杨亿月俸 25 贯要少很多，但黄庶没有叫苦，而是感到这份收入已超出他的贡献，对比之下，杨亿叹穷如"馁鬼"之说，不能作为宋代俸禄薄的依据，我们也不能以黄庶安于月俸 7 贯来说明宋代俸禄厚。相比月俸 400 贯的节度使、300 贯的宰相，月俸 7 贯当然是低收入。故熙宁四年九月下诏提高选人月俸，体现了宋代益俸政策的推行：

> 天下选人，俸既薄，而又多寡不一，恐不足以劝廉吏。今欲月增县令、录事参军俸钱至十五千、米麦四石，司理司法司户参军、主簿、县尉、防团军事推官、军监判官钱十二千、米麦三石。②

此前，黄庶拿的是选人最低等月俸："月廪于官，粟麦常二斛，而钱常七千。"至熙宁四年，提高为月俸"十二千，米麦三石"。上举选人俸禄从仁宗朝到神宗朝逐步提高的史实，确使我们看到宋代益俸政策一直在推行。

又如，关于宋代地方官有无职田及职田是否是地方官俸禄的重要组成部分的问题，也存在争议。有学者以曾巩"福州无职田"及《宋史·职官志》政和八

---

① 黄庶：《伐檀集自序》，曾枣庄、刘琳主编：《全宋文》卷1112，第51册，第243页。
② 《续资治通鉴长编》卷226，第5515页。

年臣僚上言"二广、福建有自来无圭租处"作为依据，提出否定意见，① 或视职田为一种形式重于内容、无足轻重的禄制，"并无认真执行"。② 事实如何，需要我们深入稽考相关史料，才能了解真实面貌。

前文已对职田作了较全面的论述，这里只针对"福州无职田"与两广、福建路"有些地方根本无职田可言"进行辨析。据前引《淳熙三山志》记载，福州有"职田二十一顷"，与大藩府长吏职田数标准相符。其所言"本州职田大率不能如制"，是说不能完全按制落实。据毕仲衍《中书备对》统计诸路职田数，福建路职田为 538 顷 56 亩，③ 这就否定了福建路有些地方根本无职田的说法。至于政和八年臣僚所言"二广、福建有自来无圭租处"已于是年解决，即"诏应县令职田顷亩未及条格者，催促摽拨"。④ 曾巩所言"福州无职田"，是在他上任知福州之前，即咸平二年前未有职田。"天圣七年，晏殊议停罢。又明年复旧。庆历六年，更定藩府二十顷，节镇十五顷。"⑤ 在无职田时，福州知州以"岁鬻园蔬收其直，自入常三四十万"以抵之，曾巩上任后罢园蔬之鬻。⑥ 上引《淳熙三山志》可证福州是有职田的，但地方州县职田收入不平衡的情况的确存在。张全明对宋代职田给予充分肯定："宋代仅为地方官所拥有的职田……是构成当时官员俸禄的一个重要组成部分。"⑦ 从总体上看，两宋地方官在料钱之外，又有大笔职田收入，此亦能窥见宋代官员俸禄之厚。

主张宋代官俸低的学者还有一个理由是宋代极大部分胥吏没有吏禄。何忠礼认为，"如果说，宋代官员的俸禄尚只是多少之差，那么，宋代胥吏的吏禄却是有无的差别，而且极大部分胥吏是没有吏禄的"，但文中仅举一个县刑案推吏

---

① 《宋史》卷 319《曾巩传》，第 10391 页；卷 172《职官志十二》，第 4150 页；汪圣铎：《宋代官员俸禄和其他颁给分项考析》，《中华同人学术论集》，第 140 页。

② 何忠礼：《宋代官吏的俸禄》，《历史研究》1994 年第 3 期，第 105 页。

③ 《宋会要辑稿·食货六一》引，第 7476 页。

④ 《宋史》卷 172《职官志十二》，第 4150 页。

⑤ 梁克家纂修：《淳熙三山志》卷 12《版籍类·职田》，《宋元方志丛刊》，第 8 册，第 7886—7887 页。

⑥ 《宋史》卷 319《曾巩传》，第 10391 页。

⑦ 张全明：《也论宋代官员的俸禄》，《历史研究》1997 年第 2 期，第 146 页。

"成为唯一有吏禄的县吏"，① 证据显然不足。宋代"极大部分胥吏是没有吏禄"吗？当然不是。我们知道，北宋前期吏无禄，王安石上言："今惜厚禄不与吏人，而必令取赂，亦出于天下财物。"神宗同意其请："吏人及场务、仓库官，当人人赋禄。"于是有仓法之设。熙宁三年八月，始制天下吏禄，结束了吏人无禄的历史。神宗称"行仓法"，吏从无禄改为给禄，"去年止断纲梢二百人，比以前已减五百人矣；且米又尽不杂，军人不须行赇，此实良法也"。② 至元丰中，"自尚书侍郎至胥徒府史与庶人在官者，咸制禄增俸"。③ 以上记载充分说明，吏禄已纳入《禄令》。到南宋时，且不论中央，以地方监司与州府胥吏吏禄而论，就有明确记载。相比之下，县吏俸禄则显得不稳定，不能全部保证，但绝不是没有吏禄。南宋宝祐年间胡太初《昼帘绪论·御吏篇》明确记载，直至南宋后期州吏仍有廪给，但县吏则无保证：

> 人皆曰御吏不可不严，受赇必惩无赦。不知县之有吏，非台郡（台指路监司，郡指州府军监——引者注）家比。台郡之吏，有名额，有廪给。名额视年劳而递升，廪给视名额而差等，故人人皆有爱惜己身之意，顾恋室家之心。乃若县吏则不然，其来也，无名额之限；其役也，无廪给之资。一人奉公，百指待哺。④

胡太初所说的县吏无禄，只是一种现象，不是制度。按《禄令》，县吏应有禄，问题出在执行上。何忠礼引用《庆元条法事类》的记载：

> 绍熙元年七月十八日敕：诸路万户县以下，置刑案推吏两名，五千户县以下，置一名，专一承勘公事，不许差出及兼他案，与免诸般科敷事件。每月请给，以本州州司理院推司所请三分为率，月给二分，有米或酒醋处，依此支给。推行重禄……

---

① 何忠礼：《宋代官吏的俸禄》，《历史研究》1994 年第 3 期，第 111—112 页。
② 《续资治通鉴长编》卷 214，第 5224 页；卷 233，第 5666 页。
③ 王应麟：《玉海》卷 135《官制·禄秩·粮料三院》，第 2521 页。
④ 胡太初：《昼帘绪论》第 5《御吏篇》，《丛书集成初编》，第 932 册，第 6 页。

其引用时省略了"有米或酒醋处，依此支给。推行重禄"一句，这句话说明南宋州县吏仍"推行重禄"。上引职敕说明，万户县以下置两名刑案推吏、五千户以下县置一名刑案推吏，是绍熙元年新增的有吏禄的吏人，但这也不能说明此前诸县吏皆无禄，不行重禄法。且县刑案推吏月请给是州司理院推司吏的三分之二，说明州推司也有吏禄。同在《庆元条法事类》中，还有另外一条重要记载：

> 庆元元年五月四日敕：诸县编录司，请给断罪，并合比照绍熙元年七月十八日及绍熙四年二月二日指挥，推行重禄施行。①

庆元初年，所有县编录司吏亦行重禄，在没有置县推司吏之前，主吏（如押司、书表司、贴司）应该有吏禄。

更值得注意的是，县吏重禄法能不能真正实施还是个问题。据《建炎以来朝野杂记》记载，县刑案推吏正式称谓为"县推法司"，在绍熙元年增置县刑案推吏后，明文规定其吏禄要依州司理院推司（州吏）月给三分之二支取，行重禄法，"然诸县多不奉行"。②《庆元条法事类》还载："绍熙四年二月二日尚书省批状：婺州申，县刑案人吏承勘公事行重禄，往往计会所属，不即帮支，及有已帮去处，亦不支请，遇有罪犯，避免罪名。刑部大理寺看详：今后须管勒令请领从重禄法。如故不受请及所属不与帮支，各从例受制书而违杖一百。其不受请人，仍勒停，别差人承替。"朝廷闻知诸县推吏"多不奉行"重禄法后，下令推吏必须"请领重禄"，如不听即解罢。如县官"不帮支"推吏请受月给，依违职敕例"抵罪"。③ 这说明县吏有禄，但在实行刑狱吏重禄法时会遇到阻力。其原因一是刑案推吏行重禄法，请受月给后，就不能"受赇鬻狱"，否则就要受到"勒停"惩罚；二是县官不强迫县刑案推吏领禄，任其自肆"受赇鬻狱"，以省去财政开

---

① 《庆元条法事类》卷 52《公吏门·差补》，杨一凡、田涛主编：《中国珍稀法律典籍续编》，第 1 册，第 733 页。

② 李心传：《建炎以来朝野杂记》乙集卷 16《诸县推法司》，第 765 页。

③ 《庆元条法事类》卷 52《公吏门·差补》，杨一凡、田涛主编：《中国珍稀法律典籍续编》，第 1 册，第 733 页。

支，朝廷一旦闻知，当然不允许。

再进一步看，在南宋，不是吏人有无俸禄的问题，反而是吏禄总额超过了官员俸禄总额。《庆元会计录》记载：

> 熙丰间，月支三十六万。宣和末用二百二十万。渡江之初，连年用兵，月支尤不过八十万，比年月支百二十万，大略官俸居十之一，吏禄十之二，兵廪十之七。①

南渡后至庆元年间，吏人队伍不断扩大，国家财政支出的十分之一为官员俸禄，十分之二是吏人俸禄，故何忠礼所言是对宋代俸禄制度的极大误解。

纵观两宋，自熙宁立重禄法后，中央及地方官府胥吏皆有俸禄，但到南宋，州吏有编制、有廪给，而县吏吏禄有所限制，且在执行上存在漏洞，难以保证。

自宋太祖降省官益俸之诏始，宋朝长期实行益俸政策。林駉在《古今源流至论》中通过比较前朝与北宋禄制的不同，得出宋代禄制较前代为优的结论：

> 前代俸给未有实钱也，祥符则给之。前代俸给未有职田也，至咸平给之。不惟此尔，省冗员之费，而益职官之俸，则开宝制也。省宫掖之费，而优官吏之禄，则宝元制也。不惟此尔，曰外秩，曰小吏，曰故老，此三者，尤祖宗之所加意，其为士大夫虑至矣。自今观之，外官供给按月而支，外官职田随地而均，何优也！盖历岁弥月于讼牒之劳，负星戴月于巡警之役，坐受馈遗不若中都之官，非时赐予不若近侍之臣，祖家所以优之者此也！噫！出镇太原，念其领外，尚加总管以增给，况小郡蕞邑乎？选人之职，增以禄米巡尉之官，给以全俸，何厚也！②

至崇宁间蔡京秉政，视元丰制禄又增。南渡以后，用兵之际，或减俸禄之数，但皆属权宜，为时甚短。"建炎南渡，以兵兴，宰执请俸钱禄米权支三分之一；开禧用

---

① 王应麟：《玉海》卷185《食货·会计·庆元会计录》，第3396页。
② 林駉：《古今源流至论·续集》卷8《禄秩下》，景印文渊阁《四库全书》，第942册，第474—475页。

兵，朝臣亦请损半支给，皆一时权宜，后仍复旧制。"扣除物价上涨等因素，两宋俸禄总体呈现益俸的趋势。赵翼在历举宋代禄制名色与数额之后，引出"宋制禄之厚"的结论，不过他也认为："然给赐过优，究于国计易耗。恩逮于百官者惟恐其不足，财取于万民者不留其有余，此宋制之不可为法者也。"① 宋代官员禄秩优厚，是建立在对民众剥削基础上的，故不可为后世法。

六、关于宋代俸禄制度的若干认识

俸禄制度不是一项孤立的官吏管理制度，它与当时社会、政治、经济等各个方面有密切联系。在考察两宋俸禄制度沿革、内容及其演变轨迹的基础上，我们能够获得一些深层次的认识。

其一，唐末五代因军阀混战，中央集权大为削弱，社会秩序大乱，禄制遭到破坏。宋王朝新建，为强化以皇帝为中心的中央集权制度，以京朝官差遣接管旧政权的管理机构，于是"官"的权力被削弱，官品的职能衰退，与之相应，俸禄制度改"依品计资"为"不计资品"，宋代"任官者但常食其奉而已"。② 以唐代贞观、开元时的规定为例：

> 贞观二年制，有上考者乃给禄。其后遂定给禄之制：以民地租充之。京官正一品，七百石。从一品，六百石。
>
> 开元二十四年六月，乃撮而同之，通谓之月俸。一品月俸料八千，食料千八百，杂用千二百，防阁二十千，通计共三十一千。③

加上贞观时所定一品官禄米 700 石，此即后人所谓"国家依品制俸，官一品月俸三十千，职田禄米大约不过千石。一品以下多少可知"。④ 宋初官人受授有官、职、

---

① 赵翼著，王树民校证：《廿二史劄记校证》卷 25《宋制禄之厚》，第 560 页。
② 《宋史》卷 169《职官志九》，第 4029 页。
③ 《通典》卷 17《职官十七·俸禄》，第 962、966 页；《文献通考》卷 65《职官考十九》，第 1963 页。
④ 《文献通考》卷 65《职官考十九》，第 1964 页。

差遣之别，官以寓禄秩叙位著，职以待文学之选，而别为差遣治内外之事。① 任官者食其俸，即以职事官为决定其月俸的本官阶。元丰新制改本官阶寄禄，借散官阶为寄禄官阶，即以寄禄官高低定其月俸钱。宋初以本官阶为寄禄阶支付月俸钱与元丰时以寄禄官定月俸钱之制，改变了以官品定俸禄的历史，这是中国俸禄制度史上的一大变革。②

其二，贯穿宋代禄制始终的是益俸养廉政策。自太祖降省官益俸之诏定添支之制，太宗增食俸之给，真宗定职田之制，仁宗颁布《嘉祐禄令》，都是围绕"夫厚禄食者，盖欲笃其廉节"，③ 即禄丰以养廉，以减少唐末五代以来官吏刻剥百姓而加剧社会矛盾的危害。宋太祖直言不讳地说："吏不廉则政治削，禄不充则饥寒迫，所以渔夺小利，蠹耗下民，由兹而作矣。"④《嘉祐禄令》所定本官请给之外，又有差遣增给，其俸禄明显比前代优厚。北宋前期吏人无禄，靠勒索、受贿、以权谋私营生，自熙宁立重禄法后，中央及地方官府胥吏有俸禄，"神考添支吏禄，以廉养士，惟在百司遵守"。⑤ 官场腐败风气随之有所收敛。从总体上看，两宋俸禄呈现出益俸以养廉的趋势。

其三，宋代强调等级制，以维护以皇帝为首的统治秩序。"禁军粮钱三百犯阶级者斩"，"（厢军）本辖人员有犯阶级者，并于禁军斩罪上减等"。⑥ 所谓"犯阶级"，即擅自反抗、凌轹上级，对之按军法处斩。军队等级森严如此，官僚队伍等级同样分明，在利益分配上，则体现为俸禄高低差距悬殊。首先是宰执官、贵官（带节度使等正任、遥郡官的宗室及武臣）与地方底层官员的等差悬殊。以《嘉祐禄令》所载41等禄制为例，最高等节度使料钱400贯，而最低等小县主簿、县尉6贯。⑦ 而这仅仅是俸料钱一项，至于衣赐、禄粟、公使钱等其他名色尚不在内。其次是官与吏的差别更为悬殊。地方长吏除本俸、职钱、职田等之外，尚有公用钱等，而吏人唯有料钱，廪给不均。且京师吏与州县吏不等，州吏与县吏不等，处于

---

① 《宋史》卷161《职官志一》，第3768页。
② 张全明：《也论宋代官员的俸禄》，《历史研究》1997年第2期。
③ 《宋会要辑稿·职官五八》，第4616页。
④ 《宋大诏令集》卷178《政事·幕职官置俸户诏》，第639页。
⑤ 《宋会要辑稿·职官五七》，第4591页。
⑥ 《续资治通鉴长编》卷111，第2582页；《宋史》卷189《兵志三》，第4640页。
⑦ 《宋史》卷171《职官志十一》，第4101、4109页。

底层的县吏待遇更低。无编制之县吏无廪给，还得筹备过境官员迎来送往、食宿赏游之开支，备办县官日用灯烛、薪柴之具，及生日送礼，备受痛楚。因此，宋代稍有资产之人宁为百姓，不肯为吏。

其四，皇帝用俸禄笼络宗室，以此剥夺宗室参政的权力从而达到巩固帝位的目的。宋代君主对宗室干政严加防范，宗室不能除官、不许参加科举考试（神宗以后开始放宽），然在俸禄制度上却十分优宠，大大超过文武百官的俸禄。如大中祥符四年，宗室要求皇侄以下出任地方官，真宗不允，宁可增俸，从初授阶官俸30贯增至50贯，再增至70贯。宗室虽不掌事，然襁褓中或幼稚之年即授予环卫官、遥郡、正任官之类，凡皇子出阁即封王。环卫、正任官之俸禄均已很高，而皇子又另有特殊规定，如环卫上将军料钱60贯，皇子充诸卫上将军即为200贯。宗室之公使钱更是耗费巨资，如亲王岁给公使钱高达5万贯，少则亦有5000贯、6000贯。郡王初阶公使钱2000贯。此外还有添支钱，多者3000贯。京师官员、宗室皆支俸禄，据熙宁元年统计，京师百官月俸4万余贯、宗室7万余贯、诸军11万贯（以上均不含公使钱）。① 可见宗室俸禄之优渥。

其五，在禄制上重武臣，特别是重军中战守统兵官。"右文抑武"是宋代国策，旨在防范武臣擅权，不过宋代皇帝深知军权出政权，因此通过操控武臣，牢牢掌握军权以为己用，这从禄制上也可以清楚地看出，正任官月俸钱大大高出文臣："节度使，四百千。承宣使，三百千。观察使，防御使，二百千。团练使，百五十千。刺史，一百千。"而元丰新制，宰相300贯，副宰相200贯，六部尚书60贯，翰林学士承旨、翰林学士50贯。② 宰执官月俸超过200贯，人数有限，最多十余人。正任官月俸钱最高，人数也不断增加，元祐时达352员。③ 至徽宗朝，高薪的正任官竟然攀升至数千之多（其中一部分为宗室）。④ 在待遇上如此重武轻文，当然引起朝臣不满。大观三年九月，户部尚书、详定一司敕令左肤等上奏：

---

① 吴曾：《能改斋漫录》卷13《熙宁月俸》，上海师范大学古籍整理研究所编：《全宋笔记》第5编第4册，郑州：大象出版社，2012年，第115页。
② 《宋史》卷171《职官志十一》，第4111、4109页。
③ 《宋会要辑稿·职官五七》，第4585页。
④ 《宋史》卷288《范雍附范坦传》，第9681页。

臣等见编修《禄格》，伏睹学士添支比正任料钱相辽邈。且如观文殿大学士、节度使从二品，大学士添支钱三十贯而已，节度使料钱乃四百千，傔从、粟帛等称是。或谓大学士自有寄禄官料钱，故添支钱少。臣等以银青光禄大夫任观文殿大学士较之，则通料钱、添支不及节度使之半，其厚薄之不均明矣……节度使或由行伍，或立战功，皆得除授，曾无流品之别，则朝廷顾遇大学士岂轻于节度使哉？而禄秩甚微，殊未相称。

再看低级武臣小使臣，其俸入也与文臣馆职官相当。宋代三班小使臣数量庞大，元丰时已达9000员，政和时竟至23000员之多。[1] 而名为文学之士、储才之地的馆职官俸入仅比小使臣，南宋馆职多时为18员。[2] 不吝于小使臣之俸禄，却吝于馆职除授，这亦是宋代所谓"右文抑武"国策的奥妙所在，即在右文政策的大环境下，又用金钱笼络住武臣。特别是南宋时期因对外用兵，倚仗前线统兵战守官抵御，因此即使财政收入困窘，也要保证其高收入。高宗、孝宗时，宰执官、宗室的料钱、米麦均减三分之一或一半，但唯"统兵官依旧全支"。

其六，俸禄与任职地等级挂钩。州县户口如有升降，等级亦随之升降，俸禄与任职地等级挂钩。宋代诸州按州格分为6级，[3] 不同州格正任官官品有高下，俸禄亦随之有差等。[4] 州格就成了武官阶高下所系，凡遥郡观察使、防御使、团练使、刺史，必冠以州名。节度观察留后（后改承宣使）不入州格，冠以节度军号，作为武阶除授。节度使冠名较特殊，不用节度州之州名，而挂节度州之军额名。每个节度州基本上都有军额名，如苏州军额为平江军，润州军额为镇江军，鄂州军额为武昌军，等等。[5] 凡以上挂州格之诸使，均不赴州任事，只表示一种阶位，获得包括俸禄在内的相应待遇。宋代县之等级分为赤、次赤、畿、次畿，又分为望、紧、上、中、中下。建隆元年（960）十一月诏："天下县除赤、次赤、畿、次畿外，重升降地望，取四千户以上为望，三千户以上为紧，二千户以

① 《宋会要辑稿·职官五七》，第4588页；《宋会要辑稿·职官五六》，第4550页。
② 李心传：《建炎以来系年要录》卷92，第1766—1767页。
③ 《宋会要辑稿·职官四七》，第4265页。
④ 《宋史》卷171《职官志十一》，第4111页。
⑤ 王应麟：《玉海》卷19《地理·州镇·宋朝节镇》，第367—370页。

上为上，千户以上为中，不满千户为中下，五百户以下为下。自今每三年一次升降。"①《宋史·地理志》载有诸路州府军监与诸县的等级。② 县官俸禄与县等级挂钩，咸平四年二月诏格式司："自今如有不切子细勘会升降户口、参定料钱，干系人吏重行决罚。"格式司需随时掌握诸路州、县等级升或降的信息，并据以重新调整相关官员的俸禄。大中祥符六年，从权吏部铨慎从吉奏请，格式司按《十道图》所规定州县等级确定官吏俸给。③

其七，宋代官吏俸禄在国家财政支出中的比例不是最大，据前引《能改斋漫录》记载京师的情况，最大的是军费开支，其次是宗室俸禄，百官月俸居末。宋代军费开支庞大，在朱熹看来："财用不足，皆起于养兵。十分，八分是养兵，其他用度，止在二分之中……今天下财用费于养兵者十之八九，一百万贯养一万人……今日民困，正缘沿江屯兵费重。"④ 这与北宋时大致相同，陈襄《上神宗论冗兵》称："臣观治平二年，天下所入财用大数，都约缗钱六千余万，养兵之费约五千万。乃是六分之财，兵占其五。"⑤《庆元会计录》记载，军费开支占财政总收入的十分之七，官吏俸禄占十分之三，俸禄占比略有提高。⑥ 可见，宋代冗费根源在于军费庞大，而不是官吏俸禄。南宋后期，吏禄超出官员俸禄，说明吏员人数大量增加。

结　语

以寄禄官为核心的宋代俸禄制度，其源可追溯到周代爵禄制。春秋战国时爵与禄开始分离，催生了秦汉秩禄制，与爵禄制并存。魏晋南北朝爵禄制消退，官品制登上历史舞台，与秩石制形成双轨制，进而向官品定禄一元制演变。隋唐品禄制定型，但又因使职的大量出现，对品禄制造成冲击，导致职事阶、官品复合

---

① 《宋会要辑稿·职官一一》，第 3363—3364 页；《宋会要辑稿·方域七》，第 9419 页。

② 《宋史》卷 85—90《地理志》，第 2093—2252 页。

③ 《宋会要辑稿·职官一一》，第 3364 页。

④ 《朱子语类》卷 110《论兵》，北京：中华书局，1986 年，第 2708—2709 页。

⑤ 陈襄：《上神宗论冗兵》，赵汝愚编：《宋朝诸臣奏议》卷 121，上海：上海古籍出版社，1999 年，第 1330 页。

⑥ 王应麟：《玉海》卷 185《食货·会计·庆元会计录》，第 3396 页。

禄制的出现。到了宋代，官品已不能决定官员俸禄，宋初以职事官本官阶定禄等，其后元丰改制，形成以寄禄官为核心的俸禄制度。不过官品与俸禄的关系并未完全切断，"行"、"守"、"试"分等的形式，成为寄禄官与职事官官品高下调节俸禄的手段。宋代俸禄制源远流长，即使与周代爵制已相隔辽远，周代爵制余绪犹以封爵带食邑、食实封传下来。宋代俸禄制载入《官品令》中的《禄令》。《宋史·职官志》保存了北宋《嘉祐禄令》和元丰禄制，《宋会要辑稿》保存了《熙宁禄令》。① 由此可以窥见宋代俸禄制度的概貌。本文从纵向与横向两方面对两宋禄制进行研究，对禄制的分期、分类、支付方式、发放机构及流程作了全面深入的分析，并从宋代实行益俸政策的角度讨论了俸禄的厚薄及其养廉的成效。宋代俸禄制度显示了宋代祖宗家法的若干特点：一是益俸以养廉；二是优待宗室，以换取宗室参政权力；三是在权力上抑武重文、待遇上重武抑文，相互牵制，从而保证赵宋王朝统治的稳定。

宋代俸禄制在后世有所扬弃。以货币支付为主、辅以实物，养廉政策，宗室特殊优渥以及封爵食邑等为明清继承发展。然以寄禄官决定俸禄的创新改革，明清并未沿用，而是恢复了以官品定禄的旧制。

〔作者龚延明，浙江大学古籍研究所教授。杭州　310058〕

（责任编辑：路育松　高智敏）

---

① 《宋史》卷 171《职官志十一》，第 4101—4125 页；《宋会要辑稿·职官五七》，第 4557—4566 页。

清代律例条文的继承和演变

——以《读例存疑》为中心

孙家红

摘　要：清代律例条文数目繁多，兼以历时漫长、变化较多，不仅当时法界人士难以完全掌握，更为今人展开相关研究留下诸多难题。晚清刑部尚书薛允升所撰《读例存疑》是清代律学代表作，为解决上述问题提供了一个很好的文本。通过对《大清律例》律文和例文展开数据统计分析，并借鉴较成熟的成文法理论，可以发现学界"清律即明律翻版"等成说并不准确。清代律例条文变迁过程较为复杂，清初对明律有较大幅度的改造更新，同治九年以后还有数次例文修订，并非一成不变。

关键词：清代　律文　例文　《读例存疑》　薛允升

一、缘起与检讨

清朝自 1644 年入关后便积极着手建立法律体系，以维护国家统治和社会治理的稳定。历经顺治、康熙、雍正、乾隆四朝，在不断吸收前代成文立法经验并及时总结本朝司法实践的基础上，逐渐确立以"律例合编"为主要文本形式、以《大清律例》为核心的国家成文法律体系。一般而言，清代律文较为稳定，且具有相当深远的成文法律渊源，远可追溯至先秦李悝《法经》，历经汉、魏、隋、唐而传承有序，近则直接取材宋、元、明三代立法司法实践之积累。尤其明朝中后期逐渐形成的以《大明律集解附例》为代表的法典刊印形式，为清朝成文法律体系的构建提供了重要参考。相比之下，清朝例文极富变化，来源也较为多样，一方面继承了明代成文立法中的修例经验，并根据本朝实际有所发挥；另一方面基于本朝日益丰富的司法实践，不断进行调整，以满足复杂多变的现实需要，因而成为清代成文法律中最富变化、最具弹性的部分。这样一种兼具稳定性和灵活性的"律例合编"成文法律体系自乾隆初期建立，王朝成文法律的修订工作一直按部就班地持续到同治九年（1870）。至晚清法律改革前，清代律例的整体规模已然十分庞大，不仅成为当时法律改革者需要正视和解决的重点难题，更是值得今天的法史研究者认真对待的宝贵遗产。

清代律例的继承、演变较为复杂。在清朝 260 多年的历史中，不仅对前朝律例条文有所继承，更基于大量司法实践，对核心成文法律不断进行因地、因时制宜的调整，进而形成较为成熟的法律编纂模式，使其在保持稳定性的同时，更能适应纷繁变化的社会治理需要。然而，有清一代律例条文数目繁多、变化多端，不仅令当时法律界人士眼花缭乱、视为畏途，以致罕有精于全部律例条文的学问通家，更为今人掌握清代成文法律的演变留下诸多难题。

薛允升是晚清著名法律专家，更是中国古代律学的集大成者。据新近在日本东洋文化研究所和中国第一历史档案馆宝坻档案中发现的薛允升著述稿本可知，[①]薛允升以其在刑部任职的便利和积累的法律经验，数十年间从事律例学术研究，

---

① 2018 年夏秋之际，梅凌寒（Frédéric Constant）和王旭先后在中国第一历史档案馆的宝坻档案和日本东洋文化研究所图书馆中发现若干册薛允升《读例存疑》稿本，蒙不吝赐告，并获见相关内容。经研读可知宝坻档案中 2 册为薛允升门生郭昭抄录，分属刑律"贼盗"和"越诉"两门，涉及律文 4 条、例文 62 条。页面虽残损严重，但文字基本可以辨识。东洋文化研究所保存者题为《（法律馆钞本）大清律例》，共 2 函 10 册，其中 8 册属于《读例存疑》稿本，2 册为《大清现行刑律》的稿本，皆为仁井田陞旧藏。此 8 册稿本涉及吏律"公式"，户律"户役"、"仓库"、"钱债"、"市廛"，刑律"贼盗"、"犯奸"诸门类，共 387 条，其中律文 81 条、例文 306 条。两种稿本大致写于晚清，经薛允升亲笔校订，并有沈家本主持刊刻该书时所作大量批注，为我们了解《读例存疑》和《唐明律合编》的原貌和刊刻过程提供了直接证据。两种稿本含律例条文 449 条，占《读例存疑》正式刊本的 19.2%（449/2340），弥足珍贵。此外，陶安在上海图书馆中发现 6 册《读例存疑》稿本（陶安：《关于上海图书馆藏薛允升〈唐明律合编〉手稿本》，李力译，《中国古代法律文献研究》第 4 辑，北京：法律出版社，2010 年，第 340—356 页），笔者核对发现其成书时间比北京、东京两地所藏更早。

有志撰写一部规模庞大的法学著作。① 遗憾的是，薛允升未能完成其全部写作计划便于1901年离世，只能从他积攒的大量底稿中先后抽录、编撰成4部重要的律学专著：《汉律辑存》（6卷）、《唐明律合编》（40卷）、《服制备考》（4卷）和《读例存疑》（54卷）。其中，除关于汉律和服制的著述至今未刊外，《唐明律合编》由薛允升的门生徐世昌于20世纪20年代正式刊印；《读例存疑》则于1906年在修订法律大臣沈家本等主持下刊印，也是该书唯一一次以传统刻印形式出版。②

《读例存疑》在薛允升的诸多律学著述中占有十分重要的地位，他自称"半生心血尽耗于此"。③ 其法律史价值至少体现在两方面。其一，正如沈家本在《薛大司寇遗稿序》中所言，自古以来律学著述堪称经典者本来就少，能够流传后世者更少。薛氏《读例存疑》荦荦大观，蔚为巨制，也因薛氏超卓的律学修养和崇高声望，为时人所重视。因此，该书之出版不仅关系到律学著作、律学知识之传承，更关系到国家治理和世道人心。④ 其二，越来越多的证据表明，薛允升《读例存疑》在编纂出版过程中，凝结了包括赵舒翘、沈家本等其著名门生故吏在内的许多刑部同仁的集体智慧。⑤ 该书对清代核心成文法律中最具变化性的部分——例文的批判性观点，在某种程度上是当时刑部官员的共识。此外，晚清法

① 这个宏伟的写作计划对薛允升像属影响很大，曾负责《读例存疑》校对工作的许世英在晚年回忆时称之为"法律全书，共四十册"（冷枫撰记，许世英口述：《许世英回忆录》，台北：人间世月刊社，1966年，第36页）。这里的"法律全书"可能指《读例存疑》，只是许世英的回忆有误；也可能是"清律全书"即《大清律例》，因为《大清律例》在官方文书中的一个通行别名便是"律例全书"（姚雨芗原纂，胡仰山增辑：《大清律例会通新纂》卷首"嘉庆四年刑部奏疏"，沈云龙主编：《近代中国史料丛刊三编》第22辑，台北：文海出版社，1987年，第21页）。

② 本文所用《读例存疑》为光绪三十二年（1906）京师刊本。鉴于黄静嘉点校《读例存疑》（台北：成文出版社，1970年）时所用清代律例条文的编号系统已为学界广泛认可，本文沿袭此编号序列。唯一的不同是关于"赎刑"的认定，黄氏视作单独一条例文（001—08），笔者参稽顺治至乾隆各朝官定律例版本，认为其很难成立，故仅将之作为例文001—07的附录内容，不单独编号。

③ 薛允升：《读例存疑》卷首"自序"，第1—2页。

④ 沈家本：《薛大司寇遗稿序》，《历代刑法考》附《寄簃文存》卷6，北京：中华书局，1985年，第2223页。

⑤ 见沈家本为薛允升《读例存疑》所作的序文（第1页）。

律改革时期的一些史料告诉我们，《读例存疑》不仅成为修律大臣沈家本重要的知识来源和修律依据，更直接影响了 1910 年《大清现行刑律》的编纂出台。①换言之，薛允升及其《读例存疑》为晚清法律改革提供了重要的人员力量和知识基础，值得进一步讨论，以揭示晚清法律改革的内在真相。

以往观点认为，薛允升在《唐明律合编》中试图通过对比唐律和明律的工拙，对清律编纂提出批评。这是因为在很多学者的印象中，清律基本上是明律的翻版，所以薛允升对明律的批评，就意味着他对清律整体上持负面评价。然而，我们在《唐明律合编》中几乎看不到薛允升对清律的直接批评，也无法从中窥见任何有关清律演变的历史线索。相比之下，薛允升的《读例存疑》对清朝律例条文进行了全面研究，不仅重点检视了成文法律变动最频繁、最显著的例文部分，而且记录了律文演变的重要历史信息，为我们探寻清代成文法律的演变提供了路径。

不仅如此，因《读例存疑》是参稽档案、实录、会典及会典则例和事例等史料写成，所以其中关于律例条文演变的记录可能不够详细，但对律例条文演变之时间节点的记录却相当完整。另从新近发现的 16 册《读例存疑》稿本来看，该书原本对各条律例沿革之根由、经过的记录较为详细，但在刊印过程中被节删，以致无法观其原貌。故《读例存疑》在专业性和精准性方面更胜一筹。

此前相关研究对《读例存疑》中清代律例继承、演变的挖掘远远不够，一方面因为大家习惯性地仅将该书视为法史资料，对其本身所蕴含的历史信息并未给予特别注意；另一方面，近年来中国法律史研究重点转向地方司法实践，对清代成文法律本身的兴趣日趋淡薄。当然，更主要的原因或在于，通过这样一部卷帙浩繁的书籍来统计分析清代律例的继承、演变着实"费力不讨好"。

总体而言，目前专门研究清代律例的成果不多，其中最具代表性的当属瞿同祖、郑秦、苏亦工等的研究。1980 年，瞿同祖在《历史研究》发表《清律的继承和变化》；同年，该文译文又发表于英文版《中国社会科学》。② 该文对清代成

---

① 沈家本：《律例校勘记》卷首"按语"，刘海年、韩延龙等整理：《沈家本未刻书集纂》上册，北京：中国社会科学出版社，1995 年，第 3 页。

② 瞿同祖：《清律的继承和变化》，《历史研究》1980 年第 4 期；"Qing Law：An Analysis of Continuity and Change," *Social Sciences in China*, Vol. 1, No. 3, 1980。

文法律的演变进行了"一些分析和讨论"，但部分观点存在局限性。例如，文章开头称顺治三年（1646）匆匆颁布的"《大清律集解附例》……实际上仅删去关于钞法的三条（《漏用钞印》《钞法》及《伪造宝钞》），增加一条（《边远充军》），将《公式》门的《信牌》移入《职制》门，《漏泄军情》移入《军政》门，其余无所更动"，却没有将顺治初年修律过程中对律文注解的大量添加修改视作成文法律的重大变化，更没有注意到这一律文修订工作为后续 200 多年的成文法典编纂指明了方向。此外，瞿同祖认为，"清条例虽多于明，但应指出有相当多的条例是采用明律原文，或根据明例加以修改补充的"。在后续行文中，他虽举出若干例证，但并未作全面的统计。事实上，一方面我们可以找到不少清代新创的律例条文；另一方面，即便律条正文基本保持明朝样式，但因增加小注和添附例文，已在原有律文的文本解读和司法适用基础上形成新的"语境"。

据笔者统计，《读例存疑》共收录律例条文 2340 条（律文 436 条，例文 1904 条），其中只有 15 条律文和 56 条例文直接承袭自明代，且至晚清未有改动。再者，瞿同祖认为"清律自雍正五年颁布以来即不再修订，就是实际上不引用的条文也不删除，仍保留在法典内，成为具文"。这不仅对清朝律文在司法实践中的适用情况缺乏足够的考察，更没有虑及雍正五年（1727）以后律文不断被修正的史实。《读例存疑》中大量证据表明，乾隆朝至少对 93 条律文进行了修订，甚至在道光时期仍修改了一条律文的小注文字。

郑秦关于清代律例的研究集中体现在著名的"清律四考"，即关于顺治三年律、康熙现行则例、雍正三年律、乾隆五年律的 4 篇考据文章。[①] 其中涉及的问题较多，如顺治律的版本和颁布时间、康熙朝现行则例的修订过程、雍正三年对律文的规整和集解、乾隆朝律例体系的变化和定型。一方面，这些文章多涉宏观问题，对于律例条文的演变缺乏细致讨论；另一方面，郑秦虽利用了不少当时较新颖的史料，但其讨论问题的角度和观点并未摆脱前人旧说之窠臼。例如，他在《顺治三年律考》中言，"虽然顺治律的附例比明律多了一些，但比较起来，没有什么大的变化，无论是律还是例，都仍是明律例的继续"。[②] 这显然受到谈迁

---

① 参见郑秦：《清代法律制度研究》，北京：中国政法大学出版社，2000 年，第 1—72 页。
② 郑秦：《清代法律制度研究》，第 16 页。

"大清律即大明律之改名" 说法影响。① 然而《读例存疑》清楚地表明，顺治初年对明代律例（尤其小注文字）的增删修改十分明显。

苏亦工对清代律例的研究大致与郑秦同时，且双方对彼此观点有所呼应。苏亦工曾发表一系列论文，涉及清律的颁布和实施、顺治律的版本、明清两代的修例、条例的性质和作用、律例关系的辨析等议题，这些文章经过修改后收入其《明清律典与条例》一书。从内容来看，苏亦工所讨论的部分对象与郑秦有些接近，问题也多趋于宏观；其中对律例条文继承、演变的讨论，大致与瞿同祖和郑秦相仿，即主要采用举例分析的方式进行论证；对清代律例条文的整体演变，同样缺乏全面的统计分析；甚至对同治九年以前颁布的清代条例数量，也仅"粗略统计"出"近2000条"。② 然而，同治年间《大清律例》中所收条例总数为1892条，《读例存疑》所收条例数量最多，也不过1904条，与2000条皆存在差距。

此外，陈煜和张田田分别对《大清律例》条文的"确定化"和清律的律目体系作了若干探究，③ 但与瞿同祖、郑秦和苏亦工等类似的是，尽管利用了原始材料来探讨清代法律的各种问题，但举例论证数量十分有限，不仅在统计学上缺乏足够的说服力，更无法勾勒清代律例演变的整体样貌。当然，要通过以往学者利用的法律史料，对清代律例的继承、演变进行整体考察有不小难度。幸运的是，《读例存疑》对清代律例变动逐条作了详细的标注辨析，较前人记载丰富得多，为我们以统计分析的方式重新认识清代律例的继承、演变提供了史料支撑。

二、清代律文的继承和演变

清代律文数量几经变迁，纵观顺治至同治年间各种清律文本可知，④ 顺治朝律文

---

① 谈迁：《北游录·纪闻下·大清律》，北京：中华书局，1960年，第378页。

② 苏亦工：《明清律典与条例》，北京：中国政法大学出版社，2000年，第227页。

③ 陈煜：《略论〈大清律例〉的"确定化"》，《中国政法大学学报》2012年第4期；张田田：《〈大清律例〉律目研究》，北京：法律出版社，2017年。

④ 这里的"清律"是一个统称，包括顺治《大清律集解附例》、雍正《大清律集解》和乾隆《大清律例》，以及其他几位皇帝统治时期颁布的版本，并非特指某一版本，而更普遍地代指以《大清律例〉律例合编形式展现的清代核心成文法律体系。

459 条；康熙四十五年（1706）《大清律集解附例》收载律文 458 条；① 雍正三年
内府刻本《大清律集解附例》卷首"凡例"，则言"原律"457 条，"历代相因"，
与前说略有出入；雍正朝及以后各版《大清律集解》收载律文皆为 436 条。此处有
一个细节值得注意：雍正三年将原本属于"盐法"的 12 条律文删去 1 条，而将剩
下的 11 条律文一并排列在"盐法门"下，这样的排列方式为后代所沿袭。因而，
我们说清律律文数量自雍正律后固定为"436 条"，其实更准确的说法应该是——
清律的律文一共有"436 门"。但为行文方便，我们仍以"条"来称呼。

关于清代律文对前朝的继承，薛允升及其门生吉同钧皆认为，大清律的律文
及其修订源于《唐律疏议》，具有悠久的历史渊源。② 沈家本也认为"律文则因
者多而革者少"。③ 由此引出本文关注的第一组问题：自入关后，清律的律文究
竟在多大程度上继承前朝？我们是否可以获得相对具体的统计数据？顺治朝以
后，清律的律文发生哪些变化？这 436 条律文又最终在何时获得相对固定的形
式，而不再修改或者变更？下面，我们尝试从《读例存疑》中找到上述问题之
答案。

《读例存疑》所收律文共 436 条，与雍正三年修律后确定的律文总数正好吻
合。虽然与顺治、康熙朝大清律的律文数目有出入，但每条律文后都有详细考
订，用"注语"明确指出该条律文的渊源，及在何时进行过哪些修改。如律文
"001 五刑"律文注云：

自名例至此，皆仍《明律》。其小注系国初及雍正三年、乾隆五年增删
修改。"绞斩"下，国初律小注系"除罪应决不待时外，其余死罪人犯，抚
按审明成招，具题部覆，奉旨依允监固，务于下次巡按御史再审，分别情
真、矜疑两项，奏请定夺"……雍正三年，以今无巡按御史（各省巡按御
史，顺治十七年裁），因将"抚按审明"等句删改。

---

① 458 条系根据《大清律集解附例》卷首"总目"统计得之，参见《大清律例朱注广汇全
  书》，康熙四十五年南京听松楼本，第 15 页。
② 参见吉同钧：《大清律例讲义》，光绪三十四年法部律学馆铅印本，"自序"，第 8 页；薛
  允升：《读例存疑》卷首"总论"，第 1 页。
③ 沈家本：《大清律例讲义序》，《历代刑法考》附《寄簃文存》卷 6，第 2232 页。

此外，如律文"015 流囚家属"注云："此仍《明律》，其小注系顺治三年添入，雍正三年、乾隆五年修改。""017 流犯在道会赦"注云："此条律目、律文仍《明律》。国初增修，雍正三年删改，乾隆五年改定。"与"001 五刑"相比，后两例（015、017）的注语更简洁，这种简洁的注语在《读例存疑》中更为普遍。而且，据《读例存疑》稿本可知，这种简洁的注语很多并非薛允升原文，而是出自沈家本之手。换言之，沈家本在主持刊布《读例存疑》的过程中，添加了大量批注，对薛允升的原稿注语进行修改。例如律文"061 讲读律令"，薛允升原注云"此仍《明律》，无条例"。沈家本在稿本上则以签条形式批注云，"此仍《明律》，其小注系顺治三年添入，雍正三年修改"。律文"062 制书有违"，原注亦为"此仍《明律》，无条例"，沈家本批注则云"其小注系顺治三年添入，雍正三年删定"。可见，1906 年《读例存疑》的正式刊本最终采纳了沈家本的修改意见。相比而言，沈家本所作注语不仅对薛允升的注语有所补充，更有统一规范的特点。因此可以说，沈家本对《读例存疑》的校订刊布贡献巨大。

尽管在《读例存疑》律文注语中，薛允升与沈家本的意见略有不同，但二人论旨完全一致，并不妨碍据之获得关于清律律文继承和演变的信息。以"061 讲读律令"为例，据注语可知，该条律文源自《明律》，顺治三年添入律文小注，雍正三年经修改后，形式基本确定下来。律文"062 制书有违"注语给出的信息则更明确：经过雍正三年的删改，最终确定了该条律文的样式。与之相类，律文"015 流囚家属"、"017 流犯在道会赦"的注语说明这两条律文皆源自明律，经顺治、雍正、乾隆三朝修改，并在乾隆五年（1740）获得确定的律文形式。当然，清代律文中也不乏直接继承自明律，且至清末未经修改者，如律文"085 点差狱卒"、"094 任所置买田宅"、"138 拟断赃罚不当"、"166 御赐衣物"、"167 失误朝贺"等。据《读例存疑》统计 436 条律文形式得以确定的时间信息，得出表 1。

表 1　《读例存疑》律文确定时间

朝代或时期	明律	顺治	康熙	雍正	乾隆	道光	总计
确定律文数	15	201	2	124	93	1	436
比例(%)	3.44	46.10	0.46	28.44	21.33	0.23	100

由表 1 可知，沿袭明律且一直未修改的清律仅 15 条，约占全部律文的 3.44%。顺治朝（主要为顺治三年）修订律文，使 46.10% 的律文获得了确定的律文形式，雍正朝（主要为雍正三年）和乾隆朝（主要为乾隆五年）修定的律文比例紧随其后，分别占全部律文的 28.44% 和 21.33%。而康熙朝修定律文数量很少，仅"269 窃盗"和"288 采生折割人" 2 条。

值得注意的是，乾隆五年后，律文演变虽不如之前显著，但并未停止。《读例存疑》中至少有如下 7 条记录：（1）乾隆二十九年修改"003 八议"律文小注；（2）乾隆十六年改定"287 杀一家三人"律文小注；（3）乾隆三十七年改定"299 威逼人致死"律文；（4）乾隆三十九年改定"305 宗室觉罗以上亲被殴"律文标题，并删律目下小注；（5）乾隆四十二年增修"315 妻妾殴夫"律文小注；（6）乾隆十二年删定"318 殴期亲尊长"律文小注；（7）道光朝虽已属清后期，但仍对"003 八议"的律文小注进行了局部修改。

律文演变最为显著的三个时期分别是顺治朝、雍正朝和乾隆朝。顺治帝在位 18 年，修定律文 201 条，平均每年修定约 11.2 条；雍正帝在位 13 年，修定律文 124 条，平均每年修定约 9.5 条；乾隆帝在位 60 年，修定律文 93 条，平均每年修定 1.6 条。可见，顺治朝对律文改动幅度不仅超过雍正朝，更远超以往印象中在立法方面大有作为的乾隆朝。

进而，将各时期改定律文所属的门类分别进行统计，可得图 1。

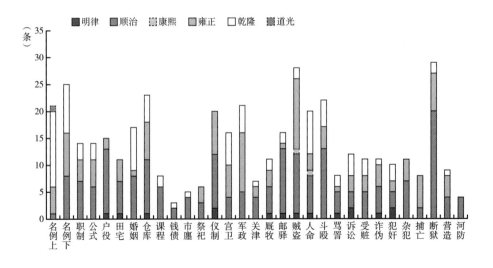

图 1 清代改定律文所属门类

图1清晰地说明：（1）直接继承自明律的15条清律律文，主要分布在户役、田宅、仓库、仪制、厩牧、邮驿、贼盗、人命、骂詈、诉讼、诈伪、犯奸12门中；（2）顺治朝改定的大部分律文，以断狱、斗殴、邮驿、户役4门最为显著；（3）雍正朝对贼盗、军政、仪制、名例、仓库等5门的律文改动较大；（4）乾隆朝改定的律文以名例为最，其次则为婚姻、人命2门。

继而，我们将考察清代律文演变过程中主要发生了哪些变化。

令人印象深刻的是，薛允升和沈家本基于长期形成的职业习惯，在《读例存疑》的撰写、修订和刊印过程中，特别注意语言表达的精确性。在436条律文的注语中，涉及多种多样的成文法律演变形式，其中最为复杂也最引人注目者，莫过于律文小注。单此一方面的演变，薛允升和沈家本便采用多种表述方式，以揭示不同律文修改方式之间的细微差别。诸如：（1）"增删修改"，即对于原来的律文小注既进行过增加，又进行过删减，如"001 五刑"；（2）"删改"，即仅在原有小注基础上进行了删改，如"006 职官有犯"；（3）"添入"，即律文原没有小注，如"015 流因家属"；（4）"增修"，即增加修改原有的律文小注，如"019 天文生有犯"。及至某条律文或律文小注经历最后一次的修改完善，则往往使用"改定"、"增定"、"删定"等，以表示该条律文（包括律文小注）最终的确定，不再发生任何改变。当然，"修改"作为最笼统的表述方式，在《读例存疑》律文注语中也是存在的（如002 十恶、011 犯罪得累减），只不过出现的频率不高。

此外，通过《读例存疑》的律文注语可以发现，清代律文演变至少还有以下三种情形。

其一，新律文的创制。可分为4种情况。（1）由例成律，即由原本属于条例的内容修改升格成为一条律文。即如律文"009 犯罪免发遣"，原属《现行则例》，并不是律文。雍正三年，因为考虑到现行例旗下人犯徒流等罪准折枷号，与军官犯罪免徒流之意相符，从而另立"犯罪免发遣"律名，置"军籍有犯"之前，以旗下犯罪折枷号之例载入。（2）由律生律，即由原来某条或若干条律文衍生出一条新的律文。例如律文"019 天文生有犯"，原为"020 工乐户及妇人犯罪"律文的组成部分。雍正三年，将有关天文生犯罪的律文规定自后者分出前置，成为一条新的律文，并删改了原律文。再如律文"195 冲突仪仗"原本沿袭明律，分 3 条排列，且该律目下有小注"三条"字样。顺治三年在律文中添入小注，正文维持不变。雍正三年，则将 3 条修并为 1 条，并将律目下小注"三条"字样删除。（3）由注成律，即将原本独立的律后"总注"增修为律文小注，或将原来律文小注（小字）升格成律文正文（大字）。如律文"187 直行御道"末尾原无小注"在外衙门，龙亭仪仗已设而直行者，亦准此律科断"，乾隆五年在整体删除"总注"前，将相关内容增入该条律文，成为该条律文的小注。再如"329 骂祖父母父母"律末"须亲告乃坐"5 字原系小注，顺治三年将之改为正文。"330 妻妾骂夫期亲尊长"律文末尾"并须亲告乃坐"6 字原亦系小注，顺治三年将之升格为正文，并添加新的小注"律无妻骂夫之条者，以闺门敌体之义，恕之也。若犯，拟不应笞罪可也"。"428 带造段匹"原律小注无"若局官违禁带造，监守官吏亦坐不举失察之罪"等字，乾隆五年查照"总注"将之增入。（4）借鉴或采用法律专家意见，加以修订，成为新的律文小注。例如，"192 向宫殿射箭"部分律文小注，为顺治三年采用王肯堂《律例笺释》意见增入；"213 毁弃军器"小注，同时参考了沈之奇的《大清律辑注》和王肯堂的《律例笺释》。此外，根据《读例存疑》可知，"267 劫囚"、"270 盗马牛畜产"、"310 拒殴追摄人"、"346 事后受财"、"347 官员听许财物"、"365 诈教诱人犯法"的律文小注均不同程度地受《律例笺释》影响，甚至直接据后者增入。"302 斗殴"、"310 拒殴追摄人"律文小注的修订参考了明代雷梦麟《读律琐言》。①

其二，律文律目及小注文字的修改。尽管清代律文律目很大程度上继承自唐律和明律，但根据现实需要进行修订者不乏其例。如"010 军籍有犯"原名"军官军人犯罪免徒流"，"017 流犯在道会赦"原名"徒流人在道会赦"，"046 充军地方"原名"边远充军"。再如"107 同姓为婚"律目律文原来均无小注，顺治三年添入小注，乾隆五年则又进行删改；"290 斗殴及故杀人"律目和律文原本亦无小注，均为顺治三年增入；"305 宗室觉罗以上亲被殴"律目下原有小注"袒免系五服外无服之亲，凡系天潢皆是"，乾隆三十九年奏准将"皇家袒免"改为"宗室觉罗"，并删除了律目小注。

其三，律文所属门类的调整，或称之为"移门"。例如"005 应议者之父祖有犯"原在"008 文武官犯私罪"之后，顺治三年及康熙九年仅增修了律文小

---

① 薛允升：《读例存疑》卷 35《刑律·斗殴上》，第 2、43 页。

注，乾隆五年修律之际，将之排序提前至现在的位置。又如"051 信牌"原在吏律公式门，顺治三年移入吏律职制门，并对小注作了修改；"202 漏泄军情大事"原本亦在吏律公式门，顺治三年移入兵律军政门，并添小注。

在了解清代律文演变的主要形式后，我们继续考察各朝律文演变的主要趋势。其中最引人注目且最容易引起争议的当属顺治一朝。前已述及，436 条律文中有 15 条直接继承明律，迄至清末未有改动。另据统计，顺治朝（以顺治三年为主）一共修订了 401 条律文，除少数律文涉及名称、门类的调整外，有 332 条是对小注文字的增删修改。因此清律并非明律翻版，顺治朝对律文小注大规模增删修改，对一个成文法色彩浓厚的王朝法律体系而言，其实是很重要的。同时，小注在清代成文法律和司法实践中扮演了重要角色，[①] 有时甚至影响到一些重要法律制度的创建及运行。例如"001 五刑"关于立决死刑和监候死刑有小注：（1）"凡律中不注'监候'、'立决'字样者，皆为立决。凡例中不注'监候'、'立决'字样者，皆为监候"；（2）"除罪应决不待时外，其余死罪人犯，抚按审明成招，具题部覆，奉旨依允监固，务于下次巡按御史再审，分别情真、矜疑两项，奏请定夺"。这两条小注不仅在律例条文中第一次将死刑的立决和监候执行作了明确区分，更为清朝秋审、朝审制度的确立和完善提供了重要的成文法律依据。因此可以说，清律对明律的继承固然是不容掩盖的事实，但对明律更新改造的规模和程度也是广泛而深刻的。

在顺治朝修订的 401 条律文之外，尚余 35 条律文，包括 15 条从未修订的明律条文及其他皇帝在位时修订的 20 条律文。与此同时，顺治朝经过修改确定的律文总数为 201 条，所以这 401 条律文中还有 200 条，后来又有不同程度的修改。康熙朝律文修订工作并不显著。在 436 条律文中，仅 2 条是康熙朝确定下来的（269 窃盗和 288 采生折割人）。此外，康熙朝仅对"004 应议者犯罪"、"021 徒流人又犯罪"、"283 谋杀制使及本管长官"3 条律文的小注进行了修订，但均未修定。这可能与康熙朝的修律政策有关：一方面，当时对大清律的体系化重整尚未完成；另一方面，康熙朝成文法律的编修重点在《现行则例》上，以致在律文

---

① 此前笔者在沈家本辑《刑案汇览三编》（中国国家图书馆藏沈氏稿本，索书号 04765）中发现大量"小注"与律例条文一起适用于司法实践的例证。因为"小注"的问题较为复杂，本文不便展开，拟作专文进行讨论。

的修订方面乏善可陈。

雍正朝的律文修订工作颇有成就。据《读例存疑》统计，雍正朝至少对 178 条律文进行了修订，并使其中 124 条律文获得了最终形态，确定的律文数量仅次于顺治朝，且与顺治朝类似的是，雍正朝对律文的修订工作也主要体现在对于律文小注的增删修改。在 178 条经过修改的律文中，至少有 121 条属于此类情况。此外，"009 犯罪免发遣"、"019 天文生有犯"是新创制的律文，"046 充军地方"是对原有律目名称的修改。

乾隆朝的律文演变虽不如顺治、雍正二朝显著，但也很突出：至少有 95 条律文被修订，其中 93 条律文获得最终的成文样式。换言之，乾隆朝是确定律文最终样式的重要时期，且是清代最后一个律文显著演变的时期。具体而言，乾隆朝律文的修订工作主要完成于乾隆五年，但也有一些修订发生在其他年份，如十六年（287 杀一家三人）、三十二年（318 殴期亲尊长）、三十七年（299 威逼人致死）、三十九年（305 宗室觉罗以上亲被殴）、四十二年（314 奴婢殴家长）等。由此可见，乾隆朝律文修订并没有严格遵循最初设定的"三年一小修，五年一大修"或后来"五年一小修，十年一大修"原则。《读例存疑》还告诉我们，乾隆朝律文的主要演变形式与顺治、雍正二朝类似，主要表现为对律文小注的增删修改，仅两三条律文存在修订名称、移门的情况。

嘉庆朝对于律文修订基本无所作为。直到道光朝，才对律文"003 八议"的小注进行了细微调整。《读例存疑》没有明确指出此次修律的具体时间，该条律文小注极短，仅"道光年间修改"。但不管怎样，自道光朝至清末法律改革，清律的律文部分处于相当稳定的状态。

通过以上统计分析，我们可以发现关于清代律文继承、演变的几个基本事实。（1）律文整体上对明朝法律的继承十分明显，但同样明显的是，自顺治朝开始，经康熙、雍正、乾隆、道光诸朝，对律文及小注进行了大规模的增删修改，并有多种多样的演变形式。（2）清代律文的演变形式突出表现为对于律文小注的增删修改。清代通过采用独特的律文正文与小注混合排印的方式，事实上使小注获得了与正文同样的法律效力，并在司法实践中发挥作用，甚至可能被直接援引，成为重要的成文法律依据。这种别具一格的成文法律演变形式，部分源自古老的中华成文法律编纂传统，并带有些许清朝作为少数民族政权的阶段性特点，更是清代成文法律编纂技术不断成熟的产物，为清代成文法律表达的确定性奠定了重要的知识基础。（3）清朝律文的演变主要集中于顺治、雍正、乾隆三朝。与以往认知可能存在反差的是，顺治朝所确定的律文数量比例最大，雍正朝次之，乾隆朝又次之。上述三次大规模修律活动，基本奠定了清律律文的整体格局，绝大多数律文获得最终样式。但在乾隆朝后，律文的演变并未止步，其后数次修律活动中，尚有若干律文陆续得到修订，乃至最终获得确定的律文形式。道光朝仍对律文小注进行了修改——虽然微小而且局部，但此时距入关已过去 150 余年。可见，清代律文的继承演变其实是一个相当漫长的过程。

三、清代例文的继承和演变

关于清代律例演变的整体趋势，薛允升认为："本朝之于《明律》，增注者多而删改者少。其删改者，皆其不宜于时者也。至于条例，则删存者不过十分之二三，盖以律有定而例无定故也。"① 瞿同祖亦曾指出清律"变化在于例，而不在于律"。② 尽管这种说法略显绝对，但与律文相比，清代例文的演变确实更显著。主要表现在以下两方面。

其一，例文数量持续增加，规模日益庞大。顺治朝律文 459 条，律后附例不过 448 条。③ 康熙朝的成文法编修重点是《现行则例》，对律文罕有改动。笔者通过对康熙四十五年刊布的《大清律例朱注广汇全书》的统计，发现该书收录的例文亦为 448 条，与顺治律的例文在数字上基本持平。雍正三年进行律例条文重整，将康熙年间《现行则例》及大量定例纳入清律，并据不同情况把例文分为三类：（1）原例，即累朝旧例，计 321 条；（2）增例，即康熙年间现行例，计 299 条；（3）钦定例，即皇帝历次上谕及臣工条奏，计 204 条。三者合计 824 条，是顺治、康熙两朝例文数量的 1.84 倍。

及至乾隆三年修订律例，例文数量更为增多。田涛、郑秦点校的乾隆五年

---

① 薛允升：《读例存疑》卷首"总论"，第 4 页。

② 瞿同祖：《清律的继承和变化》，《历史研究》1980 年第 4 期，第 137 页。

③ 苏亦工曾经详细考察了 5 个版本的顺治律，统计发现各本例文的数量至少有 447、448、450 三个结果（《明清律典与条例》，第 142—143 页）。本文结合康熙四十五年《大清律例朱注广汇全书》的统计结果，暂以 448 条为准。

武英殿本《大清律例》卷首"凡例"中言，该书附例共计 1042 条。① 另查文渊阁《四库全书》本《大清律例》，收录条例 1456 条，② 较前者增加 414 条。据该书卷首"凡例"，这些例文是将乾隆三十三年五月以前现行则例"详为订正，增删改并"而成。由此可见，自乾隆五年至三十三年，例文增加超过 400 条。

在例文修订方面，乾隆帝与以往皇帝的最大不同是，在登基之年便定下三年一次的修例周期。但在乾隆十一年鉴于修例过于频繁，空耗人力，改为五年一次小修、十年一次大修。从此，清朝的修订法律工作渐趋稳定。按照薛允升等人的说法，直至同治九年清廷最后一次组织修律，百余年间基本按照这个节奏稳步进行。③ 在此过程中，清代例文规模不断膨胀，同治年间条例 1892 条，④ 是顺治朝的 4.22 倍。若与雍正朝以后相对稳定的 436 条律文相比，此时例文规模为律文的 4.34 倍。另外，《读例存疑》正式收录例文 1904 条，⑤ 为目前所见清律诸版本中收录例文数最多者，是稳定时期律文数（436 条）的 4.37 倍，更是顺治、康熙两朝例文数（448 条）的 4.25 倍。

---

① 《大清律例》卷首"凡例"，田涛、郑秦点校，北京：法律出版社，1999 年，第 40 页。
② 《大清律例》卷首"凡例"，景印文渊阁《四库全书》，台北：台湾商务印书馆，1986 年，第 672 册，第 401 页。
③ 苏亦工曾据《大清会典事例》卷 740 和《清朝文献通考》卷 195 统计发现，自乾隆五年至同治九年，共有 23 次正式的修例活动。分别为：乾隆八年、十二年、十六年、二十一年、二十六年、三十二年、三十七年、四十三年、四十八年、五十三年、六十年，嘉庆六年、十一年、十五年、十九年，道光元年（1821）、五年、十年、十五年、二十年、二十五年，咸丰二年（1852），同治九年（《明清律典与条例》，第 201 页）。然而，薛允升《读例存疑》告诉我们，其实清代修例活动几乎每年都有发生。尤其在"五年小修"和"十年大修"之间，大量例文被修改和制定，一般只有在正式修例之年方有可能被纳入《大清律例》之中，成为正式条例。同时，亦不排除在这个修律间歇期，有些条例被制定出来，随后即被废止。本文中各条例制定和修改的年份信息皆依据《读例存疑》，并在此基础上进行统计分析，得出结论。
④ 《清史稿》卷 142《刑法志一》，北京：中华书局，1977 年，第 4186 页。
⑤ 此数乃笔者据《读例存疑》统计得出，与黄静嘉整理点校本相差 1 条。原因在于黄氏将"名例·五刑"下"赎刑"作为一条单独编号。然经笔者查核顺、康、雍、乾各版大清律，发现并无将"赎刑"单独作为条例者。《读例存疑》所录"赎刑"，当属薛允升个人意见。此外，1906 年《读例存疑》最初刊本"赎刑"上下文，并无将"赎刑"视作单独一条例文的明显证据。故而，笔者仅将"赎刑"当作"按语"类文字。

其二，清代例文的突出变化，并不限于例文数量和内容的简单增加，更在于例文演变形式之复杂多样。按照嘉庆四年（1799）刑部说辞，当时的修例工作从技术层面大致分为 5 项：（1）修并，即修改合并；（2）修改，即一般性修改原来的例文；（3）移改，即移动例文原属之门类，并对例文进行修改；（4）续纂，即在原例基础上接续编纂；（5）删除，即将原来的例文删除。① 仅从这 5 项分类，便可想见当时修例工作和例文演变情况之复杂。薛允升在《读例存疑》中逐条给例文增加的"按语"，较清楚地揭示了例文的演变轨迹，为我们充分体认清代例文演变的复杂性提供了大量例证。

首先，我们在《读例存疑》中发现清代存在大量的条例分合变异现象。有时清律的某条例文是由 2 条或 2 条以上例文修并而成，有时 2 条例文可能是从 1 条例文分异而成，或由 3 条及 3 条以上例文改并而成，有时 3 条例文也有可能是由 1 条或 2 条例文变异而成。谨据《读例存疑》统计如表 2。

表 2　《读例存疑》所见清代条例分合变异情况

分合变异	编号	数量
1 条原系 2 条	001—04；006—02；015—08；015—12；016—13；018—07；018—11；018—12；021—02；031—03；031—06；045—07；045—24；045—33；045—34；047—05；047—07；053—08；077—04；091—05；091—06；105—01；108—01；112—05；127—08；137—01；141—05；141—06；162—01；180—01；181—02；208—01；214—04；220—02；224—01；225—11；225—15；233—02；242—03；243—03；254—01；255—01；255—04；256—01；260—01；263—06；264—01；264—02；265—01；266—02；266—03；266—05；266—10；266—12；266—13；266—38；266—42；268—05；268—15；269—01；269—13；269—22；273—01；274—01；275—02；276—07；276—12；276—13；278—09；278—23；285—01；285—06；285—10；285—23；285—33；287—07；287—08；287—17；314—07；318—04；319—06；323—02；332—03；332—04；336—01；336—14；336—17；336—21；336—24；344—03；344—13；348—02；358—01；358—03；359—08；359—09；360—06；361—02；366—02；375—02；378—06；387—02；388—03；390—03；390—06；390—17；390—20；392—02；392—09；395—07；396—03；396—06；398—03；401—01；401—03；405—04；407—01；411—02；411—07；411—09；412—03；421—02	122

① 姚雨芗原纂，胡仰山增辑：《大清律例会通新纂》卷首"嘉庆四年刑部奏疏"，沈云龙主编：《近代中国史料丛刊三编》第 22 辑，第 21—25 页。

续表2

分合变异	编号	数量
1 条原系 3 条	001—06；009—02；009—04；015—04；045—18；045—19；149—04；210—02；225—10；254—02；265—02；269—26；271—22；281—19；290—19；303—07；311—01；317—02；359—03；378—08；392—06；410—07；411—27；411—36；412—14；433—01	26
1 条原系 4 条	018—04；018—14；045—09；045—16；067—04；217—01；264—06；266—14；270—13；285—07；299—14；314—05；318—02；359—02；379—05	15
1 条原系 5 条	001—07；005—01；016—10；045—01；045—08；225—12；285—02	7
1 条原系 6 条	018—06	1
1 条原系 7 条	266—41；269—10	2
1 条原系 8 条	359—01	1
1 条原系 10 条	271—10	1
1 条原系 11 条或更多	378—02	1
小计	—	176
2 条原系 1 条	055—03，055—04；269—16，269—17；270—01，270—02；275—13，275—14，276—03，276—04；278—20，278—21；285—26，285—27；390—08，390—09；393—01，393—02	18
2 条原系 3 条	018—16，018—17；266—29，266—30；396—01，396—02	6
2 条原系 4 条	394—21，394—22	2
2 条原系 5 条	018—02，018—03；378—15，378—16	4
2 条原系 7 条	302—01，302—02	2
小计	—	32
3 条原系 1 条	225—40，225—41，225—42	3
3 条原系 2 条	268—07，268—08，268—09；277—01，277—02，277—03	6
小计	—	9

由此可见，清代条例的分合变异现象十分普通。从 1 条原系 2 条、3 条、4 条、5 条，直到 6 条、7 条、8 条，再到 10 条、11 条乃至更多，均不乏其例。其中尤其以 1 条原系 2 条者最多，共 122 条例文；1 条原系 3 条和 4 条的情况次之。其实，除表中所列 176 条例文外，尚有 4 条例文（266—17、266—18、268—23、268—24）曾经分分合合，先由 2 条合为 1 条，再由 1 条分成 2 条，但最终在薛允升撰写《读例存疑》之际，例文总数维持不变。所以，如果将之合计在内，总共有 180 条例文属于此类情况，约占该书正式收录例文（1904 条）的 9.45%。此外，相邻 2 条例文原系 1 条、3 条、4 条、5 条、7 条演变而来，及相邻 3 条例系

1 条或 2 条者, 还有 41 条 (32 + 9)。三者合计, 一共有 221 条例文涉及分合变异, 占全部例文的 11.61%。

其次, 在例文分合变异之外, 还有一种"删除例文"的情况更难捉摸。众所周知, 顺治朝以后产生了大量例文, 但其中不乏早期例文在随后的修例过程中被删除, 以致在薛允升撰写《读例存疑》时, 这些例文在官方刊印的《大清律例》中已不复存在。幸运的是, 薛允升在《读例存疑》中不仅记录了大量例文被部分或整体删除的信息, 还特别抄录了一些被整条删除的例文, 统计如表 3:

表 3 《读例存疑》所见清代例文删除情况

序号	编号	附录删除条例数目	条例背景	删除年份
1	036—01	1	明代旧例	雍正三年
2	045—11	1	清初定例	乾隆十六年
3	045—45	1	乾隆二十六年定例	乾隆三十二年
4	085	1	雍正十一年定例	乾隆五年
5	117—02	1	乾隆二年定例	光绪元年
6	152—06	2	雍正八年定例	乾隆五年
			雍正十二年定例	乾隆五年
7	157—02	1	不明	不明
8	162—08	1	嘉庆十六年定例,嘉庆二十年、二十二年及道光十八年改定	同治九年
9	217—06	1	乾隆三十一年定例	乾隆三十三年
10	225—01	1	乾隆二年定例	光绪元年
11	225—15	1	雍正八年及乾隆元年定例,乾隆五年修并。乾隆八年、三十七年,嘉庆六年、二十二年修改。咸丰二年改定	光绪元年
12	225—28	1	乾隆三十五年定例	光绪元年
13	265—04	1	乾隆二十九年定例	乾隆三十二年
14	266—49	2	乾隆五年定例,嘉庆十七年改定	同治九年
			乾隆二十六年定例。乾隆四十二年,嘉庆六年、九年、十七年改定	同治九年
15	269—01	1	康熙现行例,雍正三年删并	乾隆五年
16	284—07	1	原系律后小注,雍正五年纂为条例	乾隆五十三年
17	285—36	1	雍正年间由律注改定为例	嘉庆十九年
18	303—07	1	乾隆二十六年定例	乾隆二十七年
19	306—05	1	明代《问刑条例》,雍正三年、乾隆五年修改	乾隆三十六年
20	314—16	1	康熙年间现行例,雍正三年改定	乾隆五年

续表3

序号	编号	附录删除条例数目	条例背景	删除年份
21	317—15	1	乾隆六年定例	乾隆十三年
22	359—06	1	康熙年间现行例	乾隆三十七年
23	383—02	1	前明旧例	雍正三年
24	394—18	1	康熙年间现行例	乾隆三十七年
25	396—06	1	雍正六年定例	乾隆二十一年
26	397—03	1	雍正五年定例	乾隆五年
27	409—06	1	康熙五十七年定例,乾隆三十八年改定	道光十二年
28	411—34	2	乾隆二十五年定例,嘉庆六年改定	乾隆十九年
			乾隆十九年定例	嘉庆六年
合计	—	31	—	—

《读例存疑》中完整抄录31条已被删除的例文，涉及28条律例正文。① 其中以删除1条例文者居多，仅3条（152—06、266—49、411—34）各附2条已被删除之例文。绝大多数律文所附条例，即便被删除1条或2条，尚有若干例文存在，但律文"085点差狱卒"，情况比较特殊：雍正十一年原本定有例文1条，乾隆五年将之删除，以致该律文下不再有"附例"。值得注意的是，在《读例存疑》成书之际，虽然117—02、225—01、225—15、225—28这4条例文仍被列于该书正文，但薛允升在按语中指出，光绪元年在沈葆桢建议下，这些例文事实上已被废止了。由此可知，虽然同治九年为清代最后一次按照传统办法组织修律，但在1902年正式开启法律改革之前，清朝核心成文法律的变化依旧存在。即如这4条例文，因涉及福建和台湾，相关规定早已不切实际，故而在光绪元年被奏准删除。

上述31条被整条删除的例文，虽有幸被记录在《读例存疑》中，但究属冰山一角，肯定还有一些被忽略不计的被删例文。再者，《读例存疑》创作于薛允升进入刑部之后——尤其在其积累相当法律经验、法界资历后的同光之际，距顺治、康熙、雍正、乾隆、嘉庆等律例变化最为剧烈的时代较远，昔年修律档案多

---

① 薛允升特别指出，乾隆年间删除其中33条例文，并附有各条例文名称（《读例存疑》卷54《督捕则例》卷下，第28—29页）。因本文集中考察律例的主体部分，故暂不予以讨论。

有散佚，客观上导致在薛允升研究视野之外，尚有相当数量已被删除的例文不为人所知。另外，更重要的问题是，薛允升在探究例文演变轨迹时大量使用"删修"、"删改"、"删定"、"节删"、"全删"、"增删"、"删减"、"删并"等词语，试图详细说明例文局部演变之实况，但大量被部分删改的例文内容在《读例存疑》中并没有被完整记录。结合前述清代例文纷繁复杂的分合变异情况，笔者认为，对于今天的研究者而言——其实也包括当年薛允升、沈家本等人在内——要想获得清代200余年间全部例文之总数、全面厘清清代例文继承和演变之各种细节，几乎是无法完成的。

即便如此，本文仍拟援照此前考察清代律文继承演变之思路，借助《读例存疑》提供的历史信息，尝试对清代例文的继承和演变轨迹略作揭示。

与律文一样，清代例文对明代法律的继承是客观存在的。薛允升在为每条例文所作的"按语"中，对明清法律间的渊源关系有详细交代，并有以下6种较为规范的表述方式：（1）"此条系前明《问刑条例》"（001—09）；（2）"此条系前明嘉靖二十七年定例"（025—04）；（3）"此系前明旧例"（047—08）；（4）"此条系前明《会典》"（052—02）；（5）"此条系明令"（067—01）；（6）"此条系前明《大诰》"（090—02）。可见，"明代法律"是个笼统的说法，其至少包含《明会典》《明大诰》《问刑条例》及一般以"明令"或"明例"为称呼的多种形式的成文法律。谨据《读例存疑》将沿袭自明朝的清代例文逐条进行统计（表4）。为求行文简便，在表格及随后行文中，对明代诸种形式的成文法律统称为"明例"或"明代条例"。

表4 《读例存疑》所见沿袭明代的清代例文情况

律牌	明例	本门例文总数	比例(%)	自明沿袭未改者
001 五刑	5	17	29.41	
006 职官有犯	1	6	16.67	
016 常赦所不原	3	13	23.08	
019 天文生有犯	2	2	100.00	
020 工乐户及妇人犯罪	1	5	20.00	
021 徒流人又犯罪	1	13	7.69	
022 老小废疾收赎	1	9	11.11	
024 给没赃物	1	20	5.00	
025 犯罪自首	2	12	16.67	025—05
043 断罪依新颁律	1	1	100.00	

续表4

律牌	明例	本门例文总数	比例（%）	自明沿袭未改者
047 官员袭荫	9	15	60.00	1（047—04）
048 大臣专擅选官	1	1	100.00	
050 滥设官吏	1	3	33.33	
052 贡举非其人	2	8	25.00	
053 举用有过官吏	1	8	12.50	
054 擅离职役	1	2	50.00	
055 官员赴任过限	1	4	25.00	
059 交结近侍官员	1	2	50.00	
067 官文书稽程	1	10	10.00	
076 人户以籍为定	1	25	4.00	
077 私创庵院及私度僧道	2	6	33.33	
078 立嫡子违法	3	7	42.86	2（078—02,078—03）
080 赋役不均	2	5	40.00	
083 禁革主保里长	1	1	100.00	
084 逃避差役	3	3	100.00	
087 别籍异财	1	1	100.00	
088 卑幼私擅用财	2	2	100.00	1（088—01）
090 欺隐田粮	4	5	80.00	
091 检踏灾伤田粮	1	15	6.67	1（091—01）
093 盗卖田宅	4	11	36.36	1（093—02）
095 典买田宅	1	11	9.09	1（095—01）
096 盗耕种官民田	1	1	100.00	
101 男女婚姻	3	4	75.00	3（101—01,101—02,101—03）
102 典雇妻女	1	1	100.00	
105 居丧嫁娶	1	1	100.00	
108 尊卑为婚	2	2	100.00	1（108—02）
112 强占良家妻女	1	7	14.29	
116 出妻	2	2	100.00	1（116—01）
120 多收税粮斛面	2	6	33.33	1（120—01）
122 揽纳税粮	2	2	100.00	
131 仓库不觉被盗	1	2	50.00	
137 转解官物	2	23	8.70	
141 盐法	5	25	20.00	
144 私茶	4	5	80.00	3（144—01,144—03,144—04）
146 匿税	1	7	14.29	1（146—01）
149 违禁取利	2	7	28.57	1（149—01）
150 费用受寄财产	1	3	33.33	
152 私充牙行埠头	1	6	16.67	

续表4

律牌	明例	本门例文总数	比例(%)	自明沿袭未改者
154 把持行市	3	8	37.50	
157 祭享	2	2	100.00	2(157—01,157—02)
158 毁大祀邱坛	1	2	50.00	
161 亵渎神明	1	1	100.00	
162 禁止师巫邪术	1	8	12.50	
163 合和御药	1	1	100.00	
168 失仪	1	2	50.00	1(168—01)
171 上书陈言	1	1	100.00	
173 禁止迎送	2	6	33.33	2(173—03,173—05)
174 公差人员欺陵(凌)长官	1	1	100.00	
175 服舍违式	11	17	64.71	7(175—03,175—04,175—05,175—06,175—07,175—09,175—10)
177 失占天象	1	1	100.00	1(177—01)
179 匿父母夫丧	2	4	50.00	1(179—02)
180 弃亲之任	1	1	100.00	
182 乡饮酒礼	2	2	100.00	1(182—01)
195 冲突仪仗	1	3	33.33	
202 漏泄军情大事	1	3	33.33	
207 主将不固守	2	7	28.57	
214 私藏应禁军器	1	10	10.00	
215 纵放军人歇役	1	1	100.00	
224 盘诘奸细	2	12	16.67	
225 私出外境及违禁下海	4	44	9.09	
229 验畜产不以实	1	1	100.00	
233 宰杀马牛	1	4	25.00	
238 递送公文	1	5	20.00	1(238—01)
240 铺舍损坏	1	1	100.00	1(240—01)
242 驿使稽程	1	3	33.33	
243 多乘驿马	1	4	25.00	
244 多支廪给	1	1	100.00	
252 乘官畜产车船附私物	3	3	100.00	
260 盗内府财物	1	3	33.33	
263 盗园陵树木	2	8	25.00	
264 监守自盗仓库钱粮	1	7	14.29	
266 强盗	5	49	10.20	
267 劫囚	1	5	20.00	
268 白昼抢夺	2	27	7.41	

续表4

律牌	明例	本门例文总数	比例（%）	自明沿袭未改者
269 窃盗	1	32	3.13	
270 盗马牛畜产	3	16	18.75	
271 盗田野谷麦	1	22	4.55	
272 亲属相盗	1	6	16.67	1（272—01）
273 恐吓取财	1	24	4.17	
274 诈欺官私取财	2	13	15.38	
275 略人略卖人	2	18	11.11	
276 发冢	2	23	8.70	
278 盗贼窝主	6	25	24.00	2（278—01，278—18）
282 谋杀人	1	10	10.00	
287 杀一家三人	2	17	11.76	1（287—02）
290 斗殴及故杀人	3	20	15.00	
292 戏杀误杀过失杀伤人	2	22	9.09	
294 杀子孙及奴婢图赖人	1	6	16.67	
299 威逼人致死	5	25	20.00	2（299—01，299—02）
302 斗殴	2	14	14.29	
303 保辜限期	1	7	14.29	1（303—03）
312 威力制缚人	1	4	25.00	
318 殴期亲尊长	2	13	15.38	
319 殴祖父母父母	2	12	16.67	1（319—01）
325 骂制使及本管长官	2	2	100.00	
329 骂祖父母父母	1	1	100.00	1（329—01）
332 越诉	9	27	33.33	1（332—07）
336 诬告	4	27	14.81	
338 子孙违犯教令	1	3	33.33	
339 见禁囚不得告举他事	1	1	100.00	1（339—01）
340 教唆词讼	2	12	16.67	
341 军民约会词讼	2	7	28.57	1（341—02）
344 官吏受财	1	14	7.14	1（344—02）
349 在官求索借贷人财物	2	8	25.00	1（349—02）
352 因公科敛	1	2	50.00	
355 诈为制书	3	3	100.00	2（355—02，355—03）
358 伪造印信时宪书等	2	3	66.67	
359 私铸铜钱	1	12	8.33	
360 诈假官	2	7	28.57	1（360—03）
361 诈称内使等官	2	2	100.00	
368 亲属相奸	2	3	66.67	1（368—01）
372 居丧及僧道犯奸	1	2	50.00	

续表4

律牌	明例	本门例文总数	比例(%)	自明沿袭未改者
374 官吏宿娼	1	1	100.00	
375 买良为娼	1	4	25.00	
378 赌博	1	17	5.88	
379 阉割火者	1	5	20.00	
383 放火故烧人房屋	1	3	33.33	
390 徒流人逃	2	27	7.41	
391 稽留囚徒	1	6	16.67	
395 囚应禁而不禁	1	7	14.29	
398 陵(凌)虐罪囚	1	14	7.14	
401 狱囚衣粮	2	10	20.00	
410 辩明冤枉	2	7	28.57	
412 检验尸伤不以实	2	21	9.52	1(412—02)
417 赦前断罪不当	1	5	20.00	
427 冒破物料	1	9	11.11	
433 盗决河防	1	2	50.00	
434 失时不修堤防	1	5	20.00	1(434—01)
435 侵占街道	1	1	100.00	
总计	259	1214	21.33	56

由表4可见，在《读例存疑》收录的1904条例文里，至少有259条例文源自明代条例，约占全部例文的13.60%。各项来源的详情如下：源自《明会典》者11条，源自《明大诰》者3条，源自"明令"者31条，源自《问刑条例》者161条，源自"明例"者54条。其中，例文379—05部分源自《问刑条例》，部分源自"明例"，故有1次重复计算，以致上述5项合计较例文实际数目多1条。而在各项来源中，以源自明《问刑条例》的条例数目最多（161条），超过60%。

整体而言，据《读例存疑》统计得出清代例文继承明代条例的比例（13.60%），虽然比薛允升的说法（"至于条例，则删存者不过十分之二三"）略低，但考虑到清朝条例经过200多年的增删改并，至晚清仍能保持如此比例，已属不易。不仅如此，这259条源自明代的例文系属139条律文，后者包含1214条例文，前者占后者的比例超过21.33%。在这259条例文中，又有56条自清初继承以后，至清末未有更动，约占21.6%。若以全部1904条例文衡之，这部分例文约占2.94%。换言之，晚清例文中仍约有2.94%直接继承自明代。

自顺治朝至同治朝，法律修订工作稳健进行，逐步改变了清初整体上沿袭明代法律的状况。而且在各朝修订例文过程中，这些源自明代的例文渐渐获得最终成文形态，不再有任何更动，本文称之为"例文的确定化"（表 5）。据《读例存疑》统计分析，大致可见清代不同时期对源自明代的条例修改，并使这些例文得以确定化的过程。

表 5　清代各朝确定例文情况

时期	修改数目	确定数目	确定化率（%）
顺治	31	7	22.6
康熙	1	0	0
雍正	115	39	33.9
乾隆	139	91	65.5
嘉庆	54	46	85.2
道光	13	11	84.6
咸丰	5	4	80.0
同治	5	5	100
总计	363	203	55.9

通过表 5 可知，顺治朝对源自明代例文的修改工作处于起步阶段，或由于为时较早，修律方针尚未明晰，以致条例确定化的比例不高，只有 22.6%。康熙朝则可能因重点在编修《现行则例》，以致对例文的修改幅度很小，且未有任何一条源自明代的例文获得确定的法律形式。及至雍正朝才开始大规模对清律中沿袭自明代的例文进行修改，例文的确定化比例达 33.9%。对明代例文最大规模的修订是在乾隆朝，不仅历时较久，所获成绩也更显著，例文的确定化比率更提高至65.5%。可能与通常印象有所不同的是，嘉庆和道光两朝对明代例文修订的数量下降，但例文的确定化比率远远超过雍正、乾隆二朝，分别为 85.2% 和 84.6%。咸丰、同治二朝已处在清朝修例工作的最后阶段，故而例文确定化比率居高不下，同治朝甚至达到 100%，此时距顺治朝已 200 余年，仍对源自明代的 5 条例文不断修改，力求完善，反映出清人对于成文法律的执着。

接下来将进一步分析清代不同时期例文的演变特征。

（一）顺治朝

顺治朝直接面临如何处理明代条例，并创制王朝新法律等问题。如前所述，在《读例存疑》收录的 1904 条例文中，有 259 条源自明代的成文法例。在这 259

条例文里面，除 56 条至同治九年未经更动外，尚有 203 条在顺治至同治年间不断得到修订，并获得稳定形式。统计发现，顺治朝仅对 31 条明代例文进行过修订，并使其中 7 条例文实现了法律表达的确定化。

另据薛允升为例文所作"注语"可知，顺治朝修改或处理明代例文的方式，大致有以下几种。（1）为例文添加小注文字，使之更易理解和操作。如例文 131—01、141—01、141—03、243—02、252—01、252—02、252—03、266—01、① 270—03、274—06、319—02、360—02、361—01，计 13 条。（2）删改原有例文的部分文字，使之更符合新的王朝形势。薛允升一般用"删改"或"删定"等来描述这种修改例文方式。如例文 154—01、263—02、318—01、292—01、292—02、383—01、410—02，计 7 条。（3）一般性地修改条例正文，以满足新的司法需要。此中涉及例文 059—01、158—01、161—01、224—01、225—12、271—01、276—12、325—01、410—01、435—01，计 10 条。（4）移门。如例文 391—04 原属"徒流人逃移"门，顺治三年被移至"公事应行稽程"门。

与此同时，顺治朝创制新条例的记录也很值得留意。据《读例存疑》统计，至少有以下 16 条例文属于顺治朝新创制的条例：001—16（顺治初年定例）、005—01（顺治定例）、025—02（顺治十七年定例）、091—02（顺治十一年定例）、175—01（顺治二年定例）、266—14（顺治十八年定例）、273—07（顺治十三年定例）、294—01（顺治三年定例）、294—02（顺治三年定例）、378—02（顺治定例）、397—02（顺治十八年定例）、398—04（顺治十二年定例）、398—05（顺治十八年定例）、420—02（顺治十六年定例）、421—02（顺治初年定例）、426—01（顺治初年定例）。这 16 条例文与《读例存疑》的 1904 条例文相比，可能显得微不足道（约占 0.84%）。但若与顺治朝《大清律集解附例》附例 448 条相比，则占后者的 3.57%，不容忽视。

此外，还有两种情况值得关注。其一，顺治朝颁发的上谕或奏准的法律内容，并没有在当时成为正式的例文，而是由之后的皇帝进行修改并吸收进《大清律例》。我们在《读例存疑》中至少发现 5 条这类例文：（1）例文 025—03 原系

---

① 据《读例存疑》，该条例文同时存在"添注"和一般性"修改"的状况，为避免重复计算，暂归入"添注"一类。

顺治十八年上谕，乾隆五年经过修订，正式成为例文；（2）052—01 原系顺治十五年上谕，也是乾隆五年成为条例；（3）242—01 原系顺治三年上谕，同样在乾隆五年成为条例；（4）275—03 原系顺治九年上谕，康熙二十一年进入《现行则例》，雍正三年、乾隆二十四年及五十六年、嘉庆二十二年、咸丰二年屡次修改，最后在同治九年得以确定；（5）405—01 原系顺治十二年覆准的定例，收入《大清会典》，后在康熙年间载入《现行则例》，此后，又在雍正三年修律之际被吸收成为一条正式条例。其二，顺治朝吸收前朝法律专家意见，据以添入例文小注，后将小注文字单独摘出，升格成为例文。如例文 285—23 原系 2 条，作为其部分前身的某条例文，原是在顺治三年修订法律之时，采用明代孙存《大明律读法书》① 中相关内容，作为"注语"附于律后。至雍正三年，将"注语"摘出纂为一条新的定例。

虽然上述两种情况均未生成正式的例文，但毕竟为后来的修例提供了基础，值得研究者注意。尤其前一种情况，生动体现了有清一代不同时期在法律方面的密切关联和传承，最终使清律成为一个体系日渐庞大、不断推陈出新的有机整体。

（二）康熙朝

如前所述，康熙朝对大清律中沿袭的明代例文修订乏善可陈。我们在《读例存疑》中仅发现一条记录：例文 359—05 原出自明朝的《问刑条例》，康熙年间略作修改，但未使其获得最终确定的法律形式。不仅如此，康熙朝对顺治朝新定条例也罕有修订，至少在《读例存疑》中不见有任何相关记录。但绝不能就此妄下结论，认为康熙朝的修律活动过于平淡。事实上，康熙朝在创定新的成文法律方面颇有成就，除了众所周知的《现行则例》外，② 还有大量新增定例（表 6）。

---

① 薛允升在该条例文的注语中言，"顺治三年初纂律书时，采《读法》中语，附于律后以为注"，并未指明《读法》全名及作者姓名。笔者认为，从时间上推断，《读法》应为明代孙存《大明律读法书》的简称。关于孙存与《大明律读法书》的关系，参见吴艳红：《孙存案与明代中后期的法律知识》，陆康、孙家红主编：《法国汉学》第 16 辑，北京：中华书局，2014 年，第 167—190 页。

② 关于康熙现行则例的初步研究，参见郑秦：《清代法律制度研究》，第 23—33 页。

表6 《读例存疑》所见康熙朝新增例文情况

	编号	数量
现行则例	001—03,001—04,001—06,001—08,001—11,006—02,008—01,009—01,015—02,016—01,016—04,016—10,024—03,024—14,047—11,047—12,050—02,051—01,053—02,053—03,065—01,068—01,068—02,112—05,118—01,119—01,152—02,168—02,175—14,219—01,220—01,220—02,225—29,233—01,235—01,242—02,243—03,249—01,254—01,255—04,255—05,264—02,266—04,266—05,266—09,266—12,266—13,266—18,275—03,276—12,297—01,299—06,302—01,302—02,311—01,312—02,313—01,314—07,314—12,332—01,332—10,333—02,336—04,336—05,336—17,336—18,344—03,359—01（1）,359—02,359—09,366—01,382—01,394—07,396—01,396—02（1）,398—02,400—01,401—04,405—01,405—04,406—01,407—01,409—03,410—03,411—01,417—02,417—03	87（2）
康熙定例	001—01,001—02,005—01,014—01,015—03,018—02,018—03（3）,021—02,022—02,024—04,024—05,045—09（1）,047—05（1）,047—07,047—13,060—01,075—01,091—06,094—01,119—02,119—04,123—01,123—02,123—03,125—01,125—02,127—01,127—06,131—02,134—01,134—02,134—03,140—01,141—06（1）,141—07,146—02,152—03,154—04,162—02,175—13,178—01,187—01,208—03,210—02,211—01,213—02,214—04,214—08,224—04,225—03（1）,225—04,225—05,225—35,225—37,228—01,235—02,255—01,255—02,256—01（1）,256—02,264—04,266—02,266—14（2）,266—22,266—41,266—42,268—03,268—15,268—19,268—20,269—00,269—01,269—10,269—13,270—04,271—10（1）,273—02,273—03,273—04,273—06,273—07,275—02,275—04,276—01,277—01,277—02,277—03,278—04,290—03,290—19（1）,292—03,294—04,296—01,302—03,304—01,306—01,314—05,318—02（1）,323—02,332—03（1）,332—04（1）,334—01,336—01,336—06,336—07,336—16,337—01,340—03,344—05,344—06,344—07,348—01,359—05,360—04,370—01,378—02（3）,378—15（1）,379—01,380—01,390—11,390—17,392—01,392—09,394—01,394—08,395—07,396—04,397—01,398—03（1）,398—06,401—01,401—03,401—10,405—02（1）,405—03,407—01,409—01,409—02,411—03,412—03（1）,421—01,421—02,424—01	143（22）
总计	—	230（24）

说明：括号内数字为修正增加值。

表6中"修正增加值"的必要性在于，我们通过《读例存疑》发现，部分条例生成前后尚有相关则例或定例出台，甚或该条例本身即由2条及以上康熙朝的定例合并而成，故单独计数以见其真实规模。《读例存疑》中共有87条例文源自康熙朝《现行则例》，但因例文修订过程中存在增删改并等情况，使这87条例文与

《现行则例》条目数并不匹配，后者为 89 条。① 前已述及，雍正律收载例文中有 299 条为"增例"，即康熙朝《现行则例》。与之相较，《读例存疑》收载或涉及的这 89 条"增例"，约占前者的 29.8%。

除康熙朝《现行则例》外，《读例存疑》中还有 143 条例文属于康熙朝"定例"，即一般性的新增条例，但未纳入《大清律例》。同样由于例文增删改并等原因，这 143 条例文实际上源自康熙朝 165 条定例。这些"定例"与《现行则例》合计，共 230 条（87 + 143），约占《读例存疑》1904 条例文的 12.1%。若与雍正朝"增例"299 条相比较，则占 76.9%。由此可见，康熙朝将主要修律精力放在《现行则例》上，同时制定出相当数量的新增定例，虽然对《大清律例》本身的修订工作有限，但所付出的努力并没有浪费，因为康熙朝《现行则例》和新增定例被广泛吸收进后来的大清律中，直到清末仍在司法实践中发挥影响。

另，与顺治朝相仿，《读例存疑》中一些条例原本属于康熙朝钦奉谕旨或经奏请议准，但未及在本朝成为定例，而是在后来成为正式条例（表 7）。

表 7　《读例存疑》所见康熙谕旨改定成例情况

类型	序号	编号	演变过程概要
钦奉谕旨	1	018—01	康熙五十年奉旨,雍正三年定例,乾隆五年改定
	2	045—01	康熙九年上谕,乾隆五年定例,乾隆五十三年与其他例文合并
	3	263—06	康熙五十七年上谕,乾隆五年定例
	4	281—19	康熙三十二年上谕,乾隆三十二年与其他定例修并
	5	333—01	康熙十四年上谕,乾隆五年定例
奏请议准	6	091—04	康熙十八年议准,乾隆五年定例,嘉庆十四年改定
	7	119—03	康熙四十九年九卿议覆分赔漕粮事例,雍正三年纂为定例
	8	127—02	康熙三十九年奏请,雍正二年定例,乾隆五年改定
	9	137—03	康熙十七年奏准事例,雍正三年定例
	10	302—04	康熙五十八年奏准,乾隆五年定例
	11	303—07	康熙五十七年议准,雍正七年增入条例,乾隆五年修改
	12	366—03	康熙十八年、四十六年先后议准,雍正十二年又经刑部议准,乾隆五年纂辑为例,嘉庆二十四年修改,咸丰二年改定

① 薛允升特别指出，其中有 2 条例文（047—11、047—12）源自康熙朝的《兵部现行例》；127—01 源自康熙朝"吏部例"。明确标明年份者有 4 条：053—02（康熙五年现行例）、053—03（康熙十二年现行例）、266—18（康熙九年现行例）、275—03（康熙二十一年现行例）。

表 7 所涉例文，不仅再次体现了康熙朝与之后各朝在修律方面的密切关联，更与此前源自康熙朝《现行则例》和新增定例的 230 条例文一道说明：康熙朝的立法或法律修订成绩虽没有大量体现在律例条文本身，但通过其他同样重要的成文法律编纂工作，为后来的修律奠定了坚实的基础。

（三）雍正朝

以往学者一般认为雍正朝的律文修订工作确立了清代律文的数量规模和成文样式，并为乾隆及以后皇帝所恪守，对于例文演变的探讨殊为有限。揆诸实际，雍正朝例文演变不仅具有鲜明的过渡时代特征，更有许多别出心裁、标新立异之处。主要表现在以下三个方面。

其一，雍正朝对明例和顺治例进行了大规模修改。据《读例存疑》统计，大清律条中至少有 259 条例文源自明代，除其中 56 条一直未更动外，其余 203 条明代条例自顺治朝后便不断被修订，并获得最终确定的法律形式。然而，顺治朝仅修订了 31 条明代例文，并使其中 7 条例文实现了确定化；康熙朝仅修订了 1 条明代例文，并使之获得确定形式。因此在雍正朝修订例文之际，面临着大量未经修订的明代条例。

据表 5 可知，继顺治、康熙两朝之后，雍正朝对源自明代的例文修改规模陡然扩大。经过进一步分析，在这 115 条源自明代的条例中，有 108 条是在雍正朝修改的，并使其中 39 条获得确定形式。

雍正朝在修订源自明代的例文外，还面临着如何处理顺治、康熙两朝积累的例文。顺治朝的情况似乎较为简单，一方面，因为顺治朝对明例的修改毕竟有限，另一方面，顺治朝创制的新例数量与雍正及以后各朝的例文规模相比，也很难相提并论。检阅《读例存疑》发现，至少 14 条顺治朝新定例文在康熙朝未见任何更动，而是在雍正朝被修改，并有 4 条例文获得确定形态。具体如表 8 所示。

表 8　《读例存疑》所见雍正朝修订顺治朝新定例文情况

序号	律目	编号	经修改是否确定
1	001 五刑	001—16	否
2	091 检踏灾伤田粮	091—02	否
3	175 服舍违式	175—01	否

续表 8

序号	律目	编号	经修改是否确定
4	225 私出外境及违禁下海	225—12	否
5	252 乘官畜产车船附私物	252—01	否
6	252 乘官畜产车船附私物	252—02	否
7	252 乘官畜产车船附私物	252—03	是
8	266 强盗	266—01	是
9	285 杀死奸夫	285—23	否
10	319 殴祖父母父母	319—02	否
11	325 骂制使及本管长官	325—01	否
12	378 赌博	378—02	否
13	410 辩明冤枉	410—02	是
14	421 死囚覆奏待报	421—02	是

其二，雍正朝大量吸收康熙《现行则例》和康熙新增定例，并加以修订改造。此前我们在《读例存疑》中发现，源自康熙朝《现行则例》和新增定例的条例230条，因为增删修并等因素影响，实际产生自254条（230＋24）例文。当然，这些例文并非全部原封不动地被吸收进雍正朝大清律中，而是经过多次修改。经统计，雍正朝对康熙《现行则例》和新增定例的修改记录至少存在于91条例文当中。而且，这91条例文经过雍正朝的修改，其中有27条获得确定形式（表9）。

表9　《读例存疑》所见雍正朝修订康熙例情况

	雍正朝修订康熙例 （含《现行则例》和新增定例）	经修订而确定者
例文编号	001—02, 001—03, 001—06, 015—02, 016—10, 018—02, 018—03, 022—02, 024—03, 024—05, 047—05, 047—13, 050—02, 065—01, 068—01, 068—02, 112—05, 118—01, 119—01, 119—02, 119—03, 127—01, 127—02, 127—06, 134—01, 134—02, 134—03, 141—06, 154—04, 162—02, 168—02, 175—14, 208—03, 210—02, 213—02, 214—08, 220—01, 220—02, 225—29, 228—01, 243—03, 254—01, 255—05, 264—04, 266—04, 266—05, 266—12, 266—13, 266—42, 268—03, 269—13, 270—04, 271—10, 273—07, 275—02, 275—03, 276—01, 276—12, 297—01, 302—01, 302—02, 311—01, 312—02, 314—07, 318—02, 332—03, 332—04, 333—02, 336—01, 344—06, 344—07, 348—01, 359—01, 359—02, 359—09, 366—01, 370—01, 378—02, 378—15, 379—01, 390—17, 394—07, 396—01, 396—02, 398—06, 401—01, 407—01, 410—03, 412—03, 421—01, 421—02	024—03, 047—13, 050—02, 068—02, 127—01, 134—01, 162—02, 168—02, 175—14, 213—02, 225—29, 228—01, 243—03, 255—05, 266—12, 312—02, 332—03, 333—02, 344—06, 366—01, 370—01, 394—07, 407—01, 410—03, 412—03, 421—01, 421—02
数目小计	91	27

雍正朝对此前例文的具体修订方式，在薛允升和沈家本笔下，至少使用了9种不同的语词，以体现不同的修例效果。诸如增改（即增加修改部分例文）、删改（即删减修改例文内容）、删并（即将例文删减合并）、添注（即为例文添加小注）。此外，"移门"仅改变例文所在的位置，对例文内容没有太多更动，或丝毫未作修改。雍正朝以各种方式修订此前各朝例文的数量如表10所示。

表10　《读例存疑》所见雍正朝修订此前各朝例文方式情况

修订方式	数量	修订方式	数量
修改	110	删改	21
增改	4	删定	7
增定	4	删并	8
改定	32	修并	11
添注	3	移门	8

表10中合计例文208条。很明显，以"修改"方式进行修订的例文数量最多。但"修改"一词相当笼统，完全可以将其他几种方式兼容在内。只不过薛允升特别采用了在他看来可能更准确的其他词语，以区别不同的例文修订方式和效果。所以，尽管以"修改"为标识的110条例文并不排除曾经历其他几种方式的修订，我们在统计中仍参照薛允升的表达予以区别对待。需要提及的是：第一，与顺治朝相比，雍正朝对此前例文的修订工作主要着眼在条例正文，对例文小注的修改变化较少，《读例存疑》中仅3条例文（084—02、087—01、268—02）被添加了小注；第二，"移门"共8例：043—01、048—01、137—02、255—01、265—01、266—29、374—01、378—01。其中，例文043—01最特别。该例文原属明代旧例，在顺治和康熙朝各版本的大清律中皆被列于最末。在薛允升看来，这可能是一种刻意的安排："此条乃用条例之通例，恐拟罪者比附例条，以资游移，舍律从例，以从苛刻，故特于诸卷之末而总申言之。"但在雍正三年修订律例过程中，鉴于该条的普遍适用性，更接近"名例"的特征，故将之移至"名例"，系于律文"043断罪依新颁律"之下。

其三，雍正朝不仅创制大量新的条例，更创造性地将例文分为"原例"、"增例"、"钦定例"。《读例存疑》中至少有369条例文属于雍正朝新定的条例。综合考虑例文的分合变异因素，得到的"修正增加值"为 17。亦即，这 369 条例文其实源自 386 条雍正朝新定的条例。这多少有些不可思议：不管是原始统计的 369 条例文还是修正后的 386 条例文，皆远超前面统计的雍正朝修改前朝例文的总数（208）。若以雍正律附例总量 824 条衡之，前者约占后者之 46.8%，也是很高的比例。

更大的问题在于，这一数字与雍正朝《大清律集解》卷首言明的 3 项例文（原例、增例、钦定例）的数量均有较大出入。前已述及，雍正朝大清律中，附有原例 321 条、增例 299 条、钦定例 204 条。这 369 条或 386 条例文，在数量上超过了其中任何一项，为何会如此？笔者推测，雍正朝新定条例并未尽数收入《大清律集解》，因为该书之编修、刊印、颁行均在雍正初年（雍正三年或雍正五年）。在这之后，新增定例数量究竟几何？新增定例与已刊《大清律集解》的关系如何？又是如何协调处理的？这些问题在以往史料中未见有清晰记载。目前大多数相关研究似乎也未深入到这一层次。与此同时，薛允升《读例存疑》的宗旨在于探究清代律例条文的继承与演变，故其参考资料绝不限于雍正朝《大清律集解》。换言之，可能因薛允升获取雍正朝例文信息的来源更广，以致据《读例存疑》统计得出的结果与官方刊印的《大清律集解》所记录的数字存在出入，《读例存疑》中就有大量雍正五年以后的定例记录，汇总如表 11。

表 11　《读例存疑》所见雍正五年后定例情况

年份	编号	数量
雍正六年	031—06，052—07，091—03，091—05，119—05，119—06，120—02，136—01，137—08，141—09，141—10，148—02，214—02，249—02，266—41，270—06，272—02，278—25，281—02，332—11，336—10，341—04，378—03，387—01，387—04，388—01，388—02，394—10，395—01，411—47，412—14，434—02，434—03	33
雍正七年	021—08，024—16，024—17，024—18，024—19，025—06，025—07，025—10，045—01，120—03，127—09，127—10，127—11，133—01，137—06，137—10，141—11，173—01，197—01，224—01，225—40，225—41，225—42，243—04，265—02，266—17，266—19，267—01，269—15，278—05，278—08，285—06，303—07，334—04，336—09，341—05，344—11，383—02，387—02，387—05，389—01，389—02，389—03，394—05，423—01，424—04，424—05	47

续表11

年份	编号	数量
雍正八年	006—05,036—02,067—02,095—03,108—01,175—15,225—07,225—09,225—15,225—16,251—01,266—07,341—06,349—05,400—03,411—09	16
雍正九年	120—04,133—02,225—10（2）,233—03,266—38,268—07,271—02,292—14,336—14,378—16	12
雍正十年	031—03,141—15,217—01,269—24,390—03,390—08,390—09,411—02,427—04	9
雍正十一年	018—04,034—01,044—01,063—02,070—01,070—02,073—01,073—02,118—02,162—03,268—12,269—03,269—13,344—10,352—02,358—03,389—05,401—05,401—06,405—04,085—00,299—14（1）,018—06,359—01	25
雍正十二年	007—01,053—07,067—03,075—02,089—01,091—10,095—02,095—04,137—07,140—02,214—01,217—02,225—08,268—06,268—10,276—05,285—07,285—16,299—04,336—20,347—01,349—06,366—04,366—05,387—03,387—06,431—01,434—04	28
雍正十三年	004—01,015—04,054—02,063—01,077—03,079—01,080—05,089—04,091—06,091—08,093—03,117—01,149—04,152—04,152—05,173—02,179—03,181—01,181—02,220—03,225—10,248—01,264—06,269—26,270—07,274—02,275—10,276—03,276—04,276—13,292—04,336—11,337—02,341—07,359—02,359—07,359—09,378—06,384—01,390—04,359—01,412—05,424—03,427—03,427—05	45
总计	—	215

由表11可见，雍正六年至十三年新创制例文至少有215条，占雍正朝新定例文（386条）的55.7%，比雍正元年至五年创制的例文数量高出约9%。

雍正朝将例文分为"原例"、"增例"、"钦定例"的做法别出心裁，但很快在乾隆朝遭到摒弃。尽管如此，雍正朝修订例文的历史功绩仍不容忽视，不仅基本完成了康熙朝试图将《现行则例》等与大清律合而为一的未竟事业，更为乾隆朝修订法律奠定了框架。同时，也为今天了解清代例文的来源与构成提供了清晰思路："原例"意味着从前一个王朝或更早的历史传统中继承过来的成文法律，"增例"是晚近增加的成文法律，"钦定例"属于当朝皇帝主持或允准创制的成文法律。不仅雍正朝例文如此，其他时期的例文也大致不离这三种来源。基于这三种法律来源而创制修改的大量成文法律，为我们展现了一部丰富而生动的清朝成文法律历史。因而欲知清朝成文法律不同时期的演进状态，一个值得尝试的观察视角便是去发现这三者之间不同的比例变化。

（四）乾隆朝

在笔者看来，雍正帝之所以在《大清律集解》御制序中宣称要将这部法律"刊布内外，永为遵守"，① 一个重要的原因或许在于，当时的修律者强烈意识到，他们在维护成文法律的稳定性和保持成文法律的弹性之间找到了平衡。尽管后来的法律实践证明这种特殊的法典编纂方式未必理想，但他们始终认为，律例合编体制比此前任何时代的成文法律体系都具有优越性。雍正朝将例文分成"原例"、"增例"、"钦定例"三项，更反映出他们坚定的修律立场：大清律的律文需要维持稳定，以后的修订法律活动将主要围绕如何修改和制定合适的例文展开。对这种修律主张，乾隆帝"深体皇考之心"，不仅无比认同，更身体力行地实践。

其一，乾隆朝最后一次大规模修改了清律中所沿袭的明代例文。前已述及，乾隆朝对139条源自明代的条例进行修订，为清朝各皇帝在位时期修订条例之最多者，不仅远远超过顺治朝、康熙朝，甚至比雍正朝修改的明例还多24条。另据《读例存疑》统计得知，这139条例文中至少有62条是乾隆时期在明代条例基础上进行修改的，并使其中35条获得确定形式。详细例文条目信息见表12。

表12　《读例存疑》所见乾隆朝直接修改源自明代例文情况

	编号	数量
修改者	016—03，016—13，019—02，022—01，024—01，025—04，047—03，047—10，054—01，055—01，077—01，077—02，078—01，088—02，090—04，102—01，105—01，112—01，120—05，137—01，141—05，152—01，182—02，195—01，214—06，224—02，225—02，229—01，244—01，263—02，266—02，266—18，266—41，267—05，273—01，274—01，278—03，278—20，278—21，287—01，290—01，290—02，290—12，299—05，299—07，299—09，302—01，302—02，312—01，325—02，332—02，332—09，336—01，336—21，338—01，358—01，358—02，368—02，375—04，379—05，401—03，433—01	62

---

① 胤禛：《御制大清律集解序》，《大清律例》卷首，景印文渊阁《四库全书》，第672册，第379页。

续表 12

	编号	数量
确定者	016—03,019—02,022—01,025—04,047—03,047—10,055—01,077—01,077—02,078—01,088—02,090—04,112—01,137—01,149—01,152—01,182—02,195—01,214—06,224—02,229—01,273—01,278—03,287—01,299—07,299—09,312—01,332—02,332—09,336—01,336—21,338—01,358—02,368—02,379—05	35

经此前的分析可知，《读例存疑》中收录源自明代的例文共 259 条，其中 56 条长期无所更动，余下 203 条在清朝各代皇帝统治时期经过不同程度的修改。但顺治、康熙两朝的例文修改整体上较有限，前者仅直接修改了 31 条源自明代的例文，康熙朝只修改了 1 条，且未使其获得确定形式。雍正朝例文修改规模豁然加大，多达 108 条，超过顺治、康熙二朝总和的 3 倍。乾隆朝继续雍正朝未竟之事业，又修改明例 61 条，仅余 2 条例文（175—11、282—01）分别在嘉庆十四年和道光五年得到修订，并最终实现了例文形式的确定化。这表明，清朝对明代条例的消化吸收是个长期的过程，并以顺治、雍正、乾隆三朝例文修订工作最引人注目。

其二，乾隆朝在顺治、康熙、雍正三朝遗留例文的修订方面表现得也很出色。当然，乾隆朝直接修改的顺治朝例文只有 13 条，并使其中 9 条例文实现了确定化，主要因为顺治朝新创例文本身数量较为有限。直接被修改的康熙朝例文有 59 条，并使其中 39 条获得了确定形式。这或许意味着，雍正朝大规模吸收康熙朝《现行则例》和新增定例，但对这些例文的修订工作未臻理想，因而乾隆朝需要重新清理，以底于成。

相比之下，乾隆朝对雍正朝例文的修订工作较为突出。据《读例存疑》统计，乾隆朝至少对 332 条雍正朝例文进行过修改，其中有 213 条例文随即实现了文本形式的确定化。不仅如此，纵观清代各朝对前代例文的修改状况，乾隆朝对雍正朝例文的修改数量位列榜首。之所以如此，大致有三方面原因。（1）雍正帝在位时间短，可能没有足够的时间和机会对例文进行充分的修改完善。（2）雍正律虽别具匠心地创造了"原例"、"增例"、"钦定例"三种例文分类，但这种分类格局并不利于新创例文的及时吸收和合理安排。① （3）最关键的是，雍正朝并未像乾隆朝那样有明确的修律周期，因而对雍正五年后新增条例缺乏科学统一的处理方案。正因为雍正朝例文遗留不少问题，以致乾隆朝修例过程中不仅将三种例文分类直接废除，统一于"条例"之下，更对例文进行大量修订。

其三，乾隆朝在修订前朝例文过程中，发生大量"移门"现象，"移门"成为常用的修律手段之一。谨将相关记录统计列表13。

表13　《读例存疑》所见乾隆朝修例中的"移门"情况

序号	编号	发生时间	移自	移至
1	001—02	乾隆五年	刑律故禁故勘平人门	名例律五刑门
2	001—03	乾隆五年	刑律故禁故勘平人门	名例律五刑门
3	001—06	乾隆五年	刑律有司决囚等第门	名例律五刑门
4	001—09	乾隆五年	名例律职官有犯门	名例律五刑门
5	001—10	乾隆五年	礼律祭享门	名例律五刑门
6	001—12	乾隆五年	名例律职官有犯门	名例律五刑门
7	004—02	乾隆四十二年	名例律八议门	名例律应议者犯罪门
8	005—01	乾隆五年	名例律犯罪免发遣门	名例律应议者之父祖有犯门
9	016—03	乾隆五年	刑律赦前断罪不当门	名例律常赦所不原门
10	019—02	乾隆五年	名例律犯罪免发遣门	名例律天文生有犯门
11	021—06	乾隆三十七年	《督捕则例》	名例律徒流人又犯罪门
12	022—08	乾隆五十三年	刑律老幼不拷讯门	名例律老小废疾收赎门
13	025—10	乾隆五十三年	刑律狱囚脱监并反狱在逃门	名例律犯罪自首门
14	090—04	乾隆五年	吏律滥设官吏门	户律欺隐田粮门
15	095—04	乾隆五年	户律任所置买田宅门	户律典买田宅
16	119—04	乾隆五年	户律转解官物门	户律收粮违限门
17	123—01	乾隆五年	名例律给没赃物门	户律虚出通关朱钞门
18	148—01	乾隆五年	户律盐法门	户律人户亏兑课程门
19	214—06	乾隆五年	兵律私出外境并违禁下海门	兵律私藏应禁军器门
20	220—02	乾隆五年	兵律私出外境并违禁下海门	兵律私越冒度关津门
21	225—12	乾隆三十二年	户律保持行市门	兵律私出外境并违禁下海门
22	242—03	乾隆五十三年	兵律递送公文门	兵律驿使稽程门
23	266—17	乾隆五十三年	名例律给没赃物门	刑律贼盗门
24	266—18	乾隆五十三年	名例律给没赃物门	刑律贼盗门
25	266—41	乾隆五十三年	名例律犯罪自首门	刑律贼盗门
26	270—06	乾隆五年	兵律宰杀马牛门	刑律盗马牛畜产门
27	271—03	乾隆五年	刑律窃盗门	刑律盗田野谷麦

---

① 乾隆五年《大清律例》卷首"凡例"记录的批评意见为"既以时代为先后，势必不能依类编辑"（《大清律例》卷首"凡例"，第28页），指出了法典编纂技术上存在的现实难题。

续表13

序号	编号	发生时间	移自	移至
28	281—14	乾隆五十三年	刑律发塚门	刑律起除刺字门
29	281—19	乾隆五十三年	刑律窃盗门	刑律起除刺字门
30	285—07	乾隆五十三年	刑律斗殴门	刑律杀死奸夫门
31	289—01	乾隆三十年	刑律不应为门	刑律造畜蛊毒杀人门
32	290—03	乾隆五年	刑律检验尸伤不以实门	刑律斗殴及故杀人门
33	292—12	乾隆四十八年	刑律误杀故杀过失杀伤人门（嘉庆十二年改回此门）	刑律斗殴及故杀人门
34	317—02	乾隆四十八年	刑律保辜限期门	刑律殴大功以下尊长门
35	332—01	乾隆五年	兵律冲突仪仗门	刑律越诉门
36	332—12	乾隆五年	刑律诬告门	刑律越诉门
37	336—18	乾隆五年	名例律常赦所不原门	刑律诬告门
38	336—19	乾隆五十三年	刑律强盗门	刑律诬告门
39	336—20	乾隆三十五年	刑律强盗门	刑律诬告门
40	336—21	乾隆五十三年	刑律恐吓取财门	刑律诬告门
41	344—03	乾隆四十八年	刑律恐吓取财门	刑律官吏受财门
42	366—09	乾隆四十二年	刑律威逼人致死门	刑律犯奸门
43	387—01	乾隆五年	刑律劫囚门	刑律应捕人追捕罪人门
44	390—17	乾隆五十三年	名例律犯罪事发在逃门	刑律徒流人逃门
45	394—02	乾隆五年	吏律官文书稽程门	刑律盗贼捕限门
46	394—03	乾隆五年	吏律官文书稽程门	刑律盗贼捕限门
47	394—04	乾隆五年	吏律官文书稽程门	刑律盗贼捕限门
48	397—02	乾隆五年	吏律官文书稽程门	刑律淹禁门
49	405—02	乾隆五年	吏律官文书稽程门	刑律依告状鞫狱门
50	405—03	乾隆五年	吏律官文书稽程门	刑律依告状鞫狱门
51	405—04	乾隆五年	吏律官文书稽程门	刑律依告状鞫狱门
52	411—18	乾隆四十二年	刑律稽留囚徒门	刑律有司决囚等第门
53	411—19	乾隆四十二年	刑律稽留囚徒门	刑律有司决囚等第门
54	411—20	乾隆四十二年	刑律稽留囚徒门	刑律有司决囚等第门

从表13看，乾隆朝例文"移门"现象既发生在名例、吏、户、礼、兵、刑各部类之间（如001—02、001—10、016—13），也发生于同一部类下的不同门之间（如001—09、004—02、095—04）。当然，"移门"也可能发生在不同类型的成文法律之间，如例文021—06原本在《督捕则例》中，乾隆三十七年将之移至《大清律例》的名例律徒流人又犯罪门。例文292—12则较特殊，其于乾隆四十八年自刑律误杀故杀过失杀伤人门被移至刑律斗殴及故杀人门，但在嘉庆十二年又被改回原来的门类。

从时间上看，乾隆五年发生"移门"的数量最多，共有30条例文。乾隆五十三年次之，有12条例文。乾隆四十二年、四十八年又次之，分别为5条和3条例文。乾隆三十年、三十二年、三十五年、三十七年处于最末，各有 1 条。尽管这四年例文"移门"频率不高，但时间上相当集中。而在乾隆五年和五十三年"移门"发生的频率较高，或许因为此前法律实践中遇到和积累的问题太多，不得不作如此改动。

其四，乾隆朝修例过程中"由注改例"或"由注生例"的记录最多。"由注改例"或"由注生例"，即将原本属于"小注"或"总注"的文字改成正式例文，或据小注文字，抽绎修改成新例文。《读例存疑》中有 15 条乾隆朝"由注改例"或"由注生例"的记录（表 14）。

表 14　《读例存疑》所见乾隆朝修例中"由注改例"或"由注生例"情况

序号	编号	律牌	概要
1	012—01	以理去官	此条系小注及律后总注，乾隆五年另纂为例
2	013—01	无官犯罪	此条系律后总注，乾隆五年另纂为例
3	022—03	老小废疾收赎	此条系律后总注，乾隆五年另纂为例
4	024—06	给没赃物	此条系律后总注，乾隆五年另纂为例
5	025—01	犯罪自首	此条系律内小注，乾隆五年另纂为例
6	045—09	徒流迁徙地方	此例原系 4 条，一系律后总注，乾隆五年另纂为例，专指流寓之人犯徒罪而言
7	282—05	谋杀人	此条系律后总注，乾隆五年另纂为例
8	285—07	杀死奸夫	此例原系 4 条，一系旧例总注，乾隆六年纂辑为例
9	287—07	杀一家三人	此例原系 2 条，一系律后总注，乾隆五年另纂为例
10	288—01	采生折割人	此条系律后总注，乾隆五年另纂为例，三十二年删定
11	290—04	斗殴及故杀人	此条系律后总注，乾隆五年另纂为例，四十二年改定
12	293—02	夫殴死有罪妻妾	此条系律后总注，乾隆五年另纂为例
13	312—04	威力制缚人	此条系律后总注，乾隆五年另纂为例
14	392—03	主守不觉失囚	此条系律后总注，乾隆五年另纂为例
15	420—01	妇人犯罪	此条系总注，可补律之所未备。乾隆五年，纂辑成例

通过表 14 可发现以下几点。（1）乾隆朝"由注改例"或"由注生例"的情况绝大多数发生于乾隆五年，只有 1 条发生于乾隆六年，此后再无"由注改例"或"由注生例"的情况发生。因此或可认为，乾隆朝是采用"由注改例"或"由注生例"修例方式的最后时期。（2）乾隆朝"由注改例"或"由注生例"的具体表现，基本是将原属于"律后总注"的内容"另纂为例"。原因在于，乾隆五年修律之际，除了摒弃雍正朝"原例"、"增例"、"钦定例"的分类外，还删除了顺、康以来的"律后总注"。但实际上，乾隆朝并非简单地将后者删除，而是把

"律后总注"中认为合理的内容进行修改吸收，进而提升为正式例文，纳入律例体系。因此，乾隆朝的"由注改例"或"由注生例"，与雍正或康熙朝相比，基本局限在据原来的"律后总注"制定的新例文。

其五，乾隆朝是清代新增定例最多的时期。结合薛允升给每条例文所作的"注语"，我们发现在《读例存疑》1904条例文中，共有762条属于乾隆朝的新增定例，占比40.0%（表15）。

表15 《读例存疑》所见乾隆朝新增定例情况

部类名称	门类	数量	合计	部类名称	门类	数量	合计
名例律	名例律上	48	100	刑律	贼盗上	29	466
	名例律下	52			贼盗中	58	
吏律	职制	7	20		贼盗下	42	
	公式	13			人命	60	
户律	户役	26	108		斗殴上	16	
	田宅	21			斗殴下	38	
	婚姻	10			骂詈	0	
	仓库上	11			诉讼	29	
	仓库下	19			受赃	9	
	课程	10			诈伪	11	
	钱债	5			犯奸	11	
	市廛	6			杂犯	13	
礼律	祭祀	2	8		捕亡	61	
	仪制	6			断狱上	17	
兵律	宫卫	3	53		断狱下	72	
	军政	12		工律	营造	5	7
	关津	28			河防	2	
	厩牧	3		总计		762	
	邮驿	7					

由表15可见：（1）乾隆朝新增定例在50条以上者共有5个门类：名例律下（52条）、贼盗中（58条）、人命（60条）、捕亡（61条）、断狱下（72条）；（2）新增定例20—50条者涉及8大门类：名例律上（48条）、户役（26条）、田宅（21条）、关津（28条）、贼盗上（29条）、贼盗下（42条）、斗殴下（38条）、诉讼（29条）。若将"贼盗上"和"贼盗下"合并，计有71条例文，比数量最多的"断狱下"稍逊1条而已。（3）其余23个门类新增定例，皆在20条以下，其中，

"骂詈"无新增定例。

上述 762 条乾隆朝新增定例，是按《读例存疑》正式收录的例文数量统计得出的结果。正如前文所言，清代发生大量的例文分合变异现象，进一步统计发现：在薛允升的例文"注语"下业经提及却没有被完整收录的乾隆朝定例，至少还有 107 条。参照前面的做法，我们称之为"修正增加值"，而将此"修正增加值"与前者相加，共 869 条例文。也就是说，乾隆朝新增定例至少在 869 条以上，规模超过清代其他任何一位皇帝在位时期，可谓荦荦大观。

不仅如此，乾隆朝也是清代例文确定数量最多的时期。笔者此前曾对不同时期例文确定化数量进行统计（图 2）。

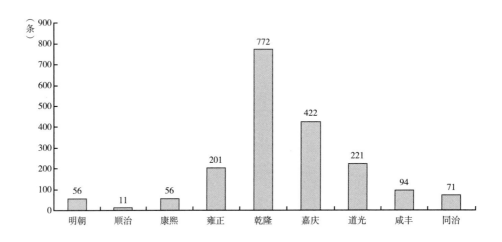

图 2　清朝不同时期例文确定数量统计

据图 2 可知以下两点。（1）雍正朝以前例文确定化的数量明显低于雍正朝及之后各朝。（2）雍正、乾隆、嘉庆、道光四朝，例文确定化规模较大，且较集中。其中以乾隆朝最突出，确定数达 772 条，占全部 1904 条例文的 40.5%。乾隆朝例文确定比例如此之高，与当时同样数量庞大的新增定例和大量修订前朝例文息息相关。总之，乾隆朝例文演变繁剧而突出，创下诸多纪录，可称清代法律演进史上的一个高峰。

（五）嘉庆朝

嘉庆朝在法律方面的表现可圈可点，例文的演进和变革也很出人意表。

首先，据《读例存疑》统计，嘉庆朝共修改了 54 条源自明代的条例，并使其中 46 条实现了文本的确定化，例文确定化比率为 85.2%，居各朝之冠。其中，例文 175—11 原系明代《问刑条例》，历顺治、康熙、雍正、乾隆四朝基本无任何更动，直到嘉庆十四年才得到修改，并获得确定形式。

其次，嘉庆朝对乾隆朝定例修改的数量巨大，在嘉庆、道光、咸丰、同治四朝中同样居首位。《读例存疑》收录的 1904 条例文中，至少 294 条乾隆朝新增定例在嘉庆朝经过修订，其中 239 条例文实现文本形式的确定化，约占前者的 81.3%。另外，如前所述，该书关于乾隆朝新增定例的记录实际为 869（762 + 107）条，以294 条例文修改记录与之相较，大约 33.8% 的乾隆朝新增定例在嘉庆朝被修订。若以嘉庆朝例文确定化总数（422 条）衡之，经修改后实现确定化的 239 条例文占前者的 56.6%。由此可知，经过嘉庆朝修订的乾隆定例，成为该朝例文确定化的绝对主力。不仅如此，这 239 条例文更是占全书例文总数的 12.6%。一言以蔽之，嘉庆朝对于前朝例文的修改规模和例文确定化比率十分突出。

再次，嘉庆朝修例中的例文"移门"现象也相当突出。据《读例存疑》统计，共有 24 条例文发生过"移门"（表 16）。

表 16　《读例存疑》所见嘉庆朝修例中的"移门"情况

序号	编号	发生时间	移自	移至
1	001—14	嘉庆六年	名例律工乐户及妇人犯罪门	名例律除名当差门
2	006—05	嘉庆六年	刑律辩明冤枉门	名例律职官有犯
3	016—09	嘉庆六年	名例律徒流人又犯罪门	名例律常赦所不原门
4	016—10	嘉庆六年	刑律监守自盗门	名例律常赦所不原门
5	016—13	嘉庆六年	名例律文武官犯私罪门	名例律常赦所不原门
6	045—07	嘉庆六年	名例律流囚家属门	名例律徒流迁徙地方门
7	045—16	嘉庆六年	刑律断罪不当门	名例律徒流迁徙地方门
8	112—05	嘉庆六年	刑律白昼抢夺门	户律强占良家妻女门
9	178—01	嘉庆六年	刑律禁止师诬邪术门	礼律术士妄言祸福门
10	266—29	嘉庆六年	刑律窃盗门	刑律强盗门
11	266—30	嘉庆六年	刑律窃盗门	刑律强盗门
12	277—01	嘉庆六年	刑律捕亡门	刑律夜无故入人家门
13	277—02	嘉庆六年	刑律捕亡门	刑律夜无故入人家门
14	277—03	嘉庆六年	刑律捕亡门	刑律夜无故入人家门
15	285—22	嘉庆十四年	刑律斗殴及故杀人门	刑律杀死奸夫门
16	297—01	嘉庆五年	礼律禁止师巫邪术门	刑律庸医杀伤人门
17	315—03	嘉庆三年	刑律过失杀门	刑律妻妾殴夫门
18	317—02	嘉庆九年	刑律殴期亲尊长门	刑律殴大功以下尊长门
19	317—11	嘉庆六年	刑律殴期亲尊长门	刑律殴大功以下尊长门

续表 16

序号	编号	发生时间	移自	移至
20	317—12	嘉庆六年	刑律殴期亲尊长门	刑律殴大功以下尊长门
21	336—17	嘉庆六年	名例律常赦所不原门	刑律诬告门
22	348—02	嘉庆十九年	名例律称与同罪门	刑律有事以财请求门
23	391—04	嘉庆十四年	兵律公事应行稽程门	刑律稽留囚徒
24	396—06	嘉庆十五年	刑律决罚不如法门	刑律故禁故勘平人门

乍看之下，嘉庆朝的例文"移门"与乾隆朝没有太大差别，只是数量少了很多——乾隆朝有 54 例，嘉庆朝仅 24 例。但有两点值得注意：其一，嘉庆朝修例过程中发生的"移门"现象，虽然不是清代例文演变历史中的最后一次，数量却依旧可观，至少在《读例存疑》中，我们没有发现道光、咸丰、同治三朝再有超过此数之记录；其二，乾隆朝修例过程中曾将《督捕则例》的内容纳入《大清律例》，但嘉庆朝修例基本局限于清律例文内部的门类移动。据此或可认为，嘉庆朝与乾隆朝相比，例文修订工作的开放性已不复存在。

最后，嘉庆朝新定条例的数量规模亦颇可观。谨将《读例存疑》中收载嘉庆朝新增定例进行分类统计，制成表 17。

表 17 《读例存疑》所见嘉庆朝新增定例情况

部类名称	门类	数量	合计	部类名称	门类	数量	合计
名例律	名例律上	14	28		贼盗上	12	
	名例律下	14			贼盗中	9	
吏律	职制	0	3		贼盗下	24	
	公式	3			人命	36	
户律	户役	3	14		斗殴上	5	
	田宅	3			斗殴下	8	
	婚姻	2			骂詈	0	
	仓库上	1		刑律	诉讼	16	143
	仓库下	2			受赃	1	
	课程	1			诈伪	2	
	钱债	1			犯奸	3	
	市廛	1			杂犯	4	
礼律	祭祀	2	3		捕亡	10	
	仪制	1			断狱上	1	
兵律	宫卫	4	7		断狱下	12	
	军政	1		工律	营造	0	0
	关津	1			河防	0	
	厩牧	0		总计			198
	邮驿	1					

经过进一步统计分析，嘉庆朝新定条例 198 条，其中 157 条例文在本朝颁布后（或经本朝修订），并获得确定的例文形式。这 157 条例文与此前经嘉庆朝修改确定的 239 条例文合并计算，共 396 条，不仅在嘉庆朝所有确定化例文中占 93.8%（396/422），更占《读例存疑》例文总数的 20.8%。可以说，嘉庆朝律例演变的宏大规模和广泛程度，足以给后人留下深刻的印象。

反观表 17，我们很容易发现，嘉庆朝新增定例的门类分布很不均衡。其中，刑律诸门新增定条例（143 条）所占比重很大，达 72.2%，其他门类例文的比重很小。之所以如此，一方面与刑律长期在《大清律例》中占据较大比重有关；另一方面，或可据此推测嘉庆时期已出现若干不稳定迹象，社会矛盾逐渐激化，导致不得不加大刑律部分立法，以进行针对性的惩治。

（六）道光朝

因为鸦片战争的发生，道光朝一般被视为中国近代史的开端，但绝不能就此割裂道光朝与之前成文法律演变的历史。因为一方面，清朝正式改弦更张，放弃固有法律体系，自上而下地进行成文法律改革，是 20 世纪第一个 10 年才发生的事，距鸦片战争至少还有一甲子的时间；另一方面，道光、咸丰、同治三朝法律演变的主要内容和基本形式，仍在固有轨道上循序进行，有较强的传统法律文化色彩。故而，与其将道光朝的法律历史视为中国法律近代化的起点，不如仍将之归于中国古代法律演变的范畴。另外，道光皇帝在位 30 年，在鸦片战争发生前有 20 年的统治时间，仅以最后 10 年发生的一些事件来给整个时代贴上"近代化"标签，似乎也不太合理。

言归正传。前面谈到，道光朝对清律中所沿袭的明代条例进行了最后一次修改。这唯一的记录便是例文 282—01，《读例存疑》记为：

> 一、凡勘问谋杀人犯，果有诡计阴谋者，方以造意论斩。下手助殴者，方以加功论绞。谋而已行，人赃见获者，方与强盗同辟。毋得据一言为造谋，指助势为加功，坐虚赃为得财，一概拟死，致伤多命。（亦不得以被逼

勉从，及尚未成伤，将加功之犯率行量减）①

据薛允升言，此条原系明万历十五年（1587）刑部题准定例，道光五年（1825）改定。该条按语称："例末数语，原例所无。查是年奏准各案，均因例文太重，防其失入起见。如盗贼窝主、因奸威逼等类，与此条例意正自相符。后添入被逼勉从一层，又似恐其失出而设，大非原定此例之意。"由此推测，"亦不得以被逼勉从，及尚未成伤，将加功之犯率行量减"，应该就是道光五年新加的内容。

道光年间所修改的前朝旧例，除上述唯一一条明例外，还有相当数量的康熙、雍正、乾隆、嘉庆四朝积累下来的条例。在《读例存疑》中并未发现道光朝直接修改顺治朝旧例的记录。道光朝所修例文中，最早始于康熙朝，仅1条。其中规模较大的旧例修订，针对的是乾隆、嘉庆二朝例文。统计发现，至少有51条乾隆朝例文和78条嘉庆朝例文在道光朝被修改，分别有48条和62条例文实现了形式的确定化。这样的修例规模与雍正、乾隆、嘉庆三朝相比或许有些微不足道，但与咸丰、同治二朝相比，则又远远过之。

在修改前朝旧例过程中，道光朝也发生不少条例"移门"现象，《读例存疑》所记就有7条。具体如表18所示。

表18　《读例存疑》所见道光朝修例"移门"情况

序号	编号	发生时间	移自	移至
1	006—06	道光二十五年	名例律犯罪免发遣门	名例律职官有犯门
2	150—02	道光二十三年	刑律失火门	户律费用受寄财产门
3	267—04	道光十四年	刑律捕亡门	刑律劫囚门
4	269—30	道光二十四年	刑律恐吓取财门	刑律窃盗门
5	319—12	道光二十三年	刑律过失杀门	刑律殴祖父母父母门
6	336—24	道光十二年	刑律人命门	刑律诬告门
7	388—14	道光八年	刑律杀死奸夫门	刑律罪人拒捕门

---

① 原文无括号，为笔者所加。

这 7 条 "移门" 记录比嘉庆朝少很多。并且，这是《读例存疑》中最后一次关于 "移门" 的记录。

道光朝新定的例文数量也不少，计有 117 条，分类统计如表 19 所示。

表 19　《读例存疑》所见道光朝新定例文分类情况

部类名称	门类	数量	合计	部类名称	门类	数量	合计
名例律	名例律上	8	12		贼盗上	7	
	名例律下	4			贼盗中	6	
吏律	职制	0	2		贼盗下	21	
	公式	2			人命	11	
户律	户役	1	10		斗殴上	4	
	田宅	1			斗殴下	6	
	婚姻	2			骂詈	0	
	仓库上	0		刑律	诉讼	5	82
	仓库下	2			受赃	1	
	课程	2			诈伪	0	
	钱债	1			犯奸	0	
	市廛	1			杂犯	1	
礼律	祭祀	0	0		捕亡	9	
	仪制	0			断狱上	2	
兵律	宫卫	0	11		断狱下	9	
	军政	2		工律	营造	0	0
	关津	9			河防	0	
	厩牧	0		总计		117	
	邮驿	0					

由表 19 可知，刑律在道光朝新定例文中占绝大比重（70.1%）；且 "贼盗" 部分达 34 条。这与嘉庆朝新增定例的整体分布趋势相似。另外，有 95 条新定例文随即获得确定的文本形式，比率高达 81.2%。

我们希望通过对道光朝修例记录的逐年统计分析，了解道光二十年前后例文修订的整体差异。这里所说的 "修例记录" 既包括修订旧例、制定新例，也包括其他一般性的例文修订。只要当年存在对某一例文的修订，即视为 1 次记录。具体见表 20。

表20 《读例存疑》所见道光朝各年修例频次情况

时间（公元纪年）	频次	时间（公元纪年）	频次
1821	7	1836	9
1822	23	1837	5
1823	10	1838	2
1824	22	1839	15
1825	19	1840	3
1826	28	1841	2
1827	16	1842	1
1828	11	1843	10
1829	7	1844	3
1830	14	1845	40
1831	3	1846	2
1832	29	1847	2
1833	9	1848	2
1834	27	1849	3
1835	2	1850	2

通过表20可知，道光朝基本上每年都有例文修订。若以道光二十年为分界，前20年修例总计261次，平均每年13.05次。此后10年中，除了道光二十五年特别突出，达到40次，创下道光朝修例纪录外，大多数年份的修例频次很低。此时期修例总计67次，每年为6.7次，大致为前20年的50%。所以，从道光二十年前后的修例频次来看，鸦片战争后道光朝例文演变的程度远不及前面20年。

另外，我们对道光二十五年的修例记录作进一步分析。该年修订的40条例文分别归属于4个部类（表21）。

表21 《读例存疑》所见道光朝修例门类情况

部类	编号	数量
名例律	006—06,021—05,021—07,045—25,045—42	5
户律	137—13	1
兵律	184—02,217—01	2
刑律	266—33,266—35,266—39,268—23,268—24,269—29,271—10,271—22,273—15,273—17,273—18,273—19,273—20,278—19,278—22,278—24,285—36,292—21,302—09,302—10,302—11,302—12,318—12,366—12,388—11,388—15,388—16,389—09,390—14,390—20,390—25,390—26	32

很明显，其中以刑律例文最多，名例律次之，兵律和户律又次之。进一步检索刑律各条例所处之门类，发现这32条刑律例文中，又以强盗、白昼抢夺、恐吓取财、盗贼窝主、斗殴、罪人拒捕、徒流人逃等暴力犯罪居多。这部分反映出，道光二十年后基层社会暴力犯罪不断增加，社会矛盾日益激化。

（七）咸丰、同治两朝

本文将咸丰、同治二朝放在一起讨论的主要原因是：咸丰、同治二朝虽已日益接近中国法律近代化的历史岔路口，但以例文为主要内容的王朝法律演变，基本仍一以贯之地遵循固有路径不断推进，反映出中国传统法律具有相当的兼容性和生命力。此外，还有一个直接原因是，与之前六朝相比，《读例存疑》中关于咸丰和同治二朝法律演变的历史记录有限。出于结构均衡的角度考虑，笔者才作如此处理。

首先，咸丰、同治二朝对此前各朝条例的修改规模明显缩小。据《读例存疑》统计，咸丰朝直接在此前各朝例文基础上进行修改的记录分别为：康熙朝1条，乾隆朝13条，嘉庆朝19条，道光朝22条。可见例文产生时间上越接近咸丰朝，被修改的越多。同治朝对此前各朝例文的修改记录为：雍正朝2条，乾隆朝4条，嘉庆朝16条，道光朝19条，咸丰朝7条。薛允升称曾亲自参与同治九年"最后一次"修例，但这寥寥数条记录无法说明太多趋向性问题，因为旧体系之下的例文演变动力明显不足。

与之相应，咸丰、同治二朝例文确定化比率达历史最高。据统计，咸丰朝新定例文43条，其中绝大部分例文被制定出来即实现了形式的确定化。其中，仅有1条例文（214—05）至同治朝才得以确定。同治朝定例24条，全部实现例文形式的确定化。这种极高的例文确定化比率，一方面由于例文经历200余年的增删改补，本身即趋于稳定；另一方面或因《读例存疑》没有记录同治九年后的例文变化情况。

其次，从咸丰、同治二朝新定例文所属的门类来看，多以打击严重刑事犯罪为主要目标。表22是咸丰朝新增定例的分类统计结果。

表 22 《读例存疑》所见咸丰朝新增定例分类情况

部类	编号	数量
名例律	021—13,024—20,045—43,045—44	4
吏律	052—08	1
户律	118—04,146—03,146—04,146—05,146—06,146—07	6
礼律	162—08	1
兵律	207—04,207—05,214—05,214—10	4
刑律	255—09,266—36,266—43,266—44,268—25,268—26,268—27,269—32,273—23,274—10,274—11,274—12,274—13,276—11,290—20,292—16,302—14,317—13,317—14,317—15,318—13,359—11,359—12,390—27,396—07,411—61,422—06	27
合计	—	43

由表 22 可知，在咸丰朝 43 条新增定例中有 27 条入于刑律，占有很高比重（62.8%）。进而分析各条例所属律牌，可得表 23。

表 23 《读例存疑》所见咸丰朝新增定例所属律牌情况

序号	编号	律牌	序号	编号	律牌
1	021—13	021 徒流人又犯罪	23	268—27	268 白昼抢夺
2	024—20	024 给没赃物	24	269—32	269 窃盗
3	045—43	045 徒流迁徙地方	25	273—23	273 恐吓取财
4	045—44	045 徒流迁徙地方	26	274—10	274 诈欺官私取财
5	052—08	052 贡举非其人	27	274—11	274 诈欺官私取财
6	118—04	118 钱法	28	274—12	274 诈欺官私取财
7	146—03	146 匿税	29	274—13	274 诈欺官私取财
8	146—04	146 匿税	30	276—11	276 发冢
9	146—05	146 匿税	31	290—20	290 斗殴及故杀人
10	146—06	146 匿税	32	292—16	292 戏杀误杀过失杀伤人
11	146—07	146 匿税	33	302—14	302 斗殴
12	162—08	162 禁止师巫邪术	34	317—13	317 殴大功以下尊长
13	207—04	207 主将不固守	35	317—14	317 殴大功以下尊长
14	207—05	207 主将不固守	36	317—15	317 殴大功以下尊长
15	214—05	214 私藏应禁军器	37	318—13	318 殴期亲尊长
16	214—10	214 私藏应禁军器	38	359—11	359 私铸铜钱
17	255—09	255 谋叛	39	359—12	359 私铸铜钱
18	266—36	266 强盗	40	390—27	390 徒流人逃
19	266—43	266 强盗	41	396—07	396 故禁故勘平人
20	266—44	266 强盗	42	411—61	411 有司决囚等第
21	268—25	268 白昼抢夺	43	422—06	422 断罪不当
22	268—26	268 白昼抢夺			

在表23中，除刑律一如既往地占有较大比重，用来重点惩创强盗、白昼抢夺、斗殴、徒流人逃等刑事犯罪外，关于匿税、诈欺官私取财、私铸铜钱等涉及经济方面的犯罪条款同样引人注目。这也昭示着，咸丰朝的财政状况出现严重问题，必须通过法律措施进行补救。

同治朝新增例文的情况，与咸丰朝类似。按通说，同治九年清政府最后一次正式组织大规模修例，但对此前各朝例文的修改极为有限，新增的例文数也不多。具体见表24。

表24 《读例存疑》所见同治朝新增例文情况

序号	编号	所属律牌	部类
1	020—05	020 工乐户及妇人犯罪	名例律上
2	045—47	045 徒流迁徙地方	名例律下
3	045—48	045 徒流迁徙地方	名例律下
4	045—49	045 徒流迁徙地方	名例律下
5	137—22	137 转解官物	户律仓库下
6	137—23	137 转解官物	户律仓库下
7	141—25	141 盐法	户律课程
8	207—06	207 主将不固守	兵律军政
9	207—07	207 主将不固守	兵律军政
10	260—03	260 盗内府财物	刑律贼盗上
11	264—07	264 监守自盗仓库钱粮	刑律贼盗上
12	265—04	265 常人盗仓库钱粮	刑律贼盗上
13	266—37	266 强盗	刑律贼盗上
14	266—45	266 强盗	刑律贼盗上
15	273—24	273 恐吓取财	刑律贼盗下
16	275—18	273 恐吓取财	刑律贼盗下
17	281—20	281 起除刺字	刑律贼盗下
18	282—10	282 谋杀人	刑律人命
19	323—04	323 父祖被殴	刑律斗殴下
20	359—10	359 私铸铜钱	刑律诈伪
21	378—17	378 赌博	刑律杂犯
22	387—11	387 应捕人追捕罪人	刑律捕亡
23	392—12	392 主守不觉失囚	刑律捕亡
24	398—14	398 陵(凌)虐罪囚	刑律断狱

据表 24 可知，同治朝新增例文共 24 条。与咸丰朝相似，大多数属于刑律（15
条，占 62.5%）。但比咸丰朝略显极端的是，这些例文数量太过有限，仅涉及
《大清律例》7 大门类中的 4 类：名例律、户律、兵律、刑律。

最后，需要追问的是：同治九年后，清代例文是否还有进一步的演变？演
变的趋势又如何呢？对于这些问题，此前大多数研究者笃信《清史稿》及薛
允升、沈家本等的笼统说辞，认为同治九年是清廷最后一次组织修律，此后，
清律（包括例文在内）再无任何变化。但事实并非如此，试举两例。

第一个例证前曾言及，在《读例存疑》成书之际，虽然 117—02、225—01、
225—15、225—28 这 4 条例文被正式收录其中，但它们在光绪元年经沈葆桢建
议，实际上已被废止。此事在《沈文肃公政书》《光绪朝上谕档》《光绪朝东华
录》中均有详细记录，谨将大致经过梳理如下。同治十三年春夏之交台湾发生
"牡丹社事件"，引发中日冲突，清政府派船政大臣沈葆桢赴台进行剿抚交涉。待
乱事基本平定后，同年十二月初五日（1875 年 1 月 12 日）沈葆桢领衔向朝廷上
奏，主张为尽快开垦"台地后山"，应将旧有禁令废除。[1] 还在奏折中列举 4 条
不合时宜的禁令，即上述 4 条例文。光绪元年正月初十日（1875 年 2 月 15 日）
内阁接上谕：

> 沈葆桢等奏台湾后山亟须耕垦，请开旧禁一折。福建台湾全岛自隶版图
> 以来，因后山各蕃社习俗异宜，曾禁内地民人渡台，及私入蕃境，以杜滋生
> 事端。现经沈葆桢等将后山地面设法开辟，旷土亟须招垦。一切规制，自宜
> 因时变通。所有从前不准内地民人渡台各例禁，著悉与开除。其贩卖铁竹两
> 项，并著一律弛禁，以广招徕。该部知道。钦此。[2]

这不仅印证了薛允升在《读例存疑》中的说法，上述 4 条例文的确在沈葆桢

① 吴元炳辑：《沈文肃公（葆桢）政书》卷 5《台地后山请开旧禁折》，沈云龙主编：《近
代中国史料丛刊初编》第 6 辑，台北：文海出版社，1973 年，第 901—906 页。
② 中国第一历史档案馆编：《光绪朝上谕档》，桂林：广西师范大学出版社，2008 年，第 1
册，第 9 页；朱寿鹏编：《光绪朝东华录》，北京：中华书局，2016 年，第 1 册，光绪元
年正月戊申，第 21 页。

的建议下得到最高统治者允准成为"具文";更说明同治九年后的例文演变并没有停止,而是以其他并不常见的方式推进。① 在同治九年至清末正式进行法律改革前的30多年里,应该还有与之类似或其他类型的演变方式。

第二个例证见于《大清律例会通新纂》中。该书又名《大清律例刑案新纂集成》,其扉页上有这样一段说明文字:

> 钦遵世宗宪皇帝御制《律例集解》原本,敬谨全录。其条例遵照同治十二年部颁纂修新例,修改、续纂、删除,按门挨次修辑,暨历年钦奉上谕、各省咨请、部示通行刑案、近年新例、历奉恩赦条款、六部处分及诸家注说,凡有关谳狱衙门,动辄引用者,悉行采辑,仍以比引律条、秋审条款、洗冤录、督捕则例附后。较对无讹,共成全帙。每部发价银陆两肆钱。②

其中的"同治十二年部颁纂修新例",足以说明同治九年后,新的例文仍在不断产生,并经刑部颁发,在司法实践中得到应用。

此外,《大清律例会通新纂》所收每条例文末尾,往往以小字标识出该条例文产生或修改的具体年份。我们将这些信息与《读例存疑》进行比对,发现这两部书对于某些例文生成演变的记录存在诸多差异。尤其在《大清律例会通新纂》中,有98条例文末尾明确带有"同治十二年"的字样。谨将之逐条检索,并与《读例存疑》进行对比,得到表25。

---

① 此前笔者曾在顺天府宝坻档案第54盒中发现两种刑部刊发的单行条例:其一为《刑部议定嗣后杀人正凶分别例减新例》,其二为《刑部议定嗣后妻殴翁姑经夫擅杀其妻以亲伤痕并亲告为断新例》。两者皆正式刊印,并在封面上粘签署名,从形制上看,应为刑部颁发至顺天府宝坻县的下行公文;从时间上看,两者皆道光年间所刻。由此我们有理由相信,在《大清律例》之外,此类单行条例应该不时地被制定和颁布,有些单行条例可能有机会成为正式的条例,有些则可能像某些"通行章程"一样,在通行若干年后面临被废除的命运。

② 姚雨芍原纂,胡仰山增辑:《大清律例会通新纂》,沈云龙主编:《近代中国史料丛刊三编》第22辑,扉页。

表 25　　《大清律例会通新纂》《读例存疑》所见同治朝修订例文对比情况

序号	编号	《大清律例会通新纂》	《读例存疑》
1	018—16	同治十二年修改	同治九年改定
2	020—05	同治十二年续纂	同治七年定例
3	024—20	同治十二年续纂	咸丰十年定例
4	045—47	同治十二年续纂	同治九年纂定
5	045—48	同治十二年续纂	同治九年纂定
6	045—49	同治十二年续纂	同治九年纂定
7	052—08	同治十二年续纂	咸丰九年定例
8	118—04	同治十二年续纂	咸丰三年定例
9	123—21	同治十二年修改	同治九年改定
10	123—22	同治十二年续纂	同治七年定例
11	123—23	同治十二年续纂	同治七年定例
12	131—25	同治十二年续纂	同治六年定例
13	146—03	同治十二年续纂	咸丰五年定例
14	146—04	同治九年续纂	咸丰五年定例
15	146—05	同治十二年续纂	咸丰五年定例
16	146—06	同治十二年续纂	咸丰五年定例
17	146—07	同治十二年续纂	咸丰九年定例
18	162—08	同治十二年续纂	同治元年定例
19	207—04	同治十二年续纂	咸丰三年定例
20	207—05	同治十二年续纂	咸丰三年定例
21	207—06	同治十二年续纂	咸丰三年定例
22	207—07	同治十二年续纂	咸丰三年定例
23	214—05	同治十二年续纂	同治九年添纂
24	214—06	同治十二年修改	同治九年改定
25	214—10	同治十二年续纂	咸丰五年定例
26	217—01	同治十二年续纂	同治九年改定
27	225—41	同治十二年续纂	同治九年改定
28	225—42	同治十二年续纂	同治九年改定
29	225—43	同治十二年续纂	同治九年改定
30	225—44	同治十二年续纂	同治九年改定
31	260—03	同治十二年续纂	同治元年定例
32	264—07	同治十二年续纂①	同治九年定例
33	265—04	同治十二年续纂	同治七年定例
34	266—37	同治十二年续纂	同治五年定例
35	266—38	同治十二年修改	咸丰五年改定
36	266—39	同治十二年修改	咸丰三年增定

① 原书仅作"同治续"，据该书行文，应为"同治十二年续纂"之误。

续表 25

序号	编号	《大清律例会通新纂》	《读例存疑》
37	266—41	同治十二年修改	同治九年改定
38	266—43	同治十二年续纂	咸丰二年定例
39	266—44	同治十二年续纂	咸丰二年定例
40	266—45	同治十二年续纂	同治九年定例
41	266—46	同治十二年修改	同治九年改定
42	266—47	同治十二年修改	同治九年改定
43	266—49	同治十二年修改	同治九年改定
44	268—14	同治十二年修改	同治九年改定
45	268—15	同治十二年修改	同治九年改定
46	268—22	同治十二年修改	咸丰三年改定
47	268—26	同治十二年续纂	咸丰九年定例
48	268—27	同治十二年续纂	咸丰十一年定例
49	269—31	同治十二年修改	同治九年改定
50	273—17	同治十二年修改	同治九年改定
51	273—18	同治十二年修改	咸丰三年改定
52	273—19	同治十二年修改	咸丰三年改定
53	273—21	同治十二年修改	同治三年改定
54	273—23	同治十二年续纂	咸丰三年定例
55	273—24	同治十二年续纂	同治二年定例
56	274—08	同治十二年修改	同治九年改定
57	274—10	同治十二年续纂	咸丰九年定例
58	274—11	同治十二年续纂	咸丰九年定例
59	274—12	同治十二年续纂	咸丰九年定例
60	274—13	同治十二年续纂	咸丰七年定例
61	275—02	同治十二年修改	咸丰八年改定
62	275—18	同治十二年续纂	同治三年定例
63	276—12	同治十二年修改	同治九年改定
64	276—13	同治十二年修改	同治九年改定
65	276—18	同治十二年修改	同治九年改定
66	276—21	同治十二年修改	同治九年改定
67	278—20	同治十二年修改	同治九年改定
68	278—21	同治十二年修改	同治九年改定
69	278—22	同治十二年修改	道光二十五年定例
70	278—23	同治十二年修改	同治九年改定
71	278—24	同治十二年修改	同治九年改定
72	278—25	同治十二年修改	同治九年改定
73	279—01	同治十二年修改	同治九年改定
74	281—20	同治十二年续纂	同治元年定例

续表 25

序号	编号	《大清律例会通新纂》	《读例存疑》
75	282—10	同治十二年续纂	同治九年改定
76	290—20	同治十二年续纂	咸丰十年定例
77	292—20	同治十二年修改	同治九年改定
78	292—21	同治十二年修改	同治九年改定
79	292—22	同治十二年修改	同治九年改定
80	302—14	同治十二年续纂	咸丰九年改定
81	317—04	同治十二年修改	同治九年改定
82	317—13	同治十二年续纂	咸丰七年改定
83	317—14	同治十二年续纂	咸丰八年改定
84	317—15	同治十二年续纂	咸丰九年改定
85	318—11	同治十二年移改	同治九年改定
86	323—04	同治十二年续纂	同治九年定例
87	344—03	同治十二年修改	咸丰五年改定
88	359—10	同治十二年续纂	同治九年改定
89	359—11	同治十二年续纂	咸丰八年定例
90	359—12	同治十二年续纂	咸丰六年定例
91	387—11	同治十二年续纂	同治四年定例
92	388—11	同治十二年续纂	同治九年改定
93	390—27	同治十二年续纂	咸丰五年定例
94	392—12	同治十二年续纂	同治九年定例
95	396—07	同治十二年续纂	咸丰五年定例
96	397—03	同治十二年续纂	道光十三年定例
97	398—14	同治十二年续纂	同治二年定例
98	411—59	同治十二年修改	同治九年改定

表 25 中的 98 条例文留给研究者不少难题。如果我们在《大清律例会通新纂》中仅仅发现数例或十数例与《读例存疑》不同的时间标识，都有可能怀疑它们是排印活字过程中造成的讹误，而仍认为薛允升在《读例存疑》给出的说法是"不刊之论"。但两书记录之歧异竟如此之多，迫使我们不得不换个角度思考其中的问题。

很明显，"同治十二年续纂"或"同治十二年修改"之类的修例行为，应该是真实发生过的。但为什么薛允升在《读例存疑》中谈到了光绪元年沈葆桢奏删 4 条例文，却对同治十二年的修例只字未提呢？以薛允升在刑部多年任职的经历，他不可能对此次修例活动毫无闻见。笔者推测，薛允升或许认为同治十二年这次修例活动对例文并没有重大修改或者变动，没必要特别提及。但这仅是猜测，对同治十二年修例的真实历史，尚需进一步的探佚和更多的求证。不管怎样，这些记录足以提醒我们，在利用《读例存疑》时还应保持怀疑和批判精神。

四、"世变"：清代律例演变的日暮穷途

《读例存疑》虽在薛允升人生的最后阶段完成，但在其故去后，由昔日的刑部门生故吏分工合作、编校出版，为晚清法律改革初期的修律大臣沈家本等人的修律工作指明了方向。该书成书过程反映出，在晚清法律改革正式开启前（即大规模移植西方法律文化前），以薛允升为首的刑部法律专家们不仅对清代律例条文演变进行了最为全面的梳理，更在严格遵循注释律学传统的基础上，为不断追求王朝法律体系的完整性、专业性和修律工作的科学性，对清代成文法典中最为核心的律文和例文作了系统研究和批判。

笔者在研读《读例存疑》过程中发现，薛允升绝非仅为记录自己律学方面的卓越成就而撰写该书，他更想通过这部律学作品记录下他对法律、社会和人生的见闻与感悟。

"观世变"多次出现在薛允升《读例存疑》按语中，① 我们至少可以在 4 处段落中找到它的身影。例如，他在例文 273—24 按语中云："例文愈多，愈不能画一，然亦可以观世变矣。"通过新近在北京和东京发现的《读例存疑》部分稿本，我们大致可以判断，带有"观世变"的相应段落，是薛允升在最后一次对《读例存疑》进行修改定稿过程中亲笔手写附加上去的。这些文字尽管有限，但蕴含着一位年近八旬的资深法律专家对周遭的领会与感悟。

在薛允升笔下，"世变"有时是一种社会经济变迁。例如，他在例文 141—

---

① 值得注意的是，薛允升生前所处的时代并未正式开启以西方为模范的法律改革，因而其在撰著《读例存疑》过程中，观念上仍局限于传统成文法律范畴，并主要着眼于以《大清律例》为核心的王朝成文法律，并不涉及西方法律内容。同样，尽管不能说薛允升在律学研究过程中对于满汉法律差异问题毫无关注，但与修改律例条文面临的大量技术性问题相比，显然这不是他关注的重点。就像法律改革初期的沈家本一样，其实也无法奢望其生前可以做到从后世流行的法律平等主义或民族平等主义出发，对满汉同罪不同罚的问题进行公开批评。

25 按语中指出，"古来盐铁并重，自汉以后，皆设官以经理其事。《明律》犯徒罪者，亦有煎盐、炒铁之令，乃有盐法而无铁政，盐设官而铁则否，未知其故。近来讲究铁政者，遂纷纷而起，亦可以观世变矣"。晚清铁政纷起，属于新的社会现象，意味着以钢铁制造为基础的工业开始兴起。

但薛允升毕竟为法律专家，《读例存疑》中记录的多为他对法律变迁的感想和专业意见。比如他在例文 140—07 的按语中提及，户律"仓库上"和"仓库下"前后两册所载各条例，康熙、雍正年间纂定者居多，乾隆时期次之，嘉庆朝以后则寥寥无几。"库款仓储，国用民命攸关，最为紧要。前则力加整顿，后乃一味因循，法令俱成具文，此亦可以观世变矣。"此中律例条文的数量变化，不仅能反映彼时国家立法的成就和规模，更体现出政府在相关领域的政策和态度。所谓"前则力加整顿，后乃一味因循，法令俱成具文"告诉我们，嘉庆以后国家财政经济日益出现严重问题，以致相关法令沦为具文。

再者，在薛允升看来，不同时期条例编纂的风格，不仅能反映国家法律政策的演变趋向，甚至会给当下的成文法律造成难以预料的影响。他在例文 269—32 的按语中指出："乾隆年间，添纂条例最多，意在求其详备，未免过于烦琐，然俱系通例，尚无各省专条。嘉庆末年以后，一省一例，此何为者也，而亦可以观世变矣。"这段文字言简意赅，比较分析了乾隆年间和嘉庆末年以后修例政策的不同趋向：前者以编纂"通例"为主，后者则偏向"一省一例"，以致条例越修越多。在薛允升眼里乾隆朝的辉煌立法成就其实也存在问题，即"添纂条例最多，意在求其详备，未免过于烦琐"。

综合来看，薛允升对嘉庆以后修例工作的尖锐批评，更甚于他对乾隆及之前朝代的批评。如他在例文 273—24 按语中再次批评嘉庆朝"一省一例"的做法："各省匪徒俱有专条，亦俱不画一，而通例又有棍徒扰害拟军之例，似应修改一律，以免参差。凶恶棍徒一条，原系为八旗而设，后改为通例，各省凶徒有犯，均可援照定拟。一省一例，似可不必。此门内各条，有云贵、台湾、陕西、江苏、山东、河南、安徽、江西、广东、广西、奉天各省专例，而无直隶、福建、两湖、四川等省。窃盗门内有两湖、福建、广东、云南、山东、安徽、直隶、四川、陕甘，而未及黔省、广西等处，且有彼此互相参差之处。抢夺门亦然。例文愈多，愈不能画一，然亦可以观世变矣。"其实，在《读例存疑》中，除上述记录外，我们可以发现更多薛允升对于嘉庆朝修例工作的批评意见。在薛允升看来，嘉庆朝以后"一省一例"的做法颇为不妥，违背基本的立法原则，不仅给成文法律造成无谓的规模膨胀，更严重破坏了法律内部的协调性。

不可否认，薛允升更多是出于法律专家的角度，对清代律例的演变提出批评。但在最高统治者看来，出于统治需要，不断调整国家法律政策，不仅是应然之义，有时更是必要之举。因而所谓"前主所是著为律，后主所是疏为令"，或"刑罚世轻世重"之类的观点，在当时亦颇流行。当然，在任何社会条件下，面对新的社会形势变化——即薛允升所说的"世变"，国家法律政策都应及时作出反应和调整。但一方面，成文法律作为中国古代国家治理的"常经大法"，自应保持其体系的稳定性、内容的协调性和相对的专业性——依笔者看，这便是薛允升《读例存疑》的基本立场所在。另一方面，法律的稳定性和灵活性，作为一对难分难解的矛盾，更像是一枚硬币的两面。其实只要国家保持足够的资源调动能力，积极发挥法律的灵活性，一般也不会造成严重的法律或社会问题，恢复固有秩序也不是不可能的。然在嘉庆、道光以后，清朝统治渐趋无序，原本就已衰落的资源调动能力所面临的却是与日俱增的内忧外患的局面。与此相应，清中叶以后国家成文法律演变的某些方面也越来越超出掌控。

一般认为，乾隆朝以后清代律文基本稳定，成文法律的演进和灵活性集中体现在例文的制定和修改。但有清一代王朝法律体系的演进变化，除了通过相对专业的修律组织和相对固定的修律周期以实现律例条文的修改完善外，还有更为灵活的法律政策直接影响成文法律的格局变迁。这在雍正帝遗诏中表现得十分明显：

> 宽严之用，又必因乎其时。从前朕见人情浅薄，官吏营私，相习成风，周知省改，势不得不惩治整理，以诫将来，今人心共知警惕矣。凡各衙门条例，有从前本严，而朕改易从宽者，此乃从前部臣定议未协，朕与廷臣悉心斟酌，而后更定，以垂永久者，应照更定之例行。若从前之例本宽，而朕改易从严者，此乃整饬人心风俗之计，原欲暂行于一时，俟诸弊革除之后，仍可酌复旧章。此朕本意也。向后遇此等事件，则再加斟酌，若有应照旧例

者，仍照旧例行。①

按雍正帝的说法，国家法律政策的宽严应以切合实用为原则，应宽则宽、应严则严。超越旧章，乃权宜之计；归复旧章，则是必然之势，运用之妙，存乎一心。在这样的法律政策指引下，即便有相对规范的法律编纂机制约束，清代成文法律的灵活性也表现十足。其中，最具灵活性的法律条款，莫过于长期存在《大清律例》中的"临时性条例"。所谓"临时性条例"，即在某些条例出台时，明确申明将来会在一定条件下予以废除。在《读例存疑》中，我们发现共有 32 条记录（表 26）。

表 26　《读例存疑》所见清代"临时性条例"

序号	编号	律牌	定例及改定时间	相关内容
1	141—22	盐法	嘉庆二十一年定例,道光五年改定	至准带鸟枪之处,一俟枭贩稍戢,即行停止
2	141—25	盐法	同治六年定例	俟数年后枭匪稍戢,仍复旧例办理
3	214—05	私藏应禁军器	咸丰元年定例,同治九年添纂	俟军务完竣,仍照旧例办理
4	255—07	谋叛	乾隆五十七年定例,嘉庆十四年改定	俟数年后此风渐息,仍照旧例办理
5	255—09	谋叛	咸丰元年定例	俟数年后此风渐息,仍照旧例办理
6	266—35	强盗	道光二十五年定例	倘数年后此风稍息,奏明仍照旧例办理
7	266—43	强盗	咸丰二年定例	俟数年后盗风稍息,奏明仍复旧例办理
8	266—44	强盗	咸丰二年定例	俟数年后盗风稍息,奏明仍复旧例办理
9	267—02	劫囚	乾隆十八年定例,嘉庆二十二年改定	若数年后此风稍息,请旨仍复旧律遵行
10	268—22	白昼抢夺	道光二十三年定例,咸丰三年改定	倘数年后此风稍息,奏明仍复旧例办理
11	268—25	白昼抢夺	咸丰元年定例	俟数年后该省盗风稍息,仍复旧例办理
12	269—28	窃盗	道光六年定例	此后盗风稍息,该督察看情形奏明,仍照旧例办理
13	269—29	窃盗	嘉庆十三年定例,道光二十五年增定	倘数年后此风稍息,奏明仍照旧例办理
14	269—30	窃盗	道光七年定例,咸丰二年改定	俟数年后此风稍息,仍照旧例办理

---

① 薛允升:《读例存疑》卷首"总论"。

续表26

序号	编号	律牌	定例及改定时间	相关内容
15	269—31	窃盗	嘉庆十六年定例,同治九年改定	俟数年后此风稍息,仍复旧例办理
16	269—32	窃盗	咸丰元年定例	俟数年后此风稍息,奏明仍复旧例
17	273—12	恐吓取财	道光十九年定例	候数年后此风稍息,仍照旧例办理
18	273—13	恐吓取财	道光二十一年定例	倘数年后此风稍息,奏明仍照旧例办理
19	273—15	恐吓取财	道光二十五年定例,咸丰二年改定	倘数年后此风稍息,奏明仍复旧例办理
20	273—16	恐吓取财	道光十年、二十三年定例	俟数年后此风稍息,再行奏明,仍复旧例
21	273—18	恐吓取财	道光二十五年定例,咸丰三年改定	倘数年后此风稍息,奏明仍复旧例办理
22	273—19	恐吓取财	道光二十五年定例,咸丰三年改定	倘数年后此风稍息,奏明仍复旧例办理
23	273—21	恐吓取财	道光四年定例,同治三年改定	倘数年后此风稍息,奏明仍照旧例办理
24	273—22	恐吓取财	道光二十七年定例	俟数年后此风稍息,仍照旧例办理
25	278—19	盗贼窝主	道光二十五年定例	倘数年后此风稍息,奏明仍照旧例办理
26	278—22	盗贼窝主	道光二十五年定例	倘数年后此风稍息,仍随时奏明,酌量办理
27	302—09	斗殴	嘉庆十七年定例,道光二十五年改定	俟数年后此风稍息,仍循旧例办理
28	302—14	斗殴	咸丰九年定例	俟数年后此风稍息,仍照旧例办理
29	387—10	应捕人追捕罪人	嘉庆二十五年定例	俟该省盗风稍息,再奏明复归旧例
30	388—12	罪人拒捕	道光五年定例,咸丰二年改定	俟数年后捻匪敛戢,仍各照旧办理
31	388—13	罪人拒捕	道光八年定例	俟该省盗风稍息,仍复旧例遵行
32	388—16	罪人拒捕	道光二十五年定例	倘数年后此风稍息,奏明仍照旧办理

表26中,32条例文大部分产生在嘉庆、道光后,小部分制定于乾隆时期,但也都经过嘉庆、道光乃至咸丰、同治朝的修改。从内容来看,大多关涉强盗、杀人、抢劫、叛乱、走私等。因此,这些条例也可视作嘉庆、道光以后社会矛盾激化的制度反应。

至于条例临时性质的表述,大致如"倘数年后此风稍息,奏明仍复旧例办理"、"俟数年后此风稍息,再行奏明,仍复旧例",基本是一个格套。不过,我们相信这种格套式表达,绝非出自法律人或政治家的虚伪,恰恰相反,内中表达了一种强烈的意愿:这些条例不过是临时之举,迟早还要回到正常的法律轨道上来。但社会的发展往往不以个人的意志为转移。晚清社会各种矛盾层见叠出，最终影响了这些临时性条例的命运。正如薛允升在例文 266—44 按语中所言："例内如此者颇多，改归旧例者十无一二。"在严峻的社会现实面前，清律中的临时性条例最终只有很少一部分改归旧例，绝大部分并没有按照预期的那样届时废除。

这些临时性条例的命运与前面讨论的 4 条光绪元年已删条例，恰好形成鲜明对比。理论上，临时性条例制定之初，便注定将来要被废除，或改回原来的样子。光绪元年删除的 4 条例文，在制定之初或长期的司法实践中，即便显现再多问题，也没有被废除。然而，基于社会政治经济形势变换，这些条例的演变最终脱离了既有轨道：临时性条例长期欲废而不能，4 条原本稳定的例文却不得不被废除。

这些成文法律条款的命运反差告诉我们，尽管嘉庆、道光以后例文的修订工作仍在传统轨道上循序渐进，并取得不少成文立法成绩，但整体上由于社会矛盾不断激化，乃至在新的国际形势下产生的内忧外患，对固有法律的继承演变构成日益强大的阻力，最终使之走向日暮穷途，不得不改弦易辙，借鉴西方法治经验，开辟一条崭新的法律现代化道路。因此，清代律例的继承与演变历史，既生动映射出王朝的政治兴衰和社会变迁，又深受国家民族命运的制约和影响。

总之，在有清一代国家社会治理实践中，不仅在继承的基础上对前朝成文法律进行了大刀阔斧的修改完善，更在不同皇帝的更替过程中，经由一代又一代法律专业人士努力，通过增、删、改、并等手段对王朝国家成文法律体系进行了精心的再度构建。如果将悠久的中国古代成文法律历史看作一部宏大的话剧，那么作为最后一个篇章的清代成文法典演变史，其丰富和精彩程度并不亚于此前任何一个朝代。

经由前面对清代律例条文继承和演变的详细梳理和分析讨论，我们可以发现，以往关于清代律例的整体认知，或过于表面，或趋于片面。我们需要借鉴建立在全面数据分析基础上的研究或思考路径，并注意吸收相对专业的法律理论作为有力的分析工具。即如清代律例条文的排布方式整体上继承明代只是事实的一方面，另一方面，清代法律自顺治初年便着意在继承的基础上进行创新，历经多次调整，至乾隆五年最终形成"律例合编"的核心成文法律格局。若以成文法律的理论逻辑来看，在清代律例条文的继承演变过程中，为适应复杂多变的现实需要，法律的文本一直处于修正完善状态。其中个别字句的修改增删并不是可有可无或无关紧要的,恰恰相反,其完全可能关涉到某些个案的定罪量刑,甚至决定一些当事者的生死,不容小觑。因而,我们在讨论清代成文法律,并据以研究清代司法实践问题时,实有必要摆脱以往一些偏于宏大叙事的思维倾向,而更多地关注成文法律的文本变迁和相应的成文法律编纂技术,以及在这些文字背后,真正主导成文法律发生改变的政治社会问题。只有这样,我们才能对清代乃至整个中国古代成文法律演变的复杂性、知识技巧性以及相应的立法宗旨,有更为全面、深入和具体的认知。

推而广之,清朝作为中国最后一个古代王朝,不仅继承了深厚悠久的中华法律历史传统,更在最后十年开启了中国现代法律改革的新实践,在这种新旧更替过程中,中国传统法律究竟面临何种无法挽回的命运?在建设现代法治国家过程中,我们又该如何面对传统法律遗产?这些问题看似宏大迂远,但因为法律作为一种特殊的强制性社会规范,关系到个人与国家之命运,所以值得认真面对乃至反思。欲图实现这一目标,又必然要以重新认识中国法律传统为基本前提。因此,在某种意义上,本文通过《读例存疑》全面检讨清代律例条文的继承和演变,与其说是对此前某些关于清代法律历史认知偏差的纠正与补充,毋宁说是一种全新思考和研究的开始。

〔作者孙家红,中国社会科学院法学研究所副研究员。北京 100720〕

(责任编辑:路育松 黄 娟)

一九二七年：第一次国共合作的破裂

金冲及

摘　要： 1927 年，在国民党、中国共产党各自的发展史上，乃至在中国的革命进程中，都是至为重要的历史分野。这一年上演的宁汉分合，既是国民党内部蒋介石与反蒋派冲突与合作的缩影，也是国民党为维护其政治利益，经各派共同策动而成的历史结果。尽管国共合作对于国民党组织革新、对北伐战争初期的顺利发展起到重要作用，但并未弱化国民党统治集团的反动性。四一二、七一五等反革命政变使创建初期的中国共产党濒临覆灭，宣告第一次国共合作的破裂，标志着大革命的失败。经历了历史阵痛的中国共产党汲取血的教训，迅速警醒，确立了武装反抗国民党反动派的新路线，开启土地革命阶段。就中国的政治前途而言，1927 年，深刻影响着中国共产党对革命道路的探索，并在一定程度上形塑了此后的国共关系与政治格局。

关键词： 大革命　国共合作　宁汉分合　四一二政变　七一五政变

恩格斯有一句名言："没有哪一次巨大的历史灾难不是以历史的进步为补偿的。"[①] 这是他以犀利的眼光，深入考察人类历史发展漫长进程得出的结论。

中国共产党在民主革命时期经历过两次巨大挫折：一次是 1927 年大革命失败，另一次是 1934 年第五次反"围剿"失败。这两次失败都称得上"巨大的历史灾难"。革命从热气腾腾的高潮，陡然跌入濒临溃败的低潮。反动势力气焰不可一世。社会上不少人以为中国共产党再也翻不过身来。事实恰恰相反。惨痛的失败深刻地教育了共产党人，他们从失败的惨痛教训中懂得了许多以前不明白的

---

① 《马克思恩格斯文集》第 10 卷，北京：人民出版社，2009 年，第 665 页。

道理，重新考虑以后该怎么做，从而在极端困难中闯出一条新路，把革命推向更高的阶段。

这样的历史性转变有时来得很快。国共关系全面破裂发生后半个多月，中国共产党便先后发动南昌起义和召开八七会议，走上独立开展土地革命和武装反抗国民党反动派的新道路。1934 年 10 月第五次反"围剿"失败，中央红军被迫长征。3 个月后，中共中央召开遵义会议，事实上确立了以毛泽东为核心的党中央领导，走上马克思主义普遍真理同中国革命实际相结合的正确道路，成为党史上生死攸关的转折点。能在如此短的时间内实现这样的根本性变化在历史上并不多见，很值得我们进一步思考和探讨。

这两次变化又有不同的地方：第一次变化时，中国共产党处在仅成立 6 年的幼年期，很缺乏政治经验，而且几乎没有掌握军队和政权；第二次变化时，中国共产党在政治上已走向成熟，有了自己的军队和政权。本文准备探讨的是，前一次历史性进步是怎样实现的。

一、前夜

北伐战争是在国共合作的条件下开始的，最初，进军速度令人震惊，在国人面前显示出蓬勃的新气象。北伐军从广东出发，3 个月内就席卷湖南、湖北，并向江西推进，受到民众热烈欢迎。工农运动蓬勃兴起。汉口、九江民众在中国共产党和武汉国民政府支持下强行收回英租界。人们对北伐抱着热烈的期待。

中共中央在中央局报告中写道："武汉下后，国民政府所管辖之地，几占中国之半（包括国民军在内），全国革命空气非常高涨。""目前这种军事胜利，可以促进军阀政治之崩坏，可以扩大民众运动之范围，我们并不迷信他就会成功一种革命，然而现时的情况，却不能不承认是一新的进步的时期。"[1]

当时在国内有广泛影响的《国闻周报》写道，"民国十五年转瞬即尽，吾人回溯此一年之经过事实，以视十五年前之往迹，诚有翘然独异之感……中国政治受所谓北洋派势力之支配者，民元以来，至今年始得一变"。"孙中山十数年所抱会

---

[1] 《中央局报告（九月份）——最近全国政治情形与党的发展》（1926 年 9 月 20 日），中央档案馆编：《中共中央文件选集》第 2 册，北京：中共中央党校出版社，1989 年，第 328 页。

师武汉之理想，竟于身死之次年，由其党徒以极短期间达到目的。此又不可谓非军事上一大变局也"。"吾人综合本年之内政外交观察，实有除旧布新之气象"。①

就连原湘军第四师师长、此时改投南方任北伐军前敌总指挥兼第八军军长的唐生智，在 1927 年 2 月 5 日湖南人民欢迎他的大会上也激昂慷慨地表示："这回革命，我们湖南人民牺牲最大。牺牲的结果，当然要造成一个新湖南，才对得住民众。""老实的说，任何阶级的利益都是要自己去争的，农工没有组织，便不能参加政治运动，永远处于被压迫的地位，利益从哪里说起？所以目前的阶级争斗，与其说是劳资冲突，无宁说是压迫者与被压迫者的冲突。几千年的历史，农民都伏在统治者之下，忍气吞声。现在革命的呼声，将他们唤起了。他们从被治的地位，渐渐要爬起来了。"② 这些给人的感觉是，世事真是大变了。

总之，北伐初期形势的发展确实令人鼓舞，北伐军长驱直入，势如破竹，中国南方呈现出一派前所未有的新气象。进展速度之快，变化规模之大，都是人们原来没有料想到的。从军事实力看，那时奉系军阀张作霖拥军 35 万人，仍以直系军阀领袖自居的吴佩孚拥军 20 万人，号称东南"五省联帅"的孙传芳拥军 20 万人；而广州国民政府原来只有 6 个军约 9 万人，加上后来加入并编成的第七军约 4 万人，双方兵力仍有很大差距。孙中山曾以广东为根据地发动过多次北伐战争都失败了。为什么这次一开始就取得如此突出的成就？这需要从全国形势和南北双方内部的变化来分析。

从南方来说，最根本的是第一次国共合作的实现和中国国民党的改组。它带来两大变化。一是孙中山明确接受了中国共产党提出的"反帝反封建"的革命纲领。这以前，他两次发动北伐军事行动都打着"护法"的旗号，护的是民国成立时的《临时约法》，这难以得到广大民众的支持，更激不起他们的热情。国民党一大前几天，孙中山在大本营会议上说："护法名义已不宜援用。因数年来吾人护法之结果，曹、吴辈毁法之徒，反假护法之名恢复国会。北京国会恢复之后，议员丑态贻笑中外，实违反全国民意。今日不当拥护猪仔国会。"③ 国民党一大上，他把反对帝国主义放在十分突出的地位。当这个问题产生争议时，他在大会

---

① 《民国十五年之回顾》，《国闻周报》第 3 卷第 50 期，1926 年 12 月 26 日。
② 《湖南人民欢迎唐总指挥大会纪盛》，《汉口民国日报》1927 年 2 月 11 日，第 1 张第 2 页。
③ 《孙中山全集》第 9 卷，北京：中华书局，1986 年，第 10 页。

上说："现在是拿出鲜明反帝国主义的革命纲领，来唤起民众为中国的自由独立而奋斗的时代了！不如此是一个无目的无意义的革命，将永久不会成功。"① 大会后，他又在农民运动讲习所第一期毕业典礼上响亮地提出"耕者有其田"的主张。受过革命教育的士兵高唱着"打倒列强，除军阀，国民革命成功，齐欢笑"的歌曲北上，精神焕发。这首歌几乎妇孺皆知，深入人心。这个目标是中国人民长时期以来深深期待的，所以能受到极大欢迎，形成一股势不可当的时代潮流。

二是北伐战争促进工农运动的蓬勃发展，农民协会和工会纷纷建立，声援北伐军，为军队行进作向导、侦察敌情、运输武器弹药和粮草，还组织农民自卫军等袭击敌军。担任北伐军前敌总指挥的唐生智当时对湖南的农民和工人说："我们这次革命的成功，完全是工农群众的力量，并不是兵士的力量。我们在北伐的时候，在衡阳，在醴陵，在粤汉路，都得着农工群众的帮助，才得狠顺利的杀却敌人。"② 国民党人历来主要在上层社会中活动，对会党也只是同一些上层人物有联系，没有深入社会底层去做群众工作的经历，这些发动并组织工农群众的工作几乎都由共产党人去做。国民党粤军的重要将领（时任第四军第十二师师长）张发奎写道："国民党人并不关心工农运动，当共产党人下基层工作时，国民党人忙于向上攀爬。我同情共产党，相信他们所作的工作会刺激与鼓舞国民党。对中共党员，我印象甚好，因为我看不到他们有任何伤害我们国民党的证据。"③不难看出，中共所做的工作对第一次国共合作以及北伐战争初期的顺利发展起着十分重要的作用。

再看北方。那时统治着中国北方绝大部分地区的北洋军阀，看起来似乎是已统治中国十多年、具有多方面实力的庞然大物，实际上却处在失尽人心、四分五裂、气息奄奄、不堪一击的垂死状态。北伐战争开始时，北洋军阀中最大的是三支力量：盘踞东北、华北并控制中央政权的张作霖部奉军；第二次直奉战争失败后残留的、还控制着鄂豫和冀南的直系军阀吴佩孚（湘军赵恒惕也是依附他的）；统治华东、自称"五省联帅"的新直系孙传芳。这三支力量中最强大的是奉军。国民革命军北伐开始后，张作霖曾想借支援吴佩孚、孙传芳为名挥师南下，进攻

---

① 《黄季陆先生怀往文集》，台北：传记文学出版社，1986年，第34页。
② 《唐总指挥在长沙对农工之重要谈话》，《汉口民国日报》1927年2月19日，第2张第1页。
③ 《蒋介石与我——张发奎上将回忆录》，香港：香港文化艺术出版社，2008年，第72页。

北伐军。但吴、孙担心奉军南下会夺去他们的地盘而婉拒。所以，直接面对北伐军作战的，其实只有吴、孙两部。

直系军阀首领是曹锟，实际上依靠吴佩孚。吴佩孚曾博得"爱国将军"的名声，在民众中有过不小影响。直皖战争和第一次直奉战争都在他指挥下取胜。之后，他在洛阳练兵，颇有不可一世之慨。50岁生日时，康有为送了他一副对联："牧野鹰扬，百岁勋名才一半。洛阳虎视，八方风雨会中州。"① 可见他当时声名之盛。但曹锟贿选总统，不齿于人。第二次直奉战争时，冯玉祥突然率部倒戈，回师北京，囚禁曹锟，直军军心尽散。号称"北洋正统"、由吴佩孚自兼师长的精锐第三师全部溃散，主力尽失。吴佩孚只好狼狈南下，旧部大多对他冷眼相向。以后重新集结起一部分力量，但远非往日可比。当北伐军北上长沙时，他正率余部主力北上在南口进攻冯玉祥部，得讯后才匆忙指挥第八师师长刘玉春部南下赴援。结果一败于汀泗桥，二败于贺胜桥，接着连武汉也无法守住。这是北伐军北上时面对的最薄弱一环，易于旗开得胜。

孙传芳是后起的直系将领，原任驻湖北的北洋第二师师长，后来吴佩孚派第二师移师福建。第二次直奉战争结束后，他趁着当时的混乱局面，逐走正南下的奉军，收编东南各省地方部队，先后控制江西、浙江、江苏、安徽，自称"五省联帅"，成为独树一帜的新直系势力。当吴佩孚部进退失据时，接连以急电催孙传芳出兵相助，孙却按兵不动、袖手旁观，并不出手援吴。时人所记：

> 那位坐镇东南的孙联帅，时（与）遗老名流为文酒之会，大有轻裘缓带之风。有人问道："北伐军已经打到湖南，吴玉帅深感燃眉之急，我帅何以自处？"孙淡然一笑说："党军负嵎两广，正如麻绳子扭作一团，刀砍不入，火烧不断，如今他们由珠江流域伸展到长江流域来，就成了一根长绳子，用剪刀一剪就可以剪断，我们岂不省力得多。"接下去，北伐军又已进入鄂南，他的部下不免窃窃私议："直系两帅唇齿相依，我们如坐视不救，恐将同归于尽。"孙又嗤之以鼻说："傻瓜，吴玉帅驻节两湖，咱们不能开军队把他赶

---

① 陶菊隐：《吴佩孚传》，上海：上海书店出版社，1998年，第84页。

走，如今他要同党军硬拼，正如两虎相斗，不久两湖地盘也是咱们的了。"①

其实，孙传芳的如意算盘完全打错了。他虽然号称"五省联帅"，但只有卢香亭、谢鸿勋两师是他的嫡系部队，其他如周凤岐、陈调元、王普、曹万顺等部都是东南各省的地方割据势力，同孙本无渊源，只是在第二次直奉战争后的混战中一时依附得胜的孙传芳。一当北伐军东向时，孙传芳作战不利，他们先是袖手旁观，之后就倒戈归附蒋介石，充当起"国民革命军"的军长来。蒋到南京时的兵力就是靠此扩充的。

把南北双方的状况对照来看，不难理解北伐军为什么能在出师后不长时间内取得如此巨大的胜利，已经统治中国十多年、仿佛不可一世的北洋军阀为什么会那样快地土崩瓦解。这是势所必致，是当时国内政治局势的主要方面。但事情也有从原来处于潜伏状态到逐步公开化的另一面，那就是国民党内的反共势力在孙中山去世后迅速抬头，使局势迅速恶化。

第一次国共合作，对国民党来说，是在孙中山的主张和坚持下实现的。他所主持的国民党一大在事实上实行了联俄、联共、扶助农工的革命主张。汪精卫在国民党二大的政治报告中特地讲到一段事实："最先加入本党的就是李大钊，由张继介绍来的。李当时曾对总理说明他是第三国际党员，是不能脱去第三国际党籍的，不知总理能否许可接纳他。总理答他：'这不打紧，你尽管一面做第三国际党员，尽管一面加入本党帮助我。'从此以后中国共产党员加入本党的便多起来了。"② 因为孙中山在国民党内有着别人无法比拟的威望，所以那时国民党内还兴不起大的反对浪潮。

孙中山去世后不久，1925 年 11 月，一些老国民党员在北京西山举行会议，参加的有国民党中央执行委员邹鲁、林森、居正、叶楚伧等八人，中央监察委员谢持、张继两人，都是老资格的国民党员。他们自称召开第一届中央执行委员会第四次会议，通过"取消共产党在本党党籍"、"鲍罗廷顾问解雇"、"开除汪兆铭党籍"、"决定本党此后对于苏联的态度"、"开除中央执行委员会之共产派李

① 陶菊隐：《记者生活三十年——亲历民国重大事件》，北京：中华书局，2005 年，第 97 页。
② 《汪精卫先生在第二次全国代表大会之政治报告》，《政治周报》第 5 期，1924 年 3 月 7 日。

大钊等"、"取消政治委员会"、"移中央执行委员会于上海"等七项议案。① 但这些人并没有多少实力，被称为"西山会议派"，在国民党内和社会上并没有产生多大影响。

孙中山去世后，真正对局势逆转产生巨大影响的是蒋介石。毛泽东后来只用十个字来概括："孙中山死了，蒋介石起来。"接着说："在二十二年的长时间内，蒋介石把中国拖到了绝境。"②

蒋介石是一个有极强权力欲的人，又有相当丰富的政治经验和手腕，变幻莫测，使人不容易看清他的真实意图，一步一步创造有利于他的条件。一旦时机成熟，便会猛然在极短时间内采用断然手段实现他的目的。

蒋介石原本是许崇智粤军的参谋长，在国民党内的资历和地位并不高，1924 年国民党一大时，他连大会代表都不是，更谈不上选入国民党中央执行委员会。其地位的迅速上升，始于担任国共合作并得到苏联很大援助的黄埔军官学校校长，以及以黄埔师生为基础的党军在讨伐陈炯明粤军和盘踞广州的滇桂军时所立的战功。当时在广州的茅盾在回忆录中写道：黄埔军校创办时，"蒋介石曾向孙中山表示，不愿当校长，原因是孙中山同时任命廖仲恺为黄埔军校党代表。不过蒋这心事不能对孙中山说。后来戴季陶劝蒋就职，理由是先掌握实力，一旦有了兵权就可指挥如意"。③ 戴季陶是蒋介石的至交，这话确实说到了蒋介石的心坎上。

蒋介石当了黄埔军校校长后，一段时间内很得好评。他有相当强的组织能力，对工作要求严格，作风果断，同教师和学生的关系较好。更重要的，他在政治上表现得很"革命"，一度被看作"左派"将领。1925 年 7 月 26 日，他在军事委员会上讲话："我们今日革命先要认清楚目标，认定帝国主义者是我们真正的敌人。""帝国主义宰割中国必须假手于中国军阀，方得肆其残暴，而使中国人民莫予敢毒。故帝国主义不倒，中国军阀之乱决无已时。吾党革命目标，与其专革军阀的命，无宁先革北京东交民巷太上政府帝国主义的命。擒贼先擒王，所以

① 邹鲁：《回顾录》，长沙：岳麓书社，2000 年，第 151—153 页。
② 《毛泽东选集》第 4 卷，北京：人民出版社，1991 年，第 1471 页。
③ 茅盾：《我走过的道路》（上），北京：人民文学出版社，1981 年，第 296 页。

吾党革命当自打倒帝国主义始。"① 讲得何等激烈！

这年9月，他在黄埔军校讲演中又说："共产党真正革命的同志们，实在不比我们国民党少，加入了国民党，实在能替国民党求进步求发展，促进本党的革命精神。所以总理就下这个大决心，不为众论所摇动。并且总理曾说：'如果国民党的党员反对共产党，我便要自己去加入共产党。'这是什么理由？是因为共产党和国民党的革命的目的，都是一样的，并且我们革命党的性质，就是'打不平'。"②

同年12月5日，蒋介石为黄埔军校第三期同学集作序，题目是《三民主义信徒与共产主义信徒非联合一致不能完成国民革命》。文中说："阋墙之祸，甚于外侮之内侵；革命之成，全凭同志之相亲与相爱。""吾人至今，悔不问明当时先烈之死者，为共产乎？抑为非共产而三民乎？""中正为三民主义之信徒，然而对于共产主义之同志，敢自信为最忠实同志之一人"，"诚则明，诚则强，诚则金石且为之开，而况爱人乎？"③ 所以不少人把他看成"左派将军"。

西山会议公开反共后，正率部讨伐陈炯明的蒋介石12月25日就从汕头致电国民党中央和各级党部严厉加以痛斥。电文说："总理深知必能包括共产主义始为真正之三民主义，同时亦必能容纳共产党，始为真正之国民党也。""中国革命不成，列强敢来侮我，皆因国民勇于私斗，党员徒争意气，团体惯于破裂，明知之而故蹈之，欲不谓之反革命，不可得。不为革命，便为叛逆，中正益自信此言之不诬，当永以自勉，并愿我同志共勉焉。"④ 这类话他当时说过很多，但就是这同一个人，在3个多月后的1926年3月20日发动了震惊一时的反共的中山舰事件。

对中山舰事件的具体经过，曾做过蒋介石顾问的亚·伊·切列潘诺夫回忆道："三·二〇事件绝不是他的突如其来的一时冲动。虽然阴谋尚不够深思熟虑，

---

① 《完成革命必先打倒帝国主义》，《蒋介石言论集》第2集，北京：中华书局，1965年清样本，第166页。
② 《团体训练的重要》，《蒋介石言论集》第2集，第233页。
③ 蒋介石：《三民主义信徒与共产主义信徒非联合一致不能完成国民革命》，《政治周报》第4期，1926年1月10日。
④ 蒋介石：《为西山会议告同志》，《政治周报》第4期，1926年1月10日。

但也是准备已久了。"① 如果出于一时误会，只能是针对某一具体问题，不会采取如此牵动全局的大动作。对蒋介石来说，这件事一是用来把共产党人排除出黄埔军校和以黄埔师生为骨干组成的国民革命军第一军（包括军校和第一军政治部主任周恩来），使军校和第一军成为完全处于他控制下的嫡系武装力量，蒋介石就是依靠这支力量起家的；二是他采取这样大的行动，包括宣布戒严、包围苏联顾问寓所、解除省港罢工工人纠察队等，却丝毫没有照会广州的最高领导人（国民政府、政治委员会和军事委员会主席）汪精卫，还派兵包围汪的住宅，迫使汪离开广州，远赴法国，广州国民政府的军政大权便在实际上落到蒋介石手中；三是这次行动在蒋介石看来，是一种赌徒式的试探，看看共产党、苏联顾问会采取怎样的反应，以便决定他下一步如何行动。

实际上，当时蒋介石仍存在不少弱点，采取这样的大动作带着不小的冒险性。因此，在广东的共产党人毛泽东、周恩来、陈延年等主张反击。毛泽东说："我们对蒋介石要强硬。""蒋介石此番也是投机。我们示弱，他就得步进步；我们强硬，他就缩回去。"但苏联军事顾问团代理团长季山嘉不同意（鲍罗廷以"奉召回国述职"为由，离开广州近三个月）。当时中共中央在上海，广东区委去电请示。陈延年说："中央来了回电，要我们忍让，要继续团结蒋介石准备北伐。"② 李立三说："在这一事变中，广东与中央又发生了很大的争论"。"讨论这一事变发生的原因，广东党认为是'当进攻而没有进攻'的结果，中央的主张又确实相反，认为是'当退让而没有退让的结果'。""陈独秀在当时提出来的有名的一句话可以完全表现出当时中央的意见，就是'办而不包，退而不出'。"③ 这样，蒋介石看准了共产党人的弱点，更加敢于冒险。

但是，蒋介石的弱点确实存在：他在国民党内资历浅，在广东的国民革命军六个军中，除第一军外都同他面和心不和，例如 3 月 20 日当天，"谭延闿、朱培

① 亚·伊·切列潘诺夫：《中国国民革命军的北伐——一个驻华军事顾问的札记》，北京：中国社会科学出版社，1981 年，第 356 页。
② 茅盾：《我走过的道路》（上），第 306—308 页。
③ 李立三：《一九二五年至一九二七年中国大革命的教训》，中央档案馆编：《中共党史报告选编》，北京：中共中央党校出版社，1982 年，第 290—291 页。

德、李济琛（深）、邓演达等为中山舰事件往晤俄顾问季山嘉等，不以此举为然"。① 黄埔军校和第一军在经费、武器装备、军队训练等方面相当程度上还有赖于苏联的支持；军校和第一军中也还有革命力量。因此，蒋介石明白还需将局势一时稍加缓和。3 月 23 日，他"为中山舰事向军事委员会自请处分"。② 接着，又释放被捕的海军局代局长李之龙，逮捕具体执行这次事件的第十七师师长吴铁城，撤去中山舰代理舰长欧阳格的职务，解散黄埔军校内右派团体孙文主义学会（同时也乘势解散左派的青年军人联合会）。他的目的已经达到，这些不过是做给别人看看的表演罢了，是他常用的手法。

但他没有就此收手。相反，第一步跨出了，紧接着就要跨出第二步。国民党当时正标榜"以党治国"。第一次国共合作后，不少共产党员在国民党中央担任重要职务，各省的国民党组织相当多是在共产党人积极推动下建立起来的。蒋介石在取得军权、政权的同时，还要牢牢地控制党权。从国内局势看，表明投靠广州政府的湘军唐生智部已同北洋军在湖南发生冲突，北伐在即，更使蒋介石急于夺取党权。他提出召开国民党二届二中全会，讨论"整理党务"问题。

他先采取用武力施压的恐吓手段。"中央执行委员会的全体会议五月十五日召集，会议临近，一种故意制造的屠杀空气笼罩全城。墙上贴满标语，警告神秘的'挑拨'，而共产党将要实行政变、反对政府的谣言也流布起来了。中央银行发生挤兑。会议开幕之前夜，戒严令突然钳制了全城。除了蒋氏心腹之外，谁也猜想不到将要发生什么事情。"③

因汪精卫赴欧，这次会议由代理国民政府主席的谭延闿主持。会议通过《整理党务决议案》，先讲了一大堆冠冕堂皇的话，称："中国共产党为革命集团，中国国民党亦为革命集团。共产党员认国民革命必经之过程，毅然加入于国民党，国民党信共产党员能努力于国民革命，欣然许其加入。"接着暗示式地威胁道："持此光明正大之心理以合作，本无牵制误会之可言。乃两年以来，实际表示竟不如此。"随后写道："吾人须遵守总理之主张，不忍两党合作之美意至此失坠；

---

① 郭廷以编著：《中华民国史事日志》第 2 册，台北：台湾"中研院"近代史研究所，1984 年，第 29 页。

② 郭廷以编著：《中华民国史事日志》第 2 册，第 31 页。

③ 伊罗生：《中国革命史》，上海：向导书局，1947 年，第 108 页。

革命势力之集中至此分裂，特提出整理党务案。"决议的九条规定，如："凡他党党员之加入本党者，在高级党部（中央党部、省党部、特别市党部）任执行委员时，其额数不得超过各该党部执行委员总数三分之一。""凡他党党员之加入本党者，不得充任本党中央机关之部长。""凡属于国民党籍者，非得有最高级党部之许可，不得别有政治关系之组织及行动。"① 如此等等，话讲得很曲折，其实就是说：如果不接受这些规定，"两党合作"必将"分裂"。

会前，蒋介石同刚回广州的鲍罗廷会谈多次，时间长的达 4 小时之久。过程曲折，蒋在日记中记有"困难极矣"。② 到全会召开的前一天（5 月 14 日），蒋介石在日记中写道："余以至忧切言，并言对共党提出条件虽苛，然大党允小党在党内活动，无异自取灭亡。余心实不愿此亡党条件，但总理策略既在，联合各阶级，故余不愿主张违教分裂也。"③ 蒋介石此话所以能击中鲍罗廷要害，因为北伐在即，共产国际十分担心因国共分裂而妨碍北伐战争，为了避免分裂，不惜委曲求全。蒋介石正是看准了这一点，以"分裂"作威胁，终于使鲍罗廷屈服。

会议期间，何香凝、柳亚子等发言反对协定，但无济于事。蒋介石在当天日记中写道："会议推余为主席，提出修正党务案、联席会议案及两党协定案。当余提出协定案，各委员甚惊惶，卒通过。"④ 但争论还是有的。蒋介石 5 月 19 日记道："参加全体执行委员会，通过余所提议之重新登记案及统一各省党部案，哲生（孙科）与泽东为左右派案甚起争执。"⑤ 会议新设国民党中央执行委员会常务委员会主席，选举同蒋介石关系十分密切的张人杰（静江）担任；共产党员谭平山、林祖涵（伯渠）、毛泽东分别辞去组织部部长、农民部部长、宣传部代部长的职务，由蒋介石、顾孟余、甘乃光接替。新设军人部，也由蒋介石兼任部长。6 月 4 日，国民党中央执行委员会临时全体会议通过出师北伐、任蒋介石为国民革命军总司令。之后，他又当上国民党中执会常务委员会主席。

① 《整理党务第一决议案》《整理党务第二决议案》，荣孟源主编：《中国国民党历次代表大会及中央全会资料》，北京：光明日报出版社，1985 年，第 232—234 页。
② 《蒋介石日记》，1926 年 5 月 12 日，美国斯坦福大学胡佛研究所藏。
③ 《蒋介石日记》，1926 年 5 月 14 日。
④ 《蒋介石日记》，1926 年 5 月 15 日。
⑤ 《蒋介石日记》，1926 年 5 月 19 日。

这样，蒋介石便一手掌握了南方的党政军大权，权力迅速膨胀，也使北伐战争一开始就蒙上厚厚的不易测的阴影。以后政局的变动和起落，可以说离不开前此埋下的正反两面的种子。

二、从迁都之争到"提高党权"运动

北伐战争以出人意料的速度节节胜利，革命风暴的中心随之从华南转移到长江流域。这就产生一个问题：国民政府和它所属机构设置在哪里？如果继续留在偏于南隅的广东，要处理已由北伐军控制的广阔地区的种种事务显然已很不便。那时大家的意见，包括蒋介石在内，都认为应该迁到武汉。因为武汉是北伐军已控制的最重要的城市，交通便捷，号称"九省通衢"，在全国也有举足轻重的影响；它又是 1911 年辛亥革命的起点，武昌起义在全国民众中有很深刻的影响。所以，开始时并没有发生什么争议，蒋介石最初也没有提出异议。

在全国很有影响的《国闻周报》写道："广东国民政府自北伐军占领武汉，即有迁鄂之议。其目的所在，盖力图军事与政治同时发展，不欲政府久设广州，终成偏安之局也。故赣战既定，党、政府迁鄂之议立决。"[1]

11 月 18 日，中共中央在党内发出《国民政府迁汉及湖北政府组织等问题的意见》，认为"从客观形势看，有很大可能迁都武汉"，并提出要"造成农民拥护左的政纲的浓厚空气，如此，可以逼蒋介石与唐均向左倾，可以对右派给一下马威，使他们有所顾虑"。《中央党部及国民政府迁鄂决议》是 11 月 26 日正式作出的。决议写道："中央党部因特于本月二十六日下午五时开政治会议临时会议，讨论结果，议决中央党部、国民政府迁移日期及若何预备案乙件，其议决五款如下：（一）十二月五日以前重要人员及重要文件，第一批出发。……（四）前方各机关及布置，委邓择生同志发电办理。"[2] 邓择生即邓演达，国民党左派人士，当时任国民革命军总政治部主任，时在武汉。

那时，北伐军的主攻方向已转向孙传芳统治的东南五省，特别是江南的上海和南京，这是蒋介石梦寐以求的目标，而已由北伐军控制的江西同上海、南京之

---

① 《一周间国内外大事述评》，《国闻周报》第 10 卷第 2 期，1927 年 1 月 9 日。
② 《武汉国民政府资料选编》，本书编辑组编印，1986 年，第 508、1 页。

间的安徽、浙江仍在孙传芳控制下。因此，蒋介石的总司令部设在接近前线的赣北南昌。南昌是 11 月 8 日才由国民革命军第三军朱培德攻克的，它在各方面的条件都远不如武汉，当然还谈不上迁都南昌的问题。

12 月 2 日，宋庆龄、鲍罗廷等到达南昌，同从庐山赶到南昌的蒋介石会谈当前各项工作和政府迁移武汉事宜，蒋介石都表示赞成（那时粤汉铁路的株洲至韶关段还没有修通，只能绕道江西北上）。7 日，谭延闿、顾孟余、何香凝等数百人从广州经江西赴武汉。10 日，宋庆龄、鲍罗廷和陈友仁（外交部长）、孙科（交通部长）、徐谦（司法部长）、宋子文（财政部长）等到达武汉，受到民众的热烈欢迎。

为了不使国民党中央和国民政府的日常工作发生中断，在鲍罗廷的建议下，13 日在武汉成立国民党中央委员、国民政府委员临时联席会议。"会议出席人，规定为中央执行委员、国民政府委员，惟邓演达同志应以湖北政务委员及总政治部主任名义出席。"会议讨论和处理的问题只是外交、财政、交通、司法等方面不容延搁的日常工作。邓演达一再声明："军事自不消说归总司令主持。"12 月 22 日，联席会议主席徐谦在第四次会议上报告："蒋总司令廿号来电，赞成中央执行委员国民政府临时联席会议。"[①] 这本来符合正常工作秩序和实际需要，不料纠纷和争吵却发生在这个迁都地点上。

这个变化是随南方政治局势和蒋介石处境的变化而来的。11 月初国民革命军攻克南昌，孙传芳主力卢香亭与谢鸿勋两师被击溃后，南方局势和各界态度发生显著变化。对蒋介石来说，最重要的有两个情况。

一是南方不少看风使舵的地方军阀部队看到孙传芳所处局面不利，便纷纷向北伐军输诚。因为蒋介石是国民革命军总司令，他们几乎都找南昌的总司令部联系。蒋介石在 11 月 23 日日记中写道："福建张毅来输诚。孙传芳托蒋百器来求和对奉。安徽陈调元亦托人来说项，其部下各自来投。""二星期来均是如此纷忙。山阴道上，几应接不暇。"12 月 9 日，他在日记中又写道："各处输诚者惟恐不允也。革命至今已入一新时期，寄生与观望自全者皆欲借此投机。"[②] 这样，

---

① 郑自来、徐莉君主编：《武汉临时联席会议资料选编》，武汉：武汉出版社，2004 年，第 37、70、96 页。

② 《蒋介石日记》，1926 年 11 月 23 日、12 月 9 日。

不仅让蒋介石看到有席卷东南的有利之势，而且又可赖收编众多军阀部队而使他能指挥的军事力量迅速膨胀，如周凤岐、陈调元、王普、曹万顺等军都是。

二是蒋介石在 11 月 22 日和 12 月 28 日两次函请在天津的黄郛南下，第二次的信由张群送去，信中写道，"尚祈不吝教益，共底于成"。① 黄郛早年是蒋介石的盟兄，蒋称他为"二兄"，后来曾代理过北洋政府的国务总理，长于谋略，并且同上海的金融界、会党等都有密切关系。时任中国银行副总裁的张嘉璈（公权）在笔记中写道："北伐军抵达赣州后，查悉当地商民开用银圆或能兑换银圆之纸币，而该军所携现款有限，需用银圆切迫。蒋总司令因电驻天津正待南下之黄膺白（黄郛）转嘱我在上海设法汇济。""中行在绝对保密之下，卒获如约汇济三十万元钜款。"笔记又写道："蒋总司令于去年（1926 年——引者注）十一月初进驻南昌后，复通过黄膺白转嘱我由沪拨汇南昌现款二十万元济用。当时孙传芳已败退南京，中行行员均同情于革命军。此次拨汇巨款，仍复能绝对保密，孙方毫无所知。"张公权还讲到，"关于总司令部军需处处长俞飞鹏向沪行借支一百万元事，曾引起蒋总司令误会。盖沪行不知总行有致汉口分行（可以支用一百万元）之密函，而沪行经理仍照向章索取担保品，致蒋总司令闻之大为不悦，将借款增为五百万元，嘱俞处长在沪行经理办公室坐索，非办到不得离行。我时居丧在家，得此消息，急驱车至行，告知沪行经理宋汉章，曾有在汉口支用一百万元之约。当凭蒋总司令公函，需借一百万元，照付了事"。②

当时，北伐军财政正十分困难。蒋介石在 1927 年 1 月 4 日日记中还写道："（宋）子文且以财政无法相要挟。办事困苦莫甚于经济相逼也。"③ 黄郛的相助，不仅助蒋渡过经济难关，而且同江浙金融界建立起密切联系。蒋介石率军进入江浙后，特别看重的不是工业资本家而是金融资本家。他后来与其他军阀混战时，得力的也是金融资本家在金钱上的大力支持，这关系是黄郛帮他建立起来的。

军力和财力是当时具有决定意义的两大要素。蒋介石到南昌后这两方面的实力都得到加强，处境和在两湖时大有不同，其对各方面的态度便大大强硬起来。他这两方面实力的陡然增强不是来自原来的广东根据地，而是来自北方的旧势

---

① 沈亦云：《亦云回忆》上册，台北：传记文学出版社，1980 年，第 247 页。
② 姚崧龄：《张公权先生年谱初稿》上册，台北：传记文学出版社，1982 年，第 73—74 页。
③ 《蒋介石日记》，1927 年 1 月 4 日。

力。因此，当时人们称之为"军事北伐，政治南伐"。

1927年1月5日，黄郛经上海到九江，入住蒋介石庐山别墅。同一天，蒋在迁都问题上正式翻脸，撕毁原有诺言，在南昌发出《国民政府暂驻南昌通电》："各省党部均鉴：江日（三日）政治会议临时会议议决，现因政治与军事发展便利起见，中央党部及国民政府暂驻南昌，待三月一日中央执行委员会全体开会公决中央党部及国民政府驻地后，再行迁移。支日（四日）又在中央常务委员会第七次会议席上报告，无异议通过。特此布闻。中国国民党中央执行委员会。"①

这个突然事件，武汉方面事先一无所知。国民党中央执行委员会也没有开会讨论过。为了庆祝北伐胜利和迁都武汉，武汉当局刚宣布在新年举行游行集会庆祝三天。拿1月3日来说："今天是隆重庆祝国民政府迁鄂和反帝国主义斗争取得胜利的最后一天。整天都是人山人海的庆祝游行队伍，武汉全城真是达到万人空巷的程度了。"② 看到南昌发出的电报，联席会议主席徐谦和孙科立刻在6日致电蒋介石等："政府不迁汉消息，暂宜秘密。如宣布，民众必起恐慌，武汉大局将受影响。"第二天，宋庆龄、陈友仁、蒋作宾又密电致蒋介石等称："苟非有军事之急变，不宜变更决议，坐失良机。"③ 但蒋介石一概置之不理。

中国正是在这种复杂情况下，步入风云突变、波澜起伏的1927年。

蒋介石虽已自行声称迁都南昌，但武汉方面反对的声浪很高。外交、财政、交通、司法等部已在武汉开始工作，而蒋所准备的收编地方军阀兵力、解决财政困难等都在联系和接洽中，尚来不及一一落实，他的实力还有限。对他来说最迫切的是"肃清江浙、统一长江下游"。④ 尽管他对迁都武汉不满，但一时还没有足够力量造成南昌和武汉的对立与冲突，所以并没有立刻筹组南昌政府。他还要等一等。他在1月3日记道："精神痛苦，心神烦闷，几难成眠。"5日黄郛从上海来到江西后，两人朝夕"畅谈"，有一次谈到午夜一时才睡。11日，出人意

---

① 郑自来、徐莉君主编：《武汉临时联席会议资料选编》，第374—375页。
② A. B. 巴库林：《中国大革命武汉时期见闻录》，郑厚安等译，北京：中国社会科学出版社，1985年，第39页。
③ 郑自来、徐莉君主编：《武汉临时联席会议资料选编》，第375页。
④ 《蒋介石日记》，1927年1月2日。

料，蒋和刚从广州到南昌不久的国民政府代主席谭延闿同赴武汉。①

第二天下午，武汉民众在阅马场举行隆重的欢迎大会。会议由董用威（必武）主持。他说：国民革命军已经光复了湖北、江西，行将收复江浙，我们还要"向北方发展，务必肃清北方残余的军阀，打倒一切帝国主义，完成革命，这是我们今天欢迎的意义"。蒋介石也讲了些漂亮话："我们要知道，我们得有今日，是跟着总理的政策做到的结果。还望武汉民众本总理的政策团结起来，担负自己的责任，为自己谋建设，为自己解除痛苦。今天这个欢迎会，不要说是欢迎总司令，乃是欢迎总理政策。"②

那时，蒋介石反对中共和工农运动的态度已日益暴露。同蒋介石接触、交往较密切的苏联军事顾问加伦在1月4日致电鲍罗廷："最近关于工人和农民运动的消息，特别是在广东，使很多人感到惊慌。人们认为中国共产党是祸首。多少由于这个原因，正在举行将共产党从国民党除名的秘密谈判……。局势需要您来，否则，蒋介石将为自己的利益而说服所有的人，甚至包括这些无原则的左派。"③ 因此，在武汉欢迎大会晚上举行的有几百人参加的宴会上，鲍罗廷不客气地说了一段话，"蒋介石同志！我与您共事已经四年了"，"我不是个别将军的顾问，而是全体被压迫的中国人民的顾问"，"如果有人不想听我们的忠告，那么世界被压迫人民还是会需要我们的忠告的"。④

鲍罗廷的原意是想以尖锐的语言提醒蒋介石不要在错误的道路上越走越远。当然，他也有点倚老卖老，以为自己这样讲能收到效果。但这时的蒋介石已不是当年那个粤军参谋长或黄埔军校校长，而是自视为党、政、军的最高领袖。曾参加黄埔军校创建和教学并长期任第一军军长何应钦顾问的切列潘诺夫已看到："那时蒋的最大努力是花在如何摆脱鲍罗廷上。他把鲍罗廷看作他为控制革命势力的斗争中最严重的障碍。"⑤ 现在鲍罗廷当着众人训斥蒋介石，引起蒋暴怒的

① 《蒋介石日记》，1927年1月3、5、6、7、8、9、11日。
② 《蒋总司令莅鄂盛况》，《汉口民国日报》1927年1月13日，第1张第1页。
③ 亚·伊·切列潘诺夫：《中国国民革命军的北伐——一个驻华军事顾问的札记》，第503页。
④ A. B. 巴库林：《中国大革命时期见闻录》，第52—53页。
⑤ 亚·伊·切列潘诺夫：《中国国民革命军的北伐——一个驻华军事顾问的札记》，第504页。

后果可想而知。

蒋介石在当天日记中写道："晚宴会，席间受辱被讥，生平之耻无逾于此。"次日记道："昨晚忧患终夜，不能安眠。今晨八时起床，几欲自杀。为何革命而欲受辱至此。"16 日记道："下午与鲍尔廷（即鲍罗廷）叙谈至十八时。"看来并无结果。此时，黄郛赶到武汉。17 日蒋又记道："与膺白谈政治，亦惟沉痛而已。"① 黄郛是最能影响蒋介石的人，此后二人又返回庐山住了好几天，黄与蒋"会谈"多次，看来同蒋决心排除鲍罗廷有关。

蒋介石这个决心到 1 月 27 日已经定下。他在这天的日记中写道："孟余、香凝、择生与季陶来谈。余必欲去鲍罗廷顾问，使政府与党部能运用自如也。彼等恐牵动大局，不敢决断。书生办事，诚非败坏不可也。下午与季陶一人谈叙至八九时，甚佩其理论，然而，其消极与灰心，不能成事也。晚与谭（延闿）戴（季陶）二同志谈至午夜，决议去鲍尔廷、移中央于武汉也。"②

蒋介石这段日记很重要。去鲍确实是一件大事。戴季陶等所说"恐牵动大局"是担心因此牵动同苏联的关系，而北伐军当时在军事和财力方面除苏俄外还没能得到其他国家的有力支持。而蒋介石的坚持去鲍，不只是因为"受辱"，更重要的是因为鲍罗廷四年来一直担任国民政府顾问，孙中山对他一向十分倚重。黄郛的妻子沈亦云说：在武汉时期，"据闻政治会议最后的决定由他，他并不出席会议，开会要决议时，主席起来打电话给他，然后定议"。③ 这个说法也许过分，但也反映出鲍罗廷在国民党中的影响举足轻重。蒋介石最看重的是中央"最后的决定权"掌握在谁手里，这是一切问题的关键所在。这才是他最后决定"去鲍尔廷、移中央于武汉"的原因。

对蒋介石来说，"肃清江浙、统一长江下游"的目标一旦达成，他就打开了一个新局面，可以暂置武汉于不顾。但蒋的实力还不足，内部对去鲍的看法又未统一。于是，他便把力量先集中在"肃清江浙、统一长江下游"上，其他问题暂时放一下，回头再来解决。

沈亦云说："蒋先生和总司令部在南昌，而膺白到汉口，他到汉口的任务为

① 《蒋介石日记》，1927 年 1 月 12、13、16、17 日。
② 《蒋介石日记》，1927 年 1 月 27 日。
③ 沈亦云：《亦云回忆》上册，第 258 页。

何？他没有分析告诉我，他的动作和方向，大概是外交和经济。此时国民革命军的方向是东征而不是北伐，一到上海，这两个问题不但不能避免，而须面对。且为国民政府成立最要紧的事。这两个问题亦分不开，国民党若要改变一面倒于苏联的办法，日英两国是不能不首谋谅解的。此事不但共产党和左派所不喜，即右派亦未必能统筹全局，注意到此。"① 黄郛在经济方面的活动，前面已经说过。在外交上，他介绍日本币原外相的亲信、条约局长佐分利贞男在武汉多次同蒋介石密谈。这些关系都是通过黄郛建立起来的。这个问题，日本方面也十分重视，日本在北京所办中文报纸《盛京时报》2 月 19 日的"中外要电"栏中特载："南方革命军首领蒋介石，近因避免各方面之误解起见，谢绝外人之会见。然据最近庐山之消息，蒋氏于前月廿六、廿七两日，招待日人小室敬二郎氏相与促膝谈心。"②

1927 年二三月间，国民党内部在武汉掀起了"提高党权"运动，矛头直指蒋介石。2 月 8 日，《汉口民国日报》发表社论《要求中央党部国民政府立即迁鄂》。15 日，国民党中央宣传部部长顾孟余在宣传会议报告时说："巩固党的权威，一切权力属于党，是目前党的第一个标语。表现党的意志与执行党的意志的最高机关是中央执行委员会。除去中央委员会之外，决不可有第二个最高指导机关。"③

2 月 17—26 日，国民革命军总政治部主任邓演达在报上连续发表长文，提出："现在在'提高巩固党的威权'、'服从党的指挥'的口号高唱入云、澎湃汹涌的时候……人们要问'党在那（哪）里？'那我们应该答复：党在被压迫民众里面，党在民众的呼声里面，党在革命民众觉悟分子团集的地方。"最后部分，他把话讲得更明白："军事指挥者应该明白，自己个人的力量是很有限的，自己只有无条件的（地）听从党的决定，接受党的制裁，才能够增进党的权威，才能够拿这个权威去指挥统一全体军队，无论是旧有的或新收的。"④ 后面那几句话，

① 沈亦云：《亦云回忆》上册，第 259 页。
② 《蒋中正对内外之各政见》，《盛京时报》1927 年 2 月 19 日，第 2 版。
③ 《中央宣传委员会第九次会议纪》，《汉口民国日报》1927 年 2 月 16 日，第 1 张第 1 页。
④ 梅日新、邓演超主编：《邓演达文集新编》，广州：广东人民出版社，2000 年，第 50、55 页。

几乎是直接针对蒋介石说的。

2月20日，孙科发表《为什么要统一党的指导机关》，其中写道："革命运动，非有统一领导的机关是不能前进的。如果党部和政府的委员不能集中在一块，则各种重大工作，便很容易发生矛盾或冲突，这是与革命前途狠有妨碍的。所以在武汉的同志，大家都觉得像现在领导机关不能统一这种不良现象实有速谋救正之必要。"① 孙科的文章，反映出连国民党内一些高层人士对蒋介石的独断独行、把国民党中央党部和国民政府置之不顾也强烈不满。

原任联席会议主席的徐谦，在3月9日也写了一篇《怎样叫做"个人独裁制"》，说："怎样叫做'个人独裁制'？因为在党内只看见个人的能力，看不见党的威权。""主席可以个人发命令派兵接收广州市党部；主席可以免海外部长的职；主席可以另派海外、组织、工人各部长；主席可以变更外交政策，派赴美代表；主席可以取消中央政治会议决议，使中央党部和国民政府暂驻南昌；主席可以叫中央执行委员会全体会议三月一号在南昌开会，又可以叫他俟东南战事告一段落再行开会：凡此种种事实，还说是党的最高权和党权集中，恐怕任一个党员都不能受蒙蔽的。"② 徐谦是学法律的，这些言论充满愤激，可见确实积怨已久。

前面所举4人，都是国民党员中有影响的人，没有一个是共产党人。从中可以清晰看出宁汉分裂的情形。3月10日，中国国民党二届三中全会在汉口开幕，17日闭幕。出席会议的有中央执行委员18人、候补中央委员11人、候补监察委员4人。蒋介石没有出席。孙科在全会开幕的当天，在报上又发表长篇议论，题目是《我们为甚么要有党》。他写道："现在党的问题，就是革命工作的领导问题。这个领导问题，我们要问的，就是革命工作是否以党去领导呢？抑或以个人去领导呢？革命的权力是否要集中于党，抑或要集中于一两个首领身上呢？如果革命势力是统一于党的，那末这个党才是民众的党，才是代表民众势力的党。如果是统一集中于个人的，那末，这个党马上变成军阀的党、个人独裁的党、封建势力的党了。"

这次全会通过改选汪精卫、谭延闿、蒋中正、孙科、顾孟余、谭平山、陈公

---

① 孙科：《为什么要统一党的指导机关》，《汉口民国日报》1927年2月20日，第1张第1页。

② 季龙：《怎样叫做"个人独裁制"》，《汉口民国日报》1927年3月9日，第1张第1页。

博、徐谦、吴玉章9人为中央常务委员；除常务委员外，又选宋子文、宋庆龄、陈友仁、邓演达、王法勤为政治委员，并以汪精卫、谭延闿、孙科、顾孟余、徐谦、谭平山、宋子文为政治委员会主席团；选出军事委员会委员，并以汪精卫、唐生智、程潜、谭延闿、邓演达、蒋中正、徐谦为军事委员会主席团；改选国民政府委员28人，并选孙科、徐谦、汪精卫、谭延闿、宋子文为国民政府常务委员。这些机构改组和人事任免是全会极为重要的大动作，实际上就是剥夺了蒋介石的独裁地位和权力。

为什么国民党内部会有这样多人反对蒋介石？为什么在武汉会掀起"提高党权"运动，还能举行这样一次二届三中全会，为以后的宁汉分裂作了准备？根本原因，一是在于蒋介石已经公然背弃孙中山晚年实行的联俄、联共、扶助农工的三民主义政策，到江西后变本加厉；二是在于他要把一切大权独揽在自己手里，容不得任何异己力量和不同意见，而他又深有算计、爱耍手段。这些引起不少人的不满。

这些反对蒋的人，情况并不相同，但共同的不满形成了一股合力。一种是在国民党内有一定资望或在社会上有一定声望的人士。蒋介石北伐时只有38岁，在党内的资历不算深，但当了国民革命军总司令后便不可一世，独断专行，他们自然深感不满。孙科、顾孟余等都是例子。所以蒋介石在日记中特别点了孙、顾两人的名。就国民革命军初建时的六个军而言，蒋介石是第一军军长，第二军军长谭延闿、第三军军长朱培德、第四军军长李济深、第六军军长程潜的资格都比蒋介石老，现在把蒋放在他们上面，要听从其指挥，他们心中并不服气。

另一种是军队实力派，其中以唐生智对蒋最为不满和轻视。蒋介石是1926年7月9日就任国民革命军总司令并举行誓师典礼的，到29日才起程离开广州，8月11日到已由北伐军前敌总指挥唐生智部收复的长沙。唐生智部是湘军主力，参加北伐前"所部名义上是一个师，实际上拥有5万人枪"。[1] 他们在北伐军中占着相当大的比重，对两湖的情况又比较熟。蒋介石到长沙时，北伐军已向武汉进发。蒋赶往前线，指挥进攻武昌，由于直军刘玉春部坚守，进攻迟迟没有进

---

[1]　唐生智：《关于北伐前后几件事的回忆》，全国政协文史资料委员会编：《文史资料存稿选编》第3卷，北京：中国文史出版社，2002年，第798页。

展，更遭到轻视。9 月 6 日，唐部第八军在守军投降的情况下占领汉阳，控制极为重要的汉阳兵工厂，用该厂制造的大量武器弹药装备部队，第八军一下扩充成三个军，两湖地区实际控制在唐的手中。唐同蒋介石素无渊源，并对蒋颇为轻视。舆论认为："党军北伐，唐生智在两湖树功独多。其人于党无深关系，而声名煊赫，意不肯下蒋。民党左派不无有挟以对抗蒋者，一时以巩固党权相号召，声浪遍于江汉。"① 蒋介石在 9 月初转向江西作战，既为了替进军他心中的主要目标江浙打开通路，也因为他在两湖难以立足。他在 9 月 4 日日记中写道："吾今竟处于四面楚歌、前后夹攻之境，耻辱悲怜、痛苦抑郁之情未有甚于此者也。最恨以下凌上、使人难堪也。如此奇辱，其能忘乎？" 8 日写道："接孟潇（唐生智）函，其意不愿意余在武昌，甚明也。" 14 日又写道："余决离鄂向赣，不再为冯妇矣，否则人格扫地殆尽。"②

还有一支重要力量，就是国民党内一批真正的革命左派，如宋庆龄、何香凝、邓演达、柳亚子等。他们痛恨蒋介石背弃孙中山遗教，反共、反俄、镇压工农运动和实行独裁统治。这是一支在群众中很有影响的力量。许多共产党人这时还以个人身份留在国民党甚至国民党的中央执行委员会内。中共领导下在湖南、湖北、江西、广东等地蓬勃发展着的工农运动，对蒋介石也构成巨大威胁。这几股情况不同的力量汇合在一起，进行了反蒋的党权运动。

蒋介石心目中的重点，始终在"肃清江浙、统一长江下游"。那里是他出生和成长的地方，也是中国最富庶、金融资本最集中的地区。在他看来，控制了这个地区，他最关心的经济和外交问题都可以得到解决；由于孙传芳的主力已在江西被击溃，进军沿途又可以招纳多批不属于孙传芳嫡系的军阀部队，大大增强他统率的兵力，成为他能自由指挥的新军阀部队，回头再来对付武汉方面的力量。舆论观察得很清楚："蒋介石于赣战定后，已变更其单纯之军事政策，积极着手于新政府之建设。"③

当然，对武汉的反蒋活动，蒋介石仍很关注。武汉掀起"提高党权"运动后，他在 2 月 16 日日记中写道："汉口党部对静江、膺白攻击，对余指责。一般

---

① 《一周国内外大事述评》，《国闻周报》第 4 卷第 10 期，1927 年 3 月 20 日。
② 《蒋介石日记》，1926 年 9 月 4、8、14 日。
③ 《国内外一周间大事记》，《国闻周报》第 3 卷第 48 期，1926 年 12 月 12 日。

党员之跨党者煽惑播弄，使本党不安。""事至于此，虽欲不放弃，而不得矣。"17 日记："汉口联席会定反革命罪各则，以及各种宣传，对余与静江兄攻击，几无完肤。名余为独裁制，名静（江）为昏庸。除 CP（中共）以外，无一非反革命，必欲使我党党员各个击破殆尽。所恨者，本党党员诌奉卑污、趋炎附势、执迷不悟之徒，其罪恶比敌尤甚也。"18 日记道："顾某（指顾孟余）诋毁中正不遗余力。以宣传委员会名义，提倡党权，集中防制独裁制，我甚赞成，但……顾之言行，令人不得不疑其为 CP 之间谍。彼犹如此，则党尚能为乐？"①

蒋介石这时特别重视外交方面的关系，并且把矛头直指坚持反帝的北伐军总政治部主任邓演达。本来，北伐军得到苏俄多方面的支援。这时，蒋一再向英、日等示好。《盛京时报》载："汉口电，国民政府汉口政治部主任邓演达，最近已将其权限极力消灭，以此观之，蒋介石之如何压制共产派以见好外人，当可明了矣云。汉口云，蒋介石十日发出保护外国人生命财产之布告……以后如有此等行为（指反帝活动）即重惩不贷。同时将布告原文送达汉口各领事，声请外国人如遇暴行，可立通告中国方面。一方面邓演达之权限亦被缩小，是则国民政府对外态度之缓和，于此可见矣。"②

国民党二届三中全会后，蒋介石 3 月 11 日记道："逸民（朱绍良）来谈武汉必归唐逆（指唐生智）所掌握也，可惜第四与第十一师（指第四军张发奎部）不能觉悟，革命前途至此绝望矣。"14 日他记道："中央会议各种议案及被选上人大半非本党信徒，全为 CP 所操纵，党已非党矣，而妨碍军事，削夺兵权，无所不用其极，必欲使本党有历史之党员一人不留，必欲使国民革命破坏无余，其用心之险如此也。"可见全会这些决定是击中蒋介石要害的。22 日他又记道："中正只知于革命有益，于本党主义能够实现，则无不可为之事。"③ 他已认定"无不可为之事"，就要随心所欲地下手了。

宁汉分裂之局已定。但蒋介石此时的关切重点还在于先解决江浙军事问题。他在 1926 年 12 月 29 日任命白崇禧为东路军前敌总指挥，率 4 个师进入浙江。本来不属于孙传芳部下的浙江地方军阀部队纷纷投向北伐军。先是浙江省省长夏超

---

① 《蒋介石日记》，1926 年 2 月 16、17、18 日。
② 《蒋中正右倾态度》，《盛京时报》1927 年 2 月 20 日，第 2 版。
③ 《蒋介石日记》，1927 年 3 月 11、14、22 日。

率部反孙，其部改编为北伐军第十八军，夏兵败被杀。12 月中下旬，浙军第一师陈仪、第三师周凤岐部先后反孙，两部改编为北伐军第十九军和第二十六军。孙传芳余部已军心涣散。北伐军没有经过激烈战斗便在 1927 年 2 月 18 日进占杭州，随即向上海推进。第二天，蒋介石在日记中写道："杭州占领，军事胜利，沉闷忧患中聊作自慰。"① 21 日，白崇禧率部推进到上海南郊龙华，第二天白对新闻记者发表谈话时，仍称："国民革命军只知征服帝国主义者及资本主义者，使其更换其帝国主义之政策与资本主义之侵略，以达互相平等为主旨。至外人在上海之一切生命财产，则吾侪须竭其力之所及以维护之保障之，决不使其有丝毫之危险。至各国在上海所施之一切不平等条约，自有国民政府依据已定之方案施行之。"② 这是一个故意含糊其词的讲话，令人摸不清他们下一步会怎样行动。

另一路是由北伐军第六军程潜部和第二军鲁涤平部从赣北沿长江两岸向安徽东下。孙传芳方面的安徽总司令陈调元本在江苏齐燮元部任剿匪总司令，同孙传芳关系不深。陈资格很老，清末在湖北的陆军第三中学堂任教官，"该学堂学生中有唐生智、何应钦二人，遂隐伏下陈调元最后归附蒋介石的伏线"。③ 蒋介石在南昌时，陈调元就多次派人同蒋接洽，北伐军一进入安徽，陈就改任北伐军北路军总指挥兼第三十七军军长，原芜湖镇守使王普为第二十七军军长，原湘军叶开鑫为新编第五军军长。国民党方面的战史也写道："自是，安庆及皖南地区，遂兵不血刃而定。"④ 北伐军第二军和第六军乘势而下，在 3 月 23 日攻克南京。这两个军都听命于武汉方面。蒋介石为了准备发动四一二政变，就把这两个军调出南京并部分消灭，而由新收编的湘军贺耀祖部接管南京。

整个局势已发展到"山雨欲来风满楼"的危急时刻。一场生死搏斗很快就将来临。中国共产党是怎样应对的？那时，中共成立还没有满 6 年。大多数领导成员很年轻，只有二三十岁，以往主要从事工人运动和学生运动，社会政治经验不

---

① 《蒋介石日记》，1927 年 2 月 19 日。

② 黄嘉谟编：《白崇禧将军北伐史料》，台北：台湾"中研院"近代史研究所，1994 年，第 38 页。

③ 杨文恺：《陈调元生平》，全国政协文史资料委员会编：《中华文史资料库》第 10 卷，北京：中国文史出版社，1996 年，第 1696 页。

④ 《北伐简史》，台北：正中书局，1970 年，第 109 页。

足。由于军阀长期割据和混战，各地区联络不便，党在组织上相当松散。共产国际派来的顾问在决策和工作中往往起着决定性的作用。王若飞在 1943 年留下一段重要回忆："此时中国共产党的领导有三个中心：上海——陈独秀、（彭）述之、（瞿）秋白、CY 的（任）弼时、国际代表魏金斯基（维经斯基）。北京——李大钊、（赵）世炎、（陈）乔年、国际代表加拉罕。广东——陈延年、（周）恩来、（张）国焘、国际代表鲍罗廷、军事加伦。形式上各地都受中央领导，中央当时还作了一些工作，但许多问题是独立作主的。许多意见中央主张是不能到各地的，如陈独秀反对北伐，但并未影响到广东。北方大钊同志的意见是主要的。"[1]

拿早期的国共关系来看：先说北京，李大钊是最早经孙中山介绍以个人身份加入国民党的，是国民党一大代表，并被选为国民党中央执行委员。国民党的政治和军事根据地在广东，而李大钊是北大教授，平时在北京，主持北方党的工作，参与国民党方面的活动不多。加拉罕地位虽较高，但因担任苏俄驻中国公使，而北京又是北洋政府所在地和北洋军阀大本营，所以他不便过多参与国共有关活动。

广东是孙中山和国民党的活动中心。国民党在这里既有政权，又有军队。国共合作后，中共广东区委委员长先后由周恩来、陈延年担任，毛泽东、瞿秋白、张太雷、林祖涵（伯渠）、吴玉章、彭湃、谭平山等先后在这里工作，他们大多在国民党内担负重要职务。鲍罗廷来中国后经加拉罕向孙中山推荐，深得孙中山信任，被聘为国民党组织训练员、革命委员会顾问，帮助国民党改组，国民党一大前后不少重要文件是他起草的。广州国民政府成立，聘他为国民政府高等顾问，他在当时起着重要作用。

上海是中国共产党诞生地，也是一大至四大后中共中央所在地，陈独秀一直是主要领导人。这个时期内，中国民主革命纲领的制定、中国劳动组合书记部的建立和早期工人运动的开展、实行国共合作和共产党员可以个人身份参加国民党等，都是中共中央的决定。作为大革命高潮起点而席卷全国的五卅运动是在中共中央直接领导下展开的。在全党和全国有很大影响的《向导》周报由中共中央主

---

① 王若飞：《关于大革命时期的中国共产党》，《近代史研究》1981 年第 1 期。

办。维经斯基比鲍罗廷年轻9岁，共产国际在五四运动后不久批准俄共（布）远东地方委员会和处于地下状态的俄共（布）远东局海参崴支部的报告，派他从海参崴以"共产国际工作组"的名义于1920年4月来到中国。维经斯基先后会见李大钊、陈独秀，推动了中共的成立。① 维经斯基回莫斯科后，先在共产国际远东书记处、远东局工作，1923年又来中国，接替马林为共产国际驻中国代表。他的主张，和鲍罗廷有相同的地方，也有不同的地方，这增加了中国共产党决策时的复杂性。

三、四一二政变和宁汉分裂

蒋介石"急于肃清江浙、统一长江下游"，其中焦点是上海。不控制上海，他在经济、外交等方面的问题都无法根本解决。

上海是中国最大的工业城市和金融中心，也是中国工人阶级最集中的地方，是中共中央所在地。全市居民当时有200万人以上，多数住在公共租界和法租界内。那时，中共中央局委员只有5人。其中，蔡和森在苏联，瞿秋白和张国焘到广东开会后没有回来，留在上海主持工作的只有陈独秀、彭述之两人。北伐前夜，罗亦农、赵世炎先后调到上海，罗亦农担任上海区委书记，赵世炎担任上海区委组织部部长兼上海总工会党团书记。1926年12月，又调周恩来到上海担任中央组织部秘书（部长由陈独秀兼任）和中央军委委员，负责党的军事工作。

中共中央在上海的军事工作主要是领导上海工人武装起义。当时北伐军正向江浙地区推进。上海工人武装起义一共有3次。前两次因为条件不成熟和准备不周，没有成功（周恩来那时还没有到上海）。1927年2月16日，上海区委在罗亦农主持下召开区委第一次全体会议，区委会议记录道，"蒋现为一切反革命派如黄郛、贺德霖等所包围"，"我们决坚决反对，拉住左派，现在左派中如邓演达、唐生智、徐谦、宋子文等都坚决反对"。蒋介石在南昌时已枪杀赣州总工会委员长陈赞贤，到安庆后又指使捣毁左派掌握的安徽省党部。上海区委对蒋介石的反

---

① 《维经斯基在中国的有关资料》，北京：中国社会科学出版社，1982年，第460页；余世诚、张升善编著：《杨明斋》，北京：中共党史资料出版社，1988年，第6页。

共面目已有一定认识，讲到"蒋实反革命"，要"将蒋之罪状宣布，特别是工人阶级"，但仍把他看作"为一切反革命派如黄郛、贺德霖等所包围"，可见这种认识仍很不足。① 至于把唐生智、宋子文等看作"左派"，也说明认识很不清楚，以后就更明显地暴露出来。

当时的军事局势已发生很大变化，所部主力在江西溃败后孙传芳自知已无力支持，只得秘密到北京归附张作霖，担任张的安国军副总司令。奉系的直鲁军大举南下。孙传芳的嫡系部队军心不服，离心离德。孙所收编的浙江地方军阀更几乎全部投附北伐军。孙部已呈土崩瓦解之势。据报载："鲁军骄慢，肆无忌惮，孙军将领颇为不慊，前敌司令孟昭月（孙传芳的嫡系将领）等不愿对鲁合作到底，竟于今晓脱逃无踪，所遗将卒，遽失所归，大部分已投降南军。"② 浙江战局急转直下。"浙战在一月以前，全系（孙传芳部）联军与（投诚北伐军的）浙军第一、三两师之直接作战。南军主力并未加入。"③

2月18日，北伐军进占杭州，迫近上海。中共中央和上海区委随即召开联席会议，决定成立特别委员会来指导第三次工人武装起义。特委由陈独秀、罗亦农、周恩来、赵世炎等8人组成，确定周恩来为特别军委书记和武装起义总指挥。起义的武装力量主要是工人纠察队，共有5000人，还有自卫团、特别队等，从工人中选调当过兵、有过实际作战经验的党员为教员，进行初步的军事训练，还偷运来250支手枪。

那时，直鲁军毕庶澄部南下，已将原驻这里的孙军李宝章部撤离上海。毕庶澄部只有3000人，加上警察2000人，兵力并不强。毕部对环境又不熟悉，同地方势力缺少联系，军心很不稳。这对工人武装起义是有利的。

"自杭州不守消息到沪，沪上工人大为兴奋，由总工会宣布罢工。表面理由为反对英兵来沪，而实则乃为党军应声，意在迫孙军退出上海。从其意味观之，可谓超出于劳资问题之外，而纯政治上运动之参加。"④ 21日中午，全市约80万

---

① 上海市档案馆编：《上海工人三次武装起义》，上海：上海人民出版社，1983年，第118页。

② 《孟昭月遽尔脱逃 松江联军投降南军》，《盛京时报》1927年3月4日，第2版。

③ 《三周间国内外大事叙评》，《国闻周报》第4卷第5期，1927年2月13日。

④ 《一周间国内外大事叙评》，《国闻周报》第4卷第7期，1927年2月27日。

工人宣布总罢工，武装的工人纠察队随即出动，进攻的重点是租界以外的各区警察局和毕庶澄部准备搭车撤退的闸北火车站。毕部和警察局都无心抵抗，迅速溃散。工人纠察队缴获大批枪支弹药，还有少量手榴弹和轻机枪。同时宣布成立由共产党员、国民党员和当地绅商组成的市民政府。

正当上海工人同军阀部队浴血奋战时，北伐军白崇禧部推进到上海南郊的龙华。可是，白部就停在那里，按兵不动作壁上观，只把具有重要军事价值的江南兵工厂迅速抢占在手里，东路前敌总指挥部也设在兵工厂内，这是他们最看重的地方。直到工人纠察队占领闸北火车站，上海胜败大局已定，白崇禧才挥师北上，进驻上海。

赵世炎在《向导》上发表文章，写道："三月二十夕，国民革命军占领逼近上海之龙华。但国民革命军预奉命令，令避免与上海租界帝国主义武装之冲突。占领龙华后革命军的策略，尚欲纳降拥有雄厚兵力的毕庶澄率领下之直鲁联军。""国民革命军预奉有令不攻上海，但上海的工人则预有准备，夺取军阀的武装，为革命军占领上海。"[1] 起义胜利后，上海区委忙于筹组市民政府和工人纠察队。

蒋介石在 20 日从九江乘军舰东下。23 日，北伐军攻克南京。英美军舰借口溃兵游民的抢劫杀人暴行炮轰南京，制造南京惨案。26 日中午蒋到上海，先后同白崇禧、黄郛、吴稚晖谈。值得注意的是，上海金融界重要人物虞洽卿、陈光甫、钱新之当天就赶来相见。[2] 从蒋到上海刚半天立刻会见的这些人可以看出，他最迫切需要处理的是些什么问题。

蒋介石到上海后，由于他是国民革命军总司令，所以受到当地民众热烈欢迎。因为立足未稳，准备工作尚未做好，蒋未对时局表露明确态度。报载他到沪时，"态度严肃，当向欢迎者作简单之演讲，略谓沪地为全国最大商埠，军事外交均极重要，故特兼程来沪，办理一切善后，尚望同志一致努力。其余意见，容再详谈"。[3] 率领北伐军进入上海的白崇禧第二天在有罗亦农参加的 30 万群众大会上激昂慷慨地说，"民众应即集中其势力，与国民革命军联合"，"因为一部分

---

① 施英（赵世炎）：《上海工人三月暴动纪实》，《向导》周报第 193 期，1927 年 4 月 6 日。
② 《蒋介石日记》，1927 年 3 月 26 日。
③ 《蒋总司令昨日抵沪》，《民国日报》（上海）1927 年 3 月 27 日，第 4 版。

之势力，对付任何方面，是不可能的，集中全国革命的势力，应付一切，自易奏效"。这是刚进上海先稳住局面的说法。但下一天就宣布上海戒严。布告先引蒋介石的命令称"现在军事时期，应取紧急处置，以维大局而遏乱萌"，接着称："查沪局粗定，人心浮动，反动份子利用机会，希图引起纠纷，破坏大局，事势严重，自应即日宣布戒严，藉以维持治安，遏止暴动。凡我民众，应各体会此意，切勿逾越范围，任意行动，自取咎戾。"① 这些话已暗露杀机，为下一步武装镇压埋下伏笔。再下一天，蒋介石亲自致函已得到武汉政府认可的上海特别市临时市政府，要他们"暂缓办公，以待最后之决定"。② 实际上就是通知他们立刻停止活动。

中共上海特委对危险已有警觉。3月30日，周恩来在特委会议上说："正（整）个的情形，他们对付我们已有预备。""白有密电致右派军官，要对抗武汉。将来他们对付武汉及解决上海只有凭武力。同时，对付民众只有如江西雇佣流氓。在安徽已联合大资产阶级、流氓群众联合，召集大会，蒋有代表出席。"③ 蒋介石在四一二事变时依靠的正是军队和流氓。但年轻的缺乏经验的中国共产党这时只是在思想上有所认识，还不清楚应该如何有效地应对。

日本在北京办的《盛京时报》已有透露。该报4月6日载："蒋介石与银行公会及商工两会之借款契约完全成立，已于本日交付款项。"④ 4月10日载："蒋介石等对于共产派之苦的打（"苦的打"是法语音译，即"兵变"或"武装政变"——引者注）计划似已充分成熟。"⑤

但是，共产国际担心的是如何避免同蒋介石破裂。3月10日，联共（布）中央政治局决定由布哈林受共产国际委托致电鲍罗廷并转国民党中央、抄送中共中央，提出5条意见："（1）我们认为在中国南方建立两个中心、两个国民党、两个政府和因此建立两支军队的做法是危险的和不能容许的。（2）我们认为绝对有必要在武昌召开统一的国民党中央全会，蒋介石务必参加，国民党全体中央委

① 黄嘉谟编：《白崇禧将军北伐史料》，第43—45页。
② 《蒋总司令致临时市政府函》，《民国日报》（上海）1927年3月30日，第2张第1版。
③ 上海市档案馆编：《上海工人三次武装起义》，第436页。
④ 《蒋介石借款成功矣》，《盛京时报》1927年4月6日，第2版。
⑤ 《蒋介石将行苦的打》，《盛京时报》1927年4月10日，第2版。

员必须无条件服从国民党中央的一切决议。（3）我们认为国民党和中国共产党绝对需要密切合作，因为我们坚信，如果没有这种合作，中国就不可能摆脱帝国主义的压迫，联合成一个统一的国民革命的中国。（4）我们认为不久前蒋介石显然为讨好国民党右派所作的答记者问，是对国民党和中国革命的一个不能容许的分裂主义的打击。（5）我们认为国民党在武昌提出的同蒋介石合作的条件是正确的并能保证国民党的统一。"①

这份电报担心如果破坏同国民党和蒋介石的合作，就没有力量反对帝国主义。在共产国际看来，尽管蒋介石有反对革命的倾向，但客观上他还在进行着反对帝国主义的战争。事实上蒋已经下决心用极端的手段实行破裂，共产国际的判断完全不符合中国的实际情况，许多地方现在读起来有如痴人说梦。而当时却束缚住中国共产党人的手脚，成为造成中共在大革命中一系列严重右倾错误的重要根源。

4 月 1 日，一向被看作国民党左派领袖的汪精卫从法国回到上海。他仍保有国民政府主席的身份。到上海当晚，他就同蒋介石长谈。上海《民国日报》报道："闻汪君表示：际兹革命尚未成功之时，本党全部应一致团结，俾蒋总司令得克竟军事全功，不宜或生他种枝节。"②

汪精卫在中山舰事件后离开广州去法国原是被蒋介石逼走的。他是国民政府主席，离国时只称因病请假，并未辞职，在国民党内仍有很高声誉和不小影响。谭延闿只是代理主席职务，蒋介石此时觉得汪还有利用价值，想尽力拉拢。报载："蒋因于三日发拥汪电，致各将领，大意谓汪精卫同志回国，对党国大计，业经恳切晤谈。此后党务、政治负责有人，本人当专心军旅，所有军民财各政及外交，此后须在汪指挥下完全统一于中央，本人率各军一致服从。"③ 这完全是演戏，蒋介石这段戏真是唱得有声有色。这一点，汪精卫心中倒也明白。

其实，蒋介石反共以及同武汉分裂的决心早已下定，并且就要动手了。他在

---

① 《联共（布）中央政治局会议第 90 号（特字第 68 号）记录（摘录）》，中共中央党史研究室第一研究部译：《联共（布）、共产国际与中国国民革命运动（1926—1927）》（下），北京：北京图书馆出版社，1998 年，第 149—150 页。

② 《汪主席到沪后之热烈表示》，《民国日报》（上海）1927 年 4 月 5 日，第 2 张第 1 版。

③ 《一周间国内外大事述评》，《国闻周报》第 4 卷第 13 期，1927 年 4 月 10 日。

4月2日的日记中写道："下午会客，讨论共产党事。为本党计，非与之分裂不可也。"① 同一天，由吴稚晖首先出面致函国民党中央监察委员会要求查办共产党，信中说："现在汉口中央执行委员会，为共产党及附和共产党之各员奉俄国共产党煽动员鲍罗廷而盘据，最近诸多怪谬之改变，乘北伐军攻坚肉搏之时，而肆其咎兵抑将之议，无非有意扰乱后防。""伏祈迅予公决，得咨交中央执行委员会非共产党委员及未附逆之委员，临时讨论，可否出以非常之处置，护救非常之巨祸。"② 这打响了蒋介石公开发动"清党"的第一炮。

就在同一天，鲍罗廷在武汉国民党中央会议上说："蒋同志现在上海，已经形成一个反动中心，这一定失败的！""去年三月二十日事变的行为，也是不理中央，自己乱做。现在他在上海，对外对内各种情形，都走入反革命的路去，没法子使他能革命的。"③ 双方对立，已经壁垒分明了。

4月5日，汪精卫、陈独秀却发表了一份《联合宣言》。此时此刻，发表这样一个《联合宣言》，确实起了很坏的作用。它一开始就写道："国民党、共产党同志们！此时我们的国民革命，虽然得到了胜利，我们的敌人，不但仍然大部分存在，并且还正在那里伺察我们的弱点，想乘机进攻，推翻我们的胜利，所以我们的团结，是时更非常必要。中国共产党坚决的承认，中国国民党及国民党的三民主义，在中国革命中毫无疑义的需要，只有不愿意中国革命向前进展的人，才想打倒国民党，才想打倒三民主义。中国共产党无论如何错误，也不至于主张打倒自己的友党，主张打倒我们敌人（帝国主义与军阀）素所反对之三民主义的国民党，使敌人称快。"最后这样结束："国共两党同志们，我们强大的敌人，不但想以武力对待我们，并且想以流言离间我们，以达其'以赤制赤'之计。我们应该站在革命的观点上，立即抛弃相互间的怀疑，不听信任何谣言，相互尊敬。事事开诚协商进行，政见即不尽同，根本必须一致。两党同志果能开诚合作，如弟

---

① 《蒋介石日记》，1927年4月2日。
② 《吴敬恒致中央监察委员会请查办共产党函》，蒋永敬编：《北伐时期的政治史料——一九二七年的中国》，台北：正中书局，1981年，第366—367页。
③ 《在中国国民党中央执行委员会常务委员会第五次（扩大）会议上的发言》（1927年4月2日），《鲍罗廷在中国的有关资料》，北京：中国社会科学出版社，1983年，第197页。

兄般亲密，反间之言，自不获乘机而入也。"①

当时的历史情景：蒋介石磨刀霍霍，已经下决心准备进行血腥的大屠杀。对革命者来说，最重要的是百倍警觉，做好应对的准备。《联合宣言》的甜言蜜语，绝不会使蒋介石改变主意，放下屠刀，只会使革命队伍中少数人沉醉在"弟兄般亲密"的虚幻迷梦中，放弃警觉和戒备。这个文件自然是有害的。《联合宣言》发表不久，汪精卫、陈独秀在4月上旬先后离开上海，来到武汉。

为什么汪精卫到上海后，5天内同蒋介石4次长谈，蒋在4月3日还"发拥汪通电"，但4月5日汪却不辞而去武汉？那天蒋还"往访精卫未晤"，宋子文来告，才知汪已去汉口。② 其中原因，除政治主张未取得一致外，更重要的是因为他在谈话中看清蒋介石已大权独揽，他如留下也是徒具虚名而处于寄人篱下的窘境。汪精卫也是权力欲极强的人，且自视甚高，自然不满于徒得虚名而听蒋摆布。这一点，胡汉民的女儿胡木兰也看清楚了。她写道："蒋先生虽然发出拥护他的通电，事实上似乎也只是表面文章。在此情形之下，汪先生自然不可能舍弃其已经获得的合法领导地位和崇高的声望而在南京倚人篱下，另起炉灶的。"③ 这也在一定程度上直接推进了宁汉分裂。

陈独秀来到武汉，中共中央就从上海移到武汉。李大钊在1927年4月27日在北京被奉系军阀杀害，年仅38岁。王若飞所说大革命早期"中国党的领导有三个中心"的现象不再存在。

由于中国局势越来越紧张，共产国际又特派印度人罗易代表共产国际到武汉，但是罗易和鲍罗廷的看法很不一致，使武汉的情况更复杂，中共中央在这种复杂环境下更难进行决策了。

蒋介石很快就动手了，那就是四一二政变。蒋历来最看重武力，四一二政变就从解除他最不放心的上海工人纠察队武装着手。工人纠察队经过连日苦战，用罗亦农的说法是"疲劳已极"。3月25日，周恩来向中共中央报告：白崇禧将蒋

---

① 《汪精卫陈独秀联合宣言》（1927年4月5日），中央统战部、中央档案馆编：《中共中央第一次国内革命战争时期统一战线文件选编》，北京：档案出版社，1991年，第511—512页。
② 《蒋介石日记》，1927年4月3、5日。
③ 胡木兰：《回忆我的父亲》（14），复印件。

介石嫡系的刘峙部第二师调来闸北，"即将谋解决我们的纠察队"。4月6日，罗亦农在中共上海区委会议的报告中说："蒋与我们争斗的中心问题，为解决上总纠察队武装问题，他要取消上海工人在政治上的地位，此是国民党与共产党最后的决斗。"①

这时，上海的政治空气日趋紧张。东路军前敌总指挥部政治部从4月9日起每天在上海《民国日报》上以半版篇幅用大字刊登一句标语，如"打倒后方捣乱分子"、"由纯粹的国民党员来提高党权"之类。它虽不标明具体内容，但给人的强烈印象是：大事要发生了。

据上海总工会在4月15日所写报告："总工会之纠察队总数共有二千七百人，分驻闸北、吴淞、浦东、南市四地。""以八十万工友之组织保持不满三千人之武装，以为自卫，实有必要。"纠察队在上海工人第三次武装起义时曾从北洋军溃军手中缴得不少步枪、手榴弹等武器弹药，由工人纠察队集中保管。但纠察队员大多是产业工人，只在第三次武装起义前受过很短时间的军事训练，作战经验十分缺少。总工会的会所设在闸北的湖州会馆，纠察队总指挥处在离湖州会馆不远的商务印书馆俱乐部。

4月11日深夜到12日凌晨，蒋介石终于从闸北的工人纠察队开始下手。其驻防闸北的部队是原属孙传芳投向北伐军的浙军周凤岐部，改编为第二十六军。他们调驻闸北后，表面上对工人纠察队表示绝无恶意。11日深夜，突然有上海青洪帮流氓黄金荣、杜月笙、张啸林的大批便衣党徒臂缠"工"字标志，手持盒子炮等，从租界冲出，向湖州会馆等处冲锋开枪。工人纠察队立刻奋起还击。这时，大批二十六军部队开到，先将前来攻打工人俱乐部的流氓缴械，有的还用绳索捆绑起来。工人纠察队看到这种情景不再怀疑，开门将二十六军放入。谁知军队一进门，领队军官就变了脸，说："他们的枪械已经缴了，你们的枪械也应该缴下才好。"② 这时机关枪已经架起，猝不及防的工人纠察队被迫缴械。其他几处情况与此大同小异。

4月12日上午，总工会在闸北召开有10万人参加的群众大会。会后，整队赴宝山路二十六军二师师部请愿，要求立即释放被拘工友，交还纠察队枪械。队

① 上海市档案馆编：《上海工人三次武装起义》，第446页。
② 上海总工会：《四一二大屠杀纪实》，《四·一二反革命政变资料选编》，北京：人民出版社，1987年，第209、211页。

伍进行到宝山路三德里附近时，埋伏在里弄内的二十六军士兵突然奔出向群众开枪，接着又用机关枪向聚集在宝山路上的游行群众扫射，前后达十五六分钟，至少有五六百发。民众因大队拥挤，道路不宽，无法退避，死亡 100 多人，伤者不计其数。这就是惨绝人寰的宝山路血案。

著名文化界人士、闸北居民郑振铎、胡愈之、周予同、吴觉农等 7 人当天给蔡元培、李石曾、吴稚晖等写信，详细描述他们目睹的惨剧，并在当天《时报》上发表。信的一开始就写道："自北伐军攻克江浙，上海市民方自庆幸得从奉鲁土匪军队下解放，不图昨日闸北，竟演空前之屠杀惨剧。受三民主义洗礼之军队，竟向徒手群众开枪轰击，伤毙至百余人。三一八案之段祺瑞卫队无此横暴，五卅案之英国刽子手，无此凶残，而我神圣之革命军人，乃竟忍心出之！此次事变，报纸纪载，因有所顾虑，语焉不详。弟等寓居闸北，目击其事，敢为先生等述之。"最后说："党国大计纷纭万端，非弟等所愿过问，惟睹此率兽食人之惨剧，则万难苟安缄默。弟等诚不愿见闸北数十万居民于遭李宝章、毕庶澄残杀之余，复在青天白日旗下，遭革命军队之屠戮，望先生等鉴而谅之。"① 他们都不是共产党员，只是本着赤诚的正义感，在这种令人窒息的空气下，不顾个人安危，毅然挺身直言，确实令人肃然起敬。

有一件事看起来很奇怪：四一二大屠杀这样震惊中外的大事，在蒋介石 4 月上半月日记中只有一处略见几笔，那就是 13 日下午所记"上海工团枪械已缴，颇有死伤"，② 其他都不见踪影，似乎蒋对此并不十分关心，也许还会使人误认为蒋介石对此事的具体进行并未过问。其实这并不奇怪。蒋介石日记中没有记录，并不等于不是他细心策划和直接布置的。拿四一二大屠杀来说，因为他对此早经仔细筹划，已经胸有成竹，一切都在意料之中，不必再在自己日记中详加记载。这时，他要着重考虑的下一步，一是"清党"，一是在南京另立政府。

日本官方大声为这一事件喝彩。《盛京时报》载文："最近蒋介石氏所采之极严厉手段，例若对于便衣队之讨伐，若对于纠察队之'苦的打'，若总工会暨其余各机关之搜检，皆是防范暴动、维持秩序之正当办法。"③

---

① 《胡愈之文集》第 2 卷，北京：三联书店，1996 年，第 171—172 页。
② 《蒋介石日记》，1927 年 4 月 13 日。
③ 傲霜庵：《论党军内讧》，《盛京时报》1927 年 4 月 16 日，第 1 版。

四一二政变的消息传到武汉，刚到那里的汪精卫在 4 月 13 日就慷慨陈词："我们要问问前敌的将（士），究竟愿不愿意杀工人。这样杀工人的事，是国民革命军的耻辱，这也是国民党的耻辱。若这样的耻辱不能洗除，我们不如不要国民党，不如不要国民革命军。"在正式讲话中，他说："兄弟到上海的第二天，看见许多国民革命军总司令部内的同志及几个中央执监委员，他们就有一个新口号，这个口号就是反共产。""兄弟可以证明，这种反共产的口号，实在就是反革命。""所以现在真正的革命分子，只有把反革命分子完全肃清，也再没有第二条出路了。""革命运动到了这样一个严重的时期，我相信革命势力一定会团结起来，打倒这些工贼，即使到了最后一个同志，我们的革命运动也必将得到最后的胜利。"① 汪精卫这番"肺腑之言"，力图营造出他真正国民党"左派"领袖的形象，想不到短短 3 个月后他就翻过脸来，"变"成完全相反的人。

4 月 15 日，蒋介石又向前跨出一步，以国民革命军总司令名义正式发布"清党布告"，内称："照得此次中国国民党中央监察委员会举发共产党连同国民党内跨党之共产党员等有谋叛证据，请求中央执行委员会各委员在所在各地将首要各人就近知照公安局或军警机关，暂时分别看管监视，免予活动，致酿成不及阻止之叛乱行为，仍须和平待遇，以候中央执行委员会开全体大会处分等因。""本总司令职司讨伐，以维持地方秩序为最要。如有藉端扰动，有碍治安者，定当执法以绳其后也。"② "仍须和平待遇"？亏他说得出口！在"清党"的旗号下，不知有多少共产党员和爱国志士惨死在他们的屠刀之下。

在宣布"清党"后，对蒋介石来说最重要的是在南京另行成立"国民政府"。他很明白："总司令"按理只能指挥军事，必须有"政府"才能统治全局。但在武汉已有"国民政府"，在南京再建立一个"国民政府"需要有合法性，而且武汉手里的牌并不比南京少。蒋介石在 4 月 15 日日记中写道："十时开中央全体会议未成，即开谈话会，讨论政府与中央成立手续。"③ 谈话会当然不能对这样的重大问题作出决定。原来被蒋介石逐出广州、此时正蛰居上海的国民党元老

① 《省市两党部昨晚欢宴汪精卫同志志盛》，《汉口民国日报》1927 年 4 月 14 日，第 1 张第 1 页。
② 《蒋介石清党布告》，《四·一二反革命政变资料选编》，第 247 页。
③ 《蒋介石日记》，1927 年 4 月 15 日。

胡汉民提出："中央常务委员会因不足法定人数不能开会，而政治党务急待进行，中央政治委员会委员到南京者已有八人，超过半数，请即日举行中央政治委员会主持一切。"18 日，政治委员会在南京举行第一次会议。国民政府常务委员 7 人，有胡汉民、张静江、古应芬、伍朝枢 4 人在南京，大多同胡汉民接近，刚过半数。仿佛只要有个说法，就不管合法不合法了。于是，就由这个会议决定自行成立国民政府和中央党部，在第二天开始办公。

这样，宁汉双方全面分裂。但南京方面的实际力量仍很脆弱。当时伴随胡汉民的女儿胡木兰做过仔细计算：

当时在南京的国民政府常务委员虽然刚过半数，但本党中央委员则为数甚少。第二届中央执行委员会的名额是三十六人，在南京者，仅有先父、蒋介石、柏文蔚、伍朝桓（枢——引者注）、戴季陶、李济深、甘乃光、李烈钧、萧佛成、古应芬（古应芬是中央监察委员，不是中央执行委员）等十人，候补执委二十三人，在南京方面者仅有周启刚、何应钦、缪斌、林超立（似无此人）等四人。柏文蔚、甘乃光和周启刚三先生不数日即他去。监察委员的名额是十二人，属于南京方面者，有吴稚晖、张静江、李石曾、蔡元培、邓泽如、古应芬、陈果夫等七人，候补监委八人，属于南京方面者仅有黄绍雄、李宗仁、李福林等三人，监察委员会所谓"到会三分之二"，乃系就以候补委员黄绍雄补王宠惠（此时已被开除党籍）遗缺后的人数而言。由此可见：以中央执行委员的人数计，武汉方面是占绝对多数的。

在军队方面，从广东出发的国民革命军也只有第一、第七两军是全部支持蒋先生的。留守广东的李济深虽然支持蒋先生，但其所统率的第四军则分裂为二。陈济棠师在广东，唯李之命是从；参加北伐卓著战绩的张发奎师（已扩充成军）则拥护武汉。另一师长陈铭枢不甘附共，由武汉前往南京，但其部队（亦已扩充为军）亦为张发奎先生兼领。在第一军方面，蒋先生在三月二十日中山舰事件后与鲍罗廷达致协议时，可能应允尽量任用跨党分子作政治工作人员，藉以换取鲍的支持，因而潜伏在该军的共党分子甚多。此时蒋先生才感到他赖以起家的"党军"并不完全可靠；于是乃由李宗仁先生的第七军进驻京沪，确保新都的安全。至于新由北洋军阀倒戈过来的许多军，虽然纷纷表示拥蒋；但他们对党对蒋均无深切的关系，其可靠的程度，自属有限。①

可见，从国民党方面的传统力量来说，南京并不比武汉占优势。它的优势主要在于控制沪宁后江浙金融资本的财力、北洋军阀部队纷纷投入的兵力、日英等支持的外力以及蒋的国民革命军总司令的名号。但北伐是在国民党和孙中山的旗号下进行的，蒋在国内乃至国民党内的资历和声望还不够。为什么在汪精卫回国五天内要同他长谈四次，力争他仍以国民政府主席的名义投入南京？为什么当汪不辞而去武汉后又要推出原来同自己并无渊源甚至相处并不和谐的胡汉民为南京国民政府主席？这些都并非源自蒋的主观意愿，而是出于他觉察到自己资历不够的不足之处而采取的措施。拉汪也好，推胡也好，目的无非要在人们心目中制造一种假象：这个政府代表了国民党的正统。当然，这些都是表面和一时的，用过后随时可以丢开。

4月17日，在南京的中央政治委员开会，决定：从次日起，国民政府在南京办公；推胡汉民为国民政府委员会代理主席兼中央政治会议主席，以钮永建为国民政府秘书长。18日，南京国民政府成立。胡汉民在阅兵时发表演说："今天是我们继承总理的遗志，恢复总理手造之国民党党权，和国民政府定都南京的日子。我们在党的使命上，在过去几个月的军事战绩上，在目前国民革命的工作上，乃至在将来国民政府所负一切重大责任上，不能不从今天起更加认识恢复党权和统一指挥的重大意义。"② 他的重点还是着重突出南京政府代表着国民党的正统，并且要把"党权"的口号从武汉方面争过来。但是，"南京中央执行委员会全体会议因武汉方面之委员不到，迄未开成"。③ 南京国民政府只有一个主席和一个秘书长，一时连一个部长也没有。武汉国民党常务委员会在当天议决开除蒋介石党籍，免去其国民革命军总司令等本兼各职，并通缉惩办。这当然只是一纸空文，但却标志着宁汉正式分裂。

汪精卫一到武汉，立刻受到热烈欢迎，成为能左右武汉政权的风云人物。当

①　胡木兰：《回忆我的父亲》(16)，复印件。
②　《阅兵演说词》，《胡汉民先生文集》第2册，台北：国民党党史会，1978年，第173页。
③　郭廷以编著：《中华民国史事日志》第2册，第185页。

时由国民党左派掌握的湖北省党部在4月10日已特别制定了欢迎汪精卫的《宣传大纲》，说："我们高呼：汪精卫是革命派！蒋介石是反革命派！欢迎革命的汪精卫！反对反革命的蒋介石！国民党最忠实、最努力、最诚恳的汪精卫同志，总理的真实信徒汪精卫同志，代表民主主义的汪精卫同志——尤其是被压迫离职一年了的汪精卫同志，全国民众所欢呼、全体同志所热望的汪精卫同志已到上海了，这是值得我们所欣喜的事。"①

汪精卫就在这天到达武汉。在汉口举行的欢迎大会上，"汪发表演说，高呼'革命的向左边来，不革命的滚出去'"。② 此后他的一系列讲话和表态，使武汉不少人更深信：汪精卫确实是坚决反对蒋介石反共政策的"左派"，是武汉国民党左派的领袖。

南京政府宣布成立之后，由汪精卫领衔的国民党中央执行委员、中央候补执监委员、国民政府委员、军事委员会委员（包括担任这些职务的共产党员）40人联名致电宣称："顷阅蒋中正23日通电，知其已由反抗中央而进于自立中央。""于是一切帝国主义之工具，皆麕集于其旗帜之下，以从事反革命。一切革命分子，皆被以共产或勾结共产党之名，除之务尽。今已开始进行，将来必变本加厉。东南革命基础，由之崩坏。革命民众，将无噍类，凡我民众及我同志，尤其武装同志，如不认革命垂成之功，隳于蒋中正之手，惟有依照中央命令，去此总理之叛徒、本党之败类、民族之蟊贼，各国民革命军涤此厚辱。"③

中共中央也在4月20日发表宣言："中国共产党完全赞成国民党中央执行委员会之决议，罢免蒋介石国民革命军总司令、开除党籍和拿办的决定。""开除蒋介石党籍之后，蒋介石主义的根芽还可以在所有国民政府领土内找得着。这就是反动的社会阶级——地主土豪劣绅等，只有国民革命用激进的农民改革政策，才能消灭这些势力，使蒋介石主义衰弱下去。""这是推翻新军阀蒋介石，破坏他设立对抗的'国民政府'的企图，形成一个巩固的革命民主主义来对付与战胜帝国主义、军阀、封建、资产阶级的联合势力之最有效力的唯一方法。"④

---

① 《湖北省党部欢迎汪精卫宣传大纲》，《汉口民国日报》1927年4月10日，第2张第1页。
② 郭廷以编著：《中华民国史事日志》第2册，第180页。
③ 《中央委员会联名讨蒋》，《汉口民国日报》1927年4月22日，第1张第1页。
④ 《中国共产党为蒋介石屠杀革命民众宣言》，《向导》周报第194期，1927年5月1日。

这些批判是尖锐的，很多是正确的，但已经太晚，没能及早剥夺蒋介石利用国民革命军总司令名义的影响为政变所作的准备。蒋介石在 4 月 19 日的日记中嘲笑道："汉口伪部通电解除我兵权，未免太晚矣。"[①] 确实，如果早日解除他的总司令职务，情况会有所不同。更重要的问题是，口头批判的语言再激烈，在实际应对的行动上却意见不一、摇摆不定，白白耽误了 3 个多月认真总结以往经验、从事应变准备的时间。中共五大就是在这种状况下举行的。

四、怎样应对四一二政变

中国共产党第五次全国代表大会是 1927 年 4 月 27 日至 5 月 9 日在武汉召开的。出席五大的代表共 82 人，代表党员 57907 人。这时正处在蒋介石发动四一二政变、实行"清党"、宁汉分裂的重要历史关头。代表们怀着困惑和焦急的心情，从北方以及广东、湖南、湖北、河南、山东、山西、四川、江西、安徽、江浙等地赶到武汉，期待能为时局找到可行的出路。

但是，远在莫斯科的共产国际政治书记处已在 1 月 19 日就对中共五大作出指示："一切政治决议都完全应以共产国际执委会第七次扩大全会关于中国问题的决议为依据。""代表大会上要全面讨论共产党员如何能真正加入国民革命政府的问题；要特别有分寸地讨论中国共产党和国民党的关系问题和目前不宜加速建立国民党左派的问题，因为这可能导致国民党的实际分裂。"[②]

中共五大通过的第一个决议是《中国共产党接受〈共产国际执行委员会第七次扩大全体会议关于中国问题决议案〉之决议》。而共产国际这个决议案是在半年前的 1926 年 11 月底写的，怎么能"完全"成为已处在严重危机下的中共五大的"依据"呢？

不能说共产国际这个决议一无是处。它提到中国"半殖民地的地位"和"许多半封建的经济关系之余迹"，虽然谈得比较分散；它谈到中国现阶段的革命"是资产阶级民权革命的性质"，但会"成为过渡到非资本主义（社会主义）的

---

① 《蒋介石日记》，1927 年 4 月 19 日。

② 《共产国际执行委员会政治书记处为举行中国共产党第五次代表大会给共产国际执委会代表们的指示》，中共中央党史研究室第一研究部译：《联共（布）、共产国际与中国国民革命运动（1926—1927）》（下），第 92 页。

发展"；它指出"在现时革命发展的过渡阶段里，土地问题开始紧张起来，成为现在局面的中心问题"。应该说，这些观点虽然还不成熟，仍有值得重视的理论价值，对后来人也有一定程度的启发。但当时中国革命正处在生死关头，代表们最迫切需要得到回答的是在当前这种危急时刻应该怎么办，出路在哪里，许多棘手的问题该怎样处理，迫切需要采取的行动是什么。根据共产国际这个决议所作出的种种决定，显然没有也不可能解决这些问题，而这恰恰是赶来参加大会的代表们最迫切期望得到明确回答的，因而他们对五大深感失望。

共产国际这个决议还存在一个根本缺陷和失误：对中国革命在广大下层民众中蕴藏的极为巨大的潜力认识十分不足，从而把更多的目光放在寻找和拉拢同盟者尤其是国民党方面，甚至因此不惜作出超越底线的妥协和让步，力求以此换得国共"联合"的继续维持。

决议特别看重小资产阶级的地位和作用，写道："小资产阶级（小资产阶级的智识分子，学生，手工业者，小商人等），在中国是革命的群众。他们从前演过重要的作用，此后也将如此。但他们不能独立行动的。他们必须或者依靠资产阶级或者依靠无产阶级。当资产阶级离开革命，或进而反对革命时，则被剥削的中等阶级，便将落在无产阶级的革命影响之下。这种情形之下，中国革命在现时阶段中的革命动力是：无产阶级、农民和小资产阶级的革命的联合，并且在这一联合之中，无产阶级是统率的动力。"[1]

蔡和森在《党的机会主义史》中写道："领导小资产阶级的原则是无可非难的，问题只在领导的政策和态度。"[2] 共产国际驻中国代表和中共中央先是错误地认为，蒋介石是"离开革命"并"进而反对革命"的资产阶级的代表，又错误地把汪精卫和武汉政府中有些只是对蒋介石有不满的人都看作"小资产阶级"的代表，生怕再得罪他们。认为现在既已失去资产阶级这个盟友，无论如何绝不能再失去小资产阶级这个"革命的动力之一"的盟友了。而理应成为"统率的动力"的无产阶级，一几乎没有军队，二没有政权，三对农民的力量和作用估计过低，没有将渴望得到土地的农民充分组织和武装起来。对这些问题没有正确的认

---

① 《共产国际执行委员会第七次扩大全体会议关于中国问题决议案》（1926年11月底），中央档案馆编：《中共中央文件选集》第2册，第672—673页。

② 蔡和森：《党的机会主义史》，中央档案馆编：《中共党史报告选编》，第96页。

识，不能坚持党在统一战线中的独立性，又怎么能真正发挥统率作用呢？结果，旧戏重演，过去是对蒋介石步步妥协退让，吃了大苦头，而今又对汪精卫和武汉政府步步妥协退让，等待着的结果又会是什么呢？

汪精卫心里很明白。5月4日，他以来宾的身份在中共五大上讲话说："国民党必须与共产党合作。有些同志说，反对帝国主义和军阀的斗争结束以后，共产党人会反叛国民党。国民党左派对此的回答是：如果国民党不遵循孙中山的三民主义走向社会主义，不仅共产党人而且孙中山的所有真正追随者都会转而反对国民党。总之，共产党人若反对国民党，则意味着自取灭亡。国民党若不遵循同共产党合作到底的方针，也会危及自己的政治生命。"① 不难看出，汪精卫来武汉到此时还没有满一个月，说话的调子已悄悄地发生变化。他这个人是善变的，对局势发展还在观察。这段话模棱两可，有软有硬，可进可退。再过两个多月，便可见分晓。把他看作可靠的"左派"，那就看错了人。周恩来后来说："在武汉时，若以邓演达为中心，不以汪精卫为中心，会更好些，而当时我们不重视他。"②

中共四届中央执行委员、五届政治局委员李维汉，是五大的重要当事人。他在晚年回忆中谈到五大时先肯定："这次大会分析了蒋介石叛变革命以后的政治形势，回顾了无产阶级同资产阶级争夺领导权的过程，指出了党在统一战线中忽略这个斗争，以及过去忽视或不重视土地问题和乡村民主政权的错误。"接着就着重指出应当引以为训的问题："这次大会并未能根本纠正以陈独秀为首的党中央的右倾错误，仍然坚持了只注重群众运动、忽视掌握军队领导权的错误。""对于建立我党直接掌握的军队的重要性、急迫性仍然缺乏认识。在政权问题上，大会虽然主张共产党参加国民政府和省政府，同国民党共同担负责任，共同担负政权，但同时又表示：'共产党加入国民党，参加国民政府工作，并非是以竞争者的态度要夺得政权。'这仍然是将自己置于在野党的地位，重复过去的错误观点。对于武汉国民党和武汉政权内部的阶级关系及其斗争，缺乏科学分析，仍然坚持

① 汪精卫：《在中国共产党第五次全国代表大会上的讲话》（1927年5月4日），中共中央党史研究室、中央档案馆编：《中国共产党第五次全国代表大会档案文献选编》，北京：中共党史出版社，2015年，第76页。
② 《周恩来选集》上卷，北京：人民出版社，1980年，第167页。

联合的一手政策，没有被迫破裂的另一手准备。这些右的错误是继续导致革命失败的根本原因。"

他又说："'五大'是在蒋介石叛变以后，武汉国民党也即将分共的前夜召开的，政治局势已经十分险恶。'五大'不但没有对险象环生的局势作出清醒的估计，甚至有一种盲目乐观的情绪，简单地认为资产阶级脱离革命，不但不会削弱革命，反能减少革命发展的障碍。这种观点，导致我党中央把希望寄托在以唐生智等武装力量为支柱的武汉国民政府和武汉国民党中央身上，给以信赖和支持，到后来更是节节退让。'五大'以后，我党仍然不作两手准备，没有大力去抓武装，特别是不抓军队，而只是单纯地片面地强调纠正工农运动中的'左'倾幼稚病，以维持同武汉国民党、国民政府和国民党军事首领的联合。"[1]

尽管吃了那么大的苦头，面对血的教训，中共仍然不能透彻地认清以往教训的症结所在，下最大决心弃旧图新，走一条新路。可见要在复杂的情况下从根本上确立一种正确的认识，实在不是容易的事情。这往往需要经过若干反复，甚至继续付出惨重的代价，而又不屈不挠地深刻反省和顽强探索，才能做到。总的说来，中共五大虽然在理论上有一些好的提法，但处在如此危急的历史关头，它仍没有解决并满足时局和党内的迫切需要。

在实际行动方面，武汉方面当时争议最大的问题是东进还是北上。东进，就是从武汉向南京、上海进军讨伐蒋介石。北上，就是从湖北向河南挺进，迎击正在南下的奉军主力，另行打开一个局面。

东进，趁蒋介石还没有完全站稳脚跟时对他进行讨伐，并为死难的烈士复仇，是许多共产党人的要求。四一二政变后不久，周恩来、赵世炎、罗亦农、陈延年、李立三等便向中共中央写意见书，要求迅速出师讨伐蒋介石。意见书写道："蒋氏之叛迹如此，苟再犹豫，图谋和缓或预备长期争斗，则蒋之东南政局将益固，与帝国主义关系将益深。""再不前进，则彼进我退，我方亦将为所动摇，政权领导尽将归之右派，是不仅使左派灰心，整个革命必根本失败无疑。"[2]这时蒋介石在东南还立足未稳，南京方面的军队除第一、第七两军以外，几乎全

---

[1] 李维汉：《回忆与研究》（上），北京：中共党史资料出版社，1986 年，第 110—111、113 页。

[2] 《周恩来选集》上卷，第 6—7 页。

是归附不久的地方军阀部队，内部矛盾重重，而武汉政府原处于正统地位，蒋介石的断然行动确有一定程度的冒险性。此时东进讨伐，尚有可为。

但武汉方面的主流意见是北上。北上，较量的对手同过去已有改变。本来，吴佩孚在两湖失败后移居郑州。他的地盘北自保定，南至武胜关。但他已没有战斗力较强的部队。副总司令靳云鹗又同他闹翻，去同已控制陕西的冯玉祥部联络。1927 年 2 月 8 日，张作霖通电："武汉不守，祸延长江。只以豫中系吴玉帅（吴佩孚）驻节之地，再三商询，自任反攻。我军虽切撄冠之情，并无飞渡之能，兵至直南而止。今时阅半年，未闻豫军进展一步，反攻之望完全断绝，长江上下将无完土。兹已分饬敝部前进，誓收武汉，进取粤湘。"① 这是北洋军阀间的内部矛盾。3 月 13 日，奉军由张学良、韩麟春统率精锐部队渡过黄河，直入郑州。吴佩孚残部本已四分五裂，各寻出路。这样，武汉政府的北上，就成了进入河南同南下威胁武汉的奉军作战。

武汉政府第二期北伐的主张得到鲍罗廷的支持，但共产国际新派来的代表罗易表示反对，他主张就地进行土地革命，巩固既得的革命根据地，他将鲍罗廷的主张称为"西北学说"。

蔡和森将鲍罗廷主张"西北学说"的内容归纳为八点，主要的六条是："（1）帝国主义在东南的势力太大，谁到东南不是投降便是失败，远如太平天国，近如我们的四月十二及蒋介石之投降。所以东南不是革命的根据地。（2）西北帝国主义的势力薄弱，且又接近苏俄，故可为革命根据地。（3）东南是中国资产阶级势力的中心，蒋介石与我们正式决裂之后，对于武汉经济封锁，商业停止，汇兑不通，食料燃料日见恐慌。如不迅速北伐跑西北，即使蒋介石不打来，不到几星期，武汉政府在经济上也要自溃自倒。……（6）此时小资产阶级国民党领袖们对于经济封锁，武装干涉，社会普遍的不安与动摇正在忧惶万分，怎能再强迫其实行土地革命？如此只有使国民党离开我们，使左派与蒋介石妥协而与我们分裂。（7）唐生智靠不住了，非迅速北伐接出冯玉祥来牵制他不可。同冯玉祥到西北可以去开一新局面。（8）所以现在革命只有广出，土地革命只有打到北京后实行。"②

---

① 陶菊隐：《吴佩孚传》，第 162 页。
② 蔡和森：《党的机会主义史》，中央档案馆编：《中共党史报告选编》，第 99—100 页。

可以感觉得到：他们对东进已没有信心，因为对方有了帝国主义的支持和江浙财团的支持；奉军主力南下，无法置之不理；武汉内部各种力量矛盾重重；如何应对，方寸已乱。鲍罗廷的打算是：北上击退奉军后，在河南迎出从苏联回国不久、已控制陕西的冯玉祥所率西北军，打通同苏联的联系，再开创新的局面。对鲍罗廷和罗易的争论，蔡和森等的评论是：罗易有原则，无办法；鲍罗廷有办法，无原则。中共中央得听命于共产国际，但内部也展开了讨论。蔡和森叙述："后来独秀到了，再开正式会议讨论；独秀、述之、太雷是完全赞成老鲍的；平山、国焘仍主南伐；秋白仍是经过南京北伐，和森提出四个条件的北伐政纲。"① 结果，还是接受鲍罗廷的方案。这基本上也就是武汉政府主张的第二期北伐。

4 月 19 日，陈独秀从上海到达汉口那天，汪精卫、孙科都去迎接，武汉国民政府举行誓师北伐典礼。北伐主力是张发奎统率的第四军、第十一军和唐生智部第三十五军、第三十六军。奉系南下河南的是第三方面军军团长张学良统率的六个军和第四方面军军团长韩麟春统率的五个军。双方出动的都是精锐主力。对北伐军来说，尤以张发奎统率的两个军在战斗中贡献为大。

双方战斗最激烈的地区是河南上蔡、临颍一带。奉军武器装备好，有邹作华带领的炮兵，还有骑兵和坦克。但北伐军主力是北伐开始时就号称"铁军"的原第四军（包括独立团），共产党员多，士气高涨，作战勇猛。战斗异常激烈。5 月 28 日，张发奎部以猛烈激战，攻克临颍。当年担任连指挥员的萧克回忆道："这一仗是北伐军在河南战场上打得最激烈的一仗。北伐军从东、南两面进攻临颍（颖）城，前仆后继，奋勇冲杀，不一日将奉军全部击败，但我军的伤亡也很大。"黄埔一期的优秀共产党员、时任团长的蒋先云在这次战役中牺牲。"战前，他向全团演说：'我团是新建立的，打仗有没有把握？'他肯定地说：'我觉得是有把握的。因为我有一条命去拼，有一腔血去流。'蒋先云在战斗中实现了自己的诺言，他身先士卒，直到阵亡。"② 这是河南战役中决定性的一仗。唐生智两个军在驻马店同奉军作战时，作战不利，但已无关全局。

这以后，奉军在河南便无力支持，又担心阎锡山归顺国民革命军后从娘子关

---

① 蔡和森：《党的机会主义史》，中央档案馆编：《中共党史报告选编》，第 101 页。
② 《萧克回忆录》，北京：解放军出版社，1997 年，第 38—39 页。

东出切断奉军从京汉铁路北撤的退路。郑州据京汉、陇海两大铁路的交汇点，又是唯一贯通豫中和豫北的黄河大铁桥所在地，极为重要。奉军第二十九军军长戢翼翘回忆道："五月中旬，我们在漯河、郾城一带与革命军激战，而冯玉祥的国民军果自陕西东出。守郑州的万福麟、高维岳两军不得不西上迎敌，郑州空虚。等到五月二十六日万福麟在洛阳败退，国民军由洛阳沿陇海路直攻郑州，郑州并无强大兵力抵御，于是奉军不得不自各线总退却，放弃郑州。"①

6月6日，汪精卫、谭延闿、唐生智、徐谦、顾孟余、孙科从武汉到郑州。9日，冯玉祥和在冯部军中的于右任、邓演达坐火车从潼关到郑州。汪精卫、谭延闿、唐生智等都到火车站迎接。冯玉祥回忆道："我背着把雨伞，穿着一身棉布褂裤，束一根腰带，下车一一握手。"② 双方从10日起进行会谈。武汉方面对这次会谈抱有极大希望，认为如果能得到冯玉祥的合作，在军事力量上便可以大大超过南京方面，并得以在西北打开局面。但冯玉祥最关心的是经济问题，提出要求武汉政府每月发给军饷300万元。汪精卫口头答应150万元，实际上只能给60万元，远远不能满足冯玉祥的要求。两年后冯玉祥回忆道："当时议决者，关于政治上，则任余为河南省政府主席及豫、陕、甘三省政治分会主席；而关于军事者，陇海路以北、京汉路以东之敌，由第二集团军（原冯部国民军联军）担任防御。唐总指挥所部各军，一律撤回武汉，休养整顿。"③ 会议到11日结束。

武汉政府在这次"第二期北伐"中作出了不小的牺牲，特别是上蔡、临颍之役。它得到了什么？河南给了冯玉祥。武汉政府继续北上的路被隔断，除解除奉军南下威胁外，只应了一句老话：竹篮子打水一场空。更令武汉方面吃惊的是：郑州会议结束刚一个多星期，冯玉祥到徐州，同蒋介石和南京政府举行了徐州会议。

这次会议，是蒋介石主动推动实现的。6月3日，他在日记中写道："郑州已为冯军占领，我军亦占领徐州，以后变局极难推测。"6日，他致电冯玉祥，没有立刻得到答复。12日，也就是郑州会议结束的第二天，大概冯玉祥的主意基本已定。蒋介石在次日日记中兴奋地写道："接焕章（冯玉祥）电，知其9日到郑。

---

① 《戢翼翘先生访问纪录》，台北：台湾"中研院"近代史研究所，1985年，第55页。
② 冯玉祥：《我的生活》（下），哈尔滨：黑龙江人民出版社，1981年，第557页。
③ 《冯玉祥自传》，北京：军事科学出版社，1988年，第106页。

自此，彼将入漩涡矣。"但蒋对冯玉祥究竟持何种态度一时尚不了解，所以，14日"思索大局之处置"时还有"冯联共党以谋我"和"若冯不联共"两种估计。16 日日记载："接焕章约余会于开封。"可见冯的态度仍有犹豫。最后定于徐州会见。19 日，蒋介石先到徐州迎接冯玉祥，两人当天进行长谈。蒋介石在日记中写道："今之余与焕章相会，实为历史上得一新纪元也。"①

　　6 月 20 日，南京方面的国民党中央委员胡汉民、吴稚晖、李石曾、李烈钧、张静江到徐州（李宗仁、白崇禧本在徐州），于是开会。冯玉祥日记中只有一句："决定清党及贯澈北伐大计，是所谓徐州会议也。"② 其实中间也有曲折。蒋介石20 日日记，"十一时会议，以余与冯联名通电北伐及取消武汉伪政府"，"冯未表示反对"。第二天日记："忽得冯不能履行昨日决议，不敢与余联名反对武汉也，殊甚骇异。膺白、石曾、协和（李烈钧）均往询其故，乃为经济未决也。余即允每月发二百万元，彼乃来开会，从新决议。其个人劝武汉政府取消，而与余联名通电北伐也。"③ 冯玉祥以后写道："本来武汉方面，希望我帮他们打蒋，蒋这方面希望我帮他们打武汉。但我说：'若是我们自己打起来，何以对得起孙中山先生，又何以对得住中国的人民！不论如何，我宁愿得罪你们，也不愿你们自己打。我恳求你们是共同北伐，先打倒我们的敌人，这是重要的事。'""会一散，蒋介石拿拟好了的一个电报稿给我看，就是继续共同北伐的通电。我和蒋介石都签了名。"④ 徐州会议期间还有两件重要的事。一是经济问题确非有个结果不可。据说蒋除面允月发 200 万元外，还当即付银元 50 万元。这同武汉政府在经济上的窘迫不可同日而语。而蒋介石此时能如此阔绰，自然同江浙金融资本家的支持分不开。二是会后不久，冯蒋两人还结义为"如胞"把兄弟。冯玉祥后来在出版《我所认识的蒋介石》一书时，还将两人手写的谱书影印发表。看到那两张谱书的照片，再想到冯以后的下场，实在令人感慨不已。

　　鲍罗廷的"西北学说"，对从西北接出冯玉祥原来抱有热切期望。冯玉祥态度突然变化，对武汉方面是绝大打击，使它陷入走投无路的境地，局势顿时改

---

① 《蒋介石日记》，1927 年 6 月 3、12、14、16、19 日。
② 《冯玉祥日记》第 2 册，南京：江苏古籍出版社，1992 年，第 336—337 页。
③ 《蒋介石日记》，1927 年 6 月 20、21 日。
④ 冯玉祥：《我所认识的蒋介石》，哈尔滨：黑龙江人民出版社，1980 年，第 10—11 页。

观，也促使冯同共产党的关系很快发生变化。

看起来仿佛很奇怪：冯玉祥在国内对奉战争中挫败后去苏联来回路程近四个月，日记中对苏联赞不绝口；回国时苏联给了他不少援助。中共党员刘伯坚同冯玉祥一起回国，被他任命为国民军联军政治部副部长。冯所筹备的中山军事学校主要领导职务都由共产党人担任，校长史可轩、副校长李林都是共产党员，邓小平回国后也在该校任政治处长兼政治教官，李大钊以往同冯玉祥有密切往来。冯还聘请苏联顾问团成员马斯曼诺夫为国民军联军政治军事顾问。为什么冯玉祥在徐州会议时会那样快地倒向蒋介石呢？其实这并不奇怪，主要原因有以下两条。

第一，很直接的原因还是经济问题。冯玉祥说："我们所感到的困难，主要地是在财政方面。"他们在出潼关东进河南以前，最重要的城市是刚由国民军联军解围的西安。"此间被刘镇华围攻八月之久，省城（西安——引者注）以外的地方，早被他搜刮得干干净净。省城以内，在围城期间，单说饿死的就有三万多人。富有者以油坊里豆渣饼充饥，一般人民则以树皮草根裹腹，到豆饼和树皮草根吃尽了的时候，就只有倒毙之一途。地方糜烂到这个地步，一时万难恢复，可是大军从五原、甘肃不断地集中到这里来，士兵中一百人中有九十九个是穿的破衣破鞋，面带菜色，同时政和党两方面也在急迫需钱。"他又说："我们一军在河南招募补充兵源，以费用匮乏，非常艰难。日日三令五申，还是办不出成绩。枪弹的补给，亦是没有办法的问题。新兵无枪，只好每人发给一把大刀，刀是当地定打的，比北平所制品质差得太远。又打大镐、铁锹和大斧，作为兵器。每日朝会讨论，总是说着'三粒子弹打到山海关'的口号，其实只是口号罢了。事实上怎么办得到？此外伤者病者没有医药，残废者没有人抬扶，死者连棺材也没有，只以布袋裹着埋葬，名之曰'革命棺'，言之真堪痛心。"①

冯玉祥的部队人数不少，训练又力求严格，但财政经济状况已近乎饥不择食的地步。他在西安时，在这个问题上就对武汉政府有所不满，在3月20日日记中写道："武汉政府前允月助百万元，后改三十万元，谓我军已有陕、甘两省，亦足自给。岂知新病之余，亟须补充元气，西北灾祲之余，何能再事搜括。而以

———————————

① 冯玉祥：《我的生活》（下），第540、542页。

道路不通，即此三十万元，亦不能按月到手，殊为焦虑也。"① 到郑州会议时，武汉连每月 60 万元的军费都难以拿出，而蒋介石痛快地答应月给 200 万元并立刻拿出 50 万银元来。冯玉祥一下子就倾向南京方面的原因，由此多少可以明白。

第二，从更深层次来看，冯玉祥不是共产主义者，只能说是一个信奉孙中山三民主义的爱国军人。冯玉祥说："我在留俄的三个月内，接见了苏联朝野的许多人士：工人、农民、文人、妇孺以及军政界的领袖。从和这些人的会谈以及我自己对于革命理论与实践的潜心研究和考察的结果，深切地领悟到要想革命成功，非有鲜明的主义与参加为行动中心的党的组织不可。在我留俄的期中，我自己和国民军全体官兵，都正式登记加入了领导中国革命的国民党了。"② 当他率军从西安出潼关时，对欢迎者讲话说："中国民穷财尽，外受列强压迫，内受军阀蹂躏，此次本军出征，对外要取消不平等条约，还我自由，对内要扫除卖国军阀，重整山河。" 也就是说，他的目标也是 "打倒列强除军阀"，或者说反对帝国主义，扫除军阀势力。在十多天前，他对人说："要将派别分清，最右派持升官发财主义，最左派偏重理想而忽略事实，二者皆所不取，惟有三民主义及中山遗嘱，所述中庸平正，适合中国之现状，应恪守勿违也。"③ 这是他的基本政治态度。

所以在冯玉祥看来，武汉政府也好，南京政府也好，都是中国国民党，都在进行北伐战争，应该合作北伐，这是最重要的。他不愿意帮助武汉政府打南京，也不愿意帮助南京政府打武汉。但蒋介石在财政经济上给了他巨大支援，又同他结为盟兄弟，冯自然同南京方面的关系更密切了。

从武汉方面看，河南的政府和军事都已交给冯玉祥，武汉的军队只有南撤，不再谈得上什么北伐。鲍罗廷的 "西北学说" 全部化为泡影。而东征的条件比以前蒋介石在江浙立足未稳时更加不利。

出路何在？对中国共产党来说，只有在两湖等工农运动蓬勃发展的地区深入开展土地革命，把广大贫苦农民充分发动、组织并武装起来。农民占全国人口的 80%，只要正确领导，满足他们 "耕者有其田" 的渴望，奋起抗争，这是一切反动势力无法压倒的巨大力量。但面对种种障碍，要做到这一点并不容易。

---

① 《冯玉祥日记》第 2 册，第 306 页。
② 冯玉祥：《我的生活》（下），第 481 页。
③ 《冯玉祥日记》第 2 册，第 325、329 页。

回顾一下，北伐开始以来，两湖、江西等地区的农民运动迅速兴起并给北伐军巨大支持。拿湖南来说，1926 年 12 月举行第一次全省工人代表大会和农民大会。大会《宣传纲要》写道："湖南农民在农民协会领导之下，参加革命，帮助政府做了许多政治上、军事上的工作，巩固了湖南。同时湖南农民在农协领导之下，为本身利益奋斗，与封建余孽土豪劣绅奋斗，他们的组织，遂在不断的奋斗的发展起来。在过去一年中，湖南农民加入农民协会的有六十余万（一说有一百二十余万——引者按），正式成立县农民协会者有二十五处，现在正在筹备组织县农民协会者八处，有农民运动的地方四十余县。"[1] 时任中共湖南区委书记的李维汉回忆道："一九二六年底，湖南农民逐步开展了减租减息的斗争，到一九二七年初，在农民革命已经推翻豪绅统治的地方，农民以各种方式提出了土地要求。"[2] 再者，湖北"至 1927 年 2 月上旬，全省 40 余县的部分区乡有农协组织，其中 20 余县成立了县农民协会，会员达 40 余万人"。[3] 同年 3 月在武汉召开湖北全省第一次农民代表大会。

毛泽东这时在湖南做了 32 天考察，并在 3 月写了《湖南农民运动考察报告》。他给中共中央写了一个报告大纲，提出："党应当（一）以'农运好得很'的事实，纠正政府、国民党、社会各界一致的'农运糟得很'的议论。（二）以'贫农乃革命先锋'的事实，纠正各界一致的'痞子运动'、'惰农运动'的议论。（三）以从来没有什么联合战线存在的事实，纠正农运破坏了联合战线的议论。"[4]

这时，北伐军正在胜利进军，农民运动正在蓬勃发展。而社会上已有不少人以及国民党政府攻击农民运动发展过程中出现的一些情况为"农运糟得很"、"痞子运动"、破坏联合战线等错误议论，并开始采取各种错误处置。不驳倒这些错误议论，农民运动就谈不上进一步发展。因此，考察报告根据亲眼看到的事实，指出："农民的主要攻击目标是土豪劣绅，不法地主，旁及各种宗法的思想和制度，城里的贪官污吏，乡村的恶劣习惯。这个攻击的形势，简直是急风

---

[1]　湖南省博物馆编：《湖南全省第一次工农代表大会日刊》，长沙：湖南人民出版社，1979年，第 69 页。

[2]　李维汉：《回忆与研究》（上），第 105 页。

[3]　《湖北省志·大事记》，武汉：湖北人民出版社，1990 年，第 310 页。

[4]　李维汉：《回忆与研究》（上），第 100 页。

暴雨，顺之者存，违之者灭。其结果，把几千年封建地主的特权，打得个落花流水。"① 从而旗帜鲜明地提出"农民运动好得很"的结论。这是石破天惊之论。

随着农民运动的发展，农民对解决土地问题的要求日益强烈，需要进一步提出更加明确而完整的目标。1927 年 3 月 10 日，国民党二届三中全会在汉口举行。会议主题是"提高党权"。中国国民党中央农民运动委员会常委邓演达、毛泽东、陈克文三人在 16 日提出全会对农民宣言。宣言一开始就列了七个要点："一、中国国民革命运动最大目标在使农民解放。二、推翻封建地主阶级，使乡村政权移转到农民手上。三、农民须有保卫其自己利益的武装。四、政治斗争胜利之后，开始经济斗争。五、农民最后要求为获得土地。六、设立条件极低之贷款机关，以解决农民资本问题。七、本党领导农民合理斗争，使得到切实的解放。"②

这里不仅提出了"农民最后要求为获得土地"，并且提出农民所迫切需要的政权和武装问题，这是十分重要的。全会通过了这个宣言。27 日，邓演达在农民运动扩大委员会上的报告中兴奋地说："中央第三次会议对于农民解放问题已有切实的议决案，这算是换了一个新的纪元。"他特别讲到农民武装的问题："要农民能够打倒劣绅，各县农民便都要武装起来。故农民武装问题，是一个重要的要求。"③ 邓演达的态度是真诚的。但国民党中央关注的只是他们所说的"提高党权"，对农民问题根本没有认真对待。在会议通过的《全会宣言》中完全没有谈到农村问题，更不用说农民的土地要求。中央农民运动委员会只能发点议论，没有执行的权力。所说一切，最后都只能落空。

蒋介石发动四一二政变后，宁汉分裂，革命遭受严重损失。但形势逆转在另一方面又刺激了共产党内和不少革命群众在愤怒中思想情绪更趋激烈。拿工农运动来说，农村斗争的发展更加显著。

李立三回忆道："在（党的）五次大会时，湖南代表团坚决主张解决土地问题，因此组织了一个土地委员会讨论。湖南代表团主张没收土地，秋白是同意，

① 《毛泽东选集》第 1 卷，第 14 页。
② 《中国国民党第二届中执会第三次全会对农民宣言》（1927 年 3 月 16 日），中国第二历史档案馆编：《中国国民党第一、二次全国代表大会会议史料》（下），南京：江苏古籍出版社，1986 年，第 784 页。
③ 梅日新、邓演超主编：《邓演达文集新编》，第 92—93 页。

但是独秀反对。土地决议案也就是根据国民党未公布的土地政纲，肥田五十亩，坏田一百亩以上才没收。并且有许多限制，如革命军人土地不没收等。""中央开会可以争论几天得不到结论。"①

李维汉回忆："五大前，湖南代表团在长沙集中开了几次会，经过多次讨论，拟定了一个土地问题决议的提案，准备向大会提出。提案的内容大体是：'（一）先没收大地主的土地，先没收一百亩以上的，一百亩以下的不没收，自耕农不去扰及他。（二）到明年实行平均地权'。（引自夏曦《在国民党土地会议第一次扩大会议上的讲话》一九二七年四月十九日）毛泽东以全国农协临时执行委员会负责人的身份，也向大会提过一个土地问题的提案。这两个提案都未交大会讨论。我们曾向大会秘书长蔡和森查询原因，他说，国民党正在召开土地委员会讨论这个问题，我们党有关解决土地问题的意见，应与他们通过的决议一致，因而要等他们作出决议，所以湖南代表团的提案就不必在这次大会详加讨论。""国民党的土地委员会从四月上旬开会，直到五月六日才原则上作出没收反革命和大地主的土地，而在目前还只实行减租减息，地租不得超过百分之四十以上的规定。就是这样的一个决议，后来送交国民党中央讨论，也决定暂不公布，只是同意湖南可以搞个单行条例，可以先走一步进行经济没收。这些都未及实行，不久，湖南就发生了马日事变。"②

总之，农民问题的一切重大行动都得同国民党中央的决定和国民政府的法令保持一致，如果不经他们同意而采取行动，那就会损害同"小资产阶级"的关系，破坏"工人、农民、小资产阶级联盟"。于是，一切重大行动都只能不做，或者拖下去不了了之。局势已经成了一盘死棋："第二期北伐"的成果已经让给冯玉祥，也不可能绕道前进；东进的条件，比原先蒋介石在江浙还没有站稳脚跟时更加不利，而且汪精卫、唐生智等的态度也越来越不可靠，不能抱多少希望；在两湖原地深入展开土地革命，又处在这种迟疑不决的状态。如果作不出果断的决定，闯出一条新路，等待着的确实只有失败乃至死亡。

五、国共合作的全面破裂

同一时期，武汉地区整个局势正在迅速恶化。首先是当地的经济状况已到了

① 李立三：《党史报告》，中央档案馆编：《中共党史报告选编》，第251页。
② 李维汉：《回忆与研究》（上），第107—108页。

窒息和崩溃的边缘。本来，武汉的基础条件一向与江浙相差悬殊，这是大家熟知的。《国闻周报》作了这样一个比较："左方两湖岁入不过三千万，汉口市（当时汉口不包括在湖北省之内）收入至多一千万，江西千万，合之仅五千万。民党六省，仅广东一省可八千万，江浙连上海之关税及市政收入，亦可八千万（尚不只此），连其余各省总在二万万以外。以财力言，则迥不侔矣。"①

宁汉分裂后，武汉国民政府不仅不能像以前那样取得两湖和江西以外其他地区的财政收入，更严重的是，南京方面已有一段时间在西方列强支持下，对武汉进行严密封锁。4 月 20 日，鲍罗廷在国民党中央会议上沉重地谈道："自从汉口中外交通断绝以来，失业工人的数目逐日增加，建筑工人失业的有四万，砖瓦制造工人失业的有两万，只这两项已六万之多！而因为来往的船只一天比一天少，码头工人失业的也是很多。""工人失业者既是这样多；铜元的价格又飞涨不已，所以工人的生活，实是困苦万状。同时，又有许多流氓、地痞、反动分子乘机扰乱，处处都有发生意外的可能。"② 这可不是无足轻重的情况。

6 月 22 日，汪精卫在全国劳动大会报告中谈到政治情形时又说："第一便是经济困难，米价高涨，生活日用必需品时呈缺乏。在这种情形之下，武汉是很痛苦的。这完全属于反革命派蒋介石勾结帝国主义，实行封锁武汉经济之所致。在蒋介石背叛以后，招商、三北两公司的轮船不能开放，英帝国主义的轮船当然也是停驶，因此第四方面军伤兵的医药和米的来源断绝了。曾向上海购买的药料，也给他们扣住了。他们又想尽种种方法来吸收我们的现金。如此则使我们所发行的票子变成了空头的票子，又把我们货物买去，看来是出口的好现象，其实他们货物买去了，却没有现金还回来。所以现在武汉工商业颓败，都是由于反动派勾结帝国主义等用经济封锁我们的结果。"③ 它确实反映出当时的某些实际状况，尽管讲得不是那么准确。

武汉政府每月收入不到 200 万元，支出却达 1700 万元，被迫大量发行货币，

---

① 白云：《国共冲突之历史的考察》，《国闻周报》第 4 卷第 18 期，1927 年 5 月 15 日。
② 《在中国国民党中央执行委员会政治委员会第十四次会议上的发言》（1927 年 4 月 20 日），《鲍罗廷在中国的有关资料》，第 204 页。
③ 《汪精卫同志军事政治报告》，《汉口民国日报》1927 年 6 月 24 日，第 1 张第 1 页。

导致物价更迅速上涨，民众生活更加困难。由于对方严密的经济封锁和内部种种矛盾，武汉大批企业商店关闭，失业人员大量增加，这也是社会生活中的大问题。李立三在当年 5 月底一份报告中写道："经工会登记在册的失业工人是 6—7 万，而真正失业工人总数约为 10 万。由于贸易停滞，失业者主要是装卸工人和运输工人。武汉有一个失业工人救济局，但是经费很少。"①

社会危机愈演愈烈。在南京政府和旧社会势力挑动下，武汉地区内武装叛乱接连发生：一次是杨森部进入宜昌，一次是夏斗寅部进攻武汉，一次是许克祥部发动"马日事变"。最后一次事变实际上同唐生智部将领有关。

杨森、夏斗寅的叛乱，其实是串通一起的。杨森是四川军阀中的重要一支，曾盘踞在川东重庆一带，同吴佩孚关系十分密切，吴被北伐军击溃后曾率卫队到杨部短期避难。以后，杨森也和四川其他各路地方武装一起先后投入北伐军，改编为国民革命军第二十军，驻防川东。夏斗寅原是湖北的地方部队，长期在湖南活动，后来被唐生智收编。北伐开始后改编为国民革命军独立第十四师，驻防宜昌，以防川军攻入鄂境。他们虽打起国民革命军的旗号，其实都还是封建的地方军阀势力。

当时"国民革命军总政治部主任邓演达等，以为必须及时对归顺革命的旧军队进行反封建性的民主改造，编发了《宣传纲要》，提出军队改造的几点要求"。"这个纲要颁行后，刚在夏部从事政治工作的革命干部，不仅大肆宣传，还打算积极推行。这就大大的触怒了夏斗寅，并引起对党代表和政工人员的疑忌和仇恨。""杨森部已从川东进入宜昌所属三斗坪，但与夏斗寅一样，对武汉革命政府改造旧部队的民主措施，也忌恨到了极点。"② 夏斗寅东进后，杨森部进驻宜昌。唐生智对夏斗寅也不满，有将他扣留撤换的打算。夏斗寅的老友蓝文蔚写道："适其时宁汉意见分歧，蒋介石得知夏处境困难，乃通过蒋作宾电夏斗寅一致反共。""夏这时派我亲往宜昌说服杨森，杨森表示立即停止对沙市的军事行动，相

① 《李立三关于武汉工人状况的报告》（1927 年 5 月底），A. B. 巴库林：《中国大革命时期见闻录》，第 211 页。

② 韩浚：《讨伐夏斗寅、杨森叛乱亲历记》，《中华文史资料文库》第 2 卷，北京：中国文史出版社，2002 年，第 953 页。

约杨军直趋仙桃镇。"①

夏斗寅部的叛变完全出乎武汉政府意料，连夏部士兵很多在上船东下时还不知道这次行动是干什么的。武汉部队主力正北上河南进行第二期北伐，同奉军在河南激战，后方空虚。5月17日，夏斗寅部坐船顺流东下进至武昌土地塘登岸，武汉震动。武汉卫戍司令叶挺率第二十四师，并将武汉军事政治学校、中央农民运动讲习所学员编成中央独立师，在纸坊迎敌，双方激战一天，夏斗寅全线败退撤往安徽，武汉转危为安。6月上旬，武汉政府抽调第二、第六、第八军各一部讨伐杨森部。6月24日，收复宜昌，杨部退回川东。

夏斗寅的叛乱刚被击退，驻长沙的第三十五军团长许克祥于5月21日深夜在长沙突然发动政变。第三十五军军长何键是唐生智的嫡系，反共最力。这和夏斗寅、杨森又有所不同。他们用军队捣毁由左派掌握的国民党湖南省党部、省农民协会、省总工会等，杀死20人左右，并将农会和工人纠察队全部缴械。21日的电报代码是"马"，人们通常把它称为"马日事变"。

本来，共产党在湖南有相当力量，总工会和农民协会都有武装，而来进攻的许克祥部兵力有限。但共产党对原来的"盟友"没有任何防范举措。许克祥事后这样描写道："事前对我准备铲除他们的情形，竟毫无所知，迄至我军向他们进攻，他们才由睡梦中惊醒，措手不及。"② 李立三在两年后痛心地指出，"这是因为许克祥是坚决的进攻，而党是很动摇，反革命势力坚决，革命力量动摇，自然是反革命胜利"。③ 事变后，许克祥等接着成立"湖南救党委员会"，拒绝武汉政府派去进行查办的特别委员会成员前往长沙，并在湖南各地同地方团防局的势力联合起来，对农民协会进行反攻倒算，制造一起又一起的血案。这样，武汉已处在风声鹤唳的情况下。

反动社会势力反攻倒算的气焰日益高涨，他们采用手段之极端残忍和血腥，几乎令人难以想象。湖北的白色恐怖状况同样令人发指。《汉口民国日报》6月

① 蓝文蔚：《我是怎样策动夏斗寅叛乱的》，全国政协文史资料委员会编：《文史资料存稿选编》第3卷，第882页。
② 许克祥：《马日铲共真相》，中国革命博物馆、湖南省博物馆编：《马日事变资料》，北京：人民出版社，1983年，第200页。
③ 李立三：《党史报告》，中央档案馆编：《中共党史报告选编》，第254页。

12 日、13 日连载全国农民协会和省农民协会在招待新闻记者会上的报告称：
"现在全省农民完全陷在白色恐怖之中。以前阳新、沔阳、钟祥、监利、麻城、
汉川各县的惨案，做农运同志已被杀去了数百。夏逆叛变以后更加厉害，每日
告急请兵的至少有三四处。"这些县的土豪劣绅屠杀农民方法极其残酷。"阳新
是用洋油淋着烧死，公安是用烧红了铁烙死，罗田是绑在树上用刀细割，再用
砂砾在伤痕内揉擦致死。对女同志就将两乳割开并铁丝穿着赤体游行，钟祥是
每一个同志杀二十余刀零碎割死。总计这样死的负责同志在夏逆叛变后在三四
百以上，和死难的农民合计，就在三千以上。而且荆门、松滋、宜昌，仍在继
续屠杀状态中"。① 这样血淋淋的叙述，在当时两湖地区竟已成到处发生的铁的
事实。

18 日，沈雁冰在该报写了一篇《肃清各县的土豪劣绅》。他抑制不住自己感
情说道："请翻开本报新闻来看吧！所有各县消息全是土豪劣绅捣毁党部、残杀
民众的消息。在三星期以前，我们电各县特约通讯员，多注意各县的建设新闻，
但是不幸各县只能供给我们那些悲惨的消息。湖北全省除四五县外已成了白色恐
怖，已成立了土豪劣绅的政权，隐隐与国民政府的民主政权相抗衡，这不能不说
是极严重的局面。""最近土豪劣绅的猖獗，完全是一种有组织有计划的反攻，他
们的目的是再建土豪劣绅的政权，他们的目的是要国民政府让步到替他们压迫民
众，承认他们的政权。这岂是我们所能容许的？"②

一场全局性的大逆转很快就要到来。但此时已决心大破裂的汪精卫还要再来
一次很有欺骗性的表演。6 月 22 日，他在第四次全国劳动大会上作报告时慷慨激
昂地说："中国国民党的三民主义、三大政策，决定中国国民革命一定要向反帝
国主义和非资本主义的路上走，这是每个三民主义的真正信徒所必取的道路。"
"我们要生死在一起，我们的利害甘苦都是一样。""我们的革命势力本来就是以
工农为中心，同时也要顾虑到同盟者。现在中国国民党和中国共产党都在这一点
上努力，外面的离间不足听，我们的工友农民也不会受其愚弄。""反对帝国主
义，使革命走上非资本主义的路上去，这是国民党左派依总理的遗嘱实行的。"

---

① 《湖北农运之困难及最近策略（下）》，《汉口民国日报》1927 年 6 月 13 日，第 2 张第
3 页。
② 雁冰：《肃清各县的土豪劣绅》，《汉口民国日报》1927 年 6 月 18 日，第 1 张第 1 页。

"最后，我还要竭诚告诉大家：每个国民党同志都是始终与工农同生死、共患难、共甘苦的。"① 说这些话时，离 7 月 15 日只剩二十来天了。

1927 年 7 月 15 日，在中国近代历史上是一个值得被记住的日子。这一天，持续了 4 年的第一次国共合作戛然而止，轰轰烈烈的大革命失败了，中国历史进入一个与此前不同的新阶段。

蒋介石发动四一二血腥屠杀，是第一次国共合作破裂的起点。但在武汉地区，这种合作还局部地保持着，不少人对它仍抱有期望，但从前面的叙述中可以看到，局势已在一天天坏下去，到了千钧一发的时刻。这个大变化是由汪精卫等用心策动的，又是客观历史发展的自然结果。

汪精卫是一个道地的野心家，善于作种种十分逼真的表演。他在国民党内有很高的资历和声望，有着强烈的领袖欲。不少人曾经上过他的当，实际上他是个见风使舵的善变政客。1927 年的"提高党权"运动中，不少人期望他能回国主政。他到上海摸清蒋介石更是个大权独揽的独裁者，就不告而别来到武汉。当他在武汉感到处境日益困难、难以支撑时，又翻脸反共，同蒋介石握手，指望多少仍能从中分一杯羹。这也是蒋介石当时所需要的。

汪精卫这种变脸，在郑州会议结束后决心下定，便表现得越来越明显。6 月 28 日，《盛京时报》记者采访了他，在谈了军事问题后，"问：政治问题如何？答：吾等所持者为三民主义，非共产主义。但革命之途中，因有农民协会、总工会、商民协会等幼稚的过激行为，遂误解中央政府为采取过激政策，又事实上亦有此结果。现拟改组党内、农民协会、总工会，惟总须用改良手段，不用压迫手段也"。"问：湖南农民协会已过激化，资产家已被打倒者，非欤？答：因在革命途中，政府力量有所不及，亦不得已之事。惟政府已发布训令，极力取缔一切过激行动。问：在湖南方面，军队与农民相对峙，汉口大商店主人为店员所逐，店铺由店员管理，先生作何感想乎？答：以前固有此事，今已消灭矣。目下一切不使纠察队干涉。长沙事件由唐生智全权办理，不久当可解决。问：共产党势力如何？答：非法定机关，不过仅有意见交换之机关，不至直接影响政府之施政。问：党部、农民协会、总工会、商民协会之干部，闻大部分为共产党，是否属

① 《汪精卫同志军事政治报告》，《汉口民国日报》1927 年 6 月 24 日，第 1 张第 1 页。

实？答：各机关虽有之，然无大势力。彼等无产阶级之仲裁理想，大约在辽远之将来也。问：农民协会、总工会等民间团体，何故如纠察队然，有武装之必要？答：今日以前之保卫团，为土豪劣绅之机关，若无自卫军，民意必压迫。惟纠察队本系纠察工人，不干涉工人以外之事。"① 为什么汪精卫在七一五前夜选择同日方报纸记者就这些敏感问题谈话，并且在日方报纸上公开发表，他需要借此向国外传递什么信息，是耐人寻味的。

武汉政府不少高层人士，也是这类人物。如当时十分活跃并且发表了许多激烈言论的孙科，《盛京时报》评论道："孙为人发言虽似甚激烈，实则乃一知机善变之圆通政客，决不肯澈底左倾。"② 再如主持武汉不少重要会议的谭延闿，《盛京时报》登了一段李烈钧对他的评论："谭同志呢，是一旧道德家，在一个团体里，是有益无害的。其在武汉乃不得而已。"③ 这些评论是对武汉政府不少高层人士的生动写照。

到 7 月中旬，汪精卫认为对中国共产党下手的时机已到。吴玉章于 1928 年 5 月 30 日去莫斯科后写成《八一革命》一书，其中写道：

七月初，天天有在武汉重演长沙事变的谣言。中共中央为表示退让，自动将工人纠察队枪械缴与卫戍司令部，解散童子团。而彼等更进一步，明白主张国共分离。七月十四日汪精卫召集纯粹国民党中央执行委员共十四人，在他住宅开秘密会，讨论国共分离问题。汪报告说，共产国际代表乐易（罗易——引者注）曾将共产国际给中共训令给他看过，训令上要中共实行以下几件事：（1）国民党须从速改组，中共党部须加入新领袖，去掉旧的腐败的领袖；（2）农民运动仍须力图发展，土地问题由农民自动起来解决，不必待政府来解决；（3）旧式不好的军官兵士要力图淘汰，并于农民工人中选择四五万人，以练成良好的军队，内中须有一两万是共产党员；（4）以国民党资格较老的党员来组成裁判所，裁判不法军官及反革命者。……15 日中央委员会议，属于共产党的中央委员已不出席了，盖汪精卫等已一致趋于

① 《汪兆铭谈郑州会议真相》，《盛京时报》1927 年 6 月 28 日，第 2 版。
② 《宁汉两政府对峙之现势》，《盛京时报》1927 年 4 月 27 日，第 2 版。
③ 《李烈钧对时局谈》，《盛京时报》1927 年 5 月 25 日，第 2 版。

反对方面，与蒋介石无异。……汪精卫拿共产国际给中国共产党的训令，作为共产党想消灭国民党的证据，究竟这个训令的内容是否像汪精卫所说的一样，如果大体不差，则共产国际是一种什么政策，这种政策和从前有无变更，这些疑问，不但国民党员和一般人要发生，即共产党员有重要责任的亦都莫明其妙，因为中共中央对于共产国际的一切指导文件，向来是很少通告党员的。曾有党员因这问题的发生，向中共中央要求一看训令原文，并要中央明白出来辩证汪精卫的曲解，但中央竟寻不出这个原文，也不出来申辩。[1]

1927 年 7 月 15 日下午 4 时至晚 8 时，中国国民党中央执行委员会第二届常务委员会第二十次扩大会议在汉口中央党部举行，出席会议的有谭延闿、汪精卫等 17 人，会议的速记录完整保存了下来。

会议先由汪精卫报告。他说："政治委员会主席团关于一件很重大的事，讨论甚久。""上月五日，就是主席团到郑州去的头一天，中央名誉主席、第三国际中央委员鲁依同志（罗易）约本席去谈话，拿出第三国际首领斯达林（斯大林）拍给他同鲍罗廷同志的电报交给本席看。本席看过之后，就说这件事很重要，要交政治委员会主席团看了再说。""这个电报中有五层意思，都是很利（厉）害的。"接着夹叙夹议地读了电报的译文。他的结论是："现在不是容共的问题，乃是将国民党变成共产党的问题。""若是丢开了三民主义，那就不是联俄，而是降俄了。"他提出："对于本党内的 CP 同志，应有处置的方法。"汪精卫讲完后，先由孙科、顾孟余分别作了长篇讲话。以后展开讨论。讨论中也有些不同看法。程潜主张："这个问题非常之大，不能不有相当的处置。本席主张开第四次全体会议，讨论政治委员会主席团所提出的意见，以解决纠纷。"于右任说："我们再不能随随便便的混了。要晓得共产党不能亡我们，我们自己不努力，那才是真真的亡了。"彭泽民说："即本党中共产分子为本党努力工作者更不乏人，如果不分良歹，一概拒绝，未免有些失当，此层似宜考虑。"最后，就一个月内开第四次中央执行委员会全体会议讨论政治委员会主席团所提意见进行表决，"中央执行

---

[1]　吴玉章：《八一革命》，北京：社会科学文献出版社，1991 年，第 41—43 页。

委员出席者十二人，十人举手"。① 也就是说，经过选择的与会有表决权者中仍有两人不赞成这个决定，可惜没有记下他们的姓名。事实上，根本没有开什么二届四中全会，武汉的"分共"就实行了。第一次国共合作终于全面破裂。

但是，在国民党内还是有一些真正忠实于孙中山遗教的"左派"，如宋庆龄、邓演达、何香凝、柳亚子等。

孙中山夫人宋庆龄在七一五政变前一天发表严正声明："本党若干执行委员对孙中山的原则和政策所作的解释，在我看来，是违背了孙中山的意思和理想的。因此，对于本党新政策的执行，我将不再参加。""如果党内领袖不能贯彻他的政策，他们便不再是孙中山的真实信徒；党也就不再是革命的党，而不过是这个或那个军阀的工具而已。党就不成为一种为中国人民谋未来幸福的生气勃勃的力量，而会变为一部机器、一种压迫人民的工具、一条利用现在的奴隶制度而自肥的寄生虫。"②

邓演达在七一五政变前两天写了辞职书，17 日在北京《晨报》上发表，其中说："中国革命之目的，在以三民主义为基础，而期完成农工政策。不意同志中有故意对此曲解者；有无视此旨而对农工阶级加以压迫者；有于倒蒋及实行北伐工作中，由中央执行委员中向蒋谋妥协、并与共产党相分离，而残杀工农者。是宁非吾党之大不幸耶？""此殊与予素愿相违，故不得不辞职让贤。"③

宋庆龄和邓演达的宣言在社会上产生了很重要的影响，尤其是宋庆龄作为孙中山夫人如此鲜明地指出党内领袖"不再是孙中山的真实信徒"，它所产生的社会影响不能小看。瞿秋白也曾说过，"孙邓宣言之发出"以及其他事实的教训，"所以我们党的宣言比较坚决"。④

第一次国共合作就这样完全破裂了。

---

① 《中国国民党中央执行委员会第二届常务委员会第二十次扩大会议速记录》（1927 年 7 月 15 日），速记复印件。
② 宋庆龄：《为抗议违反孙中山的革命原则和政策的声明》（1927 年 7 月 14 日），中央统战部、中央档案馆编：《中共中央第一次国内革命战争时期统一战线文件选编》，第 529、532 页。
③ 梅日新、邓演超主编：《邓演达文集新编》，第 187 页。
④ 《中央常委代表瞿秋白的报告》，中共中央党史资料征集委员会、中央档案馆编：《八七会议》，北京：中共党史资料出版社，1986 年，第 70 页。

六、革命进入新时期

第一次国共合作的破裂，标志着大革命的失败，同时标志着中国共产党领导的土地革命这一新时期的开始。

对中国共产党来说，这时正处在生死关头。四一二反革命政变后，多少优秀的共产党人如陈延年、赵世炎等惨死在蒋介石的屠刀下，共产党员和革命群众的鲜血流成了河。此时此刻，如果稍有迟疑，后果不堪设想。在世界历史上不少革命运动在反动势力血腥屠杀下很长时间翻不过身来，这种令人悲痛的事实实在太多了。当时双方力量特别是武装力量的对比极为悬殊，中共即使看到局势的极端危急，要下最大决心奋不顾身地坚决反抗，也不是容易的事情。如果犹豫不决，坐以待毙，那就意味着死亡。

"沧海横流，方显出英雄本色。"正如毛泽东在十多年后所说："中国共产党和中国人民并没有被吓倒、被征服、被杀绝。他们从地下爬起来，揩干净身上的血迹，掩埋好同伴的尸首，他们又继续战斗了。"①

七一五前几天，风声已越来越紧。7 月 12 日，根据共产国际的指示，中共中央进行改组，由张国焘、李维汉、周恩来、李立三、张太雷组成中央临时常务委员会，陈独秀离开领导岗位。中共中央在《向导》周报最后一期发表对政局宣言，写道："中国共产党中央委员会，在这革命之危急存亡的时候，对于你们发表宣言，意思是要解释明白国民政府在反动阴谋之下的政局，以及本党为保持民众之革命胜利而奋斗的政策。""本党的观察，认为国民党中央及国民政府多数领袖的这种政策：——实足以使国民革命陷于澌灭。这种政策使武汉同化于南京，变成新式军阀的结合与纷争。……共产党永久与工农民众共同奋斗，不顾任何巨大的牺牲——就在国民政府及国民党中央抛弃劳动民众的时候，亦是如此。"②中国的历史很快就要揭开新的一页。要打破这种局面，出路只有一条，就是以武装的革命击破武装的反革命。

即便在国共合作期间，国民党当局始终对军事工作把得很紧：在军队中只容

---

① 《毛泽东选集》第 3 卷，第 1036 页。
② 《中国共产党中央委员会对政局宣言》，《向导》周报第 201 期，1927 年 7 月 18 日。

许共产党人做一点军队的政治工作（这些政治工作人员后来不少惨遭杀害），而不让他们直接带领军队。只有几个因特殊历史原因造成的例外。

一是叶挺能控制的张发奎部两个师。叶挺本是老资格的国民党员。当陈炯明武装叛变围攻孙中山的总统府时，总统府只有一个警卫团，团长陈可钰下辖三个营，营长分别是张发奎、薛岳、叶挺。此后，孙中山派叶挺去苏联学习，他在那里加入中国共产党。回国后，叶挺长期率领部队转战广东多处，屡立奇功，成为粤军名将。别人虽知他政治态度左倾，但在很长时间内未必知道他是共产党员。北伐时，他任国民革命军第四军独立团团长，直接由师长张发奎指挥。在他的部队里有不少共产党员。同吴佩孚作战时，他率领独立团在汀泗桥、贺胜桥两次关键性战役中发挥了极重要的作用。第四军被称为"铁军"，同他有很大关系。以后，张发奎指挥第四军和第十一军时，提升他为第二十四师师长，独立团团长由共产党员周士第接任。这支由共产党直接指挥、党在部队中影响很深又有很强战斗力的军队，是南昌起义的主力。

二是贺龙领导的国民革命军暂编第二十军。贺龙那时还不是共产党员。他是一个贫苦农民，在湘西带领起一支地方武装。由于他豪爽侠义、足智多谋、热爱民众，深得大众爱戴，有"两把菜刀闹革命"的美谈。随着带领的队伍不断扩大，他先后担任过支持孙中山的湘西护法军游击司令、团长、澧州镇守使等职。这时，同共产党员周逸群、夏曦等有了交往。北伐开始后，他参加国民革命军担任第九军第一师师长，在鄂西立有战功；又改任独立第十五师师长，周逸群任师政治部主任。贺龙受周逸群影响很大，曾对周说："我贺龙听共产党的。"武汉政府第二期北伐时，贺龙率部进入河南，在张发奎指挥下屡立战功。6月中旬，独立第十五师扩编为暂编第二十军，贺龙任军长，周逸群任军政治部主任。回武汉后，贺龙对周恩来说："我一直追求能让工农大众过上好日子的政党。最后，我认定中国共产党是最好的，我服从共产党的领导。只要共产党相信我，我就别无所求了。"① 周逸群在这年10月30日的报告中写道："当时可为吾人所用者，惟二十军及十一军之一部分，但二十军在大冶时，其部下亦非常动摇。所幸其部下封建思想极浓厚，自师长以下莫不视贺龙为神人，故当时唯在利用贺之主张

---

① 《贺龙传》，北京：当代中国出版社，1993年，第85页。

及言论以为宣传之资料。"①

三是朱德。他从云南陆军讲武堂毕业，在滇军当过旅长和云南省警务处处长兼省会警卫厅长。1922 年在德国由周恩来等介绍入党，大革命中曾任国民革命军第二十军党代表兼政治部主任，受到军长杨森疑忌。那时，驻守江西的是国民革命军第三军，军长朱培德和师长金汉鼎、王均都是他在云南讲武堂的同班同学。他去后，担任第三军军官教育团团长，后来又任南昌市公安局局长。朱培德反共后，朱德被"礼送出境"。南昌起义时，他仍从军官教育团拉出两个营。

还有两支部队：一支是国民革命军第二方面军总指挥部警卫团。这个团也是受张发奎指挥的。团长卢德铭是共产党员。他是由曾任师参谋长的张云逸向张发奎举荐而当上团长的。这个团本来准备参加南昌起义，因没有赶上而停留在湘赣边界。这支军队不久参加毛泽东领导的湘赣秋收起义，成为上井冈山作战部队中的骨干力量。另一支是中央军事政治学校武汉分校，邓演达是学校的代理校长，校内有不少共产党员，革命气氛很浓。七一五事变后，唐生智准备把它包围消灭。时任张发奎部第四军参谋长的秘密共产党员叶剑英，说服张发奎把它改编为第二方面军教导团，后来由叶兼任团长，成为这年 12 月广州起义的骨干力量。这几乎是当时中国共产党能直接领导或有很深影响并受过严格军事训练、富有作战经验的全部正规部队。

这时最重要的是要决心大、行动快。毛泽东在 7 月 4 日的中共中央政治局常委扩大会议上指出："不保存武力，则将来一到事变，我们即无办法"。事实证明，在当时那样危急局面下，如果不牢牢掌握住仅有的那一点军队，果断地行动，一旦突然事变降临，措手不及，必将造成不堪设想的灾难性后果。新成立的临时中央常委会决心下得很快。聂荣臻在回忆录中写道："举行南昌起义，是七月中旬中央在武汉开会决定的。我没有参加那次会议。那天晚上，恩来同志在会后到了军委，向在军委工作的几个同志进行了传达。他传达的大意是，国共分裂了，我们没有别的办法，只有起义。今天，中央会议上做了决定，要在南昌举行起义。恩来同志还说，会议决定组织前敌委员会，指定他为书记。"②

---

① 《周逸群报告——关于南昌起义的问题》，南昌八一纪念馆编：《南昌起义》，北京：中共党史资料出版社，1987 年，第 120 页。

② 《聂荣臻回忆录》（上），北京：战士出版社，1983 年，第 60 页。

7月27日，周恩来来到还在国民党控制下的南昌。同一天，叶挺、贺龙的部队坐火车，通过抢修恢复的铁路，从九江陆续开到南昌。第二天，周恩来去看贺龙，把具体的行动计划告诉他。贺龙毫不迟疑地回答："我完全听共产党的话，要我怎样干就怎样干。"①

起义前夜还发生过波折。叶挺在1928年曾写下这段经历：7月30日举行的起义军党团会上，"张国焘同志谓'国际代表的意见，谓我们的军事若无十分把握，便可将我们的同志退去（出）军队，去组织工农群众。'周恩来同志听着大怒，谓'国际代表和中央给我的任务是叫我来主持这个运动，现在给你的命令又如此，我不能负责了'"。"张国焘同志谓，这个运动，关系我们几千同志的生命，我们应当谨慎。最后由李立三同志解释，决议仍主张于一号发暴。"②

按原定计划，8月1日凌晨，起义的枪声打响。激烈的战斗进行了一整夜，歼敌3000多人，缴枪5000多支，还有数门大炮。起义获得成功。第二天，其他起义部队陆续赶到，兵力共2万多人。起义后怎样行动？中共中央早有决定：部队立即南下，占领广东，夺取海口，得到苏联直接援助，再举行第二次北伐。起义第三天，部队冒着酷暑，启程南下。中国共产党独立领导的革命武装斗争从此开始了。

中国共产党对军事工作的认识经历了一个过程。从中共成立到第一次国共合作还不满四年，1927年时，大多数领导人以往只从事过学生运动和工人运动，对农民运动只是初步做过一些，懂得军事工作、带过兵的人很少，也缺乏这方面的经验。大革命初期，特别是黄埔军校建立后，开始懂得军事的重要性，周恩来担任了黄埔军校的政治部主任，黄埔一期学生中的共产党员有徐向前、陈赓、左权、周士第等，还推动成立了大元帅府铁甲车队，那是叶挺独立团的前身；但这种认识还是初步的，军队还得接受国民党指挥，不是共产党独立领导的工农红军。南昌起义的部队与此有着根本性的区别。它只受共产党领导和指挥，没有其他任何政治势力可以插手。这样的军队以前从来没有过。

南昌起义军中将星如雨，新中国成立后的十位元帅中朱德、贺龙、刘伯承、聂荣臻、陈毅、林彪参加了南昌起义，叶剑英参与了起义前的商议，以后由于需

---

① 《周总理亲笔修改的"八一"起义宣传提纲》，中国社会科学院现代革命史研究室编：《南昌起义资料》，北京：人民出版社，1979年，第2页。

② 叶挺：《南昌暴动至潮汕的失败》，南昌八一纪念馆编：《南昌起义》，第139—140页。

要他继续隐蔽身份，于是随张发奎部南下。叶挺在全国解放前夜的 1946 年因飞机失事殉难，无法计算。在开国大将中，参加南昌起义的有粟裕、陈赓。一次武装起义集中了这么多优秀将领，恐怕没有能同它比拟的。1933 年 7 月 1 日，以毛泽东为主席的中华苏维埃临时中央政府发布《中央政府关于"八一"纪念运动的决议》，"批准中央革命军事委员会的建议，规定以每年'八一'为中国工农红军纪念日"，因为"中国工农红军即由南昌暴动开始，逐渐在斗争中生长起来"。[1] 这里说得很明确，既然由中国共产党独立领导的工农红军建立和发展是从南昌起义"开始"的，自然应该把这一天称为建军节。南昌起义的历史意义由此可见。

南昌起义除了军事意义外，对当时整个局势和人心也产生重大影响。李立三写道，"武汉革命时期，因为党的机会主义的领导，遂使革命受到严重的失败。尤其是党受到莫大的打击，政治上已经走到绝路"，"当时的形势，党真有暂时瓦解消灭的可能"。[2] 正是在这种党内和革命者中不少人情绪低沉、不知所措、对未来抱着悲观和消极心态的时候，南昌起义的枪声、2 万多人武装反抗的实际行动，使这些人在苦闷和迷惘中重燃希望，看到新的出路。国际代表罗明纳兹在随后召开的八七会议报告中说："直到八月初南昌事变起，于是才开始有一坚决的转机。如此，我们可以断定以后的情形一定与过去不同了，这是因为我们能坚决照革命路线上走。"[3] 这对中共领导革命重新奋起和生气勃勃地走上新的征途，无疑起着重要作用。

南昌起义，以实际行动纠正了过去的错误做法，开辟了新的前景，这是极重要的一步。接着，还需要从思想上和理论上总结过去失败的教训。隔了 6 天，中共中央在武汉召开中央紧急会议。因为是在 8 月 7 日举行的，所以被称为"八七会议"。它是在极端白色恐怖下武汉那样的秘密环境中召开的，必须在一天内开

---

[1] 《中央政府关于"八一"纪念运动的决议》（1933 年 7 月 1 日），中国社会科学院现代革命史研究室编：《南昌起义资料》，第 25 页。

[2] 李立三：《一九二五年至一九二七年中国大革命的教训》，中央档案馆编：《中共党史报告选编》，第 311 页。

[3] 《共产国际代表罗明纳兹的报告》，中共中央党史资料征集委员会、中央档案馆编：《八七会议》，第 51 页。

完。这有个好处，参会人发言必须简明扼要，直奔要害。

8月12日，《中央通告第一号——八七会议的意义及组织党员讨论该会决议问题》指出："这次会议的重要意义在于纠正党的指导机关之机会主义倾向，给全党以新的精神，并且定出新的政策。"① 这种新精神和新政策的要点是什么？最重要的大概有三点。

第一，党的独立性问题。大革命时期，中国共产党众多党员以个人身份参加国民党，有些还担任了领导职务。这时党的独立性问题很大程度上表现为如何处理国共两党的关系。共产国际代表罗明纳兹在八七会议报告中着重讲道："对国民党的让步，甚至失掉了我们党自己的独立性。"②

独立性当然不是两党为各自利益争权夺利。中国共产党的初心是为中国人民谋幸福，为中华民族谋振兴。孙中山在国民党一大宣言中对三民主义重新作了解释。对民族主义，《宣言》指出："一则中国民族自求解放，二则中国境内各民族一律平等。"对民权主义，《宣言》强调："近世各国所谓民权制度，往往为资产阶级所专有，适成为压迫平民之工具。若国民党之民权主义，则为一般平民所共有，非少数者所得而私也。"对民生主义，《宣言》提出两条基本原则："平均地权"和"节制资本"。以后，他又提出要实行"耕者有其田"。这些原则符合中华民族的利益，也是共产党人的愿望。国共合作要坚持这些原则，对违反这些原则的，当然应该批评和反对。

合作难免会有不同意见，恰当的妥协和让步是可以的，但必须以不违背人民根本利益为前提，不能一味顺从而丧失自己的独立性。这是必须坚持的底线。但共产国际代表和中共中央当时一味妥协和退却。在广州时，对中山舰事件和"整理党务案"这样的严重反共活动，也因害怕破坏同国民党的关系而一一屈从。北伐开始后，又把蒋介石看作资产阶级代表，把汪精卫看作小资产阶级代表，生怕同他们搞坏关系而不断退却。八七会议上，蔡和森在发言中尖锐地指出："失败完全由于退守"。五大以后，"完全受了小资产阶级的影响而反对一切'过火'

---

① 《中央通告第一号——八七会议的意义及组织党员讨论该会决议问题》（1927年8月12日），中共中央党史资料征集委员会、中央档案馆编：《八七会议》，第117页。
② 《共产国际代表罗明纳兹的报告》，中共中央党史资料征集委员会、中央档案馆编：《八七会议》，第51页。

的运动。当时政治局以为小资产阶级动摇，我们孤立了，实则农民已跟我们来，我们何尝孤立？小资产阶级是全体的动摇吗？还是几个上层的领袖呢？政治局没有看清楚，所以当时政（治）局的呼声便是要对小资产阶级让步"。"直到以后，政治局的指导简直与国民党一样，并且还以小资产阶级几个上层领袖的意识为转移。"邓中夏说："第五次大会又把小资产阶级看得太高了。甚至将谭延闿、唐生智、孙科等等地主买办军阀都看成为小资产阶级了，这样还说什么土地革命呢？"毛泽东讲得更彻底："当时大家的根本观念都以为国民党是人家的，不知它是一架空房子等人去住。其后象新姑娘上花轿一样勉强挪到此空房去了，但始终无当此房子主人的决心。我认为这是一大错误。"①

党的独立性，由党独立地根据人民愿望和中国实际情况来提出意见并积极行动，而不是被别人牵着走，这是革命事业成功的关键。这个问题在八七会议上明确地被提出来了。

第二，土地革命问题。农民占中国人口的绝大多数。土地所有制的正确解决，是广大农民千百年来最强烈的渴望。这个问题得不到解决，其他讲得再漂亮都是空话。但封建土地所有制在中国已实行几千年，形形色色的当权人物几乎都同它有千丝万缕的联系。因此，真要下决心解决土地问题，面临阻力不言而喻。

孙中山虽然提出"耕者有其田"的原则，但始终没有找到切实可行的具体办法。中国共产党历来的重要文件几乎都谈到农民问题，也一直没有取得实质性的进展。国民党左派邓演达对这个问题十分关心，提出过不少很好的主张，但总被国民党上层搁置不理，毫无声息地无疾而终。

八七会议把土地革命提到前所未有的突出地位。罗明纳兹报告中说："目前中国已进到土地革命时期。土地革命可以引中国革命到另一新的阶段。"毛泽东在发言中讲到他写《湖南农民运动考察报告》前后的情况："农民要革命，接近农民的党也要革命，但上层的党部则不同了。当我未到长沙之先，对党完全站在地主方面的决议无由反对。及到长沙后仍无法答复此问题。直到在湖南住了三十多天，才完全改变了我的态度。我曾将我的意见在湖南作了一个报告，同时向中

---

① 《毛泽东关于共产国际代表报告的发言》《邓中夏关于共产国际代表报告的发言》《蔡和森关于共产国际代表报告的发言》，中共中央党史资料征集委员会、中央档案馆编：《八七会议》，第57、59、61页。

央也作了一个报告，但此报告在湖南生了影响，对中央则毫无影响。广大的党内党外的群众要革命，党的指导却不革命，实在有点反革命的嫌疑。"瞿秋白在会上报告说："现已全国反动，现在主要的是要从土地革命中造出新的力量来，我们的军（队）则完全是帮助土地革命。"①

第三，军事问题。毛泽东在发言中突出地谈了这个问题，这是罗明纳兹报告和其他人发言中没有着重谈到的。其中有一段名言："从前我们骂中山专做军事运动，我们则恰恰相反，不做军事运动专做民众运动。蒋、唐都是拿枪杆子起的，我们独不管。现在虽已注意，但仍无坚决的概念。比如秋收暴动非军事不可，此次会议应重视此问题，新政治局的常委要更加坚强起来注意此问题。湖南这次失败，可说完全由于书生主观的错误，以后要非常注意军事，须知政权是由枪杆子中取得的。"②

毛泽东批评过去"不做军事运动专做民众运动"，的确一针见血，切中要害。民众运动自然是重要的、应该做的，但不能"专做民众运动"。世界历史证明，没有正确的军事指挥，没有一支有着严密组织和丰富作战经验的军队作为骨干，是不能夺取政权的。拿湖南的农民运动来说，大革命初期它在全国无疑处于领先地位，开创了震动全国的壮阔局面。但共产党当时在湖南没有掌握一支强有力的正规军队，农民群众虽有着强烈的革命要求，但他们原来是分散的小生产者，又没有受过严格的军事训练，事变突然到来，便难以应对。以后20多年中，除同邻省边界地区形成过一些根据地外，再没有在全省范围内建立起有全国影响的大根据地。而毛泽东带领上井冈山的队伍，有武汉第二方面军警卫团为骨干。朱德带领上山的南昌起义余部中，包括原叶挺独立团这支骨干。毛泽东后来对外宾说："我是一个知识分子，当一个小学教员，也没学过军事，怎么知道打仗呢？就是由于国民党搞白色恐怖，把工会、农会都打掉了，把五万共产党员杀了一大批，抓了一大批，我们才拿起枪来，上山打游击。"③ 参加朱毛会师的谭震林回忆说："朱德、毛泽东井冈山会师，部队大了，我们才有力量打下永新。当然，在这之前打了茶陵、遂川，

---

① 《共产国际代表罗明纳兹的报告》《毛泽东关于共产国际代表报告的发言》《中央常委代表瞿秋白的报告》，中共中央党史资料征集委员会、中央档案馆编：《八七会议》，第50、57、70页。
② 《毛泽东文集》第1卷，北京：人民出版社，1993年，第47页。
③ 《毛泽东文集》第8卷，北京：人民出版社，1999年，第378页。

也占领了宁冈县城。那时不敢走远，因为国民党来上两个团我们就打不赢。可是朱毛会师后力量就大了。"① 这都是客观事实，是在实践中认识的。

党的独立性、土地革命、枪杆子里出政权，这是共产党领导中国革命中三个根本性问题。弄清了这三个问题，中国革命就大大跨前一步，进入土地革命和武装反抗国民党的新时期。但这三个问题并不是轻易得到解决并取得共识的，更不是只靠几个人坐在房间里进行理论探讨就能得出结论的。一直要到大革命失败，中国共产党付出极其惨痛的代价，濒临全军覆没的边缘，全党才能在如此深刻的教训下，抛弃旧观念，走上一条新路。

人的正确思想从哪里来？只能从实践中来。巨大的历史灾难，如果能正确地对待，往往能给人留下刻骨铭心的教训，从而痛下决心走上一条新路。最困难的时候往往正是出现转机的时刻。

当然，即便是正确的认识也不可能一次完成，有时还会出现反复。八七会议既给革命带来历史性转折，但也有错误的地方：否认革命已处于低潮，以为革命重新高涨不但在最近时期内是可能的，而且是不可免的。这既同中国共产党内急于复兴大革命时期革命高潮的迫切心情有关，也同刚到不久的共产国际代表罗明纳兹对中国实际情况了解不够而过分急于求成有关。这以后，中共又先后出现过三次"左"倾错误，直到遵义会议和延安整风才得到根本解决。

历史总是充满矛盾。人们的认识总是在实践中才能不断发展。巨大的历史灾难通常会以历史的进步作为补偿，这正是历史辩证法告诉我们的。

附识：写于 2020 年三四月抗疫期间，时年 90 岁。

〔作者金冲及，中共中央党史和文献研究院研究员。北京 100017〕

（责任编辑：刘 宇）

---

① 《谭震林同志的谈话》，全国党史资料征集工作会议、纪念中国共产党六十周年学术讨论会秘书处编：《党史会议报告集》，北京：中共中央党校出版社，1982 年，第 24 页。

侵华日军无差别轰炸的演进及其性质[*]

潘　洵　赵国壮

摘　要：侵华日军是第二次世界大战中无差别轰炸的始作俑者。自九一八事变后轰炸新民、锦州等地起，到一·二八事变轰炸上海及其他中国城乡地区，侵华日军无差别轰炸的地域逐步扩大。全面侵华战争初期，日军轰炸的无差别性及残暴性完全暴露，对战区、非战区进行轰炸的范围波及大半个中国。进入战略相持阶段，日军实施了以挫败中国"继续作战的意志"、攻击"战略和政略中枢"为主要目标的"战政略要地轰炸"，无差别轰炸行动进一步升级。太平洋战争爆发后，日军对中国实施以"策应为主"的袭扰式轰炸行动，继续在中国广大地区制造恐怖气氛。日军对中国城乡各地轰炸的持续时间，几乎伴随侵华战争始终，轰炸范围遍布除新疆和西藏外的所有行政区域，给中国人民造成了巨大灾难和损失。侵华日军对中国的轰炸，具有无可争议的无差别性质，已经超出战争行为范畴，是一种非人道战争犯罪，更是一种典型的"国家恐怖主义"行为。

关键词：第二次世界大战　抗日战争　无差别轰炸　国家恐怖主义

利用飞机实施大规模的"无差别轰炸"，是第二次世界大战区别于此前战争的显著特征之一。在亚洲战场，自1931年九一八事变后轰炸新民、锦州等地开始，侵华日军在长达14年的侵华战争中，为达成其战略目标，利用其优势航空兵力，对中国各地实施了不区别军事目标和民用设施、战斗人员和普通民众的

* 本文系国家社科基金重大招标项目"侵华日军无差别轰炸的史料整理与研究"（14ZDB048）阶段性成果。

"无差别轰炸"，给中国人民造成了巨大损失和深重灾难，对抗日战争和世界反法西斯战争进程产生了重要影响。日军的无差别轰炸，是日本侵华战争的重要组成部分，是侵华日军制造的非人道暴行之一，也是一项在战后审判中没有被起诉和追究的战争罪行。这不仅直接关系到战争双方特别是战争受害方的遭遇，更影响到战后国际关系的走向，乃至对战争的历史认知。因此，对侵华日军无差别轰炸问题的研究，既是具有重大学术价值的历史问题，又是一个追究日本战争罪责、警示后世的具有重大现实意义的时代课题。

一、侵华日军"无差别轰炸"研究的进展与检讨

侵华日军"无差别轰炸"① 涉及加害方日本、受害方中国，及与之关涉的第三方美、英等国。战争结束后，中、日双方学者基于各自的立场和视角，均进行了持续的资料整理和学术研究，取得较为丰硕的成果。英美学界从第三方角度对此问题亦有一定关注，但是，相对于前两方而言，研究较为薄弱。

（一）日本有关侵华日军轰炸的研究

战后不久，日本有关方面即从总结战争教训的视角，对其航空进攻作战展开较为系统的检讨与研究。代表性的成果有日本原防卫厅防卫研究所战史室编辑的《战史丛书》、服部卓四郎著《大东亚全史》以及伊泽保穗的《日本陆军重爆队》

---

① 中国何时何人最早提出"无差别轰炸"概念还有待考证，但至迟在全面抗战爆发初期，已有这一概念的使用。1938 年 6 月，中山文化教育馆编印的《论日机轰炸我国之违法》一书，即多次使用"无差别轰炸"概念，主要是指为扩大侵略战争而实施的"战略轰炸"或"政略轰炸"。与"无差别轰炸"相对应的概念是"战略轰炸"，强调不仅袭击军事目标，而且对交战国后方的生产设备、交通设施，甚至包括一般居民区及文教机构，均进行彻底的攻击，其目的是摧毁交战国进行战争的能力，使交战国政府及其国民丧失继续进行战争的意志。战时，日本还提出并实施所谓"政略轰炸"，希望通过轰炸达成迫使中国政府屈服的政治目的。"无差别轰炸"与"战略、政略轰炸"的共同点，在于轰炸的内容和目的是基本一致的；两者的差异主要体现在立场上，前者主要从受害者角度出发，后者则主要从实施者角度考虑。同时，在第二次世界大战中，既有德、日等国为扩大侵略战争而实施的"战略轰炸"，又有美、英等国为制止侵略战争而实施的"战略轰炸"，"战略轰炸"概念无法彰显轰炸的性质，因此本文采用"无差别轰炸"的概念。

等。特别是《战史丛书》，涉及日军轰炸的有《中国方面陆军航空作战》《大本营陆军部》《中国方面海军作战》等近 30 种，是一套价值重大的史料及研究成果。[1] 但因参与者众多，且多为参战军人，其立场和认识具有较强的主观偏向；加之受当时史料所限，部分史事未予稽核，致使误认史实、细节缺漏的情况不在少数；同时，该丛书普遍详于前线作战记录，而于宏观性的战略分析则显不足，对沿袭军事战术思维的既有结论突破较为有限。

20 世纪 80 年代以降，前田哲男作为日本研究日军无差别轰炸的开拓者，从战略轰炸视角系统分析了日军的无差别轰炸行为。其代表成果为《战略轰炸的思想：通往格尔尼卡—重庆—广岛的轨迹》及其增补版、新订版，该书以重庆大轰炸为研究重点，从世界战略轰炸思想演进的视角，对日本无差别轰炸思想形成发展、"战政略轰炸"策略实施、无差别轰炸引起的反应等方面均进行了深入分析。[2] 此外，笠原十九司利用日本海军战史资料，对日军轰炸上海、南京、重庆等中国城市的决策、实施及其反响进行了论述，认为日本海军对重庆的无差别轰炸是对美航空作战的实战演习，并将"帕奈"号事件称作珍珠港事件的预演。[3]

近年来，从战争记忆史学角度分析无差别轰炸是日本学界的重要研究趋向，[4]其中以伊香俊哉最具代表性。他以中国重庆、云南、山西为例陆续发表一系列战争记忆史学论著，并结集出版了其近十年来关于战争轰炸记忆的研究成果。在讨论重庆大轰炸是如何被记忆的问题时，他从记忆史视角梳理分析了日军轰炸重庆的航空部队战斗详报，揭示了日军打击中国继续作战意志的威慑轰炸的

---

[1] 防衛庁防衛研修所戦史室：《戦史叢書》，東京：朝雲新聞社，1966—1980 年；服部卓四郎：《大東亜戦争全史》（第 1—6 巻），東京：鱒書房，1956 年；伊沢保穂：《日本陸軍重爆隊》，東京：発売徳間書店，1982 年；等等。

[2] 前田哲男：《戦略爆撃の思想：ゲルニカ－重慶－広島への軌跡》，東京：朝日新聞社，1988 年。该书的增补版、新订版分别于 1997 年及 2006 年由社会思想社（东京）及凯风社（东京）出版。

[3] 笠原十九司：《海軍の日中戦争：アジア太平洋戦争への自滅のシナリオ》，東京：平凡社，2015 年。

[4] 该方面的代表性研究成果有：石島紀之《歴史のひろば戦略爆撃にたいする重慶のたたかい》（特集空襲の歴史とその記憶・記録），《歴史評論》2001 年第 616 期；沢田猛《空襲に追われた被害者たちの戦後：東京と重慶消えない記憶》，東京：岩波書店，2009 年。

无差别性质。① 随着中国轰炸受害者对日诉讼活动的展开，日本学界亦开始从战争责任及受害诉讼角度检视侵华日军的无差别轰炸，其中，以一濑敬一郎、伊香俊哉的研究成果最具代表性。一濑敬一郎为帮助重庆大轰炸等受害者向日本法庭诉讼，广泛搜集资料，并有一系列研究成果发表。伊香俊哉《没有被审判的战争犯罪——无差别轰炸及其受害恢复》一文，对比遭受日军无差别轰炸的重庆受害者与被美军无差别轰炸的日本受害者战后所受不同待遇，从国际法视角分析了无差别轰炸违法性及犯罪性的认定问题。②

（二）中国方面有关侵华日军无差别轰炸的研究

中国方面对日军无差别轰炸的关注起步于战时。全面抗战之初，即有郭长禄著《论日机轰炸我国之违法》;③ 此后，国民政府航空委员会防空总监部（后改为防空处）编印有《全国空袭状况之检讨》（共 5 册），对 1939—1945 年侵华日军对中国城乡历年轰炸情况进行分析检讨。抗战胜利后，曾出现带有一定研究性质的论著。④

---

① 伊香俊哉：《雲南における戦争の記憶の接触と変容》，平野健一郎編：《日中戦争期における中国の社会・文化変容に関する総合的研究》，東京：東洋文庫，2006 年；伊香俊哉、村上研一、高英月：《中国山西省における戦争の記憶と農村問題》《中国・山西省における戦争記憶》，《都留文科大学大学院紀要》2012 年第 16 集、2014 年第 18 集；都留文科大学比較文化学科：《せめぎあう記憶：歴史の再構築をめぐる比較文化論》，東京：柏書房，2013 年。伊香俊哉在《战争的记忆——日中两国的共鸣和争执》（韩毅飞译，北京：社会科学文献出版社，2016 年）的第 5 章 "从战略轰炸到原子弹"、第 6 章 "战斗详报记述的重庆轰炸" 有深入的分析，也可参见《戦争はどう記憶されるのか：日中両国の共鳴と相剋》，東京：柏書房，2014 年。

② 一瀬敬一郎：《法廷で裁かれる日本の戦争責任（28）中国・重慶大爆撃と日本の戦争責任》，《軍縮問題資料》2007 年総第 322 期；《重慶大爆撃訴訟の提訴の経緯と今後の課題（特集空襲を問う）》，《戦争責任研究》2006 年総第 53 期。伊香俊哉：《没有被审判的战争犯罪——无差别轰炸及其受害恢复》，"东亚历史上区域间的认识与互动" 国际学术讨论会论文，北京，2011 年。

③ 郭长禄：《论日机轰炸我国之违法》，上海：中山文化教育馆，1938 年。

④ 如侯宗卫《日机轰炸下之四川人口伤亡损失分析》（《四川统计月刊》1946 年第 5 号）、何应钦《八年抗战之经过》（南京：陆军总司令部，1946 年；1982 年台湾 "国防部" 史政编译局及黎明文化事业公司出版其增订本时改名为《日军侵华八年抗战史》）。

此后中国台湾地区的抗战史研究对此有所涉及，① 但大多是简略提及而已，侧重于史料的罗列，缺少系统分析。也有反轰炸斗争的专题著述，如"空军总司令部情报署"编印的《空军抗日战史纪要初稿》、"空军高射炮兵司令部"编印的《防空抗日战史》等。②

在纪念抗日战争胜利 40 周年前夕，中国大陆学界以重庆大轰炸为重点的侵华日军无差别轰炸研究开始起步，遭受侵华日军无差别轰炸地区的区域性抗战史料获得比以往更多关注，部分得以整理出版。③ 近年来，在中国抗日战争史研究持续升温的大背景下，该问题的研究亦备受重视，研究视野进一步拓宽，研究方法不断创新。一方面，历史资料挖掘成绩显著，徐勇、臧运祜主编的《日本侵华决策史料丛编》之《战略大轰炸》分册最具代表性，该分册由前田哲男和一濑敬一郎共同搜集整理，分为日军战略轰炸决策、日军空袭部队战斗详报两大部分，从"空中的战争"视角，发掘、整理了大量侵华日军对中国各大城市和战略要地实施轰炸的史料。④ 另一

---

① 如《抗日战史》（总 101 卷），台北：台湾"国防部"史政编译局印行，1966 年；《中日战争史略》，台北：正中书局，1968 年；蒋纬国总主编：《国民革命战史第三部——抗日御侮》，台北：黎明文化事业公司，1978 年；吴相湘编著：《第二次中日战争史》，台北：综合月刊社，1973 年；《日本侵华暴行录》，台北："国史馆"编印，1985 年；等等，均有涉及日军轰炸的内容。

② 《空军抗日战史纪要初稿》，台北："空军总司令部情报署"编印，1956 年；《防空抗日战史》，台北："空军高射炮兵司令部"编印，1953 年。

③ 这一时期，中宣部将重庆大轰炸列为揭露帝国主义侵华暴行选题之一，不仅学界对重庆大轰炸问题给予了更多关注，有关重庆大轰炸的资料也得到整理，已出版的有唐润明主编：《重庆大轰炸档案文献·轰炸经过与人员伤亡》（上、中、下、区县部分），重庆：重庆出版社，2011—2015 年；唐润明主编：《重庆大轰炸档案文献·财产损失》（文教卫生、同业公会、厂矿公司、军工企业、市政设施、机关、私物等部分），重庆：重庆出版社，2011—2015 年；周勇主编：《重庆大轰炸档案文献·证人证言》，重庆：重庆出版社，2011 年；潘洵、周勇主编：《抗战时期重庆大轰炸日志》，重庆：重庆出版社，2011 年。曾经遭受日军无差别轰炸地区的区域性抗战史料选编以及轰炸史料整理有四川省档案馆编：《川魂——四川抗战档案史料选编》，成都：西南交通大学出版社，2005 年；黄铮主编：《广西抗日战争史料选编》，南宁：广西人民出版社，2005 年；云南省档案馆编：《日军侵华罪行实录·云南部分》，昆明：云南人民出版社，2005 年。

④ 徐勇：《日本侵华决策史料丛编·总序》，徐勇、臧运祜总主编：《日本侵华决策史料丛编》政治外交编专题 1《侵华战争指导体制及方针》第 1 册，北京：社会科学文献出版社，2017 年，第 8 页。

方面，徐勇、古琳晖、袁成毅、潘洵、唐润明等学者对该问题持续跟踪研究，不断拓展无差别轰炸问题的研究边界，推出了一系列代表性学术成果。①

在无差别轰炸问题的研究中，一些重点区域和重点城市遭受轰炸的个案研究取得较大进展，其中，对重庆大轰炸的研究成果尤其突出。据不完全统计，从 1992 年至 2020 年，出版的有关重庆大轰炸主题的著作达 10 余部，发表的专题论文逾百篇，重点探讨了重庆大轰炸与日军侵华战略、重庆大轰炸的过程与特点、重庆大轰炸的人员伤亡与财产损失、重庆大隧道窒息惨案、重庆大轰炸的国内国际影响、重庆的反轰炸斗争以及重庆大轰炸遗留等问题。② 其中，代表性著作有潘洵等著《抗日战争时期重庆大轰炸研究》、潘洵著《重庆大轰炸研究》、唐润明著《未曾谋面的屠杀："重庆大轰炸"研究》等。③

近年来，抗战损失和日军暴行研究备受学界关注。在日军暴行研究方面，虽未见专门的轰炸暴行研究，但《日军侵华暴行实录》《血证——侵华日军暴行纪

---

① 代表性成果有徐勇：《侵华日军无差别轰炸述论》，《日本学》第 13 辑，北京：世界知识出版社，2006 年；古琳晖：《论抗日战争时期日本空袭与中国反空袭斗争》，《南京社会科学》2005 年第 4 期；袁成毅：《日本陆海军对华航空初战及其影响（1931—1932）》，《历史研究》2014 年第 3 期；吴光会、潘洵：《近四十年来侵华日军无差别轰炸惨案研究的回顾与展望》，《抗日战争研究》2017 年第 2 期；潘洵、高佳：《抗战时期侵华日军"轰炸记忆"的演变与建构——以"重庆大轰炸"为中心的考察》，《西南大学学报》2018 年第 6 期；等等。

② 大陆学界主要成果有西南师范大学历史系、重庆市档案馆编：《重庆大轰炸》，重庆：重庆出版社，1992 年；唐守荣主编：《抗战时期重庆的防空》，重庆：重庆出版社，1995 年；徐朝鉴、王孝询主编：《重庆大轰炸》，重庆：西南师范大学出版社，2002 年；曾小勇等：《1938—1943：重庆大轰炸》，武汉：湖北人民出版社，2005 年；李金荣等：《烽火岁月：重庆大轰炸》，重庆：重庆出版社，2005 年；谢世廉主编：《川渝大轰炸——抗战时期日机轰炸四川史实研究》，成都：西南交通大学出版社，2005 年；潘洵：《抗争中的嬗变：重庆大轰炸的国际影响》，《史学集刊》2012 年第 3 期；金明、张鲁鲁：《重庆大轰炸与国际法》，《西南大学学报》2013 年第 4 期；金明：《重庆大轰炸中的日本国家责任——从大轰炸受害平民对日索赔的角度分析》，《四川大学学报》2013 年第 6 期。台湾地区学界成果有陈立文：《抗战时期日军对重庆的轰炸暴行》，《近代中国》第 72 期，1989 年 8 月；张瑞德：《在轰炸的阴影下——抗战时期重庆民众对空袭的心理反应》，《近代国家的应变与图新》，台北：唐山出版社，2006 年。

③ 潘洵等：《抗日战争时期重庆大轰炸研究》，北京：商务印书馆，2013 年；潘洵：《重慶大爆撃の研究》，東京：岩波書店，2016 年；唐润明：《未曾谋面的屠杀："重庆大轰炸"研究》，南京：南京出版社，2019 年。

实日志》《侵华日军暴行总录》等资料对侵华日军轰炸史实作了大量梳理。① 在抗战损失研究方面，卞修跃著《抗日战争时期中国人口损失问题研究（1937—1945）》、孟国祥和喻德文著《中国抗战损失与战后索赔始末》等著作均涉及无差别轰炸的损失情况。② 其中，李忠杰主编的"抗日战争时期中国人口伤亡和财产损失课题调研成果丛书"是现今对抗战损失调研最全面、最系统的一项成果，涉及各省市在侵华日军无差别轰炸中的人员伤亡及财产损失情况。但较为遗憾的是，涉及无差别轰炸损失的整体性、专题性研究至今仍付之阙如。

（三）西方国家关于侵华日军无差别轰炸的研究

到目前为止，论及第二次世界大战期间侵华日军无差别轰炸的西方论著屈指可数。③ 多罗西·博格所著《美国与远东危机：1933—1938》涉及对锦州、南京及"帕奈"号事件的探讨，孔华润所著《美国对中国的反应——中美关系的历史

① 如《近代史资料》编辑部等编：《日军侵华暴行实录》，北京：北京出版社，1995 年；章伯锋、庄建平主编：《血证——侵华日军暴行纪实日志》，成都：成都出版社，1995 年；李秉新等主编：《侵华日军暴行总录》，石家庄：河北人民出版社，1995 年；军事科学院外国军事研究部：《日本侵略军在中国的暴行》，北京：解放军出版社，1986 年；浙江省档案馆等编：《日军侵略浙江实录（1937—1945）》，北京：中共党史出版社，1995 年；符和积主编：《铁蹄下的腥风血雨——日军侵琼暴行实录》，海口：海南出版社，1995 年；中共江苏省委党史工作办公室编：《侵华日军在江苏的暴行》，北京：中共党史出版社，2001 年；中共安徽省委党史工作委员会编：《侵华日军在皖罪行录》，合肥：安徽人民出版社，1995 年；等等。

② 卞修跃：《抗日战争时期中国人口损失问题研究（1937—1945）》，北京：华龄出版社，2012 年；孟国祥、喻德文：《中国抗战损失与战后索赔始末》，合肥：安徽人民出版社，1995 年；迟景德：《中国对日抗战损失调查史述》，台北："国史馆"，1987 年；等等。

③ 西方学界较多地讨论了二战期间德国对欧洲轰炸的情况，如 Alan J. Levine, *The Strategic Bombing of Germany, 1940 - 1945*, Westport Connecticut: Praeger, 1992; Robin Neillands, *The Bomber War: The Allied Air Offensive Against Nazi Germany*, Woodstock: Overlook Press, 2001; Sven Lindquist, *A History of Bombing*, New York: New Press, 2003; Richard Overy, *The Bombing War: Europe, 1939 - 1945*, London: Allen Lane, 2013. 以上成果较少关注日本对中国轰炸的情况，目前这方面的主要代表性论著有日本学者与西方学者合著的 Ikuhiko Hata, Yasuho Izawa and Christopher Shores, *Japanese Army Air Force Fighter Units and Their Aces, 1931 - 1945*, London: Grub Street, 2002; Yuki Tanaka and Marilyn B. Young, *Bombing Civilians: A Twentieth-century History*, New York: New Press, 2009.

剖析》一书简要论述了美国对中日战争初期日军无差别轰炸的反响与应对。贾斯特斯·德内克等《从孤立走向战争：1931—1941》涉及日军对上海的轰炸、"帕奈"号事件，拉纳·米特的《中国，被遗忘的盟友》集中讨论了侵华日军轰炸重庆的史实及其影响。① 苏联学者别德尼亚克著《日本对华侵略与美国的态度（1937—1939）》，提出美国的"道义禁运"是美国民众"反对日本飞机野蛮轰炸中国城市、屠杀中国和平居民"的结果，而"日本财阀和美国垄断组织在扩大日本航空工业生产上的共同努力使这一步骤化为乌有"。② 这些成果多从日军轰炸对美国利益的影响与损害出发，论述美英各方对日军轰炸的反响与应对。

纵观中外学术界对侵华日军无差别轰炸研究，整体上呈现出逐步深入的态势，特别是对一些重点区域和城市轰炸的研究，无论是对史料的整理刊布还是对史实的分析探讨，都实现了一定程度的推进，取得颇为丰硕的成果。同时，在研究领域、问题意识、学术视角、理论方法等方面均有所拓展。但是，存在的问题也较为明显。

首先，研究主体及范围仍有较大拓展空间。对日军无差别轰炸的个案研究较多，缺乏整体性把握和探讨，对从九一八事变后轰炸东北开始到抗日战争结束，侵华日军对中国广大城乡大范围轰炸的具体情形及损失评估，仍然缺乏系统研究。对于日军无差别轰炸的演变及阶段特征的分析尚不充分。其次，研究视野有待拓展。已有研究多局限于地方史视野，较少能立足于国际视野，基于第二次世界大战的历史背景，从加害方、受害方、关联方的多维视角开展研究。最后，轰炸损害与性质仍有待深入探讨。研究成果的重复现象比较严重，确能将相关史实挖深、把史事说透的成果较为鲜见。对于日军轰炸性质的探讨，从历史与逻辑相统一的视角审视，仍有进一步提升的空间。

---

① Dorothy Borg, *The United States and the Far East Crisis of 1933 – 1938, From the Manchurian Incident through the Initial Stage of the Undeclared Sino-Japanese War*, Cambridge：Harvard University Press,1964；孔华润：《美国对中国的反应——中美关系的历史剖析》，张静尔译，上海：复旦大学出版社，1997 年；Justus D. Doenecke and John Wilz, *From Isolation to War：1931 – 1941*,3nd ed.，Illinois：Harlan Davidson,2003；Rana Mitter, *Forgotten Ally：China's World War Ⅱ,1937 – 1945*,Boston：Houghton Mifflin Harcourt,2013.

② 别德尼亚克：《日本对华侵略与美国的态度（1937—1939）》，邱仁宗译，北京：三联书店，1959 年。

有鉴于此，本文拟通过挖掘翔实可信的档案文献，全面重建侵华日军无差别轰炸的史实，将史实挖深、把史事说透；通过系统梳理日军无差别轰炸演进历程，深入探讨其阶段特征及损害情况，深刻揭示无差别轰炸的"恐怖主义"实质，为解决无差别轰炸的历史认识和遗留问题提供史实依据和学理支撑。

二、日本局部侵华时期"无差别轰炸"的实施

关于日本发动局部侵华战争后对中国东北和上海等地区实施的无差别轰炸，学界已有较为深入的研究。前田哲男认为，1931 年日本关东军实施的锦州轰炸，"不仅是日本军队首次轰炸城市的行动，在国际上也是因日本飞机的行动引起抨击的最初事例"，"实际上铺设了一条后来通往重庆，然后通向广岛、长崎的道岔，成为终点的起点"。[1] 袁成毅通过对锦州、上海及其周边地区轰炸的实施，以及美国乃至国际社会对于日军轰炸暴行态度的探讨，认为日本陆海军在早期航空作战中针对平民的无差别轰炸行径因未受到国际社会的持续谴责，助长了其在全面侵华战争后实施无差别轰炸的普遍性与残暴性，开启了第二次世界大战无差别轰炸的恶例。[2]

日本在局部侵华战争初期即开启无差别轰炸行动，得力于其航空军事力量的快速发展。近代日本没有独立的空军，在陆海军发展中却十分重视加强航空军事力量。早在 1887 年日本即组建军用气球队；1889 年，陆海军军部会同各方专家组织"军用气球研究会"；[3] 日俄战争期间，气球被首次运用于实战，在日军进攻旅顺要塞过程中从事侦查活动。[4] 此后，日本加快军用飞机的研发步伐，1911 年，日本军用飞机成功试飞；[5] 1914 年，日本进攻德国在中国的基地青岛时，陆军派出 5 架飞机、1 个系绳气球参战，海军以"若宫"舰为母舰，载 4 架水上飞

---

① 前田哲男：《从重庆通往伦敦、东京、广岛的道路——二战时期的战略大轰炸》，王希亮译，北京：中华书局，2007 年，第 28、30 页。

② 袁成毅：《日本陆海军对华航空初战及其影响（1931—1932）》，《历史研究》2014 年第 3 期；《日军空袭锦州与国际社会反响再探讨》，《民国档案》2013 年第 4 期。

③ 王检：《日本空军的发展经过及其现势》，《空军》1933 年第 25 期，第 9 页。

④ 防衛庁防衛研修所戦史室：《戦史叢書（52）：陸軍航空の軍備と運用〈1〉－昭和十三年初期まで－》，東京：朝雲新聞社，1971 年，第 8—9 页。

⑤ 潘洵等：《抗日战争时期重庆大轰炸研究》，第 32 页。

机参战，[1] 这是日本飞机首次正式参加战争。一战期间，飞机作为新的作战工具活跃于战场，日本以此为契机大力提升航空军事力量。1916 年，日本海军建立横须贺航空队；[2] 1919 年，陆军部设立航空本部，正式组建航空队、气球队以及陆军航空学校；1920 年，内阁设航空局，由陆军大臣掌管，1923 年移属递信省，并在东京帝国大学开办航空研究所。[3] 1931 年，为了突破伦敦海军军备会议的限制，日本谋求通过大规模扩张航空力量强化其海军实力，正如海军大将加藤宽治所言："伦敦条约的结果，作为弥补国防上的缺陷的唯一兵力，必须依赖航空兵力。"[4] 是年，日本海军制定"第一次军备充实计划"，其中规定设置 14 个飞行队；1934 年，又制定了"第二次军备充实计划"，再增加 8 个飞行队。与此同时，政府也加大财政投入力度，据统计，航空方面的预算在海军预算中所占的比例逐步增大，1916 年仅占 0.44%，1923 年占 8.27%，到 1930 年《伦敦海军条约》签订时已达 14.29%。1923—1930 年，航空预算从 2306 万日元增加到 3477 万日元。[5]

日本开启第二次世界大战无差别轰炸的恶例，固然为其蓄谋已久的侵略国策的必然结果，而以关东军幕僚军官石原莞尔为代表的扩张主义理论家，则是推动实施无差别轰炸的始作俑者。早在 20 世纪 30 年代前，石原莞尔就提出所谓"最终战争论"、"满蒙领有论"等主张，认为"战争破坏文明，但同时又是产生新文明之母"。"要解决满蒙问题，只有由日本来领有该地区，才能够完全达成"，[6] 主张使用可以进行环球飞行的飞行器，进行一场"前所未有过的让世人震惊的大战争，由此而求得人类文明最后统一"。[7] 在他的直接推动下，1931 年日本关东

---

① 日本海軍航空史編纂委員会編：《日本海軍航空史（1）：用兵篇》，東京：時事通信社，1969 年，第 66 頁。

② 子威：《日本海军航空小史》，《海事月刊》1934 年第 7 期，第 43 页。

③ 徐勇：《征服之梦——日本侵华战略》，桂林：广西师范大学出版社，1993 年，第 24—25 页。

④ 山田朗：《近代日本軍事力の研究》，東京：校倉書房，2015 年，第 84—87 頁。

⑤ 徐勇：《征服之梦——日本侵华战略》，第 24—25 页。

⑥ 角田順：《石原莞爾資料·国防論策》（増補版），"国運転回ノ根本政策タル満蒙問題解決案"，東京：原書房，1971 年，第 40 頁。

⑦ 前田哲男：《从重庆通往伦敦、东京、广岛的道路——二战时期的战略大轰炸》，"前言"，第 4 页；徐勇：《两战间的日本法西斯主义及其对外扩张理论》，《抗日战争研究》2002 年第 3 期，第 21 页。

军在中国东北制造了九一八事变，发展起来的日本航空力量随即被投入战场，先后对辽宁新民县打虎山、兴隆店车站、台安县桑林屯、抚顺上章党村等地实施了轰炸，① 开启了对中国无差别轰炸的序幕。据已有研究，九一八事变爆发后，日本紧急从驻朝鲜平壤的飞行第 6 联队抽调两个中队 12 架飞机到中国东北沈阳归关东军指挥，并随即对沈阳周边的新民、沟帮子、锦州、彰武、法库、郑家屯、通辽、三江口、洮南、抚顺、清源、清河城、梅河口，长春周围的双山、长岭、农安、扶余、德惠等地进行多次侦察、轰炸和扫射。② 此时的轰炸，虽主要为扩大侵略行动，协助地面军事占领而展开，但从一开始就实施了对后方村镇和普通民众的无差别轰炸。

1931 年 10 月 8 日，日本关东军 11 架飞机轰炸了当时辽宁省临时政府所在地锦州，在市区投下炸弹 75 枚，除政府大楼、兵营等重要目标被炸外，火车站、交通大学、东关石柱子街等地均遭到轰炸。已有研究表明，锦州是抗日战争时期中国第一个遭受日军无差别轰炸的城市，也是第一次世界大战后国际社会广泛关注的第一个遭到无差别轰炸的城市。③ 据当时调查，炸死"民众共计 36 人，伤的和其他损失更不计其数"。④ 另据 10 月 9 日国民政府提交给国联的报告统计，日机在锦州"投弹超过 50 枚并进行机关枪扫射，炸死俄国教授、士兵各 1 名，平民 14 人被炸身亡，超过 20 人受伤"。⑤ 策划此次轰炸的关东军作战参谋主任石原

---

① 9 月 21 日，日机 3 架到辽宁新民县打虎山数次投弹并用机枪向下射击，致使"死难民甚多"。（《日飞机到新民投炸弹》，《申报》1931 年 9 月 22 日，第 8 版）9 月 25 日，日本飞机在辽宁兴隆店车站向第 102 次大通车射击，造成旅客 2 人死亡，2 人受伤。（《日本蓄意破坏北宁交通》，《申报》1931 年 9 月 29 日，第 8 版）9 月 29 日，日军轰炸辽宁台安县第五区桑林屯，炸死平民 4 人。（《辽宁省中安县民众抗战损失调查表》，JE1—4—110，辽宁省档案馆藏）10 月 4 日，日机轰炸辽宁抚顺上章党村，炸死村民张云票一家 7 人，另有村民 5 人受伤。（《日机散发传单》，《申报》1931 年 10 月 25 日，第 9 版）

② 王辅：《日军侵华战争（1931—1945）》，沈阳：辽宁人民出版社，1990 年，第 86—87 页。

③ 西方学界普遍认为，第一次世界大战后的首次无差别轰炸是 1937 年 4 月 26 日德军秃鹰军团对西班牙小城格尔尼卡进行的轰炸，据估计，此次轰炸造成的遇难者人数为 200—250 人。但此次轰炸大大晚于日军 1931 年对中国锦州的无差别轰炸和 1932 年对上海的无差别轰炸。

④ 述初：《日军轰炸锦州》，《农民周刊》1931 年第 2 期，第 2 页。

⑤ "The Chinese Ministry of Foreign Affairs at Nanking to the Chinese Legation," Oct. 9, 1931, U. S. Department of State, *Foreign Relations of the United States* (*FRUS*), *1931*, *The Far East* Vol. 3, Washington: U. S. Government Printing Office, 1946, p. 147.

莞尔供认，轰炸目的在于"坚决致敌人中枢于死命"。①

一·二八事变期间，日本海军航空队为配合日军地面作战，对上海及其周边地区进行无差别轰炸。1932 年 1 月 29 日，20 余架日机"不停止而且无区别轰炸居民稠密之闸北，该处已遭大火，居民死伤极多，当地中国行政、交通、文化机关及主要商店，多遭轰炸"，"火车站及多数商厂民房，尽成灰烬，人民死伤累累"。② 中国当时最大出版机构商务印书馆总厂、印刷部、栈房及尚公小学惨遭炸毁，上海北火车站被炸成一片废墟。据上海社会局调查统计，一·二八事变期间，闸北、吴淞、江湾市民死亡 6080 人，伤 2000 人，失踪 10400 人。③ 其中，相当部分死于无差别轰炸。另外，与上海相邻的苏杭地区也多次遭受日军空袭，除机场和军事目标外，城市街道和民居均未能幸免。

在局部侵华战争初期，日军实施无差别轰炸的区域即远不止锦州和上海等地。1931 年 10 月 15 日，日军对绥远通辽火车站的轰炸造成 14 名平民死亡。④ 12 月 6 日前后，日军 10 余架飞机在辽宁省新民县附近及辽阳西北各村落肆意轰炸，村民被害者 300 余人。⑤ 1932 年 1 月 26 日，日军轰炸辽宁黑山县胡家镇，炸死村民 12 人，伤 12 人。⑥ 7 月 18 日，日机 5 架轰炸辽宁朝阳市，炸死居民 11 人，伤 21 人，炸毁民房 10 余处。⑦ 8 月 19 日，日军 5 架飞机轰炸辽宁盘锦市高升镇，炸死民众 50 余人，伤 100 余人，炸死牛马等牲畜 40 多头，炸毁房屋数百间。⑧

---

① 《石原莞尔审讯书》，远东国际军事法庭裁判书第 2584 号。

② 《外交部对淞沪事变宣言》（1932 年 1 月 29 日）、《上海市政府为日海军滥用飞机轰炸闸北事致日本驻沪总领事村井仓松抗议书》，秦孝仪主编：《中华民国重要史料初编——对日抗战时期》绪编（1），台北：国民党党史会，1981 年，第 425、433 页。

③ 上海市档案馆编：《日本在华中经济掠夺史料》，上海：上海书店出版社，2005 年，第 13 页。

④ 内蒙古自治区地方志编纂委员会办公室编：《内蒙古大事记》，呼和浩特：内蒙古人民出版社，1997 年，第 249 页。另据通辽市科尔沁区政协提案文史学习委员会编：《科尔沁文史》（2005 年，第 15—16 页），10 月日机轰炸通辽，炸死 19 人，炸伤 15 人。

⑤ 《辽宁省日军分头扰害农村》，《申报》1931 年 12 月 8 日，第 3 版。

⑥ 黑山县地方志编纂委员会编：《黑山县志》，沈阳：辽宁大学出版社，1992 年，第 20 页。

⑦ 辽宁省档案馆编：《"九一八"事变档案史料精编》，沈阳：辽宁人民出版社，1991 年，第 455 页。

⑧ 孙玉玲主编：《日军暴行录：辽宁分卷》，北京：中国大百科全书出版社，1995 年，第 148 页。

10 月 12 日，日军轰炸辽宁省新宾县境内，炸死 3 人，伤 4 人。① 12 月 10 日，日机在辽宁省开原县莲花镇孤榆树集市投弹、俯冲扫射，炸死农民于文祥等 10 人。② 1933 年，日军将轰炸行动向华北延伸，对密云县城、平谷县城、蓟县县城、开鲁县城，以及榆关、海阳、秦皇岛、山海关附近村庄、滦东各县、唐山、怀柔、渤海所属东关等地实施了轰炸。同年 1 月 22—24 日，日军连续轰炸热河省开鲁县，"三天的轰炸的结果，塌房子 10 余所，死兵民 100 余，军马牲口 200 余，损失 10 余万"。城外两个村子被日机所投燃烧弹烧为平地。③ 4 月 16—18 日，日军连续轰炸河北省密云县城和密云石匣镇，炸死烧死平民 250 多人，炸毁烧毁房屋 230 余间，还炸毁了建于明代的鼓楼、真武庙和建于清代的清真寺等建筑。④ 5 月 10 日，日军轰炸蓟县城内第 29 军后方医院，炸死平民 16 人。⑤ 1934 年后，日军在华北、东北地区的轰炸仍时有发生。1935 年 1 月 23 日，日机 4 架在察哈尔沽源县东栅子一带投弹，炸毁民房 11 处，死伤居民数十人，全镇成为瓦砾。1 月 24 日，日机在沽源县独石口投弹 10 余枚，炸死居民 5 人，炸伤 8 人，损毁民房 50 余间；又在东栅子投弹 3 枚，伤居民及团丁 20 余人。⑥ 1 月 28 日，日机 3 架在热河丰宁县大滩西投炸弹 3 枚，死伤平民 30 余人。⑦ 1936 年 4 月 24—26 日，日军轰炸辽宁桓仁县木盂子、高俭地、马鹿泡等地，炸死平民 15 人，炸伤 3 人。⑧ 11 月 20 日，日机 17 架在绥远省大十号村投弹 12 枚，死伤平民 9 人，炸毁房屋数间。⑨ 不断扩大的轰炸区域，正是日本侵华扩大化的直观体现。

① 《辽宁省中安县民众抗战损失调查表》，JD15—1—50—1。
② 高清林：《开原简史》，沈阳：辽宁人民出版社，2014 年，第 284—285 页。
③ 《日机轰炸开鲁惨状》，《中央周报》1933 年第 245 期，第 5—7 页。
④ 中共密云县委党史办、密云县档案局等编：《密云地区抗日斗争史料选编》，2005 年，第 565—567 页。
⑤ 天津市委党史研究室编：《天津市抗日战争时期人口伤亡和财产损失》，北京：中共党史出版社，2014 年，第 350 页。
⑥ 《日军轰击察东情形》，《侨务月报》第 2 卷第 1 期，1935 年，第 118 页。
⑦ 黎典、李铭编：《河北近代大事记（1840—1949）》，石家庄：河北人民出版社，1986 年，第 179 页。
⑧ 政协辽宁省桓仁县委员会文史资料委员会编：《桓仁县文史资料》第 1 辑，内部印行，1985 年，第 12—20 页。
⑨ 内蒙古自治区地方志编纂委员会办公室编：《内蒙古大事记》，第 301 页。

侵华日军对锦州、上海等地的轰炸，国民政府在第一时间将有关情况向美国和国联作了通报，① 并持续不断地通过外交途径寻求国际社会的支持，得到当时国际组织和相关国家的响应。侵华日军轰炸锦州之后，美国国务卿史汀生（Henry Lewis Stimson）在致驻日代办内维尔的抗议备忘录中表示，"无法理解，怎么可以轻视轰炸锦州这件事，怎么能说这事无足轻重呢"；不明白"日本军用飞机到底有什么权利飞到该城上空，进行挑衅攻击，并投掷炸弹。轰炸一座不设防的、未受警告的城镇是军事行动中的最为极端的行为之一，即使在战时也会遭到强烈反对"。② 英国、法国、意大利、西班牙等国也对日本轰炸锦州提出抗议。罗伯特·塞西尔（Robert Cecil）代表英国政府强烈谴责日机对东北各地的轰炸，称"日军的轰炸使英国政府感到非常不安，这一行为在任何国际法条款中都无法找到合理的依据"。③ 1932 年，侵华日军轰炸上海之际，国际租界区也未能幸免，日机向位于法租界码头区的中国轮船招商局投弹 3 枚，造成 3 名中国人受伤，2 所外国侨民住宅被毁。国民政府多次发表声明抗议，在国民政府移驻洛阳办公宣言中，揭露日军"使用无限制之飞机轰炸政策，平民生命财产惨受荼毒，数量之巨，无可估计"。④ 国际社会也加入中国的行列，谴责日本对人口密集且未设防的上海市区进行轰炸。⑤ 在日军海军航空队不断轰炸上海的情况下，蒋介石表示，"如吴淞要塞陷落，日本陆军登陆参战时，则我飞机应即参加沪战"。⑥ 国民政府曾出动空军参战，虽然与日机进行了几次空战，但其消极防守的避战战略根本无法阻止日军无差别轰炸的狂潮。

揆诸史实，在日本局部侵华时期，侵华日军对中国东北、华北、上海城乡的

---

① "The Chinese Ministry of Foreign Affairs at Nanking to the Chinese Legation," Oct. 9, 1931, U. S. Department of State, FRUS, 1931, The Far East, Vol. 3, p. 147.

② "The Secretary of State to the Chargé in Japan(Neville)," Oct. 11, 1931, U. S. Department of State, FRUS, Japan: 1931 – 1941, Vol. 1, Washington: U. S. Government Printing Office, 1943, pp. 20 – 21.

③ "Cecil Assails Bombing," New York Times, Oct. 24, 1931, p. 1.

④ 《国民政府移驻洛阳办公宣言》（1932 年 1 月 30 日），秦孝仪主编：《中华民国重要史料初编——对日抗战时期》绪编（1），第 436 页。

⑤ "Bombs Fall in Settlement," New York Times, Jan. 30, 1932, p. 1.

⑥ 《蒋委员中正致何应钦部长指示空军作战电》（1932 年 2 月 5 日），秦孝仪主编：《中华民国重要史料初编——对日抗战时期》绪编（1），第 446 页。

轰炸从开始便暴露出无差别性质。尽管中国政府及国际社会对此均有不同程度的抗议和指责，但是，国际认知并未将日军的无差别轰炸上升到恐怖袭击和非人道伤害的程度，加之英美国家层面的绥靖政策，日军的暴行并未得到及时有效制止，以致助长了其恐怖轰炸行为，使其在随后的全面侵华战争中，更加肆无忌惮地实施无差别轰炸。

三、全面侵华战争初期日军“无差别轰炸”的扩大

1937 年 7 月 7 日，全面侵华战争爆发，尽管日本号称采取所谓“不扩大方针”，但实际上在军事上持续为扩大战争做准备，特别是强化了在华航空作战力量。相对于局部侵华时期的轰炸，全面侵华战争初期的轰炸出现了诸多新变化：（1）轰炸成为配合地面战役的直接进攻手段；（2）轰炸范围波及大半个中国，规模和程度进一步升级；（3）轰炸目标涵盖战区与非战区，其无差别性及残暴性完全暴露；（4）轰炸对他国在华权益的损害加重，引起国际社会对日本更强烈的抗议。此一阶段日军无差别轰炸的新变化，既上承局部侵华时期的轰炸形式，又为战争相持阶段日军“战政略轰炸”思想的形成奠定了基础。

（一）无差别轰炸成为协助日军地面作战的直接手段

全面侵华战争初期，侵华日军将无差别轰炸作为主要进攻手段之一，配合其地面战役，无差别轰炸俨然成为日军地面军事行动的急先锋和排头兵。

其一，协助华北作战。七七事变后的 7 月 10 日，拥有 5 个飞行联队约 200 架飞机的关东军飞行集团即速派出战斗、侦察、重轰炸机各两个中队编为集成飞行团，支援华北作战。参谋本部又迅速从国内调来航空部队各机种共 18 个中队（其兵力超过日本陆军航空兵力的 1/3）编成临时航空兵团。15 日，日本中国驻屯军军部制定航空用兵计划，“航空部队的主力，要在同中国召开协议会议之前对二十九军中最具挑战的第三十七师集中威力给予打击，为此要对西苑、八宝山、北苑、长辛店实施轰炸，视情况对南苑实施轰炸”，并特别强调“第一期扫荡作战期间，航空部队集中威力，配合地面作战，对北京市街、万寿山实

施轰炸"。① 19 日，12 架日机在北京留霞峪村投弹，多处房屋被炸毁，5 名村民被当场炸死，其中包括 3 名儿童。② 28 日，日机轰炸西苑，阅武楼、三道街等地，民房惨遭轰炸，损毁房屋 43 间，居民财产损失约值 258587 元。③ 随着战事向天津一带推进，为配合陆上作战，29 日，侵华日军轰炸天津的南开大学及其附属中学，南开大学成为一片废墟。④

其二，协助淞沪会战。侵华日军占领平津后，出于对战争的乐观估计，企图速战速决。8 月 5 日，日本参谋本部就当前形势，提出迅速对中国军队特别是中央军队及其空军进一步给予打击，迫使南京国民政府屈服。⑤ 在航空作战方面，日本陆海军签订协定，规定了彼此在中国的作战重点，即陆军主要承担华北的航空作战任务，海军主要承担华中、华南的作战任务。据此协定，在日本陆军航空队大举进攻华北的同时，日本海军也编成对华作战的"特设航空部队"，并不断增兵上海，该航空队为了配合陆战队的作战，在上海挑起事端，不断制造恐怖。14 日凌晨，该航空队出动日机 18 架次，轰炸、扫射凌桥丁家浜、三岔港、石家浜沿江一带，炸毁民房 10 数间，炸死 10 余人。在轰炸南京路与黄浦滩时，炸死 729 人，炸伤 865 人。⑥ 同日，爱多亚路和虞洽卿路亦遭到轰炸，1011 人死亡，1008 人受伤。⑦ 17 日，日本政府正式放弃"不扩大方针"。23 日中午，日机轰炸

---

① 防卫厅防卫研修所战史室：《战史丛书（74）：中国方面陆军航空作战》，东京：朝云新闻社，1974 年，第 25 页。

② 丰台区长辛店镇留霞峪村范德桓关于人口伤亡调查笔录，存中共北京市丰台区委党史办。

③ 北平市警察局西郊分局：《关于日机轰炸直接损失表》（1946 年 2 月 1 日），J185—2—4584—2，北京市档案馆藏。

④ 南开大学教学楼、图书馆、师生宿舍、工厂、实验室等毁于一旦，所存教学仪器设备破坏殆尽，其中包括中文图书 10 万册，西文图书 4.5 万册及珍贵成套期刊，理工科大部仪器设备，全部教学及办公用具等，损失价值达 5990000 元。《南开大学财产损失报单》，219—3—26510，天津市档案馆藏。

⑤ 防卫厅防卫研修所战史室：《战史丛书（86）：支那事变陆军作战〈1〉—昭和十三年一月まで—》，东京：朝云新闻社，1975 年，第 231 页。

⑥ 章伯锋、庄建平主编：《抗日战争》第 7 卷《侵华日军暴行日志》，成都：四川大学出版社，1997 年，第 157 页。

⑦ 章伯锋、庄建平主编：《抗日战争》第 7 卷《侵华日军暴行日志》，第 157 页。一说炸弹为中国飞机炸弹钩被日机击坏而导致掉落。但不管是日本投弹还是中国飞机因日机击坏炸弹钩而掉下炸弹，惨案的制造者都是侵华日军。

南京路闹市区和浙江路，炸死 215 人，炸伤 570 人。此后，轰炸持续进行。

其三，协助南京战役。8 月 15 日，侵华日军将战火烧到中国首都南京。该日，日本海军航空队从日本本土出发对南京进行了"跨海轰炸"。在 8 月 15 日至 10 月 15 日的两个月中，侵华日军对南京轰炸达 65 次，"骚扰破坏无时或已，我无辜民众惨死敌弹之下……文化组织、慈善团体以及医疗机关等，亦莫不遭其摧毁，每一弹落，墙圮壁颓，血肉横飞"。① 据不完全统计，在此期间，日机共投弹 523 枚，炸死炸伤市民 830 人，其中死亡 392 人，损毁房屋 1949 间。② 较为典型的有，8 月 19 日，日机炸死市民 12 人，炸伤多人。27 日，日机轰炸贫民街，南京市内多处场所发生火灾，100 多无辜市民死亡。9 月 19 日，日军依靠舰上战斗机重启对南京的轰炸，此次轰炸从 19 日持续到 25 日，日军出动 289 架次飞机，共轰炸 11 批次。③ 对南京的几乎所有轰炸中，日本航空队均采取 3000 米以上超高空轰炸或夜间轰炸，无疑会降低轰炸精确度，各种误炸、滥炸现象由此频频发生。

其四，协助武汉会战。早在 1937 年 8 月末 9 月初日军控制上海、南京的制空权之际，侵华日军基于"中国大型轰炸机集中于武汉"的研判，④ 为进一步打击中国的空中力量，遂于 9 月 24 日派遣 13 架轰炸机轰炸人口稠密的武汉三镇，此次轰炸造成至少 650 人死亡，750 人严重受伤，1500 间房屋被毁，数千人无家可归。据目击的外国驻华海军军官所述，"绝大多数炸弹被投掷在没有任何军事目标的汉口棚户区，炸死妇女及儿童 20 多名，汉口多处大火彻夜未熄"。⑤ 汉口的汉正街、泉隆巷、竹牌巷，汉阳的双街、务滋里、谭家巷以及武昌的文昌中学等地被炸，造成 301 人死亡，490 人受伤。⑥ 1937 年 12 月南京陷落后，武汉一度成

① 《南京市长马超俊就本市被日机空袭损伤情况致行政院呈文》，1001—1—659，南京市档案馆藏。
② 《南京市城乡各区敌机空袭损伤统计表》，1001—1—659。
③ 笠原十九司：《南京難民区の百日：虐殺を見た外国人》，東京：岩波書店，2005 年，第 11—16 頁。
④ 日本海軍航空史編纂委員会編：《日本海軍航空史（4）：戦史篇》，東京：時事通信社，1969 年，第 219 頁。
⑤ "Kill at Least 650," *New York Times*, Sep. 25, 1937.
⑥ 《湖北省境内敌机空袭统计》，中国第二历史档案馆藏，6—4—639。

为中国的"战时首都"，成为日军进攻的新目标。1938 年 8 月，为了配合进攻武汉计划，日军航空兵团司令官德川好敏作出训示："利用时机，果断实施航空歼灭战及政略攻击。"① 整个武汉战役期间，日军共计空袭武汉 61 次，投弹 4500 余枚，炸死居民近 4000 人，炸伤 5000 余人，损毁房屋 4900 余栋。② 与此同时，在武汉作战时，日军大本营下达了"大陆令第 169 号"，改编侵华航空部队，把陆军"临时航空兵团"改为"航空兵团"，实行空地分离制度，确立航空兵独立使用，从而便利其作战行动。③

其五，协助广州战役。随着航空部队不断被派遣至华南地区，侵华日军逐步强化对广州的轰炸。日机轰炸广东始于 1937 年 8 月 31 日，当时重点轰炸航空基地及军事设施。同年 9 月 22 日，日机在一日之内连续 6 次对广州进行毁灭性轰炸，造成 300 余人死亡，部分外国人士目睹了广州被炸后的惨状，"广州的街头，尸体成堆，其中大部分均为平民"。④ 特别是从 1938 年 5 月 28 日至 10 月广州陷落，日军对广州进行了持续的大规模无差别轰炸，造成中国军民的极大伤亡。

（二）日军无差别轰炸范围波及大半个中国，规模和程度进一步升级

随着侵华战事的推进，日军实施的轰炸不仅从轰炸目标上体现出无差别性，而且在轰炸地域上也全无差别。七七事变后，日军在侵占北京、天津的同时，对廊坊、通县、丰台、保定等地实施轰炸。据不完全统计，仅 1937 年 8 月 15 日至 10 月 24 日，日机就轰炸了中国 55 个城市及交通线路。⑤

日军的轰炸彻底抹平了战区与非战区的界限，其无差别轰炸范围波及大半个中国。据资料记载，1937 年，全国各地遭受空袭 1269 次，机数 2254 架次，投弹 10740 枚，当时尚处战区之外的江苏、安徽、湖南等省，冀察、归绥、汴洛、南昌、广州、武汉、西安、兰州等地均遭轰炸。⑥

---

① 防卫厅防卫研修所战史室：《战史丛书（74）：中国方面陆军航空作战》，第 99 页。
② 焦光生、李玉凡：《日寇轰炸武汉实录》，《湖北档案》2005 年第 7 期。
③ 潘洵等：《抗日战争时期重庆大轰炸研究》，第 74 页。
④ "Canton Air Raids Renewed by Japan," *New York Times*, Sep. 23, 1937.
⑤ 《卢沟桥事变后日机重要违法暴行一览》，《战斗周报》1937 年第 6 期，第 22—23 页。
⑥ 何应钦：《日军侵华八年抗战史》，台北：台湾"国防部"史政编译局，1985 年，第 366 页。

1938 年 7 月,上海文化界国际宣传委员会统计编制的《一年来敌机轰炸不设防城市统计》显示,1937 年 7 月至 1938 年 6 月,日军轰炸区域遍布全国 16 个省 200 多座城市。其中,广东省最多,广州、汕头、新会、北浦、石龙、焦岭、惠阳、南海、黄埔、清远、海口、顺德、中山、白博、贺港、马尾、石歧、梅县、长堤、曲江、三灶岛、潮安、高要、翁源、虎门、博罗、佛山、樟木头、南雄、洪山、从化、增城、韶关、容奇、汕尾、北海、府城、三眼桥、太平、乐昌、源潭、西塘乡、饶平、阳曲、宝安等地被炸;其次是江苏省,枫泾、周泾港、德清、宜兴、金坛、南通、徐州、上海、南京、镇江、吴县、无锡、武进、江阴、碣山、刘堤圈、旧县、萧县、丹阳、平望、真如、句容、新安镇、海州、如皋、浦东、江都、常熟、淮阴、运河站、连云、溧水、昆山、南翔、吴江、六合、戚墅堰等地被炸;第三是安徽省,合肥、广德、蚌埠、宿县、六安、蒙城、符离集、安庆、南陵、舒城、桐城、寿县、永城、津浦县、阜阳、曹县、大通、武城、和县、含山、枣树庄、贵池、繁昌、东流、至德、铜陵、黄山、正阳关、徽州等地被炸;第四是浙江省,被炸地有杭州、鄞县、衢州、诸暨、丽水、玉环、永嘉、义乌、金华、临浦、瑞安、兰溪、建德、镇海、富阳、萧山、王店、绍兴、嘉善、嘉兴、硖石、长安、临平、桐乡、崇德、闸口、乌门山等;第五是山东省,被炸城市有王庄、莒县、沂水、泗水、曲阜、蒙阴、台儿庄、兖州、宁阳、枣庄、德州、济宁、济阳、两下店、临城、临沂、鄂城、巢县、滕县、桑梓店、福兴集等地被炸;此外,河南 19 个、江西 16 个、福建 13 个、河北 12 个、陕西 9 个、湖南 7 个、湖北 6 个、广西 5 个、山西 4 个、四川 2 个、甘肃 1 个。除城市外,日军还轰炸了粤汉路、广九路、潮山路、宝太路、省港路、广汕路、平汉路、陇海路、津浦路、广花公路、同浦路、平绥路、京沪路、宁阳路、粤桂交通路、苏嘉路、沪杭路、浙赣路等 18 条交通线。[①] 再据日本学者笠原十九司对日军海军作战的统计,仅 1938 年一年,海军航空部队对华实施轰炸的天数即达 316 天,亦即全年近九成的时间都在对中国进行轰炸。[②]

---

① 《一年来寇机滥炸死伤损害统计》,《东方杂志》第 35 卷第 17 号,1938 年,第 51—54 页。
② 笠原十九司:《海軍の日中戦争:アジア太平洋戦争への自滅のシナリオ》,東京:平凡社,2015,第 284 頁。

（三）侵华日军轰炸的无差别性及残暴性暴露无遗

1937 年 8 月 28 日，在上海南市火车站集聚千余名难民，其中大多数是妇女和儿童，竟遭 12 架日本飞机轮番轰炸，顿时一片血肉残骸，难民死七八百人，伤者不计其数。31 日，日本飞机轰炸杨行汽车站，将难民 200 余人全部炸死。[①] 9 月 8 日，日机轰炸离上海 30 里的松江，由战区逃往内陆的难民车被炸，"死者三百人，其大部分为妇女，负伤者更多"。[②] 9 月 23 日，日本飞机轰炸广州，路透社记者在轰炸结束后所见景象，"郊外之东贫民房屋，有全街破碎，无一完栋者，有数处死尸尚未移去，堆积地上，如吸蝇纸上之死蝇，残肢剩骸，已具不可辨认。而妇女一面号泣，一面扒动死尸，以寻觅其亲属……所到之处，莫不哭声震野，而如痴如狂之小儿也，奔走呼号其父母，尤为惨切"。[③] 在南京，英国《曼彻斯特报》记者田伯烈报道，"9 月 25 日，自上午 9 时半迄下午 4 时半，日机先后五次轰炸南京，投炸弹约 500 枚，市民死伤达 600 人。以中央医院和卫生署为目标，共落炸弹 15 枚"。[④] 美国《纽约时报》报道，日机 80 多架对南京进行了前所未有的猛烈轰炸，200 多人被炸身亡，南京市内店铺密集的三个街区被夷为平地。[⑤] 10 月 4 日，美国《时代周刊》报道，日机轰炸了南京的鼓楼住宅区、南京火车站及沿江贫民窟，那些年纪太小、太老、太穷、病得太重或是什么都不懂而没有离开南京的中国人被大批屠杀。5 日，日本出动了 80 架轰炸机对南京进行更大规模的一次轰炸，摧毁了南京价值 100 万美元的发电厂，轰炸了 2 所标有巨大红十字标记的中国医院。[⑥]

全面侵华战争爆发后仅 3 个多月，日军飞机就对文化教育机关实行了有计划

---

① 《倭寇残酷行为写真》，转引自唐培吉：《上海抗日战争史通论》，上海：上海人民出版社，2001 年，第 185 页。

② 洪桂己编：《日本在华暴行录（1928—1945）》，台北："国史馆"，1985 年，第 726、728 页。

③ 《阿英全集》第 5 卷，合肥：安徽教育出版社，2003 年，第 121 页。

④ 田伯烈：《外人目睹中之日军暴行》，杨明译，重庆：国民出版社，1938 年，第 145 页。

⑤ "80 Japanese Planes Bomb Nanking for Seven Hours; 200 Killed; Heavy Damage," *New York Times*, Sep. 26, 1937.

⑥ 杨夏鸣：《美国〈时代周刊〉1937—1941 年有关日军轰炸南京和大屠杀的报道》，《民国档案》2006 年第 4 期。

的持续轰炸。据不完全统计，大学教育机关之被毁者达23校，如天津之南开大学、河北省立女子师范学院、河北省立工业学院，保定之河北医学院、河北农学院，上海之同济大学、暨南大学、大同大学、复旦大学、大夏大学、上海商学院、上海法学院、持志学院、正风文学院、东南医学院、同德医学院、音乐专科学校、商船专科学校、体育专科学校，南京之中央大学、牙医专科学校，南昌之医学专科学校，广州之中山大学。中小学校被毁之确数尚无详细统计，就报章所载，有天津之南开中学及附小，保定之育德中学，南昌之乡村师范学校及美国教会所办之葆灵女子中学，南京之中大实验学校、遗族学校等。仅上海一地，文化教育机关被炸毁者有同济大学等大学14校、中学27校、小学44校、社教机关8处，南京小学被炸者有11校。"昔日讲习弦歌之地，今为颓垣瓦砾之场"。① 值得注意的是，遭受日军空袭的各学校，除同济大学之外，均距离战区极远，与战事毫无关系。②

1938年春，日军并未因英、美等国的抗议而收敛其恐怖性轰炸行径。日机的轰炸更加猛烈，一方面专注于轰炸重要交通线，摧毁粤汉、广九、广三铁路和沿线各站；另一方面则袭击广州城区及郊外的工厂。特别是进入5月后，侵华日军为了策应华中长江一线的作战行动，连续两次（5月28—30日、6月4—8日）对广州市区实施大规模无差别轰炸。③ 5月28日，日机71架分3次轰炸广州市区，共投弹150余枚，"塌屋200余间，焚毁400余间，无辜平民当时毙命者600余人，重轻伤者近1000人"。29日，日机36架再袭广州，肆意滥炸，投弹约百枚，"轰毁学校住宅300余间，无辜市民死伤500余人"。30日，日机继续轰炸广州市区，市民死伤200人，房屋被毁100余间。④ 6月4日，日机40余架空袭广州，轰炸约40分钟，市民伤亡惨重。6月5日，34架日机轰炸广州，死伤市民600余人，中山大学文、理、法学院被炸毁。6月6日，日机41架轰炸广州市区，

---

① 杨亮功：《日本轰炸我国文化教育机关之暴行》，《教与学月刊》第3卷第4期，1937年，第3—4页。
② 《历述日军暴行，我补充声明书全文，恣意攻击非战斗员，施放毒气灭绝人道》，《申报》1937年9月14日，第2版。
③ 日本海军航空史编纂委员会编：《日本海军航空史（4）：战史篇》，第409页。
④ 《敌机狂炸广州市》，《东方杂志》第35卷第10号，1938年，第41页。

投掷炸弹、燃烧弹 100 多枚，炸毁房屋 700 余间，炸死 1200 余人，灾区遍及全市。[1] 6 月 7 日，日机三度狂炸广州，并以机枪扫射平民。[2] 7 月 12 日、8 月 8 日，日机轰炸广州，平民死伤甚众。8 月 9 日，日机 40 余架袭击广州，死伤 200 余人。[3] 10 月上中旬，日机再次对广州等地进行疯狂轰炸，出动飞机每天达 100 多架。从 1937 年 8 月 31 日到 1938 年 10 月广州沦陷，日机对广州的轰炸持续 14 个月之久。在一年多的残暴轰炸之后，"广州最繁盛的街道，全被炸成瓦砾场了，黄沙车站附近，已经是一片平地了，文化街的永汉路，惠爱路，长堤，每走几十步不是一堆焦土和残砖，就是一排炸成碎片压成血浆的尸块……路上散碎着人的肉，毛茸茸的小孩的头盖，灰黄色的脑浆，炸到几十步远的墙上的紫蓝色的肚肠"。[4]

交通运输线亦成为日军轰炸的重点。粤汉铁路、陇海铁路、广九铁路、平汉铁路等交通线迭遭日机轰炸，据统计，仅从 1937 年 8 月到 1938 年 4 月，粤汉铁路被炸 363 次，投弹 3256 枚，平均 18 小时被炸一次，每公里投弹 3 枚，炸死 196 人；陇海铁路被炸约 150 次，投弹 2270 余枚，平均 41 小时被炸一次，每公里投弹 2 枚，炸死 229 人；广九铁路被炸约 150 次，投弹 1270 余枚，平均 46 小时被炸一次，每公里投弹 7 枚，炸死 17 人；平汉铁路被炸 36 次，平均 182 小时被炸一次，投弹 530 余枚，平均 2.28 公里投弹 1 枚，炸死 30 人。就此期间轰炸铁路交通线造成的人员伤亡情况来看，伤亡主要集中在铁路员工、旅客及平民三类人员，尤以聚集于铁路两旁之平民为最多。[5] 从以上统计可见，日军轰炸的交通线达到 18 条之多，中国东部地区几乎所有铁路交通线路均遭受日机的轰炸。不可否认，战时铁路交通线有承担运输军用物资的任务，但是这种不区分军用列车和民用列车（包括运送难民列车）的轰炸行为严重违反了国际习惯法。即便是出于军事目的，由于系日军扩大侵略的军事行为，也是属于违反和平、违反人道

---

① 军事科学院外国军事研究部编：《凶残的兽蹄》，北京：解放军出版社，1994 年，第 91 页。
② 郭廷以编著：《中华民国史事日志》第 4 册，台北：台湾"中研院"近代史研究所，1985 年，第 36 页。
③ 郭廷以编著：《中华民国史事日志》第 4 册，第 49 页。
④ 夏衍：《广州在轰炸中》，《新闻记者》（汉口）1938 年第 4 期。
⑤ 薛光前：《抗战以来各路空袭状况之研究》，《中央周刊》第 1 卷第 1 期，1938 年，第 16 页。

的无差别轰炸性质。

全面侵华战争初期，日军对中国不设防城市轰炸造成的损失情况，据国民政府内政部编制的损失表统计，从 1937 年 8 月至 1938 年 5 月，日军对中国各地城乡的轰炸达 2204 次，投弹 26951 枚，炸死 10482 人，炸伤 13319 人，炸毁房屋 42087 间（栋）。[①] 另据上海文化界国际宣传委员会统计编制的《一年来敌机轰炸不设防城市统计》，同期日军轰炸中国各不设防城市及交通线共计 2472 次，投弹 24292 枚，炸死 16532 人、炸伤 24652 人（表1）。无论是官方统计还是民间调查，侵华日军无差别轰炸给中国造成的损失都是极其惨重的。

表1 1937 年 7 月至 1938 年 6 月日机轰炸不设防城市损害统计[②]

省份	飞机数（架）	次数（次）	投弹数（枚）	受伤人数（人）	死亡人数（人）
江苏	2379	408	5489	4420	4183
浙江	1091	195	2186	2897	2484
安徽	357	74	1232	738	953
江西	1203	122	2961	668	348
福建	363	68	948	298	235
广东	6492	903	2801	11801	4845
河北	86	26	191	1031	1012
山东	249	37	565	195	183
山西	53	9	204	20	24
湖南	100	15	369	241	160
湖北	497	44	1572	1082	821
甘肃	20	2	·15	1	28
广西	87	18	238	22	16
河南	501	88	1131	478	573
四川	20	2	14	6	0
陕西	219	32	1050	100	96
交通线	2993	429	3326	654	571
总计	16710	2472	24292	24652	16532

（四）日军轰炸对他国在华权益的侵害

据不完全统计，从 1937 年 7 月 7 日到 1938 年 6 月 30 日近一年时间内，日军轰炸"侵害第三国在华主权，共计 6 次，其中计侵害英国主权 3 次，侵害美国主权 2

[①] 《全国各地空袭损失统计表》，江西省政府秘书处统计室编：《江西统计月刊》第 1 卷第 8 期，1938 年，第 44 页。

[②] 《敌机滥炸我国统计》，《经济动员》1938 年第 5 期。

次，侵害意国主权 1 次；伤害第三国人民生命计 4 次，共炸毙 17 人，受伤 25 人；侵害第三国人民财产共 13 次，计英 6 次，美 3 次，德 2 次，法意各 1 次；摧残第三国的宗教慈善及文化机关共 11 次，计美 9 次，法德各 1 次"。① 全面抗战爆发后，日军在战争中频繁地进行轰炸，特别是八一三淞沪战役爆发次日，日机即远飞南京对中国首都实施狂轰滥炸。1937 年 8 月 26 日，英国大使许阁森在南京至上海途中遭受日机轰炸受伤。12 月 12 日，美国军舰"帕奈号"在安徽和县被日机炸沉。日军还先后轰炸英商协和公司的德和轮，炸沉美孚油轮 3 艘。部分外国在华教会、医院、学校等非军事机构也未能幸免。仅就美国而言，1937 年 9 月 12 日，日军飞机轰炸广东惠州美国教会医院，"3 架日本飞机 3 次在教会住宅区低空盘旋，当时该区已悬挂两面大号美国国旗，每次飞机所投之炸弹均命中医院区，严重炸伤医院工作人员及损毁医院和宿舍"。② 9 月 24 日，日机向天津西南献县的法国耶稣总会③投弹 30 余枚，100 多名美国、加拿大、匈牙利教士及修女幸无人员伤亡，主教公署及女子医院受损严重，美、法及其他国家领事纷纷向日本驻天津领事提出严重抗议。④ 1938 年 1 月 1 日，美国在广州设立的"美华"、"协和"两所教会学校遭日机炸毁。⑤ 5 月 24 日，日机轰炸海州，美国长老会教堂及妇女圣经学校被炸，住宅区轻微受损，教堂和学校遭到严重破坏；5 月 28 日，该教会再次被炸。⑥ 6 月 15 日，日本飞机轰炸山东省平度美国南部浸信会，致使 200 多名学员及 7 位美国传教士面临严重危险，美国资产在轰炸中严重受损。⑦ 10 月 24 日，日机轰炸河

---

① 《敌机侵害外人权益统计》，江西省政府秘书处统计室编：《江西统计月刊》第 2 卷第 2 期，1939 年，第 56 页。

② "The American Ambassador in Japan(Grew) to the Japanese Minister for Foreign Affairs(Hirota)," Sep. 17,1937,U. S. Department of State,*FRUS,Japan:1931 – 1941*,Vol. 1,pp. 498 – 499.

③ 该会为华北耶稣会的传教中心，由主教公署、大堂、大小修院、耶稣会初学院、哲学院、中学、小学、圣母院、献堂会、男女工厂组成，有 100 余名外国传教士。

④ "Japanese Bomb French Mission," *Los Angeles Times*, Sep. 24, 1937; "Foreign Observers Appalled," *New York Times*,Sep. 24,1937.

⑤ 《一年来寇机滥炸死伤损害统计》，《东方杂志》第 35 卷第 17 号，1938 年，第 54 页。

⑥ "The American Embassy in Japan to the Japanese Minister for Foreign Affairs," May 31,1938, U. S. Department of State, *FRUS,Japan:1931 – 1941*, Vol. 1,p. 593.

⑦ "The American Ambassador in Japan(Grew) to the Japanese Minister for Foreign Affairs(Ugaki)," Jun. 28,1938,U. S. Department of State, *FRUS,Japan:1931 – 1941*,Vol. 1,p. 604.

南省桐柏县路德教会，年仅 3 岁的美国公民菲比·尼赫斯（Phoebe Nyhus）被炸死，其母阿瑟·尼赫斯夫人及其 8 岁的姐姐鲁斯·尼赫斯受伤，教会楼房被炸毁。①

面对日本对南京的轰炸、杀戮，美国、英国、德国、法国、意大利等国驻南京代表共同发声谴责。1937 年 8 月 21 日，美、德、英、法、意五国驻华大使决定由美国驻日大使格鲁代表各国通知日本政府，日本飞机轰炸南京市区使各国外交官对于其使馆及侨民安全感到担忧。各国一致要求在南京划定"非轰炸区域"。② 除此之外，美、英、法、德四国政府分别警告日本，如果日军行动给各国造成人员或财产方面的损失，日本政府必须承担一切责任。③ 尽管各国更多关心的是自身利益，但这种道义的谴责仍然有其积极意义。面对日本方面要求各国大使撤离南京的通牒，英、法、苏等国表现出颇为强硬的态度。9 月 20 日，英国外交部命令驻日大使克莱琪（Robert L. Craigie）向日本政府提出抗议，从人道主义的角度反对日军对南京实行无差别轰炸。④ 美国方面虽然奉行所谓"绝对中立

① "The American Ambassador in Japan（Grew）to the Japanese Minister for Foreign Affairs（Arita），" Oct. 31，1938，U. S. Department of State，*FRUS，Japan：1931 – 1941*，Vol. 1，pp. 627 – 628. 郑州美国南方浸信会医院及桐柏路德教会在 1938 年 2 月至 1939 年 3 月间被炸 7 次。据美方统计，至 1939 年 3 月，已发生了至少 135 起日军轰炸危害美国人生命及造成美国财产损毁的事件。"Memorandum by the Ambassador in Japan（Grew），" Mar. 30，1939，U. S. Department of State，*FRUS，Japan：1931 – 1941*，Vol. 1，p. 644. 另据日方不完全统计，至 1941 年 8 月，日本空军对美国在华资产的轰炸事件共计 173 件，其中得以妥善解决的只有 8 件，其余事件日方均以"被炸地点在日方占领区以外不能进行调查"为由，进行搪塞。详见《对英米悬案概》，アジア歴史資料センター，Ref. B02030752600。

② "The Ambassador in China（Johnson）to the Secretary of State，" Aug. 21，1937，Central File：Decimal File 793. 94，Political Relations of States，Relations；Bi-Lateral Treaties，China and Japan，Aug. 17，1937 – Aug. 31，1937，Records of the U. S. State Department Relating to Political Relations between China and Japan，U. S. National Archives，Archives Unbound，pp. 134 – 135.

③ 《今次事変による生命財産被害の賠償請求権を留保するとの英国政府通告文》（1937 年 8 月 21 日），外務省編：《日本外交文書・日中戦争》第 3 冊，東京：六一書房，2011 年，第 2016—2017 頁。

④ "The Chargé in the United Kingdom（Johnson）to the Secretary of State，" Sep. 20，1937，Central File：Decimal File 793. 94，Political Relations of States，Relations；Bi-Lateral Treaties，China and Japan，Sep. 18，1937 – Sep. 25，1937，Records of the U. S. State Department Relating to Political Relations between China and Japan，U. S. National Archives，Archives Unbound，pp. 48 – 49；《（付記一）Memorandum，21st September，1937》，外務省編：《日本外交文書・日中戦争》第 3 冊，第 2027—2028 頁。

的路线",① 美国国务院明确表示，"在有大量平民居住进行和平工作的广大地区中进行任何轰炸都是不允许的，也是与法律及人道主义原则相违背的"。②9 月 22 日，美国政府向日本政府表明对日军再次轰炸南京的"关注"，认为"对任何人口稠密、从事和平产业的广大地区进行广泛的轰炸都是不允许的，也是于法律及人道主义背道而驰的"。③ 9 月 24 日，英国驻日大使克莱琪"受命就日军在广州及其他中国城市屠杀非战斗人员向日本政府提出强烈抗议"，希望日本政府注意到"日本空军对中国非军事目标的轰炸及其引发的令人震惊的平民伤亡让英国感到惊骇"。④ 9 月 27 日，国联顾问委员会通过谴责日本飞机滥行轰炸中国平民决议案，宣布"这种引起全世界人士愤怒和惊恐的行为是不可饶恕的"。⑤ 次日，国联大会通过了这一决议，宣布"对于日本飞机在中国不设防之城市从事空中轰炸一事，予以紧急之考虑，并严正地予以谴责"。⑥ 10 月 5 日，美国总统罗斯福在芝加哥发表"隔离"演说，谴责日本"未经宣战，也没有警告或其他正当理由，用从天而降的炸弹对包括妇孺在内的平民进行残忍地屠杀"。⑦ 尽管各国政府对日本政府提出抗议，要求其轰炸行动要区分军事目标与民用设施，但是，遗憾的是并未就此采取具体惩罚性措施，反而是心存侥幸地希望侵华日军不要把外国人居住地区及外国船只停泊的地区纳入轰炸范围，侵华日军摸清楚了各国的意图之后，无差别轰炸行径更加有恃无恐。

　　毫无疑问，此一阶段侵华日军无差别轰炸进一步加剧。首先是"以直接协助

①　"The Secretary of State to the Ambassador in Japan (Grew) ," Sep. 2, 1937, U. S. Department of State, *FRUS*, *1937*, *The Far East*, Vol. 3, Washington: U. S. Government Printing Office, 1954, p. 506.

②　"Press Release Issued by the Department of State on September 28, 1937," U. S. Department of State, *FRUS*, *Japan*: *1931 - 1941*, Vol. 1, p. 506.

③　"The American Ambassador in Japan (Grew) to the Japanese Minister for Foreign Affairs (Hirota) ," Sep. 22, 1937, U. S. Department of State, *FRUS*, *Japan*: *1931 - 1941*, Vol. 1, p. 504.

④　"London in Protest," *New York Times*, Sep. 25, 1937.

⑤　"Resolution Adopted by the League of Nations Advisory Committee on September 27, 1937," U. S. Department of State, *FRUS*, *Japan*: *1931 - 1941*, Vol. 1, p. 506.

⑥　石源华：《中华民国外交史》，上海：上海人民出版社，1994 年，第 506 页。

⑦　"Address Delivered by President Roosevelt at Chicago on Oct. 5, 1937," U. S. Department of State, *FRUS*, *Japan*: *1931 - 1941*, Vol. 1, p. 380.

地上作战为主为重点"。其次是规模和程度进一步扩大、加深，轰炸范围从华北到华中再到华南，从平津到沪宁再到武汉、广州，无差别轰炸俨然成为其军事进攻的主要手段。再次，其恐怖性有增无减，无差别性完全暴露，对平民区、学校、医院及交通线的轰炸成为日常性活动。事实上，早在 1923 年 2 月，英、美、法、意、日及荷兰等国就签署了《战时空战规则草案》（共 62 条），其中第 22 条规定："为使平民发生恐怖、破坏或损坏非军事用性质的私人财产或伤害非战斗人员的目的而进行的空中轰炸，应予禁止。"① 这一战争法规②明确了战机不得对非军事性质的目标进行轰炸。最后，侵华日军为了迫使英、美等国继续让步，甚至故意通过轰炸方式侵犯各国在华权益。无论是国民政府还是英、美等国政府均已认清侵华日军无差别轰炸行为的狰狞面目，这一轰炸行径遭到中国政府和国际社会的谴责，但是，国民政府限于空军力量羸弱而无力还击，英、美等国则持续绥靖而无意制止，以致此种恐怖活动随着战争的持续进行而进一步升级、泛化。

四、战争相持阶段日军"无差别轰炸"的升级

侵华日军占领武汉、广州后，尽管其坚持灭亡中国的总方针未变，但限于军力、国力的制约以及在外交上的孤立，被迫放弃速战速决的战略方针，采取以政治进攻为主、军事打击为辅的侵华新方针。在日本方面看来，"对被压缩中之中国政府若放任不顾，则仍为重大之祸根，必贻后患，故仍须适宜促使其崩溃"。③日军大本营决定通过非军事的政治工作并辅之以军事打击，达到动摇中国政府坚持抗战的意志，迫使其放弃抗战立场的目的。因而，实施了以挫败中国方面"继续作战的意志"，攻击"战略和政略中枢"，"促使蒋政权崩溃"为主要目的所谓的"战略、政略要地轰炸"，④ 强调"要地攻击之要领在于，顺应作战情况之变化，主要基于战略上之要求，攻击敌方军事、政治、经济、中枢机构，迫使其机

---

① 王铁崖、朱荔荪等编：《战争法文献集》，北京：解放军出版社，1986 年，第 131 页。

② 金明：《重庆大轰炸中的日本国家责任——从大轰炸受害平民对日索赔的角度分析》，《四川大学学报》2012 年第 6 期。

③ 浙江省中国国民党历史研究组（筹）编印：《抗日战争时期国民党战场史料选编》第 1 册，1986 年，第 305 页。

④ 防衛庁防衛研修所戦史室：《戦史叢書（74）：中國方面陸軍航空作戦》，第 123 页。

能停止；又须摧毁其重要资源，使其难以作战；同时挫败敌国国民之战意，使敌之作战生出破绽；或者攻击敌之主要交通线，切断其兵力移动与军需品之补给线等，从而达到战争之目的"。[1] 1938年12月2日，日军大本营命令"华中派遣军司令官主要负责在华中和华北进行航空进攻作战，尤其是压制扰乱敌人的战略与政略中枢，并尽力歼灭敌航空战力，且与海军密切协同"。参谋总长根据大本营命令，要求"根据陆海军中央协定在全中国实施航空作战，攻击敌人的战略与政略中枢应抓住良机、集中战力，特别是尽力捕捉歼灭敌人的最高统帅和最高政治机关"，强调"陆海军航空部队在全中国的重要地域协同实施战政略航空作战，以挫折敌之继续抗战意志"，规定"陆军航空部队以航空兵团主要负责对华北和华中的重要地域实施战政略航空作战，海军航空队主要负责对华中和华南的重要地实施战政略航空作战"，并明确划分了华北、华中、华南的地域范围，"华北为山东、河南、陕西、甘肃省以北，华南为福建、广东、广西、云南省，华中为以上两者之间诸省"。[2] "从昭和14年开始，形成航空决战的构想，有了大规模航空兵力的建制，航空部队作为战略单位而独自进行的作战进入实施阶段。"[3]

（一）集中轰炸战时首都重庆

随着国民政府迁都重庆，重庆战略地位迅速提升，成为中国的战时首都和大后方政治、经济、军事和文化中心。[4] 1938年下半年，武汉、广州相继沦陷，而中国"毫无动摇之迹象"，"解决事变的希望毫无头绪可寻"。[5] 此时，日本已无力发动大规模地面进攻，为迫使国民政府屈服，摧毁中国抗战的大后方基地，

① 《海战要务令续编（航空之部）草案》总则，转引自刘世龙等主编：《重庆大轰炸（含成都、乐山、自贡、松潘）受害史事鉴定书》，北京：社会科学文献出版社，2017年，第35页。

② 徐勇、臧运祜总主编：《日本侵华决策史料丛编》军事战略编专题4《战略大轰炸》第2册，第687、689、692页。

③ 前田哲男：《关于重庆大轰炸的鉴定书》，刘世龙等主编：《重庆大轰炸（含成都、乐山、自贡、松潘）受害史事鉴定书》，第36页。

④ 潘洵等：《抗日战争时期重庆大轰炸研究》，第1页。

⑤ 防卫厅防卫研修所战史室：《戦史叢書（74）：中國方面陸軍航空作戦》，第122页。

动摇大后方民众的抵抗意志，最终达到以炸迫降的目的，决定集中其陆海军航空队优势兵力，对重庆及其周边区域进行轰炸，史称"重庆大轰炸"。其中以 1939 年至 1941 年这三年的轰炸最为猛烈，在 1939 年"五三"、"五四"大轰炸中，侵华日军航空队对重庆老城区上半城和下半城的商业、住宅、人口密集区域进行重点轰炸。据不完全统计，轰炸共造成 4572 人死亡，3637 人受伤，创造了人类战争史上空中轰炸死伤人数的新纪录，也是整个重庆大轰炸期间轰炸直接致死人数最多的一次。① 英、法、德三国驻重庆使领馆也在轰炸中遭到不同程度损毁。1939 年 7 月 24 日，侵华日军参谋长在对陆军大臣板垣征四郎提出的形势判断中明确强调，陆军航空部队对内地的轰炸，"不但要给予敌军及其军事设施以物质上的损害，更要对敌军及其普通民众形成精神上的威胁，让他们在极度恐慌之余产生精神衰弱，期待着他们掀起狂乱的反蒋和平运动"。② 到 9 月 1 日欧洲战争爆发止，日军先后 36 批 19 次轰炸重庆市区。

欧战爆发后，日本认为应趁欧美各国无暇东顾中国之机，迅速摧毁中国抗战意志，结束所谓"中国事变"。为此，1939 年 9 月 12 日，日本大本营陆军部下令在南京编成中国派遣军总司令部，任命西尾寿造大将为总司令官，统一指挥日本在中国关内地区的陆军力量。9 月 23 日，日本大本营命令中国派遣军总司令官"适时实施航空进攻作战，压制、扰乱敌之战略与政略中枢，并防止敌空军的重建"。参谋总长根据此项大本营命令，就航空作战下达指示："攻击敌之战略与政略中枢，应抓住良机，集中战力，尤其是尽力捕捉歼灭敌之最高统帅与最高政治机关。此外，为因应长期作战，应尽可能保全航空实力。"③ 在此后的两年中，日军先后对以重庆为中心的大后方实施了"101 号作战"、"601 号作战"和

---

① 潘洵等：《抗日战争时期重庆大轰炸研究》，第 109—177 页。
② 《远东国际军事审判判决记录》，转引自伊香俊哉：《对日本空战法规与重庆大轰炸的认识》，《中日学者重庆大轰炸论文集》，北京：中国三峡出版社，2004 年，第 339—340 页。
③ 徐勇、臧运祜总主编：《日本侵华决策史料丛编》军事战略编专题 4《战略大轰炸》第 2 册，第 718、720 页。

"102 号作战"三次大规模航空作战，[①] 对重庆市区及周边区域内的中国机场、工厂、政府机构、学校、医院等目标，进行了不区分军事目标与非军事目标的轰炸，造成了巨大的平民伤亡和财产损失；同时对美、英、法、苏、德等国驻重庆的使领馆、军舰、企业、教会机构等第三国目标造成了前所未有的损害，仅美国使领馆、企业、侨民资产便先后被炸 70 多次，其中美国卫理公会（American Methodist Episcopal Mission）资产 7 次被炸。这充分说明日军对重庆的轰炸是不区分军事目标与非军事目标、不区分中国目标与第三国目标的无差别轰炸行为，而中国与美、英等第三国都成为重庆大轰炸的直接受害者。[②] 特别是为最大程度地发挥战略轰炸威力，摧毁国民政府的抗战意志，还处于实验阶段的三菱零式战斗机匆忙登上轰炸重庆的舞台，在 1940 年和 1941 年对重庆的轰炸中完全控制了制空权。[③] 到 1940 年底，中国空军仅剩飞机 65 架。[④] 在日军持续不断的地毯式和疲劳轰炸下，重庆成为第二次世界大战时期遭受日军大规模轰炸次数最多、轰炸持续时间最长、造成损失极其惨重的一座城市。与欧洲战场德国空军对英国首都伦敦的无差别轰炸相比，从开始的时间来看，日军对重庆的轰炸开始于 1938 年 2 月，大规模轰炸开始于 1939 年 5 月，而德军对伦敦的大规模轰炸开始于 1940 年 8 月，比日军对重庆大规模的轰炸晚了一年零三个月。从持续的时间来看，德军对伦敦的大规模轰炸是从 1940 年 8 月至 1941 年 5 月，

[①]　全面抗日战争时期，日方轰炸决策的最大转变是从一开始的协助地面作战到抗战相持阶段的"战政略轰炸"，也即 1938 年 10 月相持阶段到来之后，侵华日军一直执行的是"战政略轰炸"。此外，就具体战役的作战方案而言，有 1940 年日本海军航空部队参谋长井上成美制定的 101 号、1941 年制定的 102 号轰炸作战计划以及切断援蒋路线的作战计划等。在相持阶段的轰炸实施过程中，日本海军航空队是作战计划主导者，也是轰炸行为的主要实施者。就相关具体作战战役计划及其背后故事，前田哲男《从重庆通往伦敦、东京、广岛的道路——二战时期的战略大轰炸》一书利用日文资料进行了较为深入的分析，而具体的轰炸史实恰恰是该书有待进一步补充的。

[②]　高佳：《侵华日军无差别轰炸与美国政府的因应（1937—1941）》，博士学位论文，西南大学历史文化学院，2019 年，第 75 页。

[③]　1940 年 10 月 20 日，"蒋委员长自重庆致驻美代表宋子文补述与美大使谈话要点请再对美当局申述电"，说明"我空军消耗已尽，再无法起飞应敌，所以敌机敢在全国各地狂施轰炸，横行无忌"。详见秦孝仪主编：《中华民国重要史料初编——对日抗战时期》第 3 编《战时外交》（1），台北：国民党党史会，1981 年，第 103 页。

[④]　陈诚：《八年抗战经过概要》，出版方不详，1946 年，第 34 页。

持续 9 个月，而日军对重庆的大规模轰炸则从 1939 年 5 月到 1941 年 9 月，持续 2 年多时间。从造成的损害来看，尽管德军轰炸伦敦的规模要远大于日军轰炸重庆的规模，但是"重庆被敌机的破坏，并不亚于英国伦敦和法国巴黎等大都市"。①

（二）轰炸后方城乡成为常态

在此阶段的轰炸中，后方各大城市无疑是侵华日军无差别轰炸的重点。仅就后方省会城市而言，除拉萨、乌鲁木齐得以幸免外，其他省会城市均遭到严重轰炸。在西南后方，侵华日军重点轰炸了战时首都重庆和成都、昆明、贵阳等省会城市。四川省作为战时支持中国长期抗战的最重要后方基地，成为轰炸的重灾区，省会成都市从 1938 年 11 月 8 日至 1944 年 12 月 18 日，先后遭受日军轰炸 31 次，造成 1762 人死亡，3575 人受伤。② 在云南省，省会昆明遭受日机轰炸达 41 次，是遭受日机轰炸次数最多、机数最多、投弹最多、损毁房屋最多的城市。③ 在贵州省，侵华日军曾 9 次轰炸贵阳市区和近郊地区。④ 在西北后方地区，侵华日军重点轰炸西安及兰州两个省会城市。据不完全统计，西安受到轰炸达 145 次，日军出动飞机达 1106 架次，投弹 3440 枚，造成 1244 人死亡，1245 人受伤，毁坏房屋 6783 间，其中一次死伤百人以上的轰炸有 6 次。⑤ 日军对兰州的轰炸开始较早，到 1941 年 9 月止，兰州遭受轰炸达 36 次，日军出动飞机 670 架，投弹

---

① 《空袭下的中国难民》，洪桂己编：《日本在华暴行录（1928—1945）》，第 739 页。

② 四川省档案馆编：《川魂——四川抗战档案史料选编》，第 20—22 页。

③ 《抗战期间日机袭滇伤亡损失总计》，云南省档案馆编：《日军侵华罪行实录·云南部分》，第 416—417 页。

④ 以 1939 年 2 月 4 日轰炸贵阳市中心区造成的破坏和损失最为惨重，敌机向市区投弹 124 枚（多为燃烧弹），市民死伤 1223 人（其中死 520 人、伤 703 人），炸毁房屋 1300 余所，经济损失达 2500 万元。贵阳市志编纂委员会编：《贵阳市志·军事志》，贵阳：贵州人民出版社，1989 年，第 133 页。

⑤ 肖银章、刘春兰编著：《抗战期间日本飞机轰炸陕西实录》，西安：陕西师范大学出版社，1996 年，第 17 页。另据《陕西省抗日战争时期人口伤亡和财产损失》（陕西省委党史研究室编，北京：中共党史出版社，2015 年，第 18 页）统计，抗战时期日机轰炸西安 147 次，炸死 2719 人、炸伤 1228 人、炸毁房屋 7972 间。二者在轰炸次数、炸伤人数、被毁房屋数量等方面几乎相同，唯有在炸死人数统计上有较大差异。

2738 枚，造成 215 人死亡，191 人受伤，损毁房屋 21669 间。① 另外，青海省会西宁也遭到日机轰炸，1941 年 6 月 23 日，27 架日机在西宁市投下炸弹 230 余枚、燃烧弹 30 余枚，并以机枪疯狂扫射，造成 43 人死亡，28 人受伤，炸毁房屋 530 间，财产损失折合当时的法币 119000 余元。②

在战时首都和省会城市之外，西南、西北后方的中小城市及乡村也频繁遭受侵华日军的无差别轰炸。据初步统计，四川省遭受轰炸的市、县最多，全省 143 个市县，遭受日机轰炸并有伤亡的市县达到 66 个，占全省市县总数的 46%；③ 云南省有 21 个县被炸；④ 贵州省被炸市、县有 19 个；⑤ 陕西省遭受轰炸范围遍及全省 55 个市、县、镇；⑥ 甘肃省有 10 个市县被炸。⑦ 另外，中共中央所在地延安也是日军轰炸的重点，共计遭受轰炸 17 次，日军出动飞机 257 架次，投弹 1690 枚，造成 398 人伤亡，毁坏房屋 15628 间。⑧

据国民政府航空委员会防空总监部统计，1939 年，侵华日军对华轰炸范围涉及 15 省，轰炸次数共计 2603 次，出动机数 14139 架。其中，对城市轰炸 1242

---

① 王禄明、陈乐道：《日军轰炸兰州及甘肃各地实录》，《档案》2005 年第 2 期。

② 董继瑞：《抗日战争时期西宁曾遭日本飞机轰炸》，《青海工作》2004 年第 9 期；青海省委党史研究室编：《青海省抗日战争时期人口伤亡和财产损失》，北京：中共党史出版社，2015 年，第 48—49 页。

③ 四川省档案馆编：《川魂——四川抗战档案史料选编》，第 23 页。

④ 《抗战期间日机袭滇伤亡损失总计》，云南省档案馆编：《日军侵华罪行实录·云南部分》，第 416 页。

⑤ 贵州省地方志编纂委员会：《贵州省志·防空战备志》，贵阳：贵州人民出版社，2000 年，第 7 页。另据《贵州省抗日战争时期人口伤亡和财产损失》（贵州省委党史研究室编，北京：中共党史出版社，2016 年，第 5 页）一书记述，抗战期间，日机轰炸贵州全省共 38 次，出动飞机 405 架次，造成 1051 人死亡、1881 人受伤。

⑥ 肖银章、刘春兰编著：《抗战期间日本飞机轰炸陕西实录》，第 4 页。《陕西省抗日战争时期人口伤亡和财产损失》（第 18 页）一书沿用了 55 个县市的数据。

⑦ 王禄明、陈乐道：《日军轰炸兰州及甘肃各地实录》，《档案》2005 年第 2 期。另据《甘肃省抗日战争时期人口伤亡和财产损失》（甘肃省委党史研究室编，北京：中共党史出版社，2014 年，第 10 页）一书记述，"抗战期间，日机疯狂轰炸甘肃省的兰州、靖远等 10 余座城市，炸毁房屋 24124 间，造成 10 万余人无家可归"。

⑧ 肖银章、刘春兰编著：《抗战期间日本飞机轰炸陕西实录》，第 43 页。《陕西省抗日战争时期人口伤亡和财产损失》（第 403 页）一书所记轰炸次数及伤亡人数与前者相同，被毁房屋统计为 8571 间（含过街楼、牌楼、石洞等），远低于前者。

次，占轰炸次数的47.7%，出动飞机8345架，约占轰炸飞机总数的59%；对乡镇轰炸993次，约占轰炸次数的38.1%，出动飞机2882架，约占轰炸飞机总数的20.4%；对机场轰炸156次，占轰炸总数的6%，出动飞机1968架次，占轰炸飞机总数的13.9%；对交通设施轰炸212次，占轰炸总数的8.1%，出动飞机944架，占轰炸飞机总数的6.7%。[①]

1940年，侵华日军对四川、广东、广西、河南、江西、浙江、福建、安徽、湖南、湖北、陕西、云南、贵州等13省展开轰炸，轰炸次数共计2069次，出动机数12767架，投弹50118枚。其中，对城市轰炸887次，约占轰炸次数的42.9%，出动飞机7659架，约占轰炸飞机总数的60%，投弹28107枚，约占投弹总数的56%；对乡镇轰炸789次，约占轰炸次数的38.1%，出动飞机2087架，约占轰炸飞机总数的16.3%，投弹7962枚，约占投弹总数的15.9%。与1939年相比，对四川、云南、贵州等西南省份的轰炸显著加强，其中对四川的轰炸全部集中于城市和机场，无论是轰炸次数还是投弹数量，均为被轰炸各省之首。[②]

1941年，侵华日军对后方各省轰炸扩大到四川、陕西、河南、江西、浙江、广东、福建、湖南、湖北、安徽、广西、云南、贵州、青海、甘肃、西康16省，轰炸次数共计1872次，出动机数12307架，投弹43256枚。其中，对城市轰炸1263次，约占轰炸次数的67.5%，出动飞机9499架，约占轰炸飞机总数的77.2%，投弹31900枚，约占投弹总数的73.7%；对乡镇轰炸463次，约占轰炸次数的24.7%，出动飞机1442架，约占轰炸飞机总数的11.7%，投弹6028枚，约占投弹总数的13.9%。很明显，侵华日军继续加强对四川、云南、甘肃等后方省份的轰炸。[③]

（三）对未完全沦陷区域的持续轰炸

战争相持阶段，广东、广西、浙江、福建、江西、安徽、湖北、湖南、河南等未完全沦陷的后方区域，也频繁遭到轰炸。据1939年全国被炸地区调查统计，

---

① 航空委员会防空监部编印：《民国二十八年度全国空袭状况之检讨》附表，1940年。
② 航空委员会防空总监部编印：《民国二十九年度全国空袭状况之检讨》附表，1941年。
③ 航空委员会防空总监部编印：《民国三十年度全国空袭状况之检讨》附表，1942年。

后方各省被炸市县共计 413 个，其中西部内陆省份被炸市县仅有 55 个，超过 86% 的被炸市县均在东、中部未完全沦陷区域，[①] 具体情况参见表 2。

表 2　1939 年除西南西北后方各省被炸地区调查统计[②]

省份	数量（个）	被炸市县名称
广东省	62	钦县、阳江、合浦、徐闻、北海、英德、龙山、新丰、连平、翁源、佛冈、曲江、揭阳、潮安、电白、高明、海康、花县、清远、惠阳、龙门、潮阳、汕头、乐昌、连县、五华、高要、顺德、博罗、从化、防城、中山、新会、增城、四会、遂溪、兴宁、龙川、梅县、河源、南雄、丰顺、紫金、廉江、陆丰、和平、蕉岭、海丰、茂名、开平、澄海、吴川、广宁、阳山、化县、开建、饶平、普宁、东莞、灵山、德庆、封川
广西省	38	桂林、柳州、兴安、灵川、玉林、龙津、凭祥、兴业、迁江、桂平、全州、都安、横县、融县、贵县、武鸣、隆安、果德、宁明、河池、南丹、百寿、宜山、上金、扶南、明江、左县、南宁、宾阳、忻城、上林、象县、博白、信都、梧州、怀集、崇善、思乐
安徽省	38	桐城、至德、青阳、宜城、亳县、东流、无为、广德、南陵、铜陵、太湖、宿松、贵池、怀宁、潜山、望江、立煌、泾县、太平、宁国、屯县、全椒、来安、繁昌、顺安、定远、六安、舒城、天长、郎溪、临泉、凤台、怀远、广田、合肥、阜阳、黟县、歙县
浙江省	36	富阳、临安、萧山、诸暨、上虞、绍兴、德清、兰溪、金华、桐庐、镇海、临海、衢县、永嘉、江山、龙游、瑞安、丽水、乐清、宁波、黄岩、海门、鄞县、慈溪、余姚、奉化、象山、温岭、青田、云和、平阳、黄华、场口、溪口、临浦、新登
湖南省	30	湘潭、株洲、桃源、醴陵、华容、芷江、衡阳、平江、常德、长沙、辰溪、邵阳、郴县、湘阴、汉寿、益阳、攸县、沅陵、梁口、湘潭、桂东、零陵、祁阳、溆浦、衡山、慈利、黔阳、烟溪、澧县、浏阳
江西省	56	南昌、吉安、都昌、萍乡、牯岭、进贤、樟树、东乡、分宜、宜春、清江、玉山、余江、乐平、贵溪、丰城、永修、安义、靖安、新淦、吉水、南城、新喻、修水、临川、奉新、余干、上饶、弋阳、上高、赣县、万年、崇仁、大庾、广昌、泰和、云都、瑞金、万载、永泰、峡江、河口、高安、信丰、新建、铅山、瑞昌、安福、夏铺、铜鼓、武宁、宜丰、上栗、鄱阳、彭泽、浮梁
河南省	43	南阳、灵宝、阌乡、商城、唐河、洛阳、荥阳、新安、渑池、郑县、许昌、商水、孟津、偃师、巩县、氾水、叶县、方城、新郑、新野、济源、孟县、中牟、洧川、尉氏、内乡、密县、广武、登封、禹县、舞阳、泌阳、桐柏、邓县、镇平、确山、扶沟、信阳、洛宁、嵩县、遂平、固始、正阳
湖北省	24	襄阳、宜昌、沙市、恩施、荆门、当阳、钟祥、临县、樊城、广济、宜城、江陵、光化、黄梅、枣阳、老河口、监利、罗田、巴东、通城、秭归、来凤、沙洋、枝江
福建省	31	晋江、上洋、同安、惠安、连江、福州、长门、泉州、长汀、蒲田、南靖、南平、永安、龙溪、漳浦、长乐、东山、海沧、龙岩、福清、惠安、石码、潭州、永春、仙游、德化、福安、沙县、古田、海澄

[①] 例如，1939 年 5 月，日军对福建"全省计 20 余县被轰炸，来袭机数共 487 架，轰炸 148 次，投弹 940 枚（内燃烧弹 93 枚），死 435 人，伤 608 人，房屋被毁 900 余栋，学校被毁 20 余所，外国教堂 11 座，汽车 30 余辆，汽船及民用船合计 10 余艘，机关 13 所，医院 1 所"（《福建省被炸详情》，《福建赈救消息》第 6 期，1939 年 7 月，9—2—123，福建省档案馆藏）。从 1939 年至 1941 年，广西全省 101 个县（市、局）中，遭受轰炸的达 70 余个，轰炸达 536 次，炸死民众 3521 人，炸伤 4115 人（广西省政府统计处编：《广西年鉴》第 3 回，桂林：广西统计局，1948 年，第 1357—1359 页）。

[②] 航空委员会防空监部编印：《民国二十八年度全国空袭状况之检讨》，第 44—47 页。

1940 年、1941 年，西部内陆省份被炸区域虽有增多，但日军对中国城乡的无差别轰炸仍然遍布所有未沦陷地区，详见表3。

表3　中东部未完全沦陷区域各省历年被炸县份情况①

被炸省份	1939 年被炸县市数（个）	1940 年被炸县市数（个）	1941 年被炸县市数（个）
广东	62	54	52
湖北	24	16	20
安徽	38	32	16
广西	38	49	20
河南	43	37	40
浙江	36	43	38
江西	56	32	34
湖南	30	18	26
福建	31	15	31
合计	358	296	277

（四）实施毒气轰炸和专项轰炸

日本不断升级无差别轰炸，还体现在不顾国际公法，多次实施惨无人道的毒气轰炸。1939 年 8 月 27 日，6 架日机在江西高安县吴珠岭一带投下大批细菌弹，当地民众和外来难民 7000 多人受到严重感染，死亡 2100 多人。② 1940 年 12 月，日机在长沙庆华乡投下红布包裹花生蚕豆数十包，当地小孩抢食，即昏迷不醒。1941 年 11 月 4 日，日机在常德西门外鸡窝巷投下鼠疫杆菌，死 18 人。③ 据后来调查发现，感染鼠疫死亡人数超过 7000 人。日本实施的专项轰炸，包括对大后方最大井矿盐生产基地自流井的专项轰炸和对重庆"中国要人住地"的专项轰炸。1940 年虽有轰炸自流井盐场的记录，但只是附属于"内地轰炸"的常规轰炸，而 1941 年作战计划中明确规定攻击盐场，并将其作为轰炸的重点对象，变

---

① 根据航空委员会防空总监部编印《民国二十九年度全国空袭状况之检讨》附表有关全国被炸地区之调查统计表制作而成。

② 蒋伟：《日寇祸赣罪行纪实》，中共江西省委党史资料征集委员会编：《江西党史资料》第 34 辑，北京：中央文献出版社，1995 年，第 29 页。

③ 航空委员会防空总监部编印：《民国三十年度全国空袭状况之检讨》，第 3 页。

为独立的"盐遮断"专项轰炸，在 1941 年 7—8 月，日军 4 次共出动 286 架次飞机对自流井、贡井等地区进行轰炸，投爆炸弹 629 枚、燃烧弹 437 枚，造成 173 人死亡、239 人受伤，损失达 1.09 亿元。[1] 盐，既是战略物资，更是老百姓的日常生活必需品，"生产和转移盐的民众，也并非军人，盐遮断"轰炸的无差别性也是显而易见的。而在对重庆的轰炸中，则直指"中国要人住地"，"捕捉、消灭敌最高统帅和最高政府机关"。[2] 1941 年 8 月 30 日，日军对蒋介石等要人驻地黄山官邸及防空洞进行轰炸，"三面洞口皆被炸中堵塞"，正在召开军事会议的蒋介石等幸免于难，但 2 名卫兵被炸死，4 人重伤。[3] 这种专项轰炸，实质上也是一种恐怖主义的斩首行动，企图通过消灭最高统帅和最高政府机构，达到迫使政府投降、瓦解抗战意志、结束侵华战争的目的。

（五）太平洋战争爆发后"袭扰性"轰炸

太平洋战争爆发后，日本战略重心的转移导致轰炸策略的调整，与此前的轰炸相比，此一阶段的轰炸无论从名义上还是实质上，可以认为是完全意义的战争行为，主要是配合其太平洋战场及南进战略，阻止盟军对其实施反轰炸，对中国城乡的轰炸主要是"策应为主"，希望借此既能弥补其地面进攻强度的不足，又能继续维持其恐怖、震慑行为，进而有助于瓦解中国军民的抗战意志。因此，其轰炸的无差别性质仍在轰炸后方城市及轰炸军事设施周边城乡中，淋漓尽致地表现出来。

太平洋战争爆发后，侵华日军将其停驻中国之飞机，尤其是长距离海军轰炸机抽调一空，留在关内战场的陆空军，仅有第 1 飞行团所辖 2 个飞行战队（第 44、54 战队）和 4 个独立中队。到战争后期，为阻止美军对日本本土的轰炸，日军又从菲律宾、马来西亚等地调来重轰炸第 62 战队、轻轰炸第 90 战队以及独立战斗飞行第 84 中队。驻京、沪、杭地区陆空军部队，对沿海较近的衢

---

[1] 徐勇：《日军对自贡井盐基地的轰炸与中国的防御》，《抗日战争研究》1998 年第 1 期。
[2] 1941 年 8 月 30 日，日军对蒋介石等要人住地黄山官邸和国民政府进行了轰炸，正在召开军事会议的蒋介石等幸免于难，国民政府大礼堂在当天的轰炸中被炸毁。参见唐守荣：《抗战时期重庆的防空》，第 59—60 页。
[3] 《蒋介石日记》（手稿本），1941 年 8 月 30 日，美国斯坦福大学胡佛研究所藏。

州、玉山、丽水、吉安、南城、黎川、建瓯等机场进行了轰炸。驻南昌地区的第44战队、独立飞行第10战队轰炸了建瓯、南城机场。驻武汉的陆空军对衡阳、吉安、老河口、安康进行攻击轰炸，重轰炸第62战队的第3中队还轰炸了湘西的芷江机场。驻广州的第23军飞行队则对桂林、衡阳、赣州等机场进行了连续轰炸。

从1942年起，侵华日军对后方内地省份的轰炸明显减少，主要是在中国东、中部地区配合其陆军地面作战，而对战区及其附近城镇实施轰炸。据统计，1942年，后方共有广东、广西、湖北、安徽、河南、浙江、江西、湖南、陕西、云南、福建、山西12个省份遭受日机轰炸，"我方遭受空袭损害较重者，当为浙赣等地，人员之死伤，物资之损失，俱属重大，其次为云南、广东两省亦不甚轻，盖敌寇每于军事失败之余，辄利用兽机以泄其愤"。① 该年，侵华日军对中国机场的轰炸达124次，投弹2850枚，而对城市和乡镇的轰炸则多达657次，投弹8599枚。②

1943年，据不完全统计，侵华日军轰炸后方省份仍达12个之多，"敌寇对我重庆、昆明、桂林、柳州等处，虽有窜扰，然次数和每次敌机架数，均属廖廖"；全年，日军出动飞机3543架，投弹13642枚，死难同胞2333人，受伤3406人，损毁房屋14161间。③ 1944年，日机对后方城乡轰炸进一步减少，但轰炸范围仍达13个省份；全年共计投爆炸弹16578枚、燃烧弹601枚，死伤人员仅为304人，损毁房屋1055间。④ 1945年，日军轰炸省份减少到9个，全年轰炸共计49次，其中对机场的轰炸最多，为24次，投弹2821枚，其次是对乡镇的轰炸，为

① 周至柔：《民国三十一年度全国空袭状况之检讨》，成都：航空委员会防空总监部，1943年，第15页。

② 如1月18日，日机25架分4批轰炸广西南宁城区，投弹114枚，毁房399间，炸死炸伤市民430余人（《昨敌机15架肆虐本市雇空前浩劫》，《南宁民国日报》1942年1月19日，第2版）。7月11日，日机17架在福建建瓯大肆投下燃烧弹和爆炸弹100枚，"燃烧房屋2000余间，并死伤民众千余人"（《建瓯县邮局关于日机轰炸建瓯情形的呈文》，56—4—1467，福建省档案馆藏）。12月31日，日机27架在广西梧州市区投弹100余枚，死伤300多人（《苍梧县抗敌伤亡人民调查表》，101—433，梧州市档案馆藏）。

③ 航空委员会防空处编印：《三十二年度全国空袭状况之检讨》，1946年，第3、10页。

④ 航空委员会防空处编印：《三十三年度全国空袭状况之检讨》，1946年，第8页。根据后引资料，实际死伤人数应不止于此。

16 次，对城市的轰炸则大幅减少，仅有 8 次，投弹也仅有 257 枚，全年出动飞机 131 架，投弹 3718 枚，死亡 84 人，伤 91 人，损毁房屋 151 间。①

在中日战争相持阶段初期，国民政府不仅空军力量难以应对侵华日军对大后方的狂轰滥炸，地面防空武装也难以发挥积极作用，只能通过建立防空组织、加强人口疏散、修建避难设施、开展救护救济等消极防空措施，来减少无差别轰炸带来的损害。1939 年 5 月 17 日，国民政府军事委员会委员长蒋介石发表《为防制敌机轰炸告各省市政府与全国同胞书》，揭露日军对后方城乡轰炸的目的不外乎三点："其一，欲以不断的轰炸，威胁吾全国民众抗战之精神，希冀吾同胞之屈膝投降；其二，欲以猛烈之轰炸，断绝吾同胞之生活，企图吾同胞于流离失所之中，减少生产，影响我抗战之前途；其三，欲以集中的轰炸，妨害我社会之安宁，妄想扰乱吾后方之秩序。"② 蒋介石及国民政府一直试图寻求苏联及美、英等国的支持，希望加强空军建设，增强积极防空力量，最大收获是促成苏联志愿航空队加盟。因此，在相持阶段初期，中国空军还能艰难作战，苦撑危局。但由于力量对比过分悬殊，以及战略策略上的失误，致使中国空军在 1940 年 9 月与日军空战中遭受最严重损失，蒋介石在当年全年工作检讨与总反省录中不得不承认："乃以定力不坚，卒遭最后最大之打击，以致空军完全消灭，且使空军士气消沉，一蹶不振。"随后，苏日签订《中立条约》后，苏联志愿航空队撤离。国民政府又寻求美国方面的支持，特别是在 1940 年下半年，日本加紧"南进"准备，蒋介石认为这是争取美国援助的最好时机，重点争取美国对中国空军力量的支援，因此多次致电代表自己赴美的宋子文，"此时以获得美国新式飞机为唯一急务"。经过国民政府的外交努力，美国出于自身的战略考量，允许美国预备役军官和士兵加入赴中国的志愿航空队，组建了由陈纳德任指挥官的"中国空军美国志愿大队"，中国空中战场开始出现改观。

中国共产党领导的《新华日报》以大量通讯、特写和评论对日军暴行进行揭露、声讨，指出"侵略者的轰炸是人类的大耻辱，是历史的大污点，一切愿意保持着人类的光荣的人们，一切愿意保持着历史纯洁的人们，一致起来奋力反抗，

---

① 航空委员会防空处编印：《三十四年度全国空袭状况之检讨》，1946 年，第 3 页。
② 璞君：《渝市惨遭轰炸》，《东方杂志》第 36 卷第 12 号，1939 年，第 57 页。

用集体的力量来消灭它"。① 1940 年 8 月，正当日机实施对重庆大规模轰炸之时，中国共产党发动了著名的"百团大战"。朱德、彭德怀致电《新华日报》，向重庆人民表示深切慰问，"并以现正进行之大战胜利，贡献于重庆市被难同胞之前，以报复敌人惨暴兽行，而为被难同胞雪恨"。② 日军无差别轰炸的暴行，给中国人民带来了巨大的灾难，激发起全民族同仇敌忾的决心。

纵观整个中日战争相持阶段，深陷战争泥潭的侵华日军企图通过持续的、大规模的无差别轰炸，破坏和扰乱大后方的经济、社会秩序，摧毁后方民众继续抗战的决心和意志，进而达到其"以炸迫降"、"以炸迫和"的目的。相持阶段初期无差别轰炸的惨烈状况达到了无以复加的程度，日军不仅持续、集中轰炸战时首都重庆，而且不顾国际公法，实施惨无人道的毒气轰炸，对大后方生产基地和"要人住地"开展专项轰炸。太平洋战争爆发后，日本的战争重心在太平洋战场上，侵华日军为了策应太平洋战场而对中国城乡进行策略性较强的轰炸。相对于前一阶段高频度的"政略轰炸"，此一阶段策略性轰炸主要表现在三个方面：其一，继续在后方地区制造恐怖气氛，对该区域进行袭扰式轰炸；其二，协助其在中国中、东部地面战斗的配合性轰炸；其三，为摧毁美国轰炸日本本土轰炸机的起降地点，而针对沿海地区中国机场的定点轰炸。太平洋战争爆发后，与前一阶段的"政略轰炸"相比，此一阶段侵华日军在中国的轰炸多属策略性的，即配合其南进战略而实施。在其轰炸过程中，军事目标首当其冲，不过，对城市的轰炸从未中断，轰炸导致的平民死伤仍在增加，从轰炸的主观企图和轰炸的实际结果来看，其轰炸始终没有区分军事目标和民用设施，没有区分战斗人员和平民百姓，轰炸的无差别性仍在继续。作为现代国家，日本无视已经形成的国际条约和文明惯例，对包括战时首都重庆在内的大后方城乡进行了持续不断的狂轰滥炸，无论从法律层面分析还是从历史事实层面考察，日本都犯下了违背国际条约和文明惯例、破坏人类和平与违反人类道德的罪行。

---

① 潘梓年：《反轰炸是反侵略的具体化和尖锐化》，《新华日报》1940 年 10 月 15 日，第 2 版。

② 《朱德、彭德怀率 X 路军将士电慰重庆市全体同胞》，《新华日报》1940 年 8 月 25 日，第 2 版。

五、侵华日军无差别轰炸性质的多维探讨

关于侵华日军轰炸的性质问题，中日律师或学者如郭长禄、金明、荒井信一、一濑敬一郎等从国际法层面进行了探讨。前田哲男、伊香俊哉通过对大量的日军轰炸重庆的航空部队战斗详报的梳理分析，揭示了日军打击中国继续作战意志的威慑轰炸的无差别性质。目前，学界对前田哲男提出轰炸的"无差别"性有较为一致的认识，"无差别"性体现出实施轰炸的侵华日军的暴虐及其违反国际法、反人道性，但是，有两个方面的问题仍需要解决：其一，前田哲男认为"无差别轰炸"始于 1939 年，但是，详细地梳理局部抗战时期、全面抗战初期侵华日军轰炸的历史事实，可知其轰炸的"无差别"性质自始至终；其二，"无差别"性似乎弱化了学界对日本政府战时犯罪行为的认知，而应从"战争犯罪"、"国家恐怖主义"视角对轰炸性质进行再强调，即它不仅是军方的"无差别"轰炸，更是基于国家利益的"战争犯罪"及"恐怖主义"行径。

（一）从中方遭受损害看日军轰炸的战争犯罪性质

据统计，从 1931 年至 1945 年，中国除新疆、西藏外，所有其他省份共有超过 1000 座城镇遭受日军无差别轰炸，给中国人民造成了巨大恐惧和灾难。早在全面抗战爆发之初，国民政府启动中国抗战损失调查工作的同时，即重点关注到日军飞机轰炸所造成的损失。[①] 1944 年 2 月，"为调查自民国二十年九月十八日以后，因敌人侵略，直接或间接所受损失，向敌要求赔偿起见，设立抗战损失调查委员会"。[②] 该委员会修正通过的《抗战损失查报须知》明确规定，查报内容包括轰炸遭受之损失。1946 年，国民政府军令部第一厅统计了后方四川、陕西、云南、贵州、宁夏、甘肃、重庆等 7 省市的数据，即伤亡人数为 57235 人（重伤 14290 人、轻伤 16065 人、死亡 26880 人）。其中，重庆为最多，伤亡总数为 36202 人，重伤 9179 人，轻伤 11729 人，死亡 15294 人。[③] 同年，中央研究院韩

---

① 参见孟国祥、喻德文：《中国抗战损失与战后索赔始末》。
② 《抗战损失调查委员会组织规程》，《江西省政府公报》1944 年第 1310 号，第 18 页。
③ 迟景德：《中国对日抗战损失调查史述》，第 238—239 页。

启桐研究员开展抗战损失研究，他在《中国对日战事损失之估计》一书中，参考1937—1943 年国民政府航空委员会对日军轰炸损害的调查统计，依据日军作战惯于先进行广泛轰炸的做法，交战地带损失人数通常两倍于后方损失人数，认为抗战前 6 年轰炸死伤人数达 254061 人。①

再据国民政府航空委员会防空总监部的调查统计，抗战时期日军无差别轰炸造成的损失为：死亡 94522 人，受伤 113146 人，损毁房屋 457927 间。该会的统计数据，是在对历年空袭损害统计的基础上整理出来的，系后方各城市乡镇之损害，并未包括交战地带轰炸造成的损害。② 事实上，由于受战争环境影响和当时统计工作的局限，以上各方统计数据均存在问题，以航空委员会的统计为例，其损害统计存在遗漏。一是地域方面的遗漏，在全面抗战爆发后，航空委员会的轰炸损害统计并没有涵盖全部省份，如辽宁、黑龙江、绥远、察哈尔、北京、天津、河北等省市的情况均未计入。③ 二是统计数据的遗漏，尤其是与地方政府的统计进行比较，航空委员会的损害统计数据与地方政府的损害统计数据相差很大。仅以浙江为例，航空委员会统计的伤亡数为 7938 人，房屋损毁 56483 间，而浙江省统计的伤亡人数则为 14762 人，房屋损毁 64734 间，浙江省统计的死伤人数比航空委员会统计的伤亡人数多出 6824 人，房屋损毁也多 8251 间。④ 综合考虑各方面因素，无论是人口伤亡还是房屋损毁，侵华日军对中国城乡轰炸造成的损害，应远比航空委员会的统计数据为大。而对全国包括交战地带轰炸造成的损害，也应当比韩启桐的估计为大。具体详细的损害情况，还有待于挖掘更多档案资料。事实上，侵华日军无差别轰炸造成的损失，远不止人口伤亡和房屋损毁，

---

① 航空委员会防空总监部统计 1936 年 8 月至 1941 年 12 月后方地区的伤亡人数为 187129 人（死亡 82551 人、受伤 104578 人），详见韩启桐：《中国对日战事损失之估计》，沈云龙主编：《近代中国史料丛刊续编》第 9 辑，台北：文海出版社，1974 年，第 22—23 页。

② 航空委员会防空处编印：《民国三十二年度至三十四年度全国空袭状况之检讨》附表。

③ 直到 1941 年底，日军的无差别轰炸仍在这些省份进行。如自 1937 年 9 月 16 日至 1941 年 12 月 29 日，日军对绥远各地轰炸达 584 架次，投弹 2854 枚，炸死 435 人，炸伤 306 人，毁房 3593 间。详见张宇总编：《内蒙古抗战时期人口伤亡和财产损失——人口伤亡档案资料卷》，北京：中共党史出版社，2010 年，第 8 页。

④ 浙江省防空司令部：《浙江省敌机空袭统计表》（1938—1945），1017—000—0063，浙江省档案馆藏；航空委员会防空总监部或防空处编印：《全国空袭状况之检讨》，1939 年至1945 年附表。

轰炸后造成的瘟疫流行，无数难民和战争孤儿的生理心理创伤，以及随之而来的物价飞涨、交通瘫痪、停工停产、治安恶化等，其损失是难以估算的。

因此，对标《欧洲国际军事法庭宪章》和《远东国际军事法庭宪章》关于战争犯罪的规定，① 侵华日军在 1931—1945 年间对中国的轰炸行径，毫无疑问是危害和平罪、战争罪、违反人道罪等数罪并存的战争犯罪行为。

（二）从日方战略决策看日军轰炸的无差别性质

在战争时期，针对国际社会的谴责和抗议，日本政府一再宣称轰炸的军事目标主义，否认其无差别的性质，特别是给第三国资产造成损失时，则宣称是"误炸"的结果。抗战胜利以后，由于错综复杂的国际形势，美国主导的东京审判执行了"彼此同犯不究"的原则，没有对侵华日军无差别轰炸罪行予以追究，导致日本实施的非人道轰炸暴行未能受到任何清算，从而扰乱和模糊了人们对侵华日军轰炸性质的认识。直到今天，日本东京地方法院在重庆大轰炸受害者对日民间索赔诉讼判决中，虽然承认了轰炸事实，但仍然强调轰炸属于战争行为。纵观整个 1931—1945 年的轰炸情况，其无差别性是毋庸置疑的。

全面侵华战争爆发后，侵华日军"更遣空军轰炸，专以威胁或损伤非战斗人员为能事，方敌我外交谈判尚在继续，敌即先发制人，派遣大批空军四处袭击，难民旅客首罹其害。继则狂炸平、津、保定一带，伤损平民至多，此后随同战局扩展，轰炸范围日增，自战区以迄遥远的后方，各城市乡镇经常在其屠杀威胁之中"。②

1937 年 9 月，日本海军第 2 联合航空队在下达攻击南京的作战命令时，明确

---

① 战争犯罪包括以下三类：（1）危害和平罪，该罪是指计划、准备、发动或实施侵略战争或违反国际条约、协定或保证之战争，或参与为实现任何上述行为的共同计划或同谋；（2）战争罪，该罪是指违反战争法规与习惯的行为，包括但并不限于对所占领土内的平民之谋杀、虐待，为使其从事奴隶劳役或任何其他目的的放逐，对战俘或海上人员之谋杀或虐待，杀害人质，劫掠公私财产，任意破坏城市、集镇或乡村，或从事非根据军事需要之破坏；（3）违反人道罪，该罪是指在战争发生前或战争进行中，对任何居民之谋杀、灭绝、奴化、放逐及其他非人道行为，或基于任何政治、种族或信仰的原因所进行的迫害。

② 韩启桐：《中国对日战事损失之估计》，沈云龙主编：《近代中国史料丛刊续编》第 9 辑，第 22 页。

提出"轰炸无须直击目标，以使敌人人心恐怖为着眼点，应考虑敌人的防御炮火，投弹高度选定 2000 米至 3000 米比较合适，一次飞行必须把炸弹全部投下"。① 这清楚地表明：日军的轰炸并不限于军事目标，而是可以肆意滥炸任何与军事无关的工厂、医院、学校、商店、民房、码头及车站，杀害手无寸铁的平民，以达到使中国人"恐怖"的目的。而日本在 1937 年 11 月制定的《航空部队使用法》第 103 条明确规定："政略攻击的实施，属于破坏要地内重要的政治、经济、产业等中枢机关。并且至关重要的是直接空袭市民，给敌国国民造成巨大恐怖，以挫败其战争意志。"②

战争相持阶段，日军对以重庆为中心的大后方地区的"战政略轰炸"更加显露出无差别性质。除不断对远离战区之不设防城市滥施轰炸外，红十字会救护队、车站轮埠之难民、文化及教育机关、慈善团体及教育事业、医院、渔船等，皆成为轰炸之目标。甚至外侨之生命财产、第三国之外交官员与保护侨民之兵舰，亦遭日机之轰炸。③ 1939 年 1 月 24 日，日机轰炸洛阳时，在被击落俘虏的日本中队长杉田荣治身上，搜得出发之命令，"向人烟稠密之市区投弹轰炸，藉以沮丧中国之民气"。足以证明日军轰炸之目的，"无非是轰炸各城市乡村，破坏我军补给，焚烧房屋，杀伤人马，以图打击我军民抗战意志，而减少抗战力量也"。④ 美英各国纷纷谴责日军对中国战时首都重庆等地的无差别轰炸。5 月 6 日，英国驻华大使卡尔电告英国外交部，"日军的鲁莽令我感到震惊，他们将高爆炸弹和燃烧弹分散投掷在城内人口密集的地方，没有任何一处靠近所谓的军事目标，这种恐怖场景难以名状"。5 月 9 日，英国驻日本大使克莱琪就日军轰炸重庆英国领事馆的行为提出强烈抗议。5 月 11 日，美国驻日大使格鲁向日外务大臣有田八郎口头声明，"日本空袭造成之破坏几乎全部是对平民之生命与财产"，这种大规模轰炸平民的行为不管发生在哪里，美国都会出于人道主义立场予以关

---

① 防衛庁防衛研修所戦史室：《戦史叢書（72）：中國方面海軍作戦〈1〉－昭和十三年三月まで－》，東京：朝雲新聞社，1974 年，第 405 頁。

② 防衛庁防衛研修所戦史室：《戦史叢書（52）：陸軍航空の軍備と運用〈1〉－昭和十三年初期まで－》，第 554 頁。

③ 《致世界反轰炸不设防城市大会电》，《文汇年刊》，上海：文汇有限公司出版部，1939 年，第 504 页。

④ 航空委员会防空监部编印：《民国二十八年度全国空袭状况之检讨》，第 22、25 页。

注。7月10日，美国国务卿照会日本驻美国大使，针对日军对重庆的轰炸，指出"轰炸似乎是以不加区别的滥炸方式进行，故遭受财物和生命之损失者大都是一般平民"，并转达罗斯福总统对日本"不断滥炸行为的抗议"。美国驻华大使詹森在7月13日呈国务卿的信中，根据"亲自见到不下66次日本空袭重庆"的观察，认为"在全部这些轰炸中，都是滥炸的，是不分黑白乱投炸弹的"。

（三）从西方观察谴责看日军轰炸的国家恐怖主义性质

1931—1945年，侵华日军对中国城乡的无差别轰炸，并非典型意义上的战争行为，不仅有英国伦敦《新闻纪事报》等社论揭露其"赤裸裸的恐怖主义"，也有日本《航空部队使用法》和航空队攻击南京作战命令对"恐怖"轰炸的部署，更有罗斯福总统关于日军轰炸是一种"恐怖主义"的认知，侵华日军的无差别轰炸，实质上是一种典型的"国家恐怖主义"行动。

早在1931年轰炸锦州和1932年轰炸上海时，日军的无差别轰炸即遭到国际社会的抗议和谴责。[①] 全面侵华战争爆发后，在广州轰炸中，日军的轰炸行径同样引发国际社会广泛而激烈的抗议。英国伦敦《新闻纪事报》发表社论，谴责"这种野蛮的屠杀，全然为赤裸裸的恐怖主义"。[②] 英国外交部次长克兰伯恩勋爵表示："日本人经常轰炸那些远离真正发生军事冲突的地区。而军事目标则似乎完全退居一个次要的地位，其主要目标似乎是通过不分青红皂白地屠杀平民来引发人们的恐惧。日本对于中国轰炸的广度代表了一种威胁，这种威胁不仅仅是针对那些在今天深受空袭之苦的不幸人民，而且是针对全世界的。"[③] 1938年6月4日，英国驻日大使克莱琪正式就日本对广州的轰炸向日本政府提出抗议，急切希望日本停止这种对中国城镇的无差别轰炸。[④] 6月8日，克莱琪约见日本外务大

---

① 袁成毅：《日本陆海军对华航空初战及其影响（1931—1932）》，《历史研究》2014年第3期。

② 《日本疯狂轰炸广州的反响》，《东方杂志》第35卷第11号，1939年，第2页。

③ "Chinese Cities Whose Bombing Evoked the British Government's 'Profound Horror' Nanking and Canton," *Illustrated London News*, Oct. 2, 1937, p. 18.

④ "The British Ambassador, Sir Robert Craigie, to the Vice Minister for Foreign Affairs, Mr. Horinouchi, Jun. 4, 1938," Japan Relations with China: Brussels Conference and Canton Bombing, Folder: 011302 – 016 – 0347, Date: Jan. 1, 1938 – Dec. 31, 1938, Found in: Confidential U. S. Diplomatic Post Records, Japan: Part 3, Section B, 1936 – 1941, pp. 51 – 52.

臣时明确表示，"最近日本对人员密集区域进行的轰炸具有明显的无差别性质"。① 此后，英国方面多次向日本提出外交抗议。美国政府改变了一贯对日军轰炸进行道义谴责的做法，转而采取有实质意义的制裁措施。6月11日，在一次记者招待会上，美国国务卿赫尔公开谴责针对平民的轰炸，并表示要对轰炸所涉产品采取禁售行动。② 7月1日，美国国务院向飞机出口商和制造商发出劝告信，表示"美国政府强烈反对向任何从事那种轰炸世界上任何地区的国家出售飞机或航空设备"。③ 甚至被认为亲日的美国驻日大使格鲁也表示："轰炸广州，是现代战争中最残酷的事件之一，加上不久前在南京干下的骇人听闻的暴行，玷污了日本的名声，致使外国对日本传统的'武士道'和自尊心有了新的看法。这些罪行给日本带来的恶名，是永远洗不掉的。"④

1940—1941年，日军对以重庆为中心的大后方地区的"战政略轰炸"更加显露其国家恐怖主义性质。针对1940年日军实施的"101号作战"，美国记者德丁认为："日本很明显正在将重庆划分为多个区域，并对每个区域连续几天、数次进行系统轰炸。轰炸完全是无差别的，日本的目标显然是彻底摧毁这座城市。在许多地区，没有一栋建筑是完好无损的。"⑤ 5月29日，美国国务院宣称，美国多次反对轰炸平民之举，此种态度各方已深知，日机此番轰炸重庆之平民，美国亦毋庸再次申述其立场。⑥ 6月13日，美国国务卿赫尔在新闻发布会上简要介绍日军轰炸重庆时强调，"对于这种残暴轰炸平民的行为，美国政府和人民曾经

---

① "The British Ambassador, Sir Robert L. Craigie, to the Vice Minister for Foreign Affairs, Mr. Horinouchi, Jun. 8, 1938", Japan Relations with China: Brussels Conference and Canton Bombing, Folder: 011302 - 016 - 0347, Date: Jan. 1, 1938 - Dec. 31, 1938, Found in: Confidential U. S. Diplomatic Post Records, Japan: Part 3, Section B, 1936 - 1941, pp. 64 - 65.

② "The Secretary of State to the Ambassador in Japan(Grew)," Jun. 11, 1938, U. S. Department of State, *FRUS, 1938, The Far East*, Vol. 3, Washington: U. S. Government Printing Office, 1954, p. 617.

③ "The Chief of the Office of Arms and Munitions Control, Department of State(Green), to 148 Persons and Companies Manufacturing Airplane Parts," Jul. 1, 1938, U. S. Department of State, *FRUS, Japan: 1931 - 1941*, Vol. 2, Washington: U. S. Government Printing Office, 1943, p. 201.

④ 约瑟夫·格鲁：《使日十年》，蒋相泽译，北京：商务印书馆，1992年，第253页。

⑤ "U. S. Warship Rocked by Japanese Bomb," *New York Times*, Jun. 17, 1940, pp. 1, 5.

⑥ 《请勿助寇为虐》，《新华日报》1940年5月30日，第2版。

是多次明确表明其态度和立场，不论何时何地，我们都发自内心地谴责这种行为"。① 同日，詹森致电赫尔时表示："板垣征四郎将军正在努力摧毁重庆，使用轻重型爆炸弹对整个商业区和住宅区进行无差别轰炸。"② 此后，在 1941 年侵华日军对重庆实施所谓"601 号作战"以及"102 号作战"时，美国政府一再抗议日军轰炸重庆对美国权益造成损害，日本当局也表示会"特别注意"，但是美国权益受损事件还是屡次发生，美国方面也多次提出抗议和交涉，迫使日本作出"暂时停止轰炸重庆"的承诺。③ 日军对重庆的无差别轰炸亦引起美国总统罗斯福的高度关注，针对日军对重庆的轰炸，他建议赫尔向日本驻美国大使堀内谦介提出强烈抗议，"日本对重庆的无差别轰炸危及城内的美国财产和美国侨民"，要求日本政府立即作出答复。④ 1944 年 5 月 17 日，罗斯福在致重庆市民书中，两次使用"恐怖"（terror）一词描述日军对重庆的轰炸，并认为此种轰炸是一种"恐怖主义"（terrorism）行为。⑤ 侵华日军对中国实行的狂轰滥炸，完全超出了普通战争应有的限度，完全超出了军事和与军事相关的目标，其目的也完全超出了一般战争范围。事实上，无论是当时的国际组织还是西方主流国家，无论是当时反法西斯国家的元首还是一般平民百姓，对日军在中国实施无差别轰炸的非人道暴行均有明确而深刻的认识，日军无差别轰炸的暴行遭到了国际正义力量的谴责和声讨。

但是，不可否认，无论是战时还是战后，抑或是时下，差异化的历史记录及

---

① "Press Release Issued by the Department of Statement on June 13, 1940," U. S. Department of State, *FRUS*, *Japan：1931 – 1941*, Vol. 1, p. 690.

② "The Ambassador in China (Johnson) to the Secretary of State," Jun. 13, 1940, U. S. Department of State, *FRUS*, *1940*, *The Far East*, Vol. 4, Washington：U. S. Government Printing Office, 1955, pp. 877 – 878.

③ "Memorandum of Conversation, by the Acting Secretary of State," Jul. 31, 1941, U. S. Department of State, *FRUS*, *1941*, *The Far East*, Vol. 5, Washington：U. S. Government Printing Office, 1956, pp. 888 – 889；"The Acting Secretary of State to the Ambassador in Japan (Grew)," Aug. 1, 1941, U. S. Department of State, *FRUS*, *Japan：1931 – 1941*, Vol. 1, pp. 722 – 723.

④ "Memorandum of Conversation," Jul. 10, 1939, Papers as President：President's Secretary's File, Folder：002166 – 007 – 0329, Date：Jul. 1, 1939 – Jul. 31, 1939, Found in：Presidential Documentary History Collection.

⑤ 《罗斯福致重庆市民书》（1944 年 5 月 17 日），《重庆与世界》2000 年第 4 期。

历史书写仍然存在，其背后显然是基于不同立场的历史认知。侵华日军无差别轰炸曾是一个国际社会广泛关注的焦点事件，在当时的影响甚至超过南京大屠杀、731 部队细菌战等其他侵华暴行，而随着抗战胜利前后国际国内形势的变化，侵华日军无差别轰炸的历史记忆经历了巨大变化。1944 年 2 月，国民政府行政院成立了"敌人罪行调查委员会"，搜集日军暴行证据，即有轰炸罪行之调查。1945 年 6 月 27 日，国民政府外交部向司法行政部提出要求，鉴于轰炸不设防地区给民众造成了巨大生命财产损失，是日军重要战争罪行之一，应当迅速进行调查，尽快提交给调查战争罪行委员会之远东小组委员会。① 远东小组委员会在 1946 年 11 月和 12 月的两次会议上，对如何追究无差别战争罪行进行讨论，形成问询后提交同盟国调查战争罪行委员会，不过，在同盟国调查战争罪行委员会有关讨论中，虽然承认"故意轰炸不设防城市属于战争犯罪，适用于中日战争"，但强调"大范围的轰炸是交战双方都使用的战争手段，因此德军的无差别轰炸没有成为纽伦堡审判的起诉要件"。② 在随后由美国主导的东京审判中，无差别轰炸暴行未被纳入侵华日军的战争罪行而受到起诉和审判，国民政府对日军轰炸罪行的调查也未完全展开。冷战开始后，美国很快转变了战后初期对日本实施民主化改革的策略，转而扶植日本成为在亚洲对付共产主义的桥头堡，致使日本军国主义势力及战争罪行未能得到彻底清算。③ 这不仅导致日本在中国犯下的非人道轰炸暴行没有受到任何追究和清算，更模糊和扰乱了人们对日军无差别轰炸的认识，混淆了日军对中国轰炸与盟军对日本轰炸的不同性质。东京审判留下的遗憾不能成为日本逃脱无差别轰炸罪行的借口，更不能因此无视侵华日军轰炸的无差别性质。日本对中国各地城乡的轰炸与战争后期以美国为首的盟国对日本的轰炸相比，虽然都造成了巨大牺牲和破坏，但性质有天壤之别，前者是扩大侵略、扩大战争的重要手段，后者是为制止侵略、制止战争的军事行为，前者是因，后者是果，是日本对外侵略行径的后果。同时，还需要指出的是，日本发动对中国的侵略，直到太平洋战争爆发以前，中国没有向日本正式宣战，"并非国际法上正规

---

① 伊香俊哉：《战争的记忆——日中两国的共鸣和争执》，第 258 页。
② 林博史：《连合国对日战争犯罪政策资料集》第 1 期第 12 卷，東京：现代史料出版，2008 年，第 86 页。
③ 参见潘洵、高佳：《抗战时期侵华日军"轰炸记忆"的演变与建构——以"重庆大轰炸"为中心的考察》，《西南大学学报》2018 年第 6 期。

之战争，而为不宣而战（Undeclared War）。此种特异性质之战争，日军自不能享受战争法上之交战国权利（Belligerent Rights）"。① 20世纪80年代以降，基于重庆大轰炸的历史书写，中日两国对于"侵华日军无差别轰炸"的历史记忆被唤醒。中国方面，既将其视为中华民族的"国耻"，通过整合"创伤记忆"的悲愤之情与"振兴中华"的精神资源，以一种共同的根基情感建立民族国家的认同；又将这一历史事件纳入世界反法西斯战争，超越地方性、民族性而叠加以全人类普遍意义，塑造国际认同。日本方面，从最初将重庆大轰炸当作"不为人所知的现代史的断面"，到无差别轰炸系列研究成果的推出，形塑了日本民众对这一战争暴行的历史认知。

结　语

关于侵华日军在中国进行的轰炸，加害方、受害方和关联方的历史认知并不一致，甚至存在较为严重的分歧。作为加害方的日本，无论是战时还是战后，一直宣称其轰炸的战争合理性，强调轰炸的目标是有限度的，是从人道主义立场出发的，严格限制于军事机关和设施，而对于国际社会的谴责，则以战争行动无可避免进行狡辩，强调其非主观故意。战后日本官方的战史研究，仍然是从航空进攻作战的角度归结其轰炸行动，始终以"军事行为"为借口，蓄意掩盖轰炸对于中国的侵害和犯罪。作为受害方的中国，虽然对日军侵略经历了隐忍、应战到宣战的转变，但从一开始就认为日军的轰炸是非人道的、违法的，并得到相关各国和国际组织的同情与认同。作为关联方的西方各国和国际组织，情况则要复杂得多，对侵华日军的早期轰炸，国际组织和西方主要国家均予以强烈谴责，之后，西方各国更多关注的是日军轰炸对其在华利益造成的损害，但仍然强调日军轰炸的非人道性和违法性。然而，战后由美国主导的东京审判，却执行"彼此同犯不究"的原则，没有追究侵华日军无差别轰炸的战争责任，从而严重影响和误导了对侵华日军无差别轰炸的历史认知。

侵华日军无差别轰炸是在一场非正义侵略战争中实施的战争暴行，从其轰炸的主观意图和结果来看，其不区分军事目标与民用设施、不区别军事人员和普通

---

① 郭长禄：《论日机轰炸我国之违法》，第32页。

民众的特征是无可置疑的。从 1931 年对新民、锦州等地的轰炸开始,到 1945 年抗战结束,在长达 14 年的侵华战争中,侵华日军对中国广大城乡进行了违反国际法的惨无人道的大规模无差别轰炸,持续时间之长、轰炸地域之广,世属罕见。同时,在局部侵华、全面侵华初期、战略相持等不同阶段,侵华日军的无差别轰炸策略不仅有较大变化,而且其规模及程度均呈现出不断升级的态势,相持阶段到来后,日本为挫败中国"继续作战的意志","促使蒋政权崩溃",对以战时首都重庆为中心的广大后方地区实施了更大规模的所谓"战政略轰炸"。侵华日军是第二次世界大战中无差别轰炸的始作俑者,从轰炸新民、锦州,到对上海、南京、武汉、广州的滥炸,再到对战时首都重庆的狂轰滥炸,不断升级的轰炸,助长了日本的侵略气焰。在战争后期,美军对东京、名古屋、大阪等日本工业和军事中心实施了大规模轰炸,并在广岛、长崎投下原子弹。日本开启的从锦州到重庆再到珍珠港的轰炸之路,最终又回到了日本,对日本而言,其结果是搬起石头砸自己的脚,无差别轰炸的加害者最终却成为战略轰炸的"受害者",日本人民为日本军国主义的侵略战争付出了惨重代价。

侵华日军的航空进攻作战不是所谓的单纯航空进攻作战的军事行为,其实质是不区别军事设施和民间地区、军队活动和市民生活的无差别轰炸,其轰炸行动不仅针对军事目标,更重要的是为了达成政治上的目的,是一种"国家恐怖主义"。侵华日军的无差别轰炸是日本军国主义扩大侵略战争的重要方式,是日本军队在中国犯下战争罪行的铁证,是日本在第二次世界大战中犯下的反和平罪、战争罪和反人道罪的重要体现。侵华日军的无差别轰炸,不仅给中国造成了巨大人口伤亡和财产损失,也给西方各相关国家利益造成了严重损害,更给日本人民带来了灾难性伤害。侵华日军开启了第二次世界大战中大规模持续无差别轰炸的恶例,是世界战略轰炸发展进程中一个重要链条,给人类和平事业造成了巨大灾难。战后美国主导的东京审判,出于多方面因素的考虑,有意回避了对日军无差别轰炸的审判和追究,不仅是对长期遭受无差别轰炸的中国人民的又一次摧残,也是对人类正义事业的一次沉重打击,更留下了极其严重的历史后遗症。

侵华日军的无差别轰炸,战时曾是一个吸引国内外多方关注的焦点事件,战后又变成一个未得到正义审判和追究的战争暴行的问题,在学术研究方面拥有突破、创新和推进的广阔空间。对侵华日军无差别轰炸的研究,应当突破抗日战争史、中日关系史的视角，从纵向上将其置于战略轰炸演进历程中进行考察，从横向上将其置于第二次世界大战的时代背景和国际关系中进行分析。同时，无差别轰炸所造成的影响也是多方面的，涉及政治、军事、外交、社会、心理、国际关系、国际法等相关内容，因此需要运用多学科方法，从综合视角进行研究，以便更加全面地认识侵华日军无差别轰炸的本质及其多方面影响。此外，侵华日军无差别轰炸的研究还涉及加害方、受害方和关联方，因此，研究中不能只局限于国家的立场，而应立足于宏观的国际视野，立足于构建世界和平和人类命运共同体的视角来审视和探讨。

历史是最好的教科书，也是最好的清醒剂。"历史问题"是中日两国间非常特殊而极其敏感的问题，也被认为是阻碍中日关系发展的一大障碍。如何认识侵华日军的无差别轰炸，既是一个历史认识问题，又是一个亟待解决的现实问题。面对日本右翼势力等不断美化其侵略历史、挑战世界反法西斯战争成果和战后国际秩序的现实，面对世界百年未有之大变局，国际社会和社会公众对侵华日军无差别轰炸的客观、公正、正确的认知，不仅是解决中日之间历史遗留问题的重要方面，也有助于用学术的方式来弥补东京审判留下的遗憾，反思无差别轰炸战争方式、清算侵华日军无差别轰炸罪行，借此铭记历史教训，给世人以交代，从而形塑国际社会对战争与和平的正确认识，避免战争灾难和悲剧的重演。

〔作者潘洵、赵国壮，西南大学历史文化学院教授。重庆　400715〕

（责任编辑：刘　宇）

"文明与野蛮"的话语指向：
反思约翰·密尔的文明观[*]

李宏图

摘　要： 在 19 世纪英国向全球扩张、成为殖民帝国的过程中，自由主义思想家约翰·密尔展开了自己的思考，出版《论自由》等著作，提出文明与野蛮、进步与停滞的文明观，认为英国和欧洲其他国家是文明和进步的；而其他地区如印度与中国则分别是野蛮和停滞的，这些地区只能通过英国殖民统治的"引带"才能实现进步，从野蛮进入文明的社会发展阶段。显然，这一文明观是在为英国殖民统治进行合法性辩护，显现了那个时代自由主义者的内在悖论。今天，反思密尔的文明观，将帮助人们把握近代以来欧洲的思想谱系，以及依此而构建起的世界体系。

关键词： 约翰·密尔　自由主义　文明观　殖民主义

1859 年，约翰·密尔（J. S. Mill）出版《论自由》这部后来成为经典的著作，阿布拉斯特盛赞密尔为近代自由主义的核心人物，在英语世界没有人比密尔更被惯常地和自由主义相关联，也没有其他著作能像《论自由》那样广为知晓。① 的确，《论自由》毫无争议地成为西方政治思想史上的经典文本。尽管出版后一直富有争议，但到目前为止，能够被自由主义者承认的、作为构建起现代西

---

* 本文系教育部人文社会科学重点研究基地重大项目"概念的形成与思想的谱系：西方近代概念史研究（17—19 世纪）"（16JJD770016）阶段性成果。

① 详见 Anthony Arblaster, *The Rise and Decline of Western Liberalism*, Oxford：Basil Blackwell, 1984, p. 277.

方基本道德基础的著作仍然是《论自由》。[1]

《论自由》全然只是一本论述个人自由的论著吗？如果仔细研究这一文本，并与密尔的其他文本相对照，可以看出，《论自由》还隐含另外一种思想内涵，即文明与野蛮、进步与停滞、西方与东方等二元对立的思想表达。但长期以来，国内学术界少有注意到密尔《论自由》文本中隐含的这一内在理路；同样，国外学者在关注密尔的文明观时，只是在英帝国的框架中笼统地论述，提出密尔是一位自由主义者还是帝国主义者，抑或是自由主义式的帝国主义者这样的问题。[2] 有的仅仅指出，对帝国、文明和进步等问题的研究深化了对密尔政治思想的理解。[3] 然而，这些研究还有进一步深化的空间。例如，学界还未能按照密尔的表述，对文明与野蛮、进步与停滞及其指向的对象——中国和印度分别进行考察；未揭示出 19 世纪自由主义思想的内在矛盾性，以及个人自由与这一文明观之间的关系。因此，本文拟从密尔的文明观出发，借以重思《论自由》这一文本，从而深化和丰富对密尔思想的研究。

一、"文明" 概念的思想谱系

从概念史视角进行考察，"文明" 这个词最早出现在英文中是在 18 世纪初，是一个法律术语，后来转义为文雅、教化等。在 18 世纪初，"文明"（civilization）这一概念还未成型，也未被广泛使用，当时更多地使用 "civility" 来表达今天所指涉的 "文明" 的含义。例如，1772 年，鲍斯威尔造访约翰逊，"'发现他忙着准备第

---

[1] Stefan Collini, ed., *J. S. Mill*: *On Liberty and Other Writings*, New York: Cambridge University Press, 2013, p. 1.

[2] 例如 Beate Jahn 写道，以前通常把密尔视为自由主义者，而目前开始认为，密尔的自由主义和帝国主义紧密相连，而这一帝国主义取向又通过当代世界的自由主义实践被不断再生产。参见 Beate Jahn, "Barbarian Thoughts: Imperialism in the Philosophy of John Stuart Mill," *Review of International Studies*, Vol. 31, 2005, p. 599. 这方面的代表性论著还有 Uday Singh Mehta, *Liberalism and Empire*: *A Study in Nineteenth-Century British Liberal Thought*, Chicago and London: The University of Chicago Press, 1999; Eddy M. Souffrant, *Formal Transgressions*: *John Stuart Mill's Philosophy of International Affairs*, Lanham: Roman and Littlefield, 2000; Barry Hindess, "Liberalism – What's in a Name?" in Wend Larner and William Walters, eds., *Global Governmentality*, London and New York: Routledge, 2004; 等等。

[3] Duncan Bell, "John Stuart Mill on Colonies," *Political Theory*, Vol. 38, No. 1, 2010, p. 56.

四版的对开本字典……他不收录 *civilization*，只收录 *civility*。尽管我对他有无比的尊敬，我却认为作为 *barbarity*（野蛮）的对比词，*civilization*——源自 *to civilize*（使文雅、教化）——是比 *civility* 更适合得多了。'……这种用法所强调的，与其说是一种过程，倒不如说是一种社会秩序及优雅的状态，尤其是刻意凸显这个词与 *barbarism*（野蛮、未开化）的历史、文化对比"。① 因此，这个词也就自然成为"文雅"、"进步"的同义语。而到了 18 世纪中后期，现代人们所理解的"文明"（civilization）这个词才被迅速地接受与使用。

在"文明"这一词义的转变中，18 世纪苏格兰启蒙思想家起到了非常重要的作用。1707 年苏格兰和英格兰合并后，如何提升苏格兰的文明化程度就成为这些思想家思考的主题。他们从人类学框架中找到了人类社会发展的图景，将人类社会的发展划分为原始时代、野蛮时代和文明时代。在野蛮时代，最重要的一个特征就是财产权得不到保障，这是因为野蛮人通常从事捕鱼打猎活动，没有私有财产的概念；而在文明时代中，整个社会秩序井然，财产权得到保障。正是在这一理论指导下，苏格兰开始了自己的"文明化"进程，进行了一系列推动"文明化"的举措，也正是这一活生生的社会实验催生了"文明"内涵的转变。亚当·斯密常常使用"文明"这个概念，而弗格森则在 1767 年出版了《文明社会史》一书。

随着"文明"概念的逐渐定型，1756 年，法国的维克托·里克蒂·米拉波（Victor de Riquetti, marquis de Mirabeau）在短文《论文明》中写到如果询问很多人"文明"具有什么含义时，他们会这样回答，一个民族的"文明"就是它的行为温和得体、优雅以及知识的扩展。"同样，文明意味着美德。文明对一个社会而言就体现为美德的形式和实质。"② 米拉波认为，文明有着一种道德的维度，意味着优雅得体（civility）。18 世纪早期，法国另外一位政治理论家让·弗朗索瓦·梅隆（Jean-François Melon）将文明和贸易相联系，认为文明意味着贸易，因为商业依赖于人类的需要、欲望和实现这一目的的技术，而使用武力征服即为野

---

① 雷蒙·威廉斯：《关键词：文化与社会的词汇》，刘建基译，北京：三联书店，2005 年，第 47 页。

② Richard Whatmore and Brian Young, eds., *A Companion to Intellectual History*, Chichester：John Wiley & Sons, Ltd., Blackwell, 2016, p. 289.

蛮。总之，贸易要求一种特定的文化类型，而征服则不是。①因而文明指代着繁荣与和平。

在 18 世纪，对"文明"概念基本上是在单数意义上使用，即假设了直线式的发展和进步，不断走向更为高级的阶段。因此，这是在历史进步的意义上来使用"文明"一词。大约在 1819 年前后，皮埃尔·巴朗什（Pierre Ballanche）第一次在复数意义上使用"文明"概念。由此，在时间性的文明内涵之中加入了空间性。法国思想家基佐也将文明分为多种类型，如埃及、希腊、罗马、印度等。他力主欧洲文明代表着进步，而其他文明处于停滞状态。另一位在复数意义上使用这一概念的是法国种族主义者戈比诺（Arthur de Gobineau），他在 1853—1855 年出版的《论人类种族不平等》（*Essays on the Inequality of the Human Races*）4 卷本中概括了十种文明类型，如埃及、亚述、希腊、罗马、印度、中国、墨西哥、秘鲁等。但是这一时期出现的多种文明的论述，并非平等地思考多种文明问题，而是为了论证欧洲比其他文明类型进入了更为"文明"的阶段。正如有些学者所说，"基佐完全相信欧洲文明的优越性无与伦比，但他表达得很委婉，而到了戈比诺那里，这种信心变得张扬起来，并且获得了一个新原理：种族。戈比诺的主张以生物学和'科学'法则为基石，清晰地提出种族是所有历史背后可以辨识的推动力。他一方面强调血统，认定白人血统纯洁而且强大，另一方面贬斥黑人和黄种人，声称自己建立了一套新的'道德谱系'。以这样的道德伦理为装备，以自然法则为名义，欧洲由此开始向外扩张，去征服劣等民族和其他文明"。从18 世纪开始，一批思想家坚持"欧洲文明是优越的，有一个不变的实体：种族。文明之门或者至少是西方模式的文明之门关闭了，紧紧地将野蛮人关在门外。因此，文明与野蛮的二元之分又以一种新的形态保存下来，被大多数欧洲人视为理所应当。现在，若要消除'其他民族'的野蛮性，唯一的途径是以欧洲文明的名义将他们扫到一边，不予理睬，文明只可能是欧洲人独占的产业"。②1857 年，亨利·托马斯·巴克尔（Henry Thomas Buckle）出版《英国文明史》一书，在这本书中，他提出并坚信，人类的心智只有摆脱了自然力量的支配才

---

① Richard Whatmore and Brian Young, eds., *A Companion to Intellectual History*, pp. 289 – 290.
② 布鲁斯·马兹利什：《文明及其内涵》，汪辉译，北京：商务印书馆，2017 年，第 78—79 页。

能发展起来。由此，也仅仅只有欧洲，才真正驯服了自然力量。① 在巴克尔看来，文明将只在那些生产力发达、某个阶级能够发展起知识的地方产生。②

总之，在文明这一概念的内涵中包括了两种指向：一是在社会发展阶段上文明与野蛮的二分法，以历史和社会的进步为宗旨和依归；二是在多种类型的使用中强调欧洲比别的文明类型更为优越。基佐认为，法国一直是欧洲文明的中心。随着19世纪英国在工业革命后成为世界性帝国，英国乃至欧洲是进步的和文明的，就成为"文明"概念的基本内涵。休谟曾经写道："已经文明化的欧洲人对野蛮的印度人占据有巨大优势。"1846年，麦考莱也说："这个世界上最为伟大和最为文明的人民已经占据了全球四分之一的主导性地位……英国的历史全然就是一部进步的历史。"③

二、文明与野蛮：印度的个案

1836年，30岁的密尔发表《文明——时代的征兆》一文，在该文中，密尔承继着18世纪以来欧洲所形成的文明观。密尔写道："'文明'这个词，像其他人性哲学的术语一样，具有双重含义。它有时意味着一般的人类进步，有时意味着某种特殊的进步。"他还写道："如果我们认为一个国家更进步，就习惯把它称做一个更文明的国家。它的人民与社会具有更为突出的优越性质，在通往完善的道路上更高级、更快乐、更高尚、更明智。这是'文明'一词的一种意义。但是，它也意味着另外一种意义，意味着某种把一个富裕而强大的民族同原始民族

---

① Michael Levin, *J. S. Mill on Civilization and Barbarism*, London and New York：Routledge, 2004, p. 12.

② 密尔阅读过巴克尔的著作，并且引用过巴克尔《英国文明史》中的一些材料。他对巴克尔的评价很高，他说，对人类社会进步的历史解释方面，巴克尔贡献很大，"自那以后发生了巨大的变化，主要是由巴克尔的伟大著作所引起的。巴克尔生动有力地把这一伟大的原理引入大众讨论的领域，并提供了许多突出的示例"（约翰·斯图尔特·密尔：《精神科学的逻辑》，李涤非译，杭州：浙江大学出版社，2009年，第119页）。"我还是很赞同巴克尔先生的观点：人类的理智性要素，包括其中表现出的信念的本质、知识量以及他们智力的发展，在决定他们的进步方面是占主导作用的条件"（约翰·斯图尔特·密尔：《精神科学的逻辑》，第125页）。

③ Michael Levin, *J. S. Mill on Civilization and Barbarism*, pp. 11, 10.

和野蛮民族区别开来的进步。正是在这个意义上，我们才可以谈到文明的罪恶与不幸，我们才可以提出一个严肃的问题：总体而言，文明是一种善还是一种恶？无疑，我们会同意这一点：文明是一种善，是许多善的原因，并且和其他善相调和。"①

可见，密尔认同那个时代普遍的理解，将文明与进步联系在一起，并且认为，进步一定是从野蛮向文明的发展过程。他更是直接表达道："在这个场合，我们将仅仅在狭隘意义上使用'文明'一词：它并不同进步（improvement）同义，而是直接同原始或野蛮相对立或相反。不管我们所谓的野蛮生活具有什么特点，这些特点的相反面，或者社会摆脱了这些特点后所具有的特性，就构成了文明。"对此，密尔详细论述道："一个野蛮的部落就是由几个人构成，游荡在或稀疏地分布在广阔的土地上。因此，一群稠密的人口，居有定所，而且大部分集中在城镇和乡村中，我们称之为文明。在野蛮生活中，没有商业，没有生产，没有农业，几乎一无所有。一个国家，在农业、商业与生产中取得了丰硕成果，我们称之为文明。在野蛮人的共同体中，每个人都在独自流动，除非在战争中（即使在这种情况下也极不安全），我们极少发现许多人联合起来采取共同行动。野蛮人一般也不会从彼此交往中得到许多乐趣。因此，一旦我们发现人在较大的团体中为了共同目的而共同行动，享受社会交往的快乐，我们就将此称之为文明。在野蛮生活中，没有或很少有法律和司法；不能系统地使用社会的共同力量以保护个人免于彼此的伤害。每个人只相信自己的力量与计谋，当这种东西不起作用时，他通常就无所求助了。相反，如果一个民族的社会安排（the arrangements of society）以保护人民及人民的财产为目的，可以非常完善地保持成员间的和平，我们就把这样一个民族称作文明民族。"②

密尔不仅在时间维度上将文明等同于从野蛮到文明的进步，也在空间维度上将文明进行分类对比，从而确立起在当时的时间刻度中，哪些是文明的，哪些是野蛮的。而且，他坚定地认为，和其他区域相比，英国已经取得了持续不断的进步，进入到文明阶段。密尔之所以得出如此结论，是因为他列出了判定文明的几

① 约翰·密尔：《密尔论民主与社会主义》，胡勇译，长春：吉林出版集团有限责任公司，2008 年，第 52—53 页。
② 约翰·密尔：《密尔论民主与社会主义》，第 53—54 页。

条标准，可以概括为"高度文明状态的特征就是财产与智慧的扩展，以及合作能力"。① 密尔在1848年出版的《政治经济学原理及其在社会哲学上的若干应用》一书中再次强调了判断文明与野蛮的标准，"殖民地的居民常常采取野蛮人的生活方式，居住得很分散，以致享受不到商业、市场、分工以及合作的利益"。② 由此可以认定，英国已经走在世界文明发展的前列。或者说，英国已经成为文明国家。由于密尔生活在伦敦，又常常前往法国，因此，密尔将西欧视作文明的顶点，当然英国处于这一文明等级中的最顶端，远远超过法国。③

密尔将英国看成是文明的和自由的，与此相对应，他将印度视为野蛮的和不自由的。他的父亲曾在东印度公司任职，他自己也在这一机构任职长达35年，因此对印度有着很多感受与思考。在他看来，英国殖民地印度是一个专制的和野蛮的国家，正如有的学者所说，密尔开始他在东印度公司的事业时，就把印度想象为一个具有残忍的专制统治和邪恶的婆罗门种姓制度的国家。他自己曾经在日记中这样写道："也许英国人，准确地讲，对于所有文明的民族而言，是统治像这些东方的野蛮或者半野蛮民族的最为适合的人民，因为他们是最为呆板并与他们的习惯牢固结合的民族。"④

这样的思想并非为密尔所独有，也是当时一批英国思想家和政治家的共同观念，他们是在将英国为代表的"西方"作为"自我"而将印度作为"他者"的"东方"的二分法下，将印度与中国分类为"古老的村社制度"、"东方专制主义"的国家。正是在这样的思想下，密尔在《政治经济学原理及其在社会哲学上的若干应用》一书中才认为，印度财产权的缺失导致印度人没有进入经济发展的更高阶段。印度也缺失作为理性个人的纪律和服从的社会习惯，印度就如同孩童，是低等民族。而这样的二分法按照萨义德的说法，完全是以西方为中心而建构起来的人为划定。

---

① 约翰·密尔：《密尔论民主与社会主义》，第57页。

② 约翰·穆勒：《政治经济学原理及其在社会哲学上的若干应用》下卷，胡企林等译，北京：商务印书馆，1991年，第564页。

③ Don V. Habibi, "Mill on Colonialism," in Christopher Macleod and Dale E. Miller, eds., *A Companion to Mill*, Oxford: Wiley Blackwell, 2017, p. 520.

④ Lynn Zastoupil, *John Stuart Mill and India*, Stanford, California: Stanford University Press, 1994, p. 175.

正是在这样的二分法下，印度被固定在野蛮和不自由的概念体系当中，再也难逃这样的定性。由此，贬低印度社会和文化也就非常自然了。1834年，在印度主持教育委员会的英国人麦考莱就断言，"欧洲一家好图书馆的一层书架，抵得上整个印度本土文学"；而威廉·本廷克总督也说，"不列颠政府的伟大目标应该是在印度本地人当中推广欧洲文学和科学"。① 这些表述鲜明地表达了这一思想，即印度是野蛮的和半野蛮的，他们无法自我管理，需要先进的英国专业人员和先进的知识来引领。② 密尔也在有关1852年东印度公司特许权延期的证言中说："印度是一个特殊的国家；它的社会的状态和文明的状态，人民的性格特征和风俗习惯，以及在他们之间所确立的私人权利和公共权利，都与本国（英国——引者注）众所周知的或被认可的那些事物完全不同；实际上，对于印度的研究必须像法律或者医学一样，成为一门专业……这使得印度行政当局应该被这些人——曾经在下属机构培训过的，并且曾经专业地研究过印度的人——支配管理。"的确，密尔将印度视为需要管理的对象，而不是一个政治社会。③ 他认为印度远非一个国家。④ 1852年，密尔在给英国议会上院的报告中又这样写到，印度民众的状况还无法支撑起政府的运转，他们还远未成熟到可以建立起代议制政府的程度。⑤

密尔对印度作出这样的结论性判断，一方面是因为他自己在东印度公司工作，另一方面则是受到他的父亲老密尔（James Mill）的影响。1818年，老密尔出版了《英属印度史》。这本书出版后，立刻获得很高评价，就连麦考莱这个"老密尔的世敌"也在议会中赞扬这本书为"自吉本以来最为伟大的英文历史著

---

① 罗兹·墨菲:《亚洲史》，黄磷译，海口：海南出版社、三环出版社，2004年，第421页。

② 这一思想同样也反映在对待中国的态度上。例如在侵占青岛时，德国人就认为"支那人"是肮脏的野蛮人，需要欧洲主人来统治他们。参见刘禾:《帝国的话语政治：从近代中西冲突看现代世界秩序的形成》，杨立华等译，北京：三联书店，2009年，第88页。

③ 珍妮弗·皮茨:《转向帝国：英法帝国自由主义的兴起》，金毅、许鸿艳译，南京：江苏人民出版社，2012年，第222—223页。

④ Uday Singh Mehta，*Liberalism and Empire：A Study in Nineteenth-Century British Liberal Thought*，p. 70.

⑤ Michael Levin，*J. S. Mill on Civilization and Barbarism*，p. 46.

作"。① 这也给老密尔带来了声誉和利益，他进入东印度公司，从此结束了不稳定的撰稿工作。起先东印度公司只是需要他处理与印度相关的信件，但由于能力很强，他很快便晋升为高级管理人员，并且对公司的决策产生了影响。一直到1836年去世，老密尔都对东印度公司的印度政策发挥着重要作用。②

密尔在回顾自己思想形成的历程时，表达过老密尔的这本书对自己产生的影响。他说："对我的教育（从这个词的最好意义上说）有极大帮助的一本书是父亲的《印度史》。此书在1818年初出版。出版的前一年，书正在排印，我时常把校样念给他听，更多是，他在校对校样时我把手稿读给他听。我从这本杰出作品中得到许多新的观念，书中对印度的社会与文明和对英国制度与治理所作的批判和探讨，在我思想中起了推动、刺激和指导的作用，使我很早就熟悉这些道理，对我的日后进步大有裨益。虽然现在我能够以完美的标准去衡量，看出此书的不足之处，但是我依旧认为它在以往所有的历史书中，即使不是唯一的，也是一本最有指导作用的书，是一本对一个思想正在成型过程中的读者最为有益的书。"③

由于老密尔在爱丁堡大学接受教育，深受苏格兰启蒙思想家特别是约翰·米拉（John Millar）的影响，因而对苏格兰启蒙运动中的社会发展进步观念感兴趣，认为社会注定会从原始走向文明。正是在这一指导思想下，老密尔撰写了《英属印度史》这部著作。这本书在很多方面也被学者们认为是启蒙运动思想的教科书。④ 如果说18世纪孟德斯鸠把中国和波斯作为嘲讽与批评的对象，那么在19世纪的语境下老密尔则将印度作为论述的中心，当然也包括中国。在老密尔看来，印度和中国在文明程度上都低于土耳其，更不用说与英、法这些欧洲国家相比。在一定意义上说，中国还处在野蛮状态，中国的农业和政府仍然很原始、未开化。老密尔这样说："然而，目前我们得到的有关中国的讯息，还不足以显示他们已达到文明的特定阶段。这可以很充分地证明，他们仍处于婴儿阶段，或只

---

① Uday Singh Mehta, *Liberalism and Empire: A Study in Nineteenth-Century British Liberal Thought*, p. 90.

② Lynn Zastoupil, *John Stuart Mill and India*, p. 7.

③ 《约翰·穆勒自传》，吴良健等译，北京：商务印书馆，1987年，第23页。

④ Lynn Zastoupil, *John Stuart Mill and India*, pp. 8 – 11.

比婴儿阶段成熟一点，也可以说是固定不变的农业社会。对于那里的人民而言，他们不可能从土地的耕作中维持生存，也不可能将耕作技术扩展到全国，更不能自然地团结一致以及顺利地获得幸福。中国的政府是一个专制的政府，仍是一个最为简单和原始的政府形式。"①

总之，老密尔是按照"原始"（rudeness）与"文明"（civilization）的二分法来理解印度和中国的。因此，治理印度自然就是英国的责任。要将这一原始和不发达的国家引领到工业化的现代国家行列，最为重要的是给予印度一种新的价值体系和制度安排。首先就要从习俗的统治转变为法律的统治，这一改变和进步意味着在本质上将印度融入西方文化之中。在老密尔看来，那些原始的民族必须沿着更加文明化的西欧社会已经开辟的社会道路前行。

老密尔还坚决反对在印度教授印度文化和语言，因为他坚信，它们不仅不值得被尊重，而且不能为现代社会提供有用的知识。1824 年 2 月 18 日，东印度公司的派出机构考虑在加尔各答建立一所梵语学院。老密尔认为："其最为重要的目的并不是教授印度的知识或者伊斯兰教知识，而是教授有用的知识。毫无疑问，是要向印度人和伊斯兰教信徒教授有用的知识，但考虑到印度人和伊斯兰教徒们的偏见，只有采用他们自己的方式，有助于其文化的存续，才能使这些有用的知识被接受。"②同样，在政治上，老密尔认为已经找到了使印度走向文明的办法，"根源在于专制主义体制在腐败地运转，在任何年代，人民都是依附，不允许任何讨论"。密尔也是如此认为。1825 年，密尔评论梵语学院道："我们认为最为重要的是要在原始自然的印度传播英语以及欧洲的艺术和科学。"③

从老密尔的这部著作中可以看出，他希望在印度引入英国的法律、政府管理、艺术、科学、文学和行为方式等，从而为印度带来体现着进步的文明化生

---

① Bruce Mazlish, *James and John Stuart Mill : Father and Son in the Nineteenth Century*, New York : Transaction Books, 1988, p. 122.

② Bruce Mazlish, *James and John Stuart Mill : Father and Son in the Nineteenth Century*, p. 130.

③ Lynn Zastoupil, *John Stuart Mill and India*, pp. 15, 33.

活。① 在这种观念的支配下，英国对印度的殖民统治就不再是一种外来的干涉与控制，而是属于引领与教化，其结果则是使印度走向文明和自由。大英帝国的印度政策制定者，以及以威廉·本廷克为首的一批总督，都认为殖民政府的主要责任是尽可能按照英国模式"教化"和"改善"印度人，英国必须如东印度公司伦敦董事会董事长埃伦巴勒伯爵所说的那样要"履行一种道义责任"，按照现代英国模式来"教化"印度。具体体现在，用英语取代梵语，用西方新科学、数学及西方历史和哲学等学科取代原先传统的印度课程。② 1835 年，英国作出一项决定，要求把掌握西方知识作为在印度推行教育的主要目标。总之，英国意在通过教育让印度"文明化"，造就一个符合其标准的"新印度"。

三、进步与停滞：对中国的理解

如果说密尔更多地将印度纳入文明与野蛮的框架中来分析的话，那么，中国则被密尔放置在进步与停滞的二分法中进行比较论述。

在思想谱系上，从古代希腊、罗马到中世纪，社会观念中没有关于进步的概念，更多的是关于人类历史循环往复的理解。到了 16 世纪，科学技术的发展使人们对自然和社会的变化有了新的认识，人们开始提出人类可以通过征服自然和改造自然而获得进步的观点。法国思想家丰特内（Bernard Le Bovier de Fontenelle）就曾指出，人类的进步是无限的，并具有一定的规律。另一位政治家杜尔阁（Anne Robert Jacques Turgot）则在 1750 年作了"人类精神持续进步的哲学考察"的讲演，提出人类的历史是普遍进步的历史，是人类从原始蒙昧状态进步到获得自由的历史，是人类的知识在增长、心智在提高的历史。而 18 世纪启蒙思想家特别是孔多塞，更加坚信人类是不断进步的，并且是不会倒退的。孔多塞还以欧洲的发展为依据，把这种进步划分为十个时期：原始部落时期、畜牧时期、农耕和发明字母时期、希腊时代人类心智进步时期、古代罗马科学的进步时期、科学衰落的黑暗时期、文艺复兴时期、印刷术发明和科学哲学挣脱宗教桎梏

---

① Uday Singh Mehta, *Liberalism and Empire：A Study in Nineteenth-Century British Liberal Thought*, p. 92.

② 罗兹·墨菲：《亚洲史》，第 420 页。

时期、从笛卡儿到法国革命时期、法国革命以后人类完美的理性王国时期。从这样的阶段划分就可以看出，这些思想家都认为人类是从一个阶段向另外一个阶段进步的。

孔多塞认为，人类的进步是理性的进步，"我们已经看到了人类理性由于文明的自然进步而在缓慢地形成"。① 在这一进步过程中，有些民族如英国、法国和美国走在了前列，率先进入人类理性的文明阶段，而其他地区则还处在野蛮状态。欧洲必须对他们进行启蒙，犹如启蒙运动思想家对本国的人民进行启蒙一样。因此，孔多塞反对殖民掠夺，主张进行理性的启蒙。当然，在这一过程中，孔多塞也使用文明与野蛮的二分法来划分欧洲和非欧洲地区。他说："这些辽阔的国土上有着大量的民族，他们有的地方仿佛就只是在期待着接受我们的办法来使自己文明化，并在欧洲人中间找到自己的兄弟们来使自己变成为他们的朋友和他们的学徒；又有的地方是在神圣不可侵犯的专制君主或愚蠢不堪的征服者之下饱受奴役的民族，他们许多世纪以来都在召唤着解放者；另有的地方则几乎还是野蛮的部落，他们那气候的恶劣使他们远离着已经完善化了的文明的甜美，而那同一种恶劣又同样地推开了那些想要使他们认识到那种好处的人们；或者还有征服者的游牧部落，他们除了武力而外不懂得任何法律，除了抢劫而外不懂得任何行业。这后面两类民族的进步将更缓慢得多，并且伴随有更多的风暴；或许甚至随着他们将被文明民族所驱退，人数缩减得更少，他们终将不知不觉地消灭或者是消失在文明民族的内部。"② 尽管孔多塞强烈谴责欧洲的殖民暴力史，但为 19 世纪读者留下了欧洲文明优越性的信念，以及对非欧洲文化（以及关于人类生物平等性之信念）的蔑视；欧洲的开明美德，将通过一种非压迫的监管过程，在不久之后取代世界上其他地方的愚昧文化。③

随着英国工业革命的发生以及英国作为"日不落帝国"的出现，人们更加相信人类是走向进步的，这样的进步越发带有使人类走向更美好未来的乐观和自信。在这样的语境下，密尔也自然力主进步主义论，他不仅从英国工业革命的现实中，而且也从接受孔德的实证哲学理论中相信人类进步的思想，并且这种进步

---

① 孔多塞：《人类精神进步史表纲要》，何兆武等译，北京：三联书店，1998 年，第 127 页。
② 孔多塞：《人类精神进步史表纲要》，第 180—181 页。
③ 珍妮弗·皮茨：《转向帝国：英法帝国自由主义的兴起》，第 257 页。

的历程就是从低级到高级、从野蛮到文明的过程；一旦引入这样的概念，就意味着这种进步不仅体现在物质层面上，而且还体现在精神和观念等层面上。密尔写道："所有的历史都被看作一种原因与结果不断进步的环节，或者作为逐渐展开的网，要从人的特性和外在的世界法则，从每个社会的状态和随之产生的人类的观念状态中发现建基于其上的原则。"① 这样，与启蒙运动时代的思想家相比，密尔并不是仅仅赞同社会的不断进步，更为重要的是要在找寻社会进步的法则下，思考如何激发起推动社会发展进步的动力。

至于社会进步的动力，密尔在《政治经济学原理及其在社会哲学上的若干应用》一书中着重讨论物质和生产方式的变化对社会进步的作用。财富和人口的增长将带来进步，这标志着人的能力超越了自然，个人和财产的安全得到了持续保障，更好地阻挡政府专断权力的运用。这也意味着生产和积累的持续增长，人类商业经营能力和合作能力的改善。而在《逻辑学体系》一书中，密尔则强调心智和社会进步的关系。他说："沉思、思想的活动、追求真理是社会进步最重要的和决定性的原因。"心智的活动或心智的品性完全会带来进步，最后发展到原创和发明。②

18 世纪以来，随着进步观念的兴起，"中国的停滞"已经成为欧洲思想家的共识，从法国的奎那、孟德斯鸠，到英国的马尔萨斯和斯密都持这一观点。斯密在《国富论》中明确指出："中国一向是世界上最富的国家，就是说，土地最肥沃，耕作最精细，人民最多而且最勤勉的国家。然而，许久以来，它似乎就停滞于静止状态了。"③ 到了 19 世纪，西方思想家依然将东方视为停滞。查尔斯·格兰特（Charles Grant）在 19 世纪初指出，印度是一个已经停滞的文明体。④ 因此，在世界范围内，将会按照从野蛮到文明这一等级制来划分已知的各种社会类型。欧洲处于文明这一等级，而其他地区则是野蛮，并且文明将引领和提升野蛮，使其摆脱停滞状态，实现进步。1859 年，随着达尔文出版《物种

① John Gibbins, "J. S. Mill, Liberalism and Progress," in Richard Bellamy, ed. , *Victorian Liberalism: Nineteenth-Century Political Thought and Practice*, London and New York: Routledge, 1990, p. 93.

② Michael Levin, *J. S. Mill on Civilization and Barbarism*, pp. 64 – 65.

③ 亚当·斯密：《国富论》，郭大力、王亚南译，北京：商务印书馆，1997 年，第 65 页。

④ Michael Levin, *J. S. Mill on Civilization and Barbarism*, p. 95.

起源》，一批思想家更加赞同了这一看法，即文明或进步的生成和获得并非命定，文明是西方人长期以来不断努力奋斗的产物。亨利·梅因（Henry Sumner Maine）在 1861 年出版的《古代法》一书中，就将各种社会类型分为停滞和进步两种，认为人类种族的停滞状态是常态，而进步则是例外。瓦尔特·白哲浩（Walter Bagehot）同样相信，停滞是目前最大多数人的状态，而进步则非常罕见和例外。①东方国家如印度、日本和中国都已经停步不前。德国历史学家兰克也认为，东方文明始终处于停滞状态。② 托克维尔也在《论美国的民主》一书中将中国视为停滞。③

密尔接受了这一占据主导性的进步与停滞的二分观，也将中国纳入自己的观察视野。但和很多思想家不同的是，密尔认为，中国和印度有所不同，印度是落后和野蛮的，而中国则被归入另外一种类型，那就是曾经有着先进的文明，后来变得停滞了，而停滞的原因来自内部，即内部的动力不足。因此，如果说印度在密尔眼中是文明与野蛮的样本的话，那么中国则是进步与停滞的典型，尽管有些时候，密尔又将这两个国家笼统地称为"东方"。之所以有此不同，是因为密尔认为，印度是被放在殖民与被殖民这样二分的模式中，即文明的英国引领着野蛮的印度，而中国则归属于进步与停滞的二分法。

密尔在不同的文本中反复将中国建构为停滞的典型，他说："埃及的等级制度，中国的父亲式专制政治，对于把这些民族提高到它们已达到的文明程度来说都是很合适的工具。但是一经达到那种程度以后，由于缺乏精神自由和个性，它们就永远停止下来了。把它们带到目前状况的制度使它们完全无能力取得进步所需的这些条件；并由于该项制度并未崩溃和让位于别的制度，进一步的改进就停止了。"④ 在财富的生产和分配方面，人类社会不同的地区经历了不同的发展阶段，密尔认为，"东方社会本质上依然如故"，而未能像欧洲那样发展起来。"在大多数亚洲国家，从有文字记载的历史以来，只要没有受到外来影响，直到今天

---

① Michael Levin, *J. S. Mill on Civilization and Barbarism*, p. 67.

② Michael Levin, *J. S. Mill on Civilization and Barbarism*, p. 95.

③ 详见托克维尔：《论美国的民主》下卷，董果良译，北京：商务印书馆，1988 年，第565—566 页。

④ J. S. 密尔：《代议制政府》，汪瑄译，北京：商务印书馆，1982 年，第 34 页。

(1848 年)，其经济状况的一般特点依然如此。"①

在对托克维尔《论美国的民主》第 2 卷的评论中，密尔说："当人类走向身份平等时，他们可能处在危险之中。我们就来概括一下作者对危险的看法。无论是在政府中，还是在智识与道德中，他害怕的不是太多的自由，而是过分的服从；他害怕的不是无政府，而是奴役；他害怕的不是太快的变革，而是中国式的停滞。""不是只有在中国，一个同质的共同体本质上才是一个停滞的共同体。人与人之间的多样性，不仅是进步的一个原则，而且几乎是唯一的原则。""国王或暴民任意（the sic volo）而治的政府属于过去时代，在亚洲的野蛮状态之外，不可能长久存在。"②但密尔认为，停滞的专制主义这一危险并非仅仅存在于过去，也许在未来也会到来。③

密尔在《论自由》中将中国的停滞表达得更为肯定，他从比较的视角分析了欧洲为什么没有停滞，因为欧洲经历了地理大发现、文艺复兴、启蒙运动、工业革命而进入自由的阶段，从而是进步的，而中国几千年一直是停滞的。所以，密尔告诫英国人说："我们要以中国为前车之鉴。……他们却已变成静止的了，他们几千年来原封未动；而他们如果还会有所改进，那必定要依靠外国人。他们在我们英国慈善家们所正努力以赴的那个方面，即在使一族人民成为大家都一样、叫大家都用同一格言同一规律来管制自己的思想和行为方面，已经达到出乎英国慈善家们的希望之外了；而结果却是这样。近代公众意见的王朝实在等于中国那种教育制度和政治制度，不过后者采取了有组织的形式而前者采取了无组织的形式罢了。除非个性能够成功地肯定自己，反对这个束缚，欧洲纵然有其高贵的过去的历史以及所宣奉的基督教，也将趋于变成另一个中国。"他还说："什么东西保住欧洲至今没有步入这个命运呢？什么东西使得欧洲的国族大家庭没有成为人类中静止的一部分而成为进步的一部分呢？……他们性格上及教养上的显著歧异。个人之间，阶级之间，国族之间，都是彼此极不相像：他们闯出了各式各样的多种蹊径，条条通向某种有价值的东西；虽然行在不同蹊径上的人们每个时期

① 约翰·穆勒：《政治经济学原理及其在社会哲学上的若干应用》上卷，赵荣潜等译，北京：商务印书馆，1991 年，第 27 页。
② 约翰·密尔：《密尔论民主与社会主义》，第 119、129、107 页。
③ Michael Levin, *J. S. Mill on Civilization and Barbarism*, p. 99.

都曾彼此不相宽容……照我判断，欧洲之得有前进的和多面的发展，完全是受这个蹊径繁多之赐。但是，它之保有这项惠益，也已开始是在一个减少得可观的程度上了。它正朝着那种要使一切人都成为一样的中国理想断然前进。"①

密尔认为，中国的停滞不仅体现在政治制度上，还体现在经济方面，即财产权得不到有效保护，人们普遍没有安全感。他说："在决定生产要素的生产力的次要原因中，最重要的是安全感。这里所说的安全感，是指社会为其成员提供全面的保护而使人感到很安全。这包括政府提供的保护和针对政府的保护。后者更为重要。若一个人被人知道拥有一定资产，总担心随着局势的每一次动荡会被贪得无厌的政府官吏夺走，那就不大可能会有很多人努力生产多于生活必需品的东西。这是亚洲很多一度很富庶的地区陷于贫困的公认原因。"② "在许多野蛮而专制的东方国家，课税就是要束缚那些已经获得了财产的人，没收他们的财产，除非他们用巨款进行疏通，因此，在这样的国家，人们是不会自愿勤奋工作的，只有巧取豪夺才能致富。"③ 密尔引用了约翰·雷（John Ray）的《政治经济学新原理》这本书的材料："限制中国生产发展的不是人民不够勤劳，而是没有长远打算，这一点比在半农业化的印第安人那里还要明显。……中国人对未来不如对现在想得那样多。……欧洲人着眼于遥远的未来，他们对中国人因无远见和不大关心未来而长期劳累，并且陷入照他们看来是无法忍受的不幸之中，感到十分惊奇。"④

四、"引带论"：西方殖民统治的"合法性"辩护

从文明与野蛮、进步与停滞的二分法出发，密尔在《论自由》一书中对自由的内涵进行讨论的同时，也开始转向对实现自由和拥有自由之条件的分析，即谁能够拥有自由，拥有自由的条件是什么，个体在什么情况下有能力或者可以拥有自由，作为一个群体的民族又是在什么样的条件下才有资格或者说配得上拥有自由。由此，自由同文明与野蛮、进步与停滞就不再成为分离性的互相对立的概念，而是有机地结合在了一起。密尔认为，自由的实现与获得是有条件和限定

---

① 约翰·密尔：《论自由》，程崇华译，北京：商务印书馆，1959 年，第 85—86 页。
② 约翰·穆勒：《政治经济学原理及其在社会哲学上的若干应用》上卷，第 135—136 页。
③ 约翰·穆勒：《政治经济学原理及其在社会哲学上的若干应用》下卷，第 467 页。
④ 详见约翰·穆勒：《政治经济学原理及其在社会哲学上的若干应用》上卷，第 195—196 页。

的，即只有成熟和文明的民族才有实现自由的可能。

密尔认为，要回答什么是"成熟"的个体，人类的"成熟"指的又是什么，为什么只有成熟的个体和人类才能实现自由，首先就要提到康德在回答"什么是启蒙运动"时所说的那段脍炙人口的话："启蒙运动就是人类脱离自己所加之于自己的不成熟状态。不成熟状态就是不经别人的引导，就对运用自己的理智无能为力。当其原因不在于缺乏理智，而在于不经别人的引导就缺乏勇气与决心去加以运用时，那么这种不成熟状态就是自己所加之于自己的了。Sapere aude！（要敢于认识！——译者注）要有勇气运用你自己的理智！这就是启蒙运动的口号。"①康德认为，成熟的标准就是能够运用自己的理性，也就是说，理性与理性的运用成为判断一个人是否成熟的标志。

其实，将成熟等同于理性并非康德的首创，早在 17 世纪，洛克就在其《政府论》一书中明确提到这一观点。他认为，一个人达到成熟的境界，就是指能够理解法律，并把自己的行为限制在法律的范围之内，具体来讲就是具有理性。随后，洛克还提出了另外一个观点：当一个人还处于儿童阶段的时候，他的理性还没有发育成熟，因此他就需要父母的监管，直到他达到成熟为止。这里洛克并非强调对儿童进行监管，只是作为一种比喻，认为那些不具备理性的人都要受到监管。"如果由于超出自然常规而可能发生某些缺陷，以致有人并未达到可被认为能够了解法律、从而能遵循它的规则而生活的那种理性的程度，他就决不能成为一个自由人，也决不能让他依照他自己的意志行事（因为他不知道他自己的意志应有限制，并不具有作为它的正当指导的悟性），在他自己的悟性不能担负此项责任时，仍须继续受他人的监护和管理。所以精神病者和白痴从来不能脱离他们父母的管束。"②

事实上，从洛克到密尔，在西方思想史上一直存在着这样的思想谱系，就是以理性来判断一个人是否成熟。洛克认为，政治生活的基础就是理性的人对其无理性的同胞的统治，③ 与洛克相比，密尔将洛克所说的对个人的"监护"扩展到

---

① 康德：《历史理性批判文集》，何兆武译，北京：商务印书馆，1990 年，第 22 页。
② 洛克：《政府论》下篇，叶启芳等译，北京：商务印书馆，1982 年，第 38 页。
③ 彼得·拉斯莱特：《洛克〈政府论〉导论》，冯克利译，北京：三联书店，2007 年，第 124 页。

了"人类的群体"和民族共同体，并且将英国看作理性的、文明的民族，认为其有责任和义务去引领和教化那些还处于不文明或野蛮状态的民族和自己的殖民地。这正是近代以来欧洲一些思想家的集体表达。正如基佐所说："不活动性是精神生活的特征，这就是大多数亚洲居民的生活状况。凡是神权政治支配的地方，人性就受到抑制，例如印度人的状况就是如此。我在这里要提出一个与前面同样的问题，这是一个能教化自己的民族吗？"①到了密尔那里，他又将此扩展为文明与野蛮的对立，认为有理性的个人和民族是文明的，而还不具有理性的则是不文明和野蛮的。因此，密尔才会说：在对付野蛮人时，专制政府正是一个合法的形式，只要目的是使他们有所改善，而所用手段又因这个目的实现而显得正当。作为一条原则来说，在人类还未达到能够借自由的和对等的讨论而获得改善的阶段以前，自由是无所适用的。也就是说，自由的原则并非普遍的，而仅仅是对现代文明的人才适用。② 他还说：我们野蛮的、习惯于原始独立的祖先，与屈从于军事独裁的亚洲人不适用同样的法律。奴隶需要的训练是自治，野蛮人需要的训练是服从他人的统治。③ 也就是说，一个还不具有理性或者说野蛮的民族还不能够享有自由，对他们来说，"专制统治就是合法的形式"，或者说，要靠一个理性的人和民族的监护或者监管。密尔认为这样做并非不正当或不合法，而是像洛克所说的，是有理性的"大人"对还没有成熟的"儿童"的监护，密尔将之称为"引带性"。

在《代议制政府》一书中，密尔详细表达了"引带论"思想。他说："专制政治可能驯服野蛮人，但是就专制政治来说，就只能使得奴隶更加无能力。然而在他们自己控制下的政府将是完全难以由他们管理的。他们的进步不能来自他们自己，而必须从外部引起。他们必须采取的步骤，以及改进的唯一途径，就是从意志的统治提高到法律的统治。必须教会他们自治，而在最初阶段这意味着按照一般的指示行动的能力。他们所需要的不是强力的统治而是指导性的管理。然而，由于他们处在很低级的状态以致除了他们尊为掌握强力的人以外不服从任何

---

① 基佐：《欧洲文明史：自罗马帝国败落起到法国革命》，程洪逵等译，北京：商务印书馆，1998 年，第 8 页。
② Beate Jahn, "Barbarian Thoughts: Imperialism in the Philosophy of John Stuart Mill," p. 611.
③ 穆勒：《论边沁与柯勒律治》，白利兵译，上海：上海人民出版社，2009 年，第 43 页。

人的指导，所以最适于他们的那种政府就是握有强力但很少加以使用的政府，也就是类似圣·西蒙式社会主义（St. Simonian form of Socialism）的父亲式专制政治或贵族政治。这样的政府对社会的全部活动保持着一般的监督，俾使每个人感觉到现时存在一种足以强迫他服从既定规则的强力，但是这个政府由于不可能着手规定有关勤勉和生活的一切细节，必然听任并诱导人们自行去做许多事情。这个可称之为引带（指用来教幼儿走路的牵引绳带——译者注）政府的政府，看来是为使这样的民族最迅速地通过社会进步方面必要的下一步所需要的。秘鲁英卡斯（Incas）政府的想法似乎就是这样；巴拉圭耶稣会教士的想法就是这样。不用说，仅仅作为逐步训练人民独自走路的一种手段，引带才是可允许的。"①

正是沿着这样的思想，密尔在《代议制政府》这样一本论述政治制度的书中，专门写下了"自由国家对附属国的统治"一章。在这一章的开始，密尔就写道："自由国家，和所有其他国家一样，可以保有因征服或殖民而取得的属地属国；我们自己的属国就是近代史上这类事例中最主要的事例。"与此同时，密尔将殖民地分为两类，"有些是由具有和统治国家同样的文明的人民组成的，能够并具备条件实行代议制政府，如英国在美洲和澳洲的领地。另一类，象印度那样，则和那种状态仍相距甚远"。② 既然英国是文明的和自由的，而印度是落后的和野蛮的，因此英帝国对印度的统治在目的论上明显是必要的和有益的。③ 为此，密尔还具体设想了对殖民地的不同统治形式，从而使得殖民地习得先进国家的一切经验，他认为"这就是自由的人民对野蛮的或半野蛮的人民的理想的统治"，④ 实质上也是在引领他们向更高的文明状态行进，"并有助于落后的人民走向进步，这是英国承担着如同父亲般使命的历史运动"。⑤因此，这样的统治也完全是合法的。他说道："一人的统治者和他的顾问们，或者少数几个人的统治者，不象会常常避免该民族或该文明状态的一般弱点，除非他们是属于高级民族或更

① 约翰·密尔：《代议制政府》，第33—34页。
② 约翰·密尔：《代议制政府》，第242页。
③ Lynn Zastoupil, *John Stuart Mill and India*, p. 173.
④ 约翰·密尔：《代议制政府》，第249页。
⑤ Don V. Habibi, "Mill on Colonialism," in Christopher Macleod and Dale E. Miller, eds., *A Companion to Mill*, p. 520.

先进的社会状态的外国人。在那种情况下，统治者的确可以在几乎任何程度上免除上述弱点；他们比他们所统治的人们更文明；而服从这样一个外国政府，尽管有它不可避免的害处，对一个民族说来常常是极为有利的，使他们迅速通过若干进步阶段，并扫清进步上的障碍，这些障碍可能无限期地继续存在下去，如果从属的居民得不到帮助地任凭其原有的倾向和机会发展的话。"[1]

正是由于这个世界被划分为文明与野蛮、进步与停滞，因此，密尔拒绝给予"未改善的"民族或者还未达到文明与进步状态的民族以国家的地位，他将国家界定为仅仅是文明社会的一项"政治成就"，并且坚持认为，更为先进的西方社会在法律意义上已真正成为国家。而文明和野蛮的国家之间的关系并非由国际法支配，因为野蛮人还没有权利作为一个国家。[2] 所以，"政府对殖民事业的干预，关系到人类文明本身的未来利益和长久利益，远远超出了较为狭隘的纯经济方面的考虑"。[3] 密尔说道："一个未开化的民族，尽管在某种程度上感觉到文明社会的好处，也许不能实行它所要求的克制：他们也许太容易动感情，或者他们的个人自尊心太强，而不能放弃私斗，把对事实上的或者所认为的不法行为的报复留给法律去解决。在这种场合，一个文明政府要对他们真正有利，将必须是在相当程度上专制的，即必须是一个他们自己无法实行控制、却对他们的行动加以大量强制的政府。" 密尔还说道："处在蒙昧未开化的独立状态的人民，每个人为他自己活着，除偶尔一时高兴外不受任何外部的控制，这样的人民在学会服从以前实际上是不可能取得任何文明方面的进步的。因此，在这样一种人民之上确立起来的政府的必不可少的美德，就是它使它本身得到服从。为了做到这点，政府的体制必须是近乎或完全专制的。有赖于社会各种成员自愿放弃他们个人的行动自由的任何程度的平民政体，将不能贯彻实行位于这种发展阶段上的初学文明的人民所需要的第一课。因而，这种部落的文明，如果不是由于和其他已经开化的部落杂处一起的结果，就几乎总是一个专制统治者的业绩，他的权力或者来自宗教，或者来自军事上的勇武；很常常是来自外国的武力。"[4]

---

① 约翰·密尔：《代议制政府》，第 63 页。
② Lynn Zastoupil, *John Stuart Mill and India*, p. 129.
③ 约翰·穆勒：《政治经济学原理及其在社会哲学上的若干应用》下卷，第 562 页。
④ 约翰·密尔：《代议制政府》，第 9、31—32 页。

同样，密尔也将这种"引领"看成一种慈善行为。对于那些野蛮和停滞的国家而言，文明的国家必须进行引领性统治，这即是密尔所创造出的新概念——"慈善式专制主义"。并且他一直坚持英国有权利这样统治，因为这将会给殖民地带来更高阶段的文明。① 密尔的这一观点也和托克维尔完全一致，托克维尔在1840年4月12日致亨利·里夫的信中写道："如果我是英国人，当我看到正在开始的对中国的远征时，我无法不感到焦虑。作为一个善意但公正的观察者，当我想到一支欧洲军队入侵天朝帝国时只会感到高兴。欧洲的活跃终于和中国的停滞交锋了！这是个重大事件，特别是当人们考虑到它只是许多同样性质的事件的延续，是他们中间的最后一个时——所有这些事件都推动欧洲人离开家园、不断将所有其他种族纳入他们的帝国，或置于他们的控制之下。某种比罗马帝国之建立更为广大、更加独特的事物正在我们这个时代出现，但任何人都没有注意到；这就是世界的第五个部分对其他四个部分的奴役。所以，我们不要过于咒骂我们的时代和我们自己吧；人是渺小的，但事业是伟大的。"②

自由国家对附属国家的统治，不仅是要引领这些国家走向文明，实质上也是在推动这些民族走向进步，因为密尔认为，文明和进步是等同的，而野蛮与停滞则相一致。在思想的深处，密尔一直坚信进步是人类的主旋律。他在1843年出版的《逻辑学体系》一书中，批评了维科（Giambattista Vico）在《新科学》中所表达的观点，即人类社会像在一条轨道上运转，周期性地经历相同的变化。密尔则接受和使用了进步的概念，并且坚信人类的进步性并找寻人类进步的规律。他说，"事实上我的信念是，除了偶然的和暂时的异例外，整体的趋向是，而且将会继续是一种改进——朝向更好更幸福的状态的趋向。……对于我们来说，无论是人类，还是他们自己塑造的外部环境，都存在着进步的变化"。③ 并且这种进步不仅是物质层面上的进步，更是人类理性思辨能力这一精神层面上的进步。从历史进程来看，人类的理性进步既是社会进步的结果，又反过来成为推动人类

---

① Eileen P. Sullivan, "Liberalism and Imperialism: J. S. Mill's Defense of the British Empire," *Journal of the History of Ideas*, Vol. 44, No. 4, 1983, pp. 606, 611.

② 托克维尔：《政治与友谊：托克维尔书信集》，黄艳红译，上海：上海三联书店，2010年，第98—99页。

③ 约翰·斯图尔特·密尔：《精神科学的逻辑》，第99页。

进步的基本动力。在这一意义上，可以说，有无理性成为判明一个国家和民族是否能够实现进步的指标。因此，这也就可以解释为什么密尔在《论自由》一书中力主思想的自由，并认为自文艺复兴以来的思想解放推动了欧洲的进步，而中国等国家现在则长期处于停滞状态。

如何从空间维度理解不同民族和不同国家的历史发展，或者说文明与进步的历程？在19世纪30年代，密尔还赞同德意志思想家赫尔德关于文化多样性的观点，认为每一个民族都有自己的文化和教育体系，所有的文化都有其自身的优点，不能够按照所谓的一种文明标准进行衡量。但后来在写作《论自由》和《代议制政府》时，密尔放弃了赫尔德的这一观点，转而认同从停滞到进步、从野蛮到文明这一线性社会发展观，认为在历史的发展过程中，有些国家进入文明的高级阶段，有些则停滞了，有些还处在野蛮状态。在从野蛮到文明的进步过程中，"文明"成为普遍性的内在规定，不论一个国家或民族的历史文化传统如何，都不能够脱离这一普遍性而独自演进，都需要遵循这一"文明"的共有标准。同样，文明不单指其性质的规定性，还包含另外一层含义即实现文明与进步的方式。密尔认为，如果一个民族或者一个国家缺失了实现进步的能力与方式，还处于野蛮阶段，那么服从一种外来的统治，并在这一统治引领下获得这种能力与方式，从而走向进步与文明，将会是一件好事。他说："社会发展的规律无论多么普遍，它们不可能比自然的物理动力的规律更普遍更严格；然而人类意志能把这些规律转变为实现其意图的手段，这种能力的程度构成了野蛮人和高度教化的文明人之间的主要区别。"①

也正由于此，密尔认为，文明与野蛮、进步与停滞这两组概念，其内涵和实现的方式不再分离，而是有机地结合在了一起。正如皮茨所说，密尔将进步的能力看作人类的基本品质，因此也是社会科学研究的合适基础。但密尔所采纳的进步观念，与他愿意承认的相比，更近似于他父亲的进步观念。"他的方法失去了我们在早期推测历史中发现的复杂性，甚至也失去了密尔极为仰慕的孔德所提出的关于进步的坚定描述中的复杂性。所剩下的也就是野蛮民族与文明民族之间的粗糙区分；他声称，民族性是在达到某一发展水平的社会才能获得的一种品性，

---

① 约翰·斯图尔特·密尔：《精神科学的逻辑》，第126页。

并且坚称落后的社会能够被专制的教化统治所改进。……进步性是人类主要的品质，也是一小批社会的专利"。①

五、划定"文明"的标准

在密尔的"引带论"思想中包含着两个层面：一是引带的方式，二是依据什么进行引带。如果说是"文明"引带"野蛮"，那显然就应先划定文明的标准。对此，密尔给予了充分论述。1836年，密尔在《文明——时代的征兆》一文中对文明与野蛮的标准作出这样的表述："如果一个民族的社会安排（the arrangements of society）以保护人民及人民的财产为目的，可以非常完善地保持成员间的和平，我们就把这样一个民族称作文明民族。也就是说，它可以使共同体的大部分成员主要依靠社会制度获得安全，并且在极大程度上和在一般情况下，不再依靠个人的力量和勇气（不管是采用进攻的方式还是防卫的方式）来保护自己的利益。"②

为什么密尔屡次将人身安全和财产权作为文明社会的一个重要标准来论述？作为英国人，他一定对自己国家的历史很熟悉，而他又在法国生活一年，从此爱上了法国的自由主义思想。③ 因此，从这两个维度可以把握密尔这一思想的来源和内涵。

那么，如何理解财产权，财产权又是如何形成的？17世纪英国革命时期，洛克认为劳动创造了财产权。他说："只要他使任何东西脱离自然所提供的和那个东西所处的状态，他就已经掺进他的劳动，在这上面参加他自己所有的某些东西，因而使它成为他的财产。"④ 洛克明确将人的权利细分为生命权、自由权和财产权。法国启蒙思想家狄德罗说，财产权是组成社会的每一个人能够享受其合法所得的财富的权利。而当这样的权利形成之后，就变得"不可剥夺"，不应当受到任何人、任何权力的侵犯。对此，他还写道，"人们组成社会的主要出发点之一，就是要保证他们能够占有自己所获得的或能够获得的利益，而不受干扰。他们不要任何人处在一种能够妨碍他们享受自己的财富的地位。……以维护这整

---

① 珍妮弗·皮茨：《转向帝国：英法帝国自由主义的兴起》，第205页。
② 约翰·密尔：《密尔论民主与社会主义》，第54页。
③ 《约翰·穆勒自传》，第43页。
④ 洛克：《政府论》下篇，第19页。

个社会，这被他们称之为'税收'。他们愿意为被选中的国家首脑提供手段，以保证每个个人都能享受为自己所保留的那另一部分财富。不论他们可能对统治自己的君王有多么热爱，也决不愿赋予后者以绝对的、无限的权力来支配自己的财富。他们决不愿被迫只为后者干活。……在遵守理性原则的国家中，个人财产会受到法律保护"。① 所以，18 世纪法国革命时期通过的《人权宣言》第二条明确宣称："任何政治结合的目的都在于保存人的自然的和不可动摇的权利。这些权利就是自由、财产、安全和反抗压迫。"② 的确，17 世纪英国历史和 18 世纪法国历史已经告诉人们，人身和财产权不可侵害，或者说得到保障，已经成为现代文明社会的基础。正如尼尔·弗格森所说："事实上，民主是建筑大厦的拱顶石，而大厦的根基则是法治——准确地说，便是通过代议制立宪政府确保个人自由神圣不可侵犯，保护私有财产的安全。"③

从社会发展的进步观出发，密尔认定自由以及人身安全和财产权是现代文明社会的核心内容，也是区别于野蛮社会的核心内容。他在《政治经济学原理及其在社会哲学上的若干应用》一书中这样写道："人身和财产安全的不断增加，这种变化一直是文明社会进步的特征，今后无疑仍将如此。欧洲所有国家（最先进的和最落后的）的国民，由于具有越来越有效的司法和警察制度可用以抑制私人犯罪，同时也由于某些社会阶段所享有的可以不受惩罚地损害其他阶级的那些有害的特权已经削弱和消灭，正一代比一代地受到更好的保护，免受彼此之间暴力和掠夺行为的侵害。他们还或者依靠制度，或者依靠习俗和舆论，一代比一代受到更好的保护，免受政府专横行使权力的侵害。……在欧洲的一切国家，赋税本身和征税方式都渐渐变得不那么专横和暴虐了。"④ 从这段话里，密尔概括了人身和财产权保护的内容：一是法律体系的完备；二是特权制度的消除；三是政府权力得到限制；四是税收事项的公平与公正。特别是对政府的权力，密尔反复表达道："对于国家的繁荣来说，政府的压迫要比自由制度下几乎任何程度的没有法律的混

① 斯·坚吉尔译：《丹尼·狄德罗的〈百科全书〉选译》，梁从诫译，沈阳：辽宁人民出版社，1992 年，第 303 页。
② 董云虎等编著：《世界人权约法总览》，成都：四川人民出版社，1990 年，第 296 页。
③ 尼尔·弗格森：《文明》，曾贤明、唐颖华译，北京：中信出版社，2012 年，第 84 页。
④ 约翰·穆勒：《政治经济学原理及其在社会哲学上的若干应用》下卷，第 258 页。

乱状态有害得多，因为政府的权力一般说来是任何个人所无力反抗的。一些国家尽管处于四分五裂的近乎无政府的状态，却仍能积累一定数量的财富并取得一定程度的进步，但如果人民无限地遭受政府官吏的专横压榨，这样的国家则不可能继续保有工业和财富。在这样的政府统治下，要不了几代人的功夫，工业和财富就会消失殆尽。"① 上述观点正是密尔对 17、18 世纪英国和法国迈向现代文明历程进行总结而得出的结论，并将此作为文明的核心标准。关于这一点，密尔在《文明——时代的征兆》中系统地论述道，"我们必须通过历史来阐明贸易与生产阶级的崛起，农业阶级的逐渐解放，伴随着这些变革过程的骚乱与颠覆，以及在这些变化的余波中发生的制度、观念、习惯和社会生活整体的非凡变化"。②

如果说上述内容是一种整体性的制度化安排，对一个社会的进步非常重要，那么对于个体而言，作为一个文明人意味着什么呢？密尔也给出了自己的答案，那就是，人与人之间具有一种合作能力。密尔写道："就全体文明人而言……他们去掉了野蛮人的各种习惯，变得遵守纪律；他们能够坚持实行事前议定的计划，而制定这种计划时他们也许没有参加商讨；他们也能够抑制个人的任性，而服从事先想好的决定，并分别执行共同事业分配给他们的那部分任务。野蛮人或半开化人不能干的各种工作，各文明民族每天在完成，这不是由于实际工作者的才能增加，而是由于每个人都确定无疑地相信别人能够完成他们分别承担的那部分工作。简言之，文明人的特征是具有合作的能力；而这种能力象其他能力一样，往往可以通过实践而不断提高，并且能够不断扩大活动范围。"③ 其实，这一观点在密尔的《文明——时代的征兆》中就已得到表达，他认为文明进步就体现在合作能力的进步上，合作就是文明的一种属性。他通过比较野蛮人和文明人的特性，认定不能克制自我、无法相互合作是野蛮人的特性，这使得野蛮人无法实现进步。正由于此，密尔才会说："合作，像其他困难事情一样，只能通过实践获得。一个民族要在重大事情中掌握它，就必须在小事情中逐渐得到训练。现在，整个文明进步的过程就是这样一系列的训练。"④

---

① 约翰·穆勒：《政治经济学原理及其在社会哲学上的若干应用》下卷，第 466—467 页。
② 约翰·穆勒：《密尔论民主与社会主义》，第 55 页。
③ 约翰·穆勒：《政治经济学原理及其在社会哲学上的若干应用》下卷，第 259—260 页。
④ 约翰·密尔：《密尔论民主与社会主义》，第 56—57 页。

总之，密尔将何为文明以及文明与野蛮的分界划定为三个方面：人身和财产权的安全，法律等社会的制度化安排，人类支配自然能力的增加以及合作性。密尔用这些标准来对当时的"世界"进行划分时，自然认为欧洲进入文明阶级，而非欧洲地区还没有进步到这一阶段，因此需要引领。

六、话语修辞与指向：反思密尔的文明观

1859 年，就在《论自由》一书出版的同一年，密尔发表了《论不干涉》这篇文章。他在文章中不仅表述了文明与野蛮的二分，而且还认为，如果在文明国家和野蛮民族之间使用同一国际规则和规范将是一种错误。[①] 也就是说，落后与野蛮的民族不配享有自由，也无法享有同一种规则，要么被排除在现有的世界体系之外，要么臣属和依附于文明国家，在其引带下走向"文明与进步"。因此，理解密尔的文明观，首先需要将其扩展到帝国的视野中来理解，正是在这一维度上，文明在空间上是分等级的，在时间上则体现为进步。因此，文明的民族应承担起文明的"使命"，这就是我们现在通常所讲的帝国者和殖民者的"使命"。在这个意义上，殖民者并非被认为是进行殖民掠夺和侵略，而是通过这种承担使命的方式进行引领，从而使殖民地走向文明、走向成熟。

在 19 世纪英国文明的全球性扩展与建构中，面对英国以及其他欧洲国家向外扩张进行殖民的现实，密尔人为地制造了一个文明的对立面——野蛮，没有了野蛮，文明自身便无法存在，也没有了征服和统治那些所谓野蛮地区和国家的可能性与合法性。因此，野蛮与停滞是为了被文明征服和引带而存在，也是臣属于文明的一种宿命。也就是说，只有把非欧洲地区特别是印度和中国设定为野蛮与停滞，欧洲人的使命感与殖民统治的现实才具有合法性。在这样一整套理论体系下，它不仅隐含着文明与野蛮的概念，背后还体现了社会发展阶段论的观念，即社会发展直线进步的观念，社会发展一定是从低级到高级，不同的社会发展阶段需要不同的统治方式，高级文明的群体要统治或者引领低级文明的群体走向更高

---

① Michael W. Doyle, "John Mill: A Few Words on Non-Intervention, Appendix One," in Michael W. Doyle, *The Question of Intervention: John Stuart Mill and Responsibility to Protect*, New Haven: Yale University Press, p. 217.

的阶段。正是在这一意义上，殖民统治是必须的，自由只存在于已处于"文明"阶段的群体中。因此，密尔的思想有两个重要特征，"一是不同的发展阶段联结着不同的政府形式，二是自由的原则并非普世的，而仅仅存在于现代文明中"。由此，可以解释欧洲人为什么会于 19 世纪在世界范围内建构帝国统治的体系，并且这种殖民统治不仅没有被认为是耻辱的，反而让他们自身更感优越。正是在这一欧洲与非欧洲地区、文明与野蛮的关系中，密尔提出了这样一个重大问题：文明的引领是一种善还是一种恶？他认为文明是一种善。由此，文明国家对野蛮国家的殖民就可被视为不仅是统治技术，而且是一种文明的"使命"，成为一种道德的责任。① 因此，英国的殖民统治就不再仅仅被理解为一种经济上的进步，而且具有了文化的意义，英帝国的扩张具有一种让殖民地迈向文明的功能。② 毋庸置疑，密尔的这一文明观赋予英国以及欧洲用"文明"来对全球进行文明化改造和重塑的"重任"，并在文明与野蛮的观念推演而建构起来的话语体系中重新刻画全球版图，划定世界的分界线。这不再仅仅是一种以话语体系建构起来的价值观念性分界，也是实体性全球体系的分界线，以及非欧洲地区臣属和依附于欧洲地区的空间性边界。

美国学者皮茨曾经说过，"18、19 世纪之交的 60 年，见证了英国和法国著名的政治思想家对帝国理解的一种明显的转变。对帝国的敌视和怀疑，在 18 世纪的末期呈现上升的趋势：亚当·斯密、伯克、边沁以及其他许多人，都将欧洲的殖民统治抨击为非正义的、冒失的，而且甚至对征服者的国家来说，也具有政治和经济上的灾难性。然而，几代人之后，欧洲卓越的自由主义者却成了欧洲帝国扩张的坚决支持者。历史的压力和他们自身的哲学信念，使得许多具有自由主义传统的思想家，包括约翰·斯图尔特·密尔和托克维尔，偏离了前辈的观点，同时偏离了在我们看来是自由主义传统中最佳的倾向。19 世纪中叶，出现了对暴力征服、专制统治非欧洲人的支持，持支持态度的思想家不仅通常因其对人类平等和自由的尊重而闻名，而且也因其多元主义而闻名，这使自由主义传统在它历史

---

① Beate Jahn,"Barbarian Thoughts: Imperialism in the Philosophy of John Stuart Mill,"pp. 611, 615.

② Eileen P. Sullivan, "Liberalism and Imperialism: J. S. Mill's Defense of the British Empire," p. 610.

的这一时刻，被卷入了一种不平等的、明显非人道的国际政治之中。"① 具体到密尔而言，正如有些学者所说，从 19 世纪 20 年代后期直至 1873 年去世，密尔逐渐丢弃了原先的古典自由主义立场，力主英国的经济和政治利益只存在于帝国及其扩张之中。②也就是说，密尔从一个自由主义者转变为帝国主义者，成为捍卫英帝国扩张的最为重要的思想家之一。③

的确，从 19 世纪的历史进程来看，密尔的文明观迎合了英国对外殖民扩张的需要，特别是密尔所服务的东印度公司的利益诉求，他的文明观自然得到认可与接受。例如持"文明与野蛮"二分法的《英国文明史》作者亨利·巴克尔在密尔《论自由》一书出版后，就立刻发表评论文章，支持密尔的观点，认为"如果由欧洲现有的最伟大的思想家所组成的陪审团来依据他们的裁决来判定，在现存的思想家中谁最大限度地推进了知识的进步，他们将会毫不犹豫地宣布那就是约翰·斯图尔特·密尔"。④在政府部门，英国在印度的总督如威廉·本廷克等人都接受了密尔的文明观，并在印度按照英国的模式来推进"文明化"。

实际上，密尔的文明观在当时也受到很多人的批评，或者说，密尔的文明观并非当时知识界的共识。如果挖掘 19 世纪那些批评者的思想遗产，更可以看出一种思想观念的胜出并非仅仅来自思想本身的力量。由于密尔父子都在东印度公司工作，自然关注印度以及英国和印度的关系。但他们都没有去过印度，也不愿意学习印度的本土语言。在这一意义上，他们对印度的理解难免带有"他者的想象"。事实上，他们提出"文明与野蛮"二分法本身就是一种逻辑上的推演，以及现实自我利益的需要。因此，从老密尔开始，就有一些学者坚决不同意当时英国的做法，如约翰·马尔科姆、科利布鲁克、威廉·约翰斯等人，认为印度的文化值得尊重和赞扬，印度的政治体制和法律体制也都是建立在印度的传统基础之上的，坚持认为印度不可能发展到文明的高级阶段。受到父亲的影响，约翰·密尔也

---

① 珍妮弗·皮茨：《转向帝国：英法帝国自由主义的兴起》，第 357 页。
② Eileen P. Sullivan, "Liberalism and Imperialism: J. S. Mill's Defense of the British Empire," p. 605. Duncan Bell 也持这一观点，见其"John Stuart Mill on Colonies," p. 35.
③ Eileen P. Sullivan, "Liberalism and Imperialism: J. S. Mill's Defense of the British Empire," p. 617.
④ Michael Levin, *J. S. Mill on Civilization and Barbarism*, p. 122.

接受了这一思想，继续在"文明与野蛮"的二分法框架下来理解英国和印度这一殖民与被殖民关系，进而推广应用到英国与所有殖民地的关系之中。

正是出于思想观念和现实利益的需要，密尔的文明观招致很多人的批评。例如，议员约翰·布赖特就激烈批评密尔所谓英国在印度的统治有助于其进步的观点，认为英国是入侵者和征服者，而印度则是被入侵者和被征服者。东印度公司在印度实行着专横的统治，英国在印度收税太高，却丝毫不关心印度自身的发展，他还呼吁要对印度的宗教信仰持宽容态度。① 其言下之意，不能在"文明与野蛮"的二分法中将印度视为"野蛮"。詹姆斯·斯蒂芬出版了《自由·平等·博爱：一位法学家对约翰·密尔的批判》，直接点名批评密尔的观点，认为不存在"文明与野蛮"的二分法，从野蛮走向文明这一直线进步观念也是错误的；更为重要的是，作为文明内涵的"自由"不具有普遍性。②密尔和马克思生活在同一时代，同处伦敦这一空间，而且也写过论述社会主义的文章，但密尔在其论著中从未提到过马克思。但马克思读过密尔的很多著作如《政治经济学原理及其在社会哲学上的若干应用》，并作过评论。对于野蛮到文明的社会发展阶段论，马克思的这段话可以说是一种尖锐批评："一定要把我关于西欧资本主义起源的历史概述彻底变成一般发展道路的历史哲学理论，一切民族，不管它们所处的历史环境如何，都注定要走这条道路……这样做，会给我过多的荣誉，同时也会给我过多的侮辱。"③ 马克思清楚表达了世界历史的普遍性同各个国家的历史经验以及具体实践之间的复杂关系。密尔的文明"引带论"则是要在进步主义观念的支配下，为全球制定出一个"文明"标准，但这是依据英国的历史经验制定的文明准则，并按照英国的模式从而在文化价值、社会制度安排等方面对殖民地这一"野蛮社会"进行改造，而全然不顾这些国家既有的社会历史文化传统，以及所处的历史环境和历史发展阶段。由此凸显出这一问题：在全球交往以及世界各国对彼此的认知中，关于"文明与野蛮"的标准究竟应该由谁来制定，制定这一标准的依据又是什么，而这一标准又如何在各个不同的区域进行实践，这是思想史研究必须正视和思考的基本问题。

---

① Michael Levin, *J. S. Mill on Civilization and Barbarism*, p. 135.
② 详见詹姆斯·斯蒂芬：《自由·平等·博爱：一位法学家对约翰·密尔的批判》，冯克利等译，桂林：广西师范大学出版社，2007年，第149页。
③ 《马克思恩格斯全集》第25卷，北京：人民出版社，2001年，第145页。

今天，对密尔的这些思想表达，以及以英国为中心而构建起来的"文明"与"野蛮"、"自由"与"专制"、"我者"与"他者"、"西方"与"东方"的二元对立和文明等级观，的确需要进行反思。作为一个自由主义思想家同时也是一个帝国统治的合法维护者，密尔身上集合了两种相互矛盾的观念。对此，我们该如何理解和评价？①文明有高下之分别、优劣之等级吗？不同民族之间的文明和文化交流是应该建立在平等的基础之上，还是要在另外一个民族的"监护"和"引领"之下？也正是从这一视角，我们不禁要发问：密尔还是一个自由主义思想家吗？或者说他是一个什么类型的自由主义思想家？我们需要从更多的维度上去解释密尔。同样，如果从密尔个人扩展开去，放在一种思想与知识的谱系中进行"考古"的话，就会发现，19 世纪围绕帝国以及按照"文明"和"野蛮"概念所构建起来的思想原则，就需要重新进行思考。在这样一种"文明"与"野蛮"概念建构下的国际体系和全球秩序是正常的和必然的吗？

不仅如此，从密尔的文明"引带论"出发，可以发现，在密尔的文明观中，还潜在包含了这样一些指向，而这些内容也理应成为我们今天反思的对象。第一，如何看待英国的"文明"要素和殖民地的本土性文化的关系；第二，英国以及欧洲文明的"普遍性"和殖民地的自我特性之间的关系；第三，殖民地国家是否一定要按照英国的"文明"模式走上如密尔所说的"文明化"道路，或者说，不同的国家与民族如何选择自己的发展道路，形成自身的历史演化模式，实现普遍性与地方性的结合。在 19 世纪文明与帝国主义纠缠交错的话语体系里，概念的内涵与语义的指向都在告诉今日的人们，在 19 世纪"现代社会"形成的时刻，在这一"现代文明"也被称为"现代性"的内容中，实际上包含着进步与文明的价值观念，它充任了塑造全球现代文明的理论基础。因此，只有在思想的谱系上重新思考 19 世纪思想家们所建构起来的话语体系，以及由此而形成的国际体系和全球秩序，才能重建世界的未来。

---

① 当代美国学者爱德华·W. 赛义德也说，欧洲文化如果不是"总是"，至少也是"常常"具有这样的特点：在它使自己的优先权合法化的同时，鼓吹与远方帝国统治相联系的优先权。密尔就是如此，他总是提出不能让印度独立。详见《赛义德自选集》，谢少波等译，北京：中国社会科学出版社，1999 年。关于密尔对英帝国辩护的研究还可见 Eileen P. Sullivan, "Liberalism and Imperialism：J. S. Mill's Defense of the British Empire,"pp. 599 – 617.

值得注意的是，在密尔的文明观中，还包含着另外一种意义指向，英国现已成为文明国家，进入到文明的阶段，而这意味着，英国只不过是比其他地方更早地面临压抑个性的文明状态，因此，现在应该思考如何重建个体性这一"文明"时代的焦点问题。密尔的文明与野蛮观念，只不过是借用了当时占据主导地位的文明与野蛮二元对立的思维模式，将其转换为论证自由主义的一种修辞方式。其主题的本质不再是文明与野蛮的分野，而是完全服务于密尔一贯的理念，即如何在大众化、民主化这一"文明"时代，高扬人的个体性。从修辞意义上，密尔使用的是一种"呐喊"型的修辞方式，所以，他告诫英国人说，我们必须要尊重和充分伸展每个人的个性，否则就会变得像中国一样的停滞。①

悖论的是，密尔一再提出每个人必须要独立思考，特别强调教育要以塑造人的独立思考和个体性为己任，他写作《论自由》的宗旨即是如此。可是密尔在论证个人独立性的同时，却接受与利用了当时主导性的话语模式和思维结构，即文明与野蛮、进步与停滞。在 19 世纪的时代语境下，密尔吸收和运用这一思想观念，同意这一观念的合理性和正当性，但与此同时，他与同时代的其他人有所不同，走向了在这一观念支配下的另外一条道路，思考在这一文明状态下个体性如何确立的问题。其他很多人则在文明与野蛮的观念支配下，真正地扮演着作为英帝国统治辩护者的角色。正是在这一意义上，密尔客观上为既存的文明与野蛮、进步与停滞的二分法思想谱系添加了浓重的一笔，助推着英国走向殖民统治的帝国主义道路。由此也表明，他还囿于这一既定的主导性话语和观念，未能真正确立个体在思维和话语表达上的独立性和自主性，换句话说，未能实现他在《论自由》一书中所指陈的主题：个体自由。

〔作者李宏图，复旦大学历史学系教授、复旦大学中外现代化进程研究中心研究员。上海　200433〕

（责任编辑：焦　兵）

① 约翰·密尔：《论自由》，第 77—78 页。

图书在版编目（CIP）数据

中国历史研究院集刊. 2020 年. 第 2 辑：总第 2 辑 /
高翔主编. -- 北京：社会科学文献出版社，2020.12
　　ISBN 978 - 7 - 5201 - 7698 - 9

　　Ⅰ.①中…　Ⅱ.①高…　Ⅲ.①史学 - 丛刊　Ⅳ.
①K0 - 55

　　中国版本图书馆 CIP 数据核字（2020）第 248756 号

中国历史研究院集刊2020年第2辑（总第2辑）

主　　编／高　翔
副 主 编／李国强　路育松（常务）

出 版 人／王利民
组稿编辑／郑庆寰
责任编辑／赵　晨
文稿编辑／梁　赟

出　　版／社会科学文献出版社·历史学分社（010）59367256
　　　　　　地址：北京市北三环中路甲 29 号院华龙大厦　邮编：100029
　　　　　　网址：www. ssap. com. cn
发　　行／市场营销中心（010）59367081　59367083
印　　装／三河市东方印刷有限公司

规　　格／开本：787mm × 1092mm　1/16
　　　　　　印张：21.5　字数：358 千字
版　　次／2020 年 12 月第 1 版　2020 年 12 月第 1 次印刷
书　　号／ISBN 978 - 7 - 5201 - 7698 - 9
定　　价／300.00 元